高等职业院校轨道交通类专业适用

铁路司乘人员职业素养

TIELU SICHENG RENYUAN
ZHIYE SUYANG

罗 伟 张翠英 汪 科 曹卫权 编著

中国电力出版社
CHINA ELECTRIC POWER PRESS

内 容 提 要

本书根据轨道交通行业的实际情况，主要阐述了铁路员工应具备的职业素养。全书共分三篇：上篇为职业素养，主要介绍职业与职业素养、职业道德、人际沟通、人际关系、团队合作、职场礼仪、阳光心态、创新与科技创新；中篇为职业规划，主要介绍职业理想、职业生涯规划、个人职业生涯管理。下篇为职业标准，主要介绍出乘作业标准、呼唤应答作业标准、6S现场管理、铁路安全知识。

本书案例丰富，贴近铁路员工的实际情况，可作为高等职业院校轨道交通类专业学生的职业素养教材，也可供轨道交通行业的员工学习参考。

图书在版编目（CIP）数据

铁路司乘人员职业素养/罗伟等编著. —北京：中国电力出版社，2016.5（2020.1重印）
ISBN 978-7-5123-8959-5

Ⅰ. ①铁… Ⅱ. ①罗… Ⅲ. ①铁路运输-乘务人员-职业道德-职业教育-教材 Ⅳ. ①F530.9

中国版本图书馆 CIP 数据核字（2016）第 037393 号

中国电力出版社出版、发行
（北京市东城区北京站西街19号 100005 http://www.cepp.sgcc.com.cn）
北京天宇星印刷厂印刷
各地新华书店经售

*

2016年5月第一版 2020年1月北京第二次印刷
787毫米×1092毫米 16开本 20.75印张 509千字
印数 2001—3000 册 定价 **49.00** 元

版权专有 侵权必究

本书如有印装质量问题，我社营销中心负责退换

致 谢

本书在编写的过程中，得到了湖南铁道职业技术学院张莹教授的指导，为本书提出了很多宝贵的建议。广州铁路（集团）公司株洲机务段职教科张玲为本书的编写提供了大量的资料。本书还参阅了许多学者的有关著作和论述，从中得到不少启发。在此，一并表示衷心的感谢。

前 言

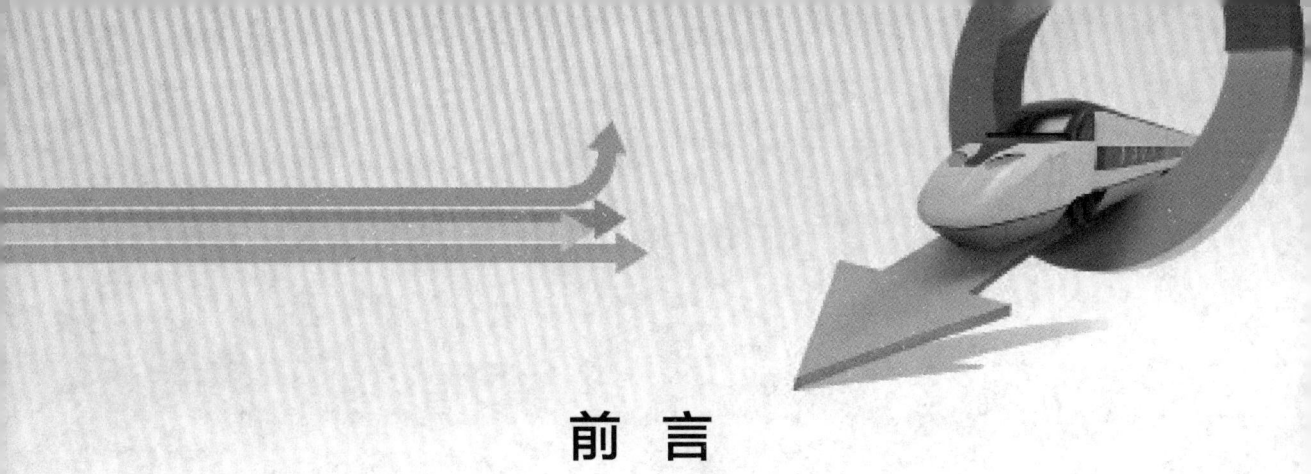

每个人都渴望拥有一份值得骄傲的职业，渴望自己在事业上获得成功，渴望被他人认可和尊重。当今社会竞争激烈，要想取得优秀的工作业绩，被人认可或建立自己的事业，良好的职业素养起着奠基石的作用。实践证明，职业素养是影响一个人职业生涯成败的关键因素。

本书根据轨道交通行业的实际情况，主要阐述了铁路员工应具备的职业素养。全书共分三篇：上篇为职业素养，主要介绍职业与职业素养、职业道德、人际沟通、人际关系、团队合作、职场礼仪、阳光心态、创新与科技创新；中篇为职业规划，主要介绍职业理想、职业生涯规划、个人职业生涯管理。下篇为职业标准，主要介绍出乘作业标准、呼唤应答作业标准、6S现场管理、铁路安全知识。全书案例丰富，贴近铁路员工的实际情况，可作为高等职业院校轨道交通类专业学生的职业素养教材，也可供轨道交通行业的员工学习参考。

本书由罗伟、张翠英、汪科、曹卫权编著，同时广州铁路（集团）公司株洲机务段王志，湖南铁道职业技术学院王宁、余晖、邝允新、龚娟、刘杰、何英老师，陕西省宝鸡技师学院巨向丽老师，参与了本书的资料搜集、整理和编写工作。虽然编者对书中所述内容进行了多次校对，但可能仍存在疏漏和不足之处，敬请读者批评指正。

编 者

2016年4月

目录

前言

上篇 职业素养

第一章 职业与职业素养 ……………………………………………… 3
　第一节　走进职业 ……………………………………………………… 3
　第二节　认识职业素养 ………………………………………………… 6
　第三节　职业素养的培养 ……………………………………………… 9
第二章 职业道德 ……………………………………………………… 15
　第一节　职业道德及其意义 …………………………………………… 15
　第二节　职业道德的主要内容 ………………………………………… 18
　第三节　铁路员工职业道德 …………………………………………… 22
第三章 人际沟通 ……………………………………………………… 26
　第一节　人际沟通及其作用 …………………………………………… 26
　第二节　沟通的过程及其要素 ………………………………………… 29
　第三节　开展有效的沟通 ……………………………………………… 32
第四章 人际关系 ……………………………………………………… 38
　第一节　认识人际关系 ………………………………………………… 38
　第二节　打造和谐人际关系 …………………………………………… 41
　第三节　职场中的人际关系 …………………………………………… 43
第五章 团队合作 ……………………………………………………… 47
　第一节　团队及其构成要素 …………………………………………… 47
　第二节　团队建设 ……………………………………………………… 50
　第三节　融入团队，学会合作 ………………………………………… 54
第六章 职场礼仪 ……………………………………………………… 61
　第一节　职场礼仪及其作用 …………………………………………… 61
　第二节　职场中的常用礼仪 …………………………………………… 64
　第三节　列车乘务员服务礼仪 ………………………………………… 76
第七章 阳光心态 ……………………………………………………… 84
　第一节　正确面对挫折 ………………………………………………… 84

第二节　正确面对压力 ………………………………………………… 88
　　第三节　塑造阳光心态 ………………………………………………… 91
第八章　创新与科技创新 …………………………………………………… 97
　　第一节　认识创新与科技创新 ………………………………………… 97
　　第二节　创新技法 …………………………………………………… 106
　　第三节　创新思维的训练 …………………………………………… 137

中篇　职业规划

第九章　职业理想 ………………………………………………………… 161
　　第一节　职业理想及其作用 ………………………………………… 161
　　第二节　职业理想的树立 …………………………………………… 163
　　第三节　职业理想的实现 …………………………………………… 166
第十章　职业生涯规划 …………………………………………………… 172
　　第一节　职业生涯规划及其意义 …………………………………… 172
　　第二节　职业生涯规划的基本理论 ………………………………… 174
　　第三节　职业生涯规划的方法和步骤 ……………………………… 181
第十一章　个人职业生涯管理 …………………………………………… 195
　　第一节　职业生涯管理概述 ………………………………………… 195
　　第二节　个人职业生涯早期管理 …………………………………… 197
　　第三节　个人职业生涯中期管理 …………………………………… 202
　　第四节　个人职业生涯后期管理 …………………………………… 205

下篇　职业标准

第十二章　出乘作业标准 ………………………………………………… 213
　　第一节　电力机车司机作业标准 …………………………………… 213
　　第二节　动车组司机一次乘务作业标准 …………………………… 225
第十三章　呼唤应答作业标准 …………………………………………… 237
　　第一节　机车乘务员呼唤应答标准 ………………………………… 237
　　第二节　动车组司机呼唤应答标准 ………………………………… 257
第十四章　6S现场管理 …………………………………………………… 268
　　第一节　6S管理基础知识 …………………………………………… 268
　　第二节　6S现场管理推行 …………………………………………… 275
第十五章　铁路安全知识 ………………………………………………… 297
　　第一节　铁路车站行车作业人员安全标准 ………………………… 297
　　第二节　电气化铁路的危险因素 …………………………………… 304
　　第三节　电气化铁路劳动安全通用知识 …………………………… 306
　　第四节　事故案例分析与采取的防范措施 ………………………… 308
　　第五节　消防安全知识 ……………………………………………… 316

参考文献 …………………………………………………………………… 323

上篇

职业素养

第一章 职业与职业素养

本章学习目的

通过本章的学习，了解职业、职业素养等基本概念与相关知识，明确职业素养的主要内容，并能根据自己的情况，有意识、有计划地提高自身的职业素养。

本章内容描述

社会职业种类纷繁，千差万别，了解职业是正确选择职业的第一步，而职业素养是事关一个人职业生涯成败的关键因素。本章主要介绍什么是职业与职业素养，以及职业的作用与特性、职业素养的构成与培养。

本章核心概念

职业是从业人员为获取主要生活来源所从事的社会工作类别。

职业素养是人类在社会活动中需要遵守的行为规范，是职业内在的要求，是一个人在职业过程中表现出来的综合品质。

第一节 走 进 职 业

案例与分析

张某与刘某同是某铁路高职院校的应届毕业生，均学习铁路相关专业。张某在毕业前，积极了解所学专业，向老师、已毕业的同学了解职业的未来发展状况，最后选择了一家地铁公司，成为一名地铁司机。刘某认为自己学的铁路相关专业，毕业之后所做的工作肯定与铁路相关，跟同学一起报名并成功应聘到一家大型国有轨道交通装备制造企业，被分配在地铁部，但每天工作的主要内容就是装零部件、接线等，刘某觉得自己的工作与想像中的样子相去甚远，导致做事不积极，还未满试用期，就主动辞职了。

分析： 大学生要对自己所应聘的工作有清晰的认识，如果对所要选择的职业缺乏必要的了解，那么职业的选择就会带有很大的盲目性，导致理想与现实差距过大，所选的职业也很难发挥他们的才能，就会造成学非所用、用非所长。

职业不仅为人们提供生存的条件，使每个人拥有丰富多彩的生活，而且也为每个人提供施展才华的舞台，使其自身价值有了实现的途径。求职择业，是人生必经的一道门槛，站在求职门槛前的大学生，需要了解职业的基本知识。

一、职业的定义

职业活动是每一个人社会生活中不可缺少的重要内容，对于职业的含义，人们有着不同的看法和认识。《中华人民共和国职业分类大典》对职业作了如下界定："职业是从业人员为获取主要生活来源所从事的社会工作类别。"由此可见，职业由三个基本要素构成：一是劳动；二是有固定的报酬收入；三是承担一定的职责并得到社会的承认。这些要素充分体现了职业是社会与个人、整体与个体的连接点。因此，"职业"是指在业人员所从事有偿工作的种类。例如，从事公共管理和社会管理是国家公职人员的职业，教育和传授知识是教师的职业，治病救人是医生的职业，演戏是演员的职业等。

职业存在于社会分工之中，在不同工作性质的岗位上，人们从事的工作在目标、内容、方式与场所上有很大的差别，也就是说，人们的社会角色是不一样的。一定的社会分工或社会角色的持续实现，就形成职业。职业的含义是随着社会劳动分工的发展而不断变化的。在不同的社会发展阶段，每种职业所包含的性质和内容是有一定差异的，特别是随着科学技术的进步，不同时代相同名称的职业，其内涵也发生了深刻变化，有的职业甚至发生了根本性的变化。

二、职业的作用

没有社会分工就不可能出现职业和职业活动，没有职业也不能实现人与生产资料的有机结合。对于每一个劳动者来说，职业的作用主要体现在以下几个方面。

1. 职业是谋生的手段

在现实社会中，劳动的目的是为了取得一定的报酬，作为生活资料来源的那一部分劳动，即为职业劳动，人们通过参加一定职业岗位上的职业劳动来换取劳动报酬，满足谋生的需要，并积累个人的财富。

2. 职业促进了社会的进步与发展

人们的职业劳动在个人获得谋生的生活资料的同时，也为社会创造了财富。人类社会的生存与发展都是基于劳动创造的，没有社会每个人的职业劳动，也就没有人类社会今日的进步与发展。

3. 职业对人的个性发展具有十分重要的影响

每种职业都有其独特的活动结构，人们通过参加职业活动逐步形成并不断发展与完善自我的个性，随着从业时间增加，个人的智力、知识与技能水平都得到充分的发挥与提高，从而促进了人的个性发展。

三、职业的特性

职业与每个人息息相关，人作为社会的一员，都要在一定的职业岗位上履行自己对社会的义务，同时也接受社会为自己提供的生存和发展条件。在选择职业之前，有必要对职业的特性进行了解。

1. 社会性

职业是社会生产力发展的产物，每一种职业都体现了社会分工的细化，体现了对社会生产和社会进步的积极作用。社会成员在一定的社会职业岗位上为社会做贡献，社会也以全体成员的劳动成果作为积累而获得持续的发展和进步。

2. 时代性

职业随着时代的发展而不断变化，一些新的职业产生，同时又有一些职业被淘汰。并且不同的历史时期具有不同的热门职业，这些热门职业的出现，反映了该时代中人们所热衷的职业，是适应历史发展趋势的必然现象。

3. 差异性

不同的职业间存在着一定差异，其工作条件、工作对象、工作性质均存在差异。同时，这些差异还会随着科学技术的不断进步、经济结构的变化和社会的发展继续加大。

4. 层次性

由于不同职业对人们的受教育程度、素质等要求的不同，不同职业的工作复杂程度、收入水平、社会声望、权力地位、工作环境等因素的不同，职业也就有了层次之分。

5. 技术性

任何一个职业岗位，都有相应的职责要求，即对岗位技术标准、服务要求、职业道德等有特殊的规定。有的职业为了规范从业人员，还需要持证上岗。根据国家规定，须持职业资格证书就业的职业现在已有100多种，这些职业已纳入国家职业资格证书体系，这些领域的从业人员必须持有相应的职业资格证书才能上岗。

6. 同一性

职业也具有一定的同一性，即在某一类别的职业内部，其工作对象、劳动条件、工作内容、生产工具等相同或是相近，使用共同的语言习惯和道德规范，从而形成相同的行为模式。

四、现代职业的发展趋势

在当今社会，科学技术日新月异，促使职业的内容不断更新，对从业者的文化知识和职业技能要求不断提高，职业更新的周期越来越短，新的职业不断涌现，同时必然也会淘汰一些旧的职业。了解职业发展趋势，有助于我们把握机遇、选择自己的理想职业。

1. 新兴职业不断产生

时代变化加速着社会分工的细化，也在迅速催生着新兴职业的产生。科学技术的发展是新兴职业不断产生的动力和源泉。每次新的技术革命，都必然有大批新兴职业产生，如轨道交通行业的产生与发展，促进了一大批相关职业的产生、变化与发展。了解这种变化，特别是关注新职业的发展方向，对于我们跟上时代步伐，获得有发展潜力的新职业是很有必要的。

2. 职业内容不断发生变化

除了新兴职业的不断产生，同一职业的内容随着社会的发展和科学技术的进步在不断地发生变化。例如，火车的牵引传动由蒸汽机车时代到内燃机车时代，再到现在的电力机车时代，火车司机这一职业的工作内容也在不断发生着变化；在古代是靠骑马传送信件，到了现代，除了使用飞机、火车、汽车传送信件外，还可以通过网络传送电子邮件，人们使用电话、电报、传真、卫星通信等手段传送信息，使邮政业的职业内容发生了巨大的变化。

3. 职业对知识与技能的要求越来越高

科技的进步导致未来职业最明显的发展趋势就是单纯体力劳动为主的职业越来越少，脑力劳动的职业会越来越多，知识与技能越来越成为人们谋求职业和胜任工作的基本条件。进入21世纪，脑力劳动的职业在社会职业总额中所占的比例呈愈来愈大的趋势，职业对从业人员的文化知识和职业技能提出了更高的要求，需要更多受过良好教育、掌握最新技术、具备优良职业素养的工人。

4. 职业的流动性增大

在生产力水平低的时候，职业种类较少，可供选择的职业不多，因而职业相对稳定。而现代职业的流动性逐渐增大，择业者选择职业常常受很多客观因素的制约和影响，一个人适合做什么类型的工作有时自己也很难准确判断和把握，因此一个大学毕业生走进社会，可能会经过多次职业流动才能找到一个适合自己才能发挥的岗位，是很正常的事。

5. 不同职业的职业声望大不相同

由于政策导向、就业环境、生产力水平、经济状况以及人们的价值观的不同，导致不同职业的职业声望也大不相同。据媒体报道，中国社会科学院曾在全国63个城市对2599名16岁以上城市居民进行了关于职业声望的抽样问卷调查。在69个职业选项中，我国城市居民最愿做的职业的前10位依次是市长、政府部长、大学教授、电脑网络工程师、法官、检察官、律师、高科技企业工程师、党政机关领导干部、自然科学家。列在后3位的是建筑业民工（第69位）、保姆（第68位）、个体户雇工（第67位）。由此来看，政治权威、科学知识、复杂的职业技能、有较高收入和具有时代象征的产业是我国城市居民在进行职业评价时所看重的。

如果一个人在选择职业时选错了，人职不能匹配，恐怕难有作为。因为职业方向直接决定了一个人的职业发展结果，因而结合自身实际情况，按照"择己所爱，择己所长，择世所需，择己所利"的原则选择职业，就更有利于自己发展，也更易实现自身价值。

第二节　认识职业素养

案例与分析

德国一家汽车制造企业到中国合资开厂，生产汽车。生产出汽车后，检查汽车发动机发现多数不合格。于是仔细检查了设备、配件、生产线，都没有发现问题，德国专家很是苦恼。有一天，德国专家在生产车间巡视，无意中注意了一下工人的操作，发现了问题。原来，按操作规程要求，在安装发动机上的螺丝时要转5圈然后再退半圈，可是工人们在安装时全部都是只转了4圈半，问其原因，他们说：转5圈再退半圈不就是4圈半吗？干吗那么麻烦。

分析： 职业素养的缺失使职业能力很难发挥出应有的效果，两个具备同等职业能力的人，提供的产品和服务往往是不一样的，这些由细节部分决定的质量差别正是由于他们的职业素养水平高低所致。

美国有一项研究表明，在员工被企业开除的原因中，列在前十位的无一涉及工作能力，却都与职业道德有关，如服务态度、责任心、敬业精神等。而一项针对上海6个行业（IT、宾馆、家电、物流、银行、化工）中的10家企业进行的实地调研显示，绝大多数企业十分看重员工的职业道德素质，并把人品、敬业、责任感作为聘用员工的先决条件。企业对人才的需求不再仅仅局限在成绩上，分数第一的不一定能力第一，能力第一的不一定职业素养第一，现在的招聘单位就是要寻找能干、敬业、肯吃苦、讲诚信、有责任感的合适人才。因此，从当今的就业形势来看，只培养学生具有一技之长已明显不足。在职场竞争中，具备综合素质的员工才能更胜一筹，大学生应该注重培养自己的职业素养。

一、职业素养的定义

当今社会竞争激烈，要想取得优秀的工作业绩，被人认可或建立自己的事业，良好的职业素养起着奠基石的作用。职业素养是人类在社会活动中需要遵守的行为规范，是职业内在的要求，是一个人在职业过程中表现出来的综合品质。其具体量化表现为职商（Career Quotient，CQ），它体现了一个社会人在职场中成功的素养及智慧，所以，职业素养是一个人职业生涯成败的关键因素。

二、职业素养的构成

职业素养集中反映着职业人在实践过程中的精神面貌和工作实力，包括显性职业素养和隐性职业素养。显性职业素养即职业技能，隐性职业素养包括职业道德、职业情感、职业态度。职业技能通过学习、训练，在实践中比较容易获得，职业道德、职业情感、职业态度等内在的素养却无法速成。

美国心理学家莱尔·M·斯潘塞和塞尼·M·斯潘塞于1973年提出"素质冰山模型"理论，将企业人员个体素质划分为表面的"冰山以上部分"和深藏的"冰山以下部分"（见图1-1）。其中，"冰山以上部分"包括基本知识、基本技能占20%，而"冰山以下部分"包括社会角色、自我形象、特质和动机，对人的行为与表现起着关键性的作用。如果把一个员工的全部才能看作一座冰山，浮在水面上的是他所拥有的资质、知识、行为和技能，这些就是员工的显性素养，这些可以通过各种学历证书、职业证书来证明，或者通过专业考试来验证。而潜在水面之下的，包括职业道德、职业意识和职业态度，称为隐性素养。显性素养和隐性素养的总和就构成了一个企业员工所具备的全部职业素养。显性素养，即处在水面以上的，一般比较受重视，相对来说比较容易改变和培养，也比较容易见成效。而"水下部分"的隐性素养则经常被忽视。要具备优秀的职业素养，就要重视隐性方面的内容，因为它占职业素养的7/8，同时还深刻地影响着1/8的显性素养。

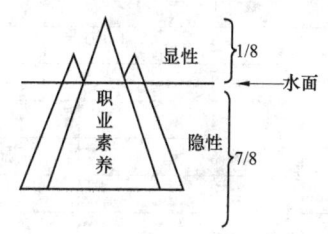

图1-1 职业素养的构成

三、职业素养的特征

职业素养的特征有以下几个方面。

1. 职业性

不同职业的具体工作内容和条件不同，其职业素养也是不同的，如对火车司机的职业素养要求，不同于对医生的职业素养要求。

2. 稳定性

有些职业素养是在长期工作中积累而形成的，一旦形成，便有了相对的稳定性。

3. 养成性

职业人员在长期的职业活动中，经过自己的学习、认识和亲身体验，或者通过模仿、反馈以及慎思，其职业素养可以逐渐积累、内化。

4. 情境性

职业素养主要表现在某一种情境中，有的人工作中非常严谨认真，但在生活中也可能非常随意。

5. 发展性

个人的职业素养是可以通过学习、自身实践和环境影响而逐步发展。

四、企业对员工职业素养的要求

在职场中,为什么有些人做事,老板总是不满意?为什么有些人工作总是没有成就感,厌倦工作?为什么有的人总觉得努力了却得不到提升?为什么工作很多年,却总找不到前进的方向?为什么有些人总是能够得到常识和重用?为什么有些人工作总是有激情很快乐?而这些问题的答案就是你是否具备优秀的职业素养。

《一生成就看职商》的作者吴甘霖总结了比尔·盖茨、李嘉诚、牛根生等著名人物的成功历史,得到了一个宝贵的理念:一个人,能力和专业知识固然重要,但是,在职场中获得成功,最关键的并不在于他的能力与专业知识,而在于他所具有的职业素养。

每个人都渴望拥有一份值得骄傲的职业,渴望自己在事业上获得成功,渴望被他人认可和尊重。企业用人的要素中哪些比较重要?企业对应聘者哪些方面比较看重?如表1-1和表1-2所示,从这两个表格中我们可以看出,大多数企业对员工的隐性职业素养都是比较看重的。

表1-1　　　　　　　　"百家著名企业用人标准研究"用人要素统计

序号	用人要素	提及企业数/家	占企业总比例/%
1	综合素质	46	46
2	团队精神	36	36
3	专业能力和专业背景	32	32
4	创新能力	25	25
5	适应公司文化的能力	23	23
6	发展潜力	21	21
7	外语(英语)能力	20	20
8	社会实践能力与经验	18	18
9	学习能力	17	17
10	沟通能力	14	14

注　仅列出若干要素中的前10项要素。
资料来源:江东,李根珍,惠钢行.大学生职业素养提升[M].北京:新华出版社,2009.

表1-2　　　　　　　　企业对应聘者能力、特征的重视程度

应聘者的能力及特征	看重该项的企业数/家	普遍重视程度/%
创新能力	30	100.0
沟通表达能力	30	100.0
团队精神	30	100.0
忠诚度	30	100.0
工作兴趣	29	96.7
健康状况	29	96.7
外语	29	96.7
工作经验	28	93.3
计算机操作能力	28	93.3
个人信用	27	90.0
性格特征	25	83.3
专业	21	70.0

注　仅列出若干要素中的前12项要素。
资料来源:江东,李根珍,惠钢行.大学生职业素养提升[M].北京:新华出版社,2009.

第三节 职业素养的培养

案例与分析

武汉动车段员工腾明作毕业于湖南铁道职业技术学院轨道交通系车辆071班,自2010年毕业至今,先后荣获过"湖北省行业技术能手"、"湖北省杰出青年岗位能手"及武汉铁路局"先进生产者"等荣誉称号。他说:"要以铁的纪律严格管理好自己,在时间观念上要绝对的守时、准时;管理上绝对地服从领导安排;工作上认真履职尽责;不怕苦不怕累,踏实肯干。"在校学习期间的他成绩优异,表现优秀,每天早上六点半起床和武术协会的同学一起晨跑,参加了科技创新协会,充分利用大学的时光来锻炼自己各方面的能力,曾获得国家励志奖学金,被评为"优秀学生干部"等。

分析:一般来说,大学生能否顺利就业并取得成就,在很大程度上取决于个人的职业素养,职业素养越高的人,获得成功的机会就越多。大学生在校期间,可以有意识地加强自己职业素养的培养,为自己的职业生涯奠定良好的基础。

从个人的角度来看,如果个人缺乏良好的职业素养,就很难取得突出的成就,更谈不上建功立业;从企业的角度来看,唯有拥有具备较高职业素养的员工,才能提高企业的市场竞争力,使企业在激烈的市场竞争中生存与发展;从国家的角度看,国民职业素养的高低直接影响着国家经济的发展,进而影响到社会的稳定。因此,必须加强对个人职业素养的培养。

一、当代大学生职业素养现状

在大学生的就业过程中,一方面是大学生就业难,另一方面则是企业招聘不到合适的人才,这反映出当代大学生的职业素养存在着一定的缺失。在读大学生职业素养的缺失有其特有的特征,主要表现在职业认知模糊、职业精神缺失、职业行为失范3个方面。

1. 职业认知模糊

有很大一部分大学生是在父母与亲友的帮助或建议下来选择专业的,他们不了解所学专业,也不了解专业对应的工作岗位,更不知道自己适合干什么、想干什么。"工作轻松、收入高、单位稳定"是他们认定好工作的一致标准,相当一部分大学生在就业时抱着"随大流"的思想,盲目跟从,至于自己的职业兴趣、人职匹配度则缺少考虑,没有职业理想,不能对自己进行职业生涯规划。

2. 职业精神缺失

有一部分大学生,进入大学后就开始"享受"着无约束的大学生活,只想"混"到一纸毕业证书,毕业后找一份工作,在大学中经常旷课、迟到、早退,上课睡觉、玩手机,更是常有的现象。他们在大学中没有团队意识,不愿跟人去沟通,更不肯吃苦参加社会实践,其职业精神缺失严重。

3. 职业行为失范

人的价值和对社会的贡献无不通过一定的职业及具体岗位实现的,刚毕业的大学生在职业行为中存在"重舒适安逸、轻辛苦付出,重个人表现、轻团队合作,重荣誉回报、轻长远发展"等现象。有的人习惯抱怨,有的人不能承受工作压力,有的人工作懒散,有的人很难与上司和同事相处，有的人动不动就跳槽，有的人对上不上班本身就无所谓，甚至有的人还没有去上班就违约。

二、大学生职业素养培养的重要性

1. 有助于大学生的就业

职业素养越来越受用人单位的重视，有良好职业素养的学生更受用人单位的欢迎，当一个人的职业素养不符合用人单位的要求时，就会影响就业，甚至刚就业就受到用人单位的解约。对大学生进行职业素养的培养，能够提高大学生的就业竞争力，有助于大学生的就业。

2. 有助于大学生未来职业的成功

一个人缺乏良好的职业素养，就很难取得突出的工作业绩，更谈不上取得职业的成功。大学生只有严格要求自己，注重培养自身的职业素养，为自己今后的职业生涯发展打下坚实的基础，才能更快地适应职业岗位的要求，成长为训练有素的骨干人才，进而取得未来职业的成功。

三、大学生职业素养培养的主要内容

职业素养的培养应该着眼于整座"冰山"，并以培养显性职业素养为基础，重点培养隐性职业素养。作为大学生来说，虽然没有职业经历，但仍要在大学期间学会自我培养。

1. 培养显性职业素养

职业行为和职业技能等显性职业素养比较容易通过教育和培训获得。目前，我国大学生的显性职业素养大都可以通过学校开设的各种专业课程以及公共课程获得，学校各专业的人才培养方案是针对社会需要而制订的，旨在使学生获得系统化的基础知识、专业知识、专业技能，并培养学生的学习能力与学习习惯。因此，大学生要积极完成在学校的学习任务，进行知识、技能等显性职业素养的培养。

2. 培养隐性职业素养

隐性职业素养是显性职业素养的内驱力，只有具备了较高的隐性职业素养，才会自觉主动地表现出较好的显性职业素养。事实表明，很多大学生的隐性职业素养，尤其是独立性、责任心、敬业精神、团队意识、人际沟通、职场礼仪等方面存在不足。因此，大学生要通过日常的交往、校园活动、社会实践等，有意识地培养职业道德、职业态度、职业作风等方面的隐性素养。本书的其他章节也主要是针对隐性职业素养进行相关的阐述。

四、大学生职业素养提升的主要途径

在所有的影响因素中，内因起决定性作用。大学生只有提升认识，通过自身的不懈努力，才能更好地提升自己的职业素养。

1. 了解职业素养的主要内容

当今社会对员工职业素养的要求越来越高，职业素养是职场生存的基础，是大学生适应社会与取得职业成功的基本素质。大学生要充分发挥自身的主观能动性，在校期间要通过网络、参加讲座、课堂等多种途径，了解用人单位对员工的职业素养要求，了解职业素养的主要内容，认识培养职业素养的重要性，从而制订计划，有步骤地提升自己的职业素养。

2. 学习理论知识与专业技能

一方面，认真学习本专业的基础知识、专业知识、专业技能，提升自己的显性职业素养；另一方面，学习职业素养相关的理论知识，为提升自己的隐性职业素养奠定基础。并且在学习的过程中锻炼自己的自学能力，养成良好的学习习惯。

3. 参加各种活动与社会实践

一方面，通过参加各种校内活动、社会实践等来锻炼自己，树立职业意识，培养自己的社会责任感和使命感，学会与人沟通、团队合作，在参与活动的过程中培养自己的隐性职业素养；另一方面，通过参加各种校内活动、社会实践等来检验自己，了解自己的职业素养水平，在认识别人、认识社会的过程中发现自己，认识自己，评价自己，从而明确自己在职业素养中的缺失，并不断进行改进。

拓展阅读

受企业青睐的人才

下面的这些企业都是在世界上同行业中处于领先地位的企业，它们的成功在很大程度上取决于员工的优良素质和条件。

1. 世界银行：基本条件是跳过3次槽

应聘世界银行，起码要跳过3次槽。因为世界银行认为，对于经常需要考查、验资的银行人员来说，知己知彼非常重要，所以，应聘世界银行的基本条件是至少要有3种以上不同行业的工作经历。

2. 微软：寻找"聪明"人，不限于计算机专业，青睐"失意者"和具有冒险精神的人

微软一直在寻找自己需要的聪明人，而聪明人的含义又很特别。微软有自己的一套办法考查人的"聪明"程度。比如，微软的招聘人员会给你"3388"四个数字：看你能不能在最短时间内通过加减乘除得出24。还有一些问题，更是"刁钻古怪"，比如考官会问你"美国有多少加油站"等。而这些问题当然不是考你的记忆力和常识，事实上也没有什么标准答案，关键是考查你分析问题的能力，如何找到一个切入点。

微软是赫赫有名的IT行业巨头，但这并不意味着它只招聘计算机人才。以清华大学为例，微软全球技术中心2001年在清华大学招了19个学生，其中计算机及相关专业的有9人，而精密仪器、化学、生物、核能等非计算机专业的学生有10人，突破了以往"计算机及相关专业的学生占大多数"的模式。

"微软之王"比尔·盖茨认为：当一个人为生计发愁时，他就会发挥自己的潜能，进行创造性思维。因此，盖茨一旦发现本行业中比较出色、但又因所在公司经营败落而失业的人才，就会在适宜的时候聘他来微软工作。

微软还青睐具有冒险精神的人。要想成为微软的一员绝非易事，你要对软件有浓厚的兴趣，还要有丰富的想象力和敢于冒险的精神，微软宁愿冒失败的危险选用曾经失败过的人，也不愿意录用一个处处谨慎却毫无建树的人。

3. 联想：选人标准是有上进心、悟性强

联想集团董事局主席柳传志选人有两条标准：第一，看有没有上进心。年轻人能不能被培养，上进心强不强非常重要。企业真正要做好，总得有一批这样的人，真的是为国家、为民族富强，把职业变成事业的人。纯粹求职的人，在联想没有大的发展。第二，看悟性强不强。什么能妨碍悟性的发展呢？是自己对自己的评价过高。悟性无非是善于总结的意思，但

过高地看自己，容易忽视别人的经验，不能领悟别人的精彩之处，这种人挺多。有很多人有一定的能力，聪明而已，达不到智慧的程度。有的人个性很强，强到外力砸不破的时候，这个人也没有培养前途。

4. SAP：注重发展潜力，不在乎学历学位

德国 SAP 公司成立于 1972 年，发展迅猛，很快成为全球第四大独立软件供应商，也是软件解决方案供应商。1998 年 1 月 1 日，SAP 北京开发中心成立，在上海、广州等地设有分公司。SAP 看重于一个人的素质潜力，因为在 SAP 看来，技术和知识都是可以经过实践来获得的，而人员的素质、品德是与生俱来的，与学历的高低并没有必然的联系。影响一个人的工作表现并不仅仅是学历和技术，工作的态度和敬业精神以及对企业的忠诚等，对员工个人的工作表现，对整个企业的影响，往往更重要。所以，SAP 在招聘员工时并不在乎对方现有的学位和文凭，而更在乎他还能吸收多少新知识，还能提高多少，只要有这个空间，进入 SAP 之后，经过培训、学习以及具体企业文化的熏陶，成长就有可能。

5. UPS：第一要求是清廉

UPS（United Package Service，美国联合包裹速递服务公司），创办于 1907 年，现在已经成为全球速递行业的"四大巨头"之一。清廉是 UPS 对员工素质的第一要求。

为了保证员工具有较高的清廉素质，UPS 着重采取了三条措施：①在招聘过程中，通过"目测"和"心测"的方法来选人；②通过试用期选人；③采用一套行为科学的测试机制，给员工打分。

6. 宝洁：放在第一位的是诚实正直，热心社会活动者优先

尽管时代一天天在变化，但那些具有传统的"侠义之风"的应聘者是宝洁最期待的。这些素质可以概括为诚实正直、勇于承担风险、积极创新、发现问题和解决问题的能力、不断进取。这几方面密不可分、相互联系。其中，诚实正直排在第一位。

此外，如果你去宝洁公司的"飘柔"应聘，常常会被问到是否经常参加学校的活动或组织过哪些活动，而热心社会活动的学生，宝洁会优先考虑聘用的。

7. 英特尔：聘人的首要条件是企业文化认同，青睐"得 3 分的人"，对经理人才的要求更高

客户第一、自律、质量、创新、工作开心、看重结果——这是英特尔的企业文化和企业精神。

英特尔聘人的首要条件就是认同这个精神与文化。因为这是英特尔的凝聚力所在。在英特尔看来，得 3 分（成绩中等偏上）的人也许更可取。英特尔在人们的印象中是一个不断推陈出新、升级换代的品牌，其创新精神在招聘过程中也有充分的体现。英特尔在各高校招聘应届毕业生时，愿意招聘那种虽是 3 分却富有创新意识的学生，最好是在校期间就完成过颇有创意性的项目。

英特尔公司对人才有更高的要求。首先，要有专长，比如计算机、公关等，这是最基本的素质。其次，与人相处的能力，因为经理得与大家一起，靠大家来开展工作。英特尔对经理的评价也是看他领导组织的业绩，而不是看他本人。所以，作为经理人才，英特尔看重的是既有个人专长又有领导才能。

8. 雅虎：合适的人才是热爱生活、有影响力、有人际技能、能收能放的人

美国雅虎公司是一个创新企业，对于什么是合适人才自有一套标准：

（1）热爱生活。应聘者要对生活充满热爱，只有热爱生活的人，才能替公司干大事，而且在生活中成就大事。

（2）影响力。雅虎所聘用的人必须结识一批英才，因为雅虎常常利用企业内部员工的关系网网罗人才。

（3）人际技能。雅虎聘用的任何员工短期内都要负责管理他人的工作，因此，雅虎的员工必须具备良好的建立人际关系的能力。

（4）能收又能放：应聘者不仅能干实事，而且能看到全局。

9. 美的集团：更欢迎具有电子科技专业知识和经济管理、市场营销专业知识的人才

美的集团是一家电子科技企业，所以美的集团需求量最大的是两类人才：一类是从事技术工作的电子科技方面的科研人员，另一类是从事经济工作的企业经营管理和市场营销人员。相应地，这两类专业及与之相关专业的人员是美的最主要的招聘对象，而纯文科的人才需求较小。

10. 斯伦贝谢公司：更看重团队精神

法国斯伦贝谢公司是一家从事石油勘探以及原油的开采、加工设备销售等方面业务的大型跨国公司，它更看重应聘者的团队精神。对此，斯伦贝谢中国分公司人力资源部的刘华女士解释说，在当今社会里，企业分工越来越细，任何人都不可能独立完成所有的工作，他所能实现的仅仅是企业整体目标的一小部分，因此，团队精神日益成为一个重要的企业文化因素，它要求企业分工合理，将每个员工放在正确的位置上，使他能够最大限度地发挥自己的才能，同时又辅以相应的机制，使所有员工形成一个有机的整体，为实现企业的目标而奋斗。对员工而言，它要求员工在具备扎实的专业知识、敏锐的创新意识和较强的工作技能之外，还要善于与人沟通，尊重别人，懂得以恰当的方式同他人合作，学会领导别人与被别人领导。

11. 万科：德才兼备，以德为先

万科是一家实力雄厚、声誉卓越的专业房地产公司。万科对人才素质要求的首要原则是"德才兼备，以德为先"。"德才兼备"当然是最理想的，这样的人才万科最需要，但在现实中不可能对所有人都提出这种苛刻的要求，在这种情况下，万科更强调"以德为先"。这里的"德"主要是指职业道德、职业心态，有良好职业道德和良好职业心态的人，才是万科所欢迎的。

名人寄语

丘吉尔（英国）：不能爱哪行才干哪行，要干哪行爱哪行。

吴玉章（中国）：人生在世，事业为重。一息尚存，绝不松劲。东风得势，时代更新，趁此机，奋勇前进。

恩格斯（德国）：谁肯认真地工作，谁就能做出许多成绩，就能超群出众。

卡耐基（美国）：不论男女，对于为了生活而工作的人，我绝不寄予同情；对于不能专心于自己工作的人，我为他们感到悲哀。年轻的时候，不能够找到自己所喜好的工作而将热忱灌注在工作里，对这种人而言，是一生的悲剧。

推荐图书

[1]（美）鲍利斯. 你的降落伞是什么颜色的［M］. 刘宁译. 北京：中信出版

社，2010.

[2] 余知行. 快乐工作 [M]. 北京：中华工商联合出版社，2012.

[3]（美）白金汉. 现在，发现你的职业优势 [M]. 苏鸿雁等译. 北京：中国青年出版社，2011.

[4] 吕国荣. 一流员工的十大职业素养 [M]. 北京：中国纺织出版社，2014.

[5] 吴甘霖. 一生成就看职商 [M]. 北京：机械工业出版社，2006.

课后思考

1. 分析你所学专业对应职业的发展趋势。
2. 如何提升自己的职业素养？

第二章 职业道德

本章学习目的

通过本章的学习,了解职业道德的基本知识,认识职业道德的主要内容,明确铁路职业道德的基本原则与主要内容。

本章内容描述

职业道德是从职业活动中引申出来的、与人类的职业生活紧密联系在一起,并在人们的职业生活中逐步形成和发展起来的,是职业素质的灵魂。本章主要介绍什么是职业道德,职业道德的作用、特点及主要内容,铁路员工职业道德培养等。

本章核心概念

职业道德就是人们在职业活动中必须遵循的、具有相关职业特征的道德规范和准则。

第一节 职业道德及其意义

案例与分析

某车站为了杜绝野蛮装卸,增强尊客爱货的自觉性,曾组织装卸工参加工厂的电视机、电冰箱生产线,请技术人员介绍产品原理和装卸过程中的注意事项。通过参观访问,装卸工们深切地认识到由于装卸时粗心大意、方法不当会影响家电产品的质量甚至报废。一位装卸工说:"看看人家生产时的认真劲,咱买电视机、电冰箱时的细心劲,比比咱在装卸时满不在乎的态度,实在惭愧。"从此这个车站野蛮装卸的现象越来越少,尊客爱货的人与事却越来越多了。

分析:爱岗敬业是职业道德的主要内容之一,无论你从事什么职业,在职业活动中都应该具备相应的职业道德,这也是社会进步和人人成就事业的基本要求和关键所在。职业道德素质的高低直接影响员工思想道德素质的高低,从而影响着人的整体素质的高低。

人的品德、精神境界、价值观念主要是通过职业活动体现出来,通过职业活动可以展示一个人总的精神风貌和道德情操。职业生活是否顺利,是否成功,既取决于个人专业知识和技能,更取决于个人的职业道德素质。每个从业人员,不论是从事哪种职业,在职业活动中都要遵守道德。一个人也只有养成高尚的职业道德素质,才能取得事业的成功。

一、职业道德的含义

职业是从业人员为获取主要生活来源所从事的社会工作类别。道德是调节个人与自我、他人、社会和自然界之间关系的行为规范的总和,是靠社会舆论、传统习惯、教育和内心信念来维持的。简单地说,道德就是讲人的行为"应该"怎样和"不应该"怎样的问题。职业道德是从职业活动中引申出来的、与人类的职业生活紧密联系在一起,并在人们的职业生活中逐步形成和发展起来的,是职业素质的灵魂。

职业作为一种社会现象,它是社会分工及发展的结果。随着社会分工越来越细,人类的职业生活越来越丰富,各种职业越来越繁多,形成了社会中错综复杂的职业关系。而职业关系作为人的社会关系的一个重要方面,对人们的道德意识和道德行为、对整个社会的道德习俗和道德传统产生了重大的影响。各种职业生活、职业活动,不仅反映社会道德状况,而且对于个人的道德行为和道德品质的形成起着重大作用。

所谓职业道德,就是人们在职业活动中必须遵循的、具有相关职业特征的道德规范和准则。或者说,职业道德就是调整职业、职业之间、职业与社会之间的多种关系的行为准则。它以职业分工为基础,同实践职业活动紧密联系在一起。

首先,在内容方面,职业道德总是要鲜明地表达职业义务、职业责任以及职业行为上的道德准则。它不是一般地反映社会道德和阶级道德的要求,而是要反映职业、行业以至产业特殊利益的要求;它不是在一般意义上的社会实践基础上形成的,而是在特定的职业实践的基础上形成的,因而它往往表现为某一职业特有的道德传统和道德习惯,表现为从事某一职业的人们所特有道德心理和道德品质。

其次,在表现形式方面,职业道德往往比较具体、灵活、多样。它总是从本职业的交流活动的实际出发,采用制度、守则、公约、承诺、誓言、条例,以至标语口号之类的形式,这些灵活的形式既易于为从业人员所接受和实行,而且易于形成一种职业道德习惯。

再次,从调节的范围来看,职业道德一方面是用来调节从业人员内部关系,加强职业、行业内部人员的凝聚力;另一方面,它也用来调节从业人员与其服务对象之间的关系,用来塑造本职业从业人员的形象。

最后,从产生的效果来看,职业道德既能使一定的社会或阶级的道德原则和规范的"职业化",又使个人道德品质"成熟化"。职业道德主要表现在实际从事一定职业的成人的意识和行为中,是道德意识和道德行为成熟的阶段。职业道德与各种职业要求和职业生活结合,具有较强的稳定性和连续性,形成比较稳定的职业心理和职业习惯。

二、职业道德的社会作用

职业道德是社会道德体系的重要组成部分,它既具有社会道德的一般作用,又具有自身的特殊作用,具体表现在:

1. 有助于调节职业交往中从业人员内部以及从业人员与服务对象间的关系

职业道德的基本职能是调节职能。一方面,职业道德可以调节从业人员内部的关系,即运用职业道德规范约束职业内部人员的行为,促进职业内部人员的团结与合作。如职业道德规范要求各行各业的从业人员,都要团结互助、爱岗敬业、齐心协力,为发展本行业、本职业服务。另一方面,职业道德可以调节从业人员和服务对象之间的关系。如职业道德规定了制造产品的工人要怎样对用户负责,营销人员怎样对顾客负责,医生怎样对病人负责,教师怎样对学生负责等。

2. 有助于维护和提高本行业的信誉

一个行业、一个企业的信誉,也就是它们的形象、信用和声誉,是指企业及其产品与服务在社会公众中的信任程度，提高企业的信誉主要靠产品质量和服务质量，而从业人员职业道德水平高是产品质量和服务质量的有效保证。若从业人员职业道德水平低下，则很难生产出优质的产品和提供优质的服务。

3. 有助于促进本行业的发展

行业的发展有赖于高经济效益，而高经济效益源于高员工素质。员工素质主要包含知识、能力、责任心三个方面，其中责任心是最重要的。而职业道德水平高的从业人员，其责任心是极强的，因此，职业道德能促进本行业的发展。

4. 有助于提高全社会的道德水平

职业道德是整个社会道德的主要内容。一方面，职业道德涉及每个从业者如何对待职业，如何对待工作，同时也是一个从业人员的生活态度、价值观念的表现；是一个人的道德意识、道德行为发展的成熟阶段，具有较强的稳定性和连续性。另一方面，职业道德也是一个职业集体、甚至一个行业全体人员的行为表现，如果每个行业、每个职业集体都具备优良的道德，那么对整个社会道德水平的提高也会发挥重要作用。

三、职业道德的特点

职业道德和社会公德、婚姻家庭道德一样，都有道德规范，都是依靠社会舆论、人们的信念、传统习惯和教育的力量来维系的，这是共性。但是，职业道德作为道德的一个特殊领域和行为调节手段，具有以下特点：

1. 行业性

职业道德与职业活动紧密联系，具有职业特征。职业的责任、义务和专业内容决定了职业道德的规范。随着职业活动的复杂化，它的内容和要求也将随之发展和完善。每一种职业道德规范只适用于一定的职业活动领域。如医生的道德规范主要是治病救人、救死扶伤，营业员的道德规范主要是公平买卖、信誉第一等。一般来说，职业道德的行业性主要体现在两个方面：一是调节他们同所服务对象之间的关系；二是调节同一职业内部人与人之间的关系。

2. 继承性

职业道德是在特定的职业实践中形成的，因此，历史上延续下来的职业活动具有一些共同的性质和特点，所以一定社会的职业道德具有明显的继承性。这种继承性常常表现为从事某一职业的人们所特有的道德传统和道德习惯，表现为从事某一特定职业的人们所特有的道德心理、道德品质和职业语言等。古往今来，教师的道德规范都强调"学而不厌，诲人不倦"。这一道德规范，是教育工作领域所特有的教与学、师与生的关系反映。但是，不同社会形态的职业道德的继承性是相对的，它要受当时经济关系的制约和占统治地位的道德原则的影响。因而，不同社会形态下的教师道德规范又呈现差异性。

3. 多样性

社会上有多少种职业，就会有多少种职业道德。各种职业道德规范，是人们在长期职业活动中总结、概括、提炼出来的，并且随着社会的发展，职业道德的内容也不断调整、补充。从而，职业道德具有多样性。

4. 约束性

各种职业为便于指导工作和实施职业行为，大多根据本职业的特点要求，采用一些诸如规章制度、工作守则、生活公约等简明适用、简便易行的形式，使职业道德规范具体化，既生动活泼，又易于实践。正因为如此，职业道德对从事职业活动的人们的道德行为就具有较强约束性。

第二节 职业道德的主要内容

案例与分析

有一位残疾人，家境贫寒，既无文凭又无手艺，工作自然不好找，但他也渴望着自己能养活自己。后来他所在的小区居委会给他安排了一个看小区自行车的工作，每月800元。这位残疾人对这份工作投入了极大的热情，每天都干得不亦乐乎，他认真服务每位来存车的人，细心看护存在这里的每辆车，他觉得自己在发挥应有的价值，对他而言，便是在幸福地工作。这位残疾人用他的热情看守小区的车辆，得到大家的认可，幸福地实现着他人生的价值。

分析：没有对岗位工作的热爱、缺乏对岗位工作的珍惜，从业者的岗位责任就无从谈起，也就做不好本职工作。要像热爱生命一样热爱工作，选择你所爱的工作，爱你所选择的工作。

尽管不同职业的职业道德内容不尽相同，但是各种不同职业的职业道德都有其共同的基本内容。我国《公民道德建设实施纲要》提出了职业道德的基本内容，即"爱岗敬业、诚实守信、办事公道、服务群众、奉献社会"。

一、爱岗敬业

爱岗敬业，反映的是从业人员热爱自己的工作岗位，尊重自己所从事的职业的道德操守。其表现为从业人员勤奋努力、精益求精、尽职尽责的职业行为。这是社会主义职业道德的最基本的要求。

一份职业，一个工作岗位，都是一个人赖以生存和发展的基础保障。同时，一个工作岗位的存在，往往也是人类社会存在和发展的需要。所以，爱岗敬业不仅是个人生存和发展的需要，也是社会存在和发展的需要。爱岗敬业是一种普遍的奉献精神，我们要遵守爱岗敬业的基本要求。

第一，乐业。从内心里热爱并热心于自己所从事的职业和岗位，把干好工作当作最快乐的事，做到其乐融融。

第二，勤业。忠于职守，认真负责，刻苦勤奋，不懈努力。

第三，精业。对本职工作业务纯熟，精益求精，力求使自己的技能不断提高，使自己的工作成果尽善尽美，不断进步。

乐业、勤业、精业三者是相辅相成的。乐业是爱岗敬业的前提，是一种职业情感；勤业是爱岗敬业的保证，是一种优秀的工作态度；精业是爱岗敬业的条件，是一种执着的完美的追求。人们要正确看待职业待遇和职业声望，正确处理自主择业和爱岗敬业的关系，做到只要在位一日，就要在现职岗位上兢兢业业地做好本职工作。

莱芜东火车站扳道员王春义，自1980年参加铁路工作以来，始终坚守在枯燥寂寞的行车岗位上。他几十年如一日，无怨无悔、默默奉献，遵章守纪，用"标准已成习惯"的工作作风彰显了一个普通铁路职工爱岗敬业的高尚情怀。在铁路众多的行车岗位中，扳道员工种是处于职级序列的最底层，无论是工资收入，还是福利待遇，都是最低的；而轮班制的工作性质，无论昼夜寒暑，节假日，年年循环往复。王春义像陀螺一样昼夜坚守在苦、累的岗位上，苦中作乐，和大家日夜奔波不止，不畏风霜寒暑，扳动道岔数十万次，用辛勤的汗水保证着铁路的安全畅通。

爱岗敬业是遵纪守法在职业生涯中个人能力素质的客观反映。有的从业者能够做到遵纪守法，但对岗位工作存在消极的态度，对工作提不起兴趣，觉得没事做正好，总认为自己工资太少，这些人是守法公民，却很难被认定为一个合格的从业者。

二、诚实守信

诚信自古以来就是立人之本、成事之本、立业之本、治国之本。诚，就是真实不欺，尤其是不自欺，主要是个人内在品德；信，就是真心实意地遵守履行诺言，特别是注意不欺人，它主要是处理人际关系的准则和行为。诚实守信作为一种职业道德就是指真实无欺、遵守承诺和契约的品德和行为，忠诚地履行自己承担的义务是每一个现代公民应有的职业品质。

"以诚实守信为荣、以见利忘义为耻"是社会主义荣辱观的重要内容。人无信无以立，职业无信也不能立。诚实守信，不仅是做人的准则，也是对从业者的道德要求，即从业者在职业活动中应该诚实劳动，合法经营，信守承诺，讲求信誉。

我们常用"一诺千金"来形容一个人讲信用，说话算数。秦末有个叫季布的人，一向说话算数，信誉非常高，许多人都同他建立起了深厚的友情。后来，他得罪了汉高祖刘邦，被悬赏千两黄金捉拿。结果他旧日的朋友不仅不被重金所惑，而且冒着灭九族的危险来保护他，使他免遭祸殃。一个人诚实有信，自然得道多助，能获得大家的尊重和友谊。

1596 年，荷兰巴伦船长的商船因冰封而受困于北极圈内的三文雅时，在－40℃的严寒中，宁肯饿死、冻死，也不动用为客户托运的衣物和药品，以致有 8 名船员因此死亡，最终完好无损地把货物送到委托人手中。荷兰人用生命捍卫的诚信，赢得了海运贸易的世界市场。也有商家不讲诚信而破产的，2001 年中秋节前，南京冠生园将陈馅翻炒后，再制成月饼出售的事件，被媒体披露曝光后，当天就被各地商家撤下柜台，许多商家甚至向消费者承诺：已经售出的冠生园月饼无条件退货。南京冠生园食品厂被全面停产整顿。尽管后来经检测"合格"，可以重新上柜，但冠生园月饼再也销不动了，因此被逐出了月饼市场，公司的其他产品也很快受到"株连"，没人敢要。南京冠生园从此一蹶不振，申请宣告破产。南京冠生园的破产其实是信誉破产，媒体曝光只是导火线，并非因果关系，而其信誉缺失迟早会出现这种结局。南京冠生园以牺牲信誉为代价攫取利益，无异于杀鸡取卵式的自杀行为。一家具有几十年历史的知名老字号企业倒下了，给我们留下了深刻教训。

人的一生，一是学做人，会做人；二是学做事，会做事。而无论是做人还是做事，都离不开诚实守信的基本原则。大学生应该积极倡导"以诚实守信为荣、以见利忘义为耻"的好风尚，身体力行，率先垂范，做诚实守信的积极实践者、坚定维护者。

三、办事公道

办事公道是在爱岗敬业、诚实守信的基础上提出的更高一个层次的职业道德的基本要求。办事公道需要有一定的修养基础。办事公道是指处理各种职业事务要公道正派、不偏不倚、客观公正、公平公开。对不同的服务对象一视同仁、秉公办事，不因职位高低、贫富亲疏的差别而区别对待。那么，怎样才能做到办事公道？

1. 热爱真理，追求正义

办事是否公道关系到一个以什么为衡量标准的问题。要办事公道就要以科学真理为标准，要有正确的是非观，公道就是要合乎公认的道理，合乎正义。不追求真理，不追求正义的人办事很难会合乎公道。现实生活中，许多人是非观念非常淡薄，在他们眼中无所谓对与错，只有自己喜欢不喜欢，把自己摆在一个非常突出的地位。

2. 坚持原则，不徇私情

只停留在知道是非善恶的标准是不够的，还必须在处理事情时坚持标准，坚持原则。为了个人私情不坚持原则，是做不到办事公道的。

3. 不谋私利，反腐倡廉

俗话说"利令智昏"。私利能使人丧失原则，丧失立场，从古至今有多少人拜倒在金钱的脚下。拿了人家的钱就要替人家办事，那是无法做到办事公道的。因此，只有不谋私利，才能光明正大，廉洁无私，才能主持正义、公道。

4. 不计个人得失，不怕各种权势

要办事公道，就必然会有压力，会碰上各种干扰，特别会碰上那些不讲原则，不奉公守法的有权有势者的干扰。遇到压力和干扰时可能有两种态度，一种是为了促使自己免受压力，就会向有权有势者屈服；另一种是大公无私，不计个人得失，不怕权势，坚持办事公道。很显然要办事公道，就必须坚持后者。

5. 有一定的识别能力

真正做到办事公道，一方面与品德相关，另一方面与认识能力有关。如果一个人认识能力很差，就会难辨是非的标准，分不清原则与非原则，就很难做到办事公道。所以，要做到办事公道，还必须加强学习，不断提高认识能力，能明确是非标准，分辨善恶美丑，并有敏锐的洞察力，这样就能公道办事。

四、服务群众

服务群众，就是在职业活动中一切从群众的利益出发，为群众着想，为群众办事，为群众提供高质量的服务。

服务群众是职业道德要求的一个基本内容。职业人员在职业活动中要全心全意为人民服务。为人民服务是职业的灵魂，在服务过程中要做到热心、耐心、虚心、真心，一切从群众的利益出发，为群众排忧解难，为群众出谋划策，提高服务质量。

孙奇是呼和浩特铁路局呼和浩特站客运车间售票员，被旅客亲切称为"贴心人"、"活雷锋"。为减少旅客排队购票时间，她常常连续七八个小时不喝水、不上洗手间。她长期学习雷锋、助人为乐，从售出每张车票时的贴心提示到捡拾遗失物品四处寻找失主，从援助身无分文的旅客返乡到帮助离家出走的孩子和走失旅客找到家人，累计做好事上千件。她在售票岗位工作期间，售票100多万张，加班100余小时，总结提炼出"七字售票作业法""十二句服务规范用语"，被所在路局客运系统广泛推广，打造了以自己名字命名的"孙奇党员售票示范窗口"。为了熟练掌握过往旅客列车的停车站代码，她每天起早贪黑背诵温习，仅用25天就记住了56趟过往旅客列车1120个停车站代码；她把《铁路旅客运输管理规则》《铁路旅客运输规程》《运价里程表》随身携带，见缝插针、随时随地学习，不断总结实践，很快成为售票窗口的业务排头兵。她苦练岗位技能，练就了"话音落、车票出"的硬本领，以日售车票2430张的优异成绩，刷新了全局单日售票纪录。2010年年底，孙奇被检查出卵巢癌晚期，她带病学习客运服务新知识，病情稍有好转就回到单位。治疗间隙，她仍不忘征求旅客对铁路工作的意见。服务群众就要树立服务群众的观念，对群众热情周到，即对服务对象以主动、热情、耐心的态度；满足群众的需要，即努力为群众提供方便，想群众所想，急群众之所急。

五、奉献社会

奉献社会就是要求从业人员在自己的工作岗位上树立起奉献社会的职业理想，并通过兢兢业业地工作，履行对社会、对他人的义务，自觉为社会和他人做贡献，尽到力所能及的责任。当社会利益与局部利益、个人利益发生冲突时，要求每一个从业人员把社会利益放在首位。

奉献社会是社会主义职业道德中的最高境界，体现了社会主义职业道德的最高目标和最终目的。奉献，就是不期望等价的回报和酬劳，而愿意为他人、为社会或为真理、为正义献出自己的力量，包括宝贵的生命。在职业活动中，它要求各行各业的从业人员能够在工作中不计较个人得失、名利，不以追求报酬为最终目的的劳动和付出。一个人不论从事什么行业的工作，不论在什么岗位，都可以做到奉献社会。奉献社会不仅有明确的信念，而且有崇高的行动。奉献社会的精神主要强调的是一种忘我的全身心投入精神。当一个人专注于某种事业时，关注的是这一事业对于人类、对于社会的意义。为此而兢兢业业，任劳任怨，不计较个人得失，甚至不惜献出自己的生命，这就是伟大的奉献社会的精神。

2006年7月15日，几百年不遇的洪水袭击了乐昌市，市区到处听到楼房倒塌声。至7月16日凌晨，乐昌市区武江河最高水位是93.99米，超过警戒线6.19米，为乐昌历史之最。此时，乐昌市区武江公路大桥已被洪水冲垮，而武水铁路大桥也岌岌可危，已经被洪水淹没至桥面，大桥开始摇晃。当时如果这座铁路大桥也被洪水冲垮，半年内群众将无法乘坐火车。如果不及时保住大桥、保住城市交通，后果将不堪设想，数十万乐昌市民将困守孤城。在这关键时刻，16日凌晨，广州机务段火车司机余国新、刘明宗所开的列车向武水大桥方向开进了。由于路况不明，加上列车又是重载，因此列车运行的速度非常慢，从出发点到大桥中央短短的1.2公里，竟然走了一个多小时。让余国新两人觉得庆幸的是，他们将列车开到武水大桥桥面后，大桥的晃动没有之前厉害，这说明重车保桥效果明显。3个小时后，李庆文、盛杰的列车也开上了大桥。16日凌晨4时，尽管狂风还在刮，暴雨还在下，洪水还在冲击着大桥，但两列重车已经稳稳地压在武水大桥之上。远远看去，就像两条巨龙攀附在大桥上，场面壮观。但是如果当时桥塌下了，由于列车巨大重量，一定会被压在江底，他们四个人没有任何生还的可能。广铁集团的4名火车司机余国新、刘明宗、李庆文、盛杰冒着生命危险，不顾个人安危，开着列车紧紧压住正在经受洪水冲击的武水大桥，整个压桥过程持续了 32 小时，使大桥没有被洪水冲垮。

奉献社会是一种人生境界。奉献社会不仅要有明确的信念，而且要有崇高的行为。奉献社会是职业道德的出发点和归宿。其实，奉献不难做到，奉献就在身边。在日常生活中，我们每个人无论身居何职，都在有意无意地自我奉献着，也在不知不觉中享受着他人奉献的成果。奉献并非是高不可攀的境界，它主要体现的是给予者的态度。我们倡导奉献精神，旨在唤醒人们心底的勤勉、善良、友爱。构筑美好社会，离不开每个人的努力，我们每个人都应该从我做起，在各自的岗位上恪尽职守，兢兢业业，这就是最好的奉献。

第三节 铁路员工职业道德

案例与分析

1978 年 12 月 18 日，由于驾驶 368 次列车的司机、副司机在行车过程中打盹睡觉，运转车长玩忽职守，以致列车没有按运行图在郑州局管内杨庄站等会 87 次列车，导致两车侧面冲撞，造成新中国成立以来最严重的重大事故，旅客死亡 106 人，重伤 47 人，直接经济损失 55.4 万多元。

分析： 铁路行业的中心任务是向社会提供安全、迅速、准确的运输服务。严守职业纪律，确保安全正点、畅通无阻是铁路行业发挥经济效益和社会效益的根本前提，关系到国家、人民、企业乃至每一员职工的利益得失，是对每一个铁路职工最起码的职业道德要求。

由于各种职业的对象、活动条件和社会方式不同，同行业内部的相互影响，形成着特殊的品格和作风，反映着从事一定职业的人们在道德境界和道德品质上的特殊性。人们在长期的职业实践中，由于职业的具体活动对象、内容和方式的不同，决定了不同行业有不同的职业道德准则和行为习惯。铁路员工的职业道德也有着不一样的特点。

一、铁路职业道德

铁路职业道德是通过一系列职业道德基本规范来制约每个铁路从业人员的职业行为，调节铁路与社会、铁路内部集体与个人之间、个人与个人之间的道德关系。

铁路职业道德体系是多层次的，但"人民铁路为人民"是铁路职业道德的基本原则或总的道德要求，也是规范体系中根本性的最高行为规范。铁路内部各部门必须遵循这一原则，制定适应各工种岗位的职业道德规范，从"人民铁路"这个整体概念出发，更好地为人民服务。

铁路职业道德是在"人民铁路为人民"这一基本原则的统领下，分为行业规范、部门规范和具体工作岗位规范三个层面。铁路职业道德在实际工作中约束每一名员工，提高每一名员工的道德素质，推动铁路事业的发展；要求全体职工严守规程，严格纪律，确保铁路运输安全生产。

二、铁路职业道德的行业规范

铁路职业道德的行业规范，是全路员工在职业活动中，特别是在运输生产中应遵循的基本的行为准则。原铁道部政治部印发的《人民铁路职业道德基本规范》包括：

（1）注重质量，讲究信誉。在市场竞争日益激烈的今天，质量和信誉等于企业的生命。铁路同样需要依靠质量和信誉去开拓和扩大市场份额，这也是铁路对国家、对人民负责的表现。

（2）尊客爱货，热情周到。它集中体现了"人民铁路为人民"的宗旨和铁路员工爱国家、爱人民的高尚情怀。

（3）遵章守纪，保证安全。遵章守纪、保证安全是维护铁路企业利益、社会利益、旅客货主利益以及铁路员工自身利益的需要，是四者的有机统一。

（4）团结协作，顾全大局。团结协作、顾全大局是铁路运输生产的特点决定的，是集体主义的具体体现。

（5）艰苦奋斗，勇于奉献。我国铁路事业要跟上科技、经济与时代发展的步伐，需要广大铁路员工艰苦奋斗，勇于奉献。

（6）廉洁自律，秉公办事。铁路是人民的铁路，只能为人民谋利益、行方便，这也是维护铁路企业良好形象的重要保证。

（7）爱路护路，尽职尽责。铁路的一切设施，都是国家财产，也是铁路员工赖以从事生产的必要物质条件，铁路员工有义务爱护铁路的一切设施。同时，这也是铁路员工热爱本职、忠于职守，具有敬业爱岗精神的一个重要标志。为了搞好铁路治安综合治理、维护铁路运输正常秩序，也要求员工遵守这一规范。

（8）率先垂范，当好公仆。率先垂范，当好公仆是领导干部实践"三个代表"重要思想的具体表现，是领导干部职业道德素养的集中概括，反映了职工群众的共同心愿。

三、铁路职业道德的部门规范

铁路职业道德的部门规范是指铁路各部门的员工在职业活动中应遵循的行为规范。

1. 客运、货运服务窗口部门的职业道德规范

客运、货运服务窗口部门是铁路运输生产的"前哨"阵地，员工直接与旅客、货主打交道，其道德风貌是铁路的"门面"。所以，"诚心待客"是铁路窗口部门职业道德的核心。"尊重旅客，优质服务"、"爱车爱货，方便货主"、"文明礼貌，仪表端庄"、"按章办事，不徇私情"是铁路客货运窗口部门职业道德的主要规范。

（1）铁路客运职工的职业道德。

1）勤恳敬业：做到工作勤奋，业务熟练。

2）廉洁奉公：做到公道正派，不徇私情。

3）顾全大局：做到团结协作，密切配合。

4）遵章守纪：做到服从命令，执行标准。

5）优质服务：做到主动热情，细心周到。

6）礼貌待客：做到行为端正，举止文明。

7）爱护行包：做到文明装卸，认真负责。

（2）货运人员职业道德的基本内容。

1）认真执行党和国家的路线、方针、政策，遵守法纪，弘扬正气，提高思想素质，崇尚社公会德。

2）爱岗敬业，恪尽职守。以主人翁姿态积极参与经营管理，增强市场营销意识，安全、快速、经济、便利地组织货物运输。

3）讲究职业道德，廉洁奉公。不徇私情，不以权以车谋私，不刁难货主，不敲诈勒索，不贪污受贿，不盗窃货物。

4）着装规范，佩戴标志，仪容端庄，举止文明，保持个人良好形象。

5）尊客爱货，主动热情，耐心周到，虚心听取货主意见，积极为货主排忧解难，提供优质服务。

6）严格遵守规章制度和劳动纪律，杜绝违章违纪行为，消除隐患，确保货物和运输安全。

7）顾全大局，服从领导，听从指挥，团结互助，加强协作。

8）勤奋学习，钻研业务，不断提高理论水平和实际操作技能。

2. 铁路车务部门、机务部门、车辆部门、工务部门、电务部门的职业道德规范

铁路运输生产的过程，是车务、机务、车辆、工务、电务等部门利用铁路线路、车站、机车、车辆及通信信号等技术设备将旅客与货物从起点运送到终点的过程。各部门环环相扣，缺一不可，像一部工作有序的大联动机。各部门的员工都应该严格遵守各自的职业道德，以确保大联动机正常有序运转。比如车务部门职业道德的主要行为规范有"严守规章，一点不差"、"通力合作，按图行车"、"忠于职守，尽职尽责"、"诚实劳动，注意保密"等。

四、铁路职业道德的具体工作岗位规范

岗位规范是各个不同的工种和岗位的员工在职业活动中应遵循的行为准则。如岗位纪律"十不准"：不准班前和班中饮酒，不准迟到早退，不准擅自离岗、串岗，不准聚堆闲谈，不准岗上睡觉，不准岗上吸烟，不准岗上吃零食，不准岗上干与工作无关的事，不准岗上看业务以外书籍，不准作业中精力旁顾、怠慢旅客。

铁路各部门内部有不同的工种和岗位，比如车务部门的员工就有值班员、助理值班员、扳道员、调度员、信号员、调车员、车号员、制动员、运转车长等。每种岗位的工作内容、工作方式、对象也有所不同，因此，不同岗位的规范也存在着一定的差异。

铁路工作的长期实践证明，遵章守纪，严格执行各项操作规程，是铁路运输安全正点畅通无阻的可靠保证。铁路系统各岗位工种，尤其是行车和客货运部门的规章制度，是在长期的实践过程中，根据安全生产的需要制定的，包含有科学的道理。有许多规章制度，甚至是先辈们从血的教训中总结出来的。违背这些规章制度，轻则造成物资和运能运量的损失，重则车毁人亡。违章作业会给国家财产、人民生命造成无法估量的损失，而遵守铁路职业道德、严守劳动纪律就会减少或避免事故的发生。

名人寄语

丘吉尔（英国）：不能爱哪行才干哪行，要干哪行爱哪行。

巴尔扎克（法国）：行业尽管不同，天才的品德并无分别。

恩格斯（德国）：实际上，每一个阶级，甚至每一个行业，都有各自的道德。

司马迁（中国）：才者，德之资也；德者，才之帅也（意思是才学是德的资本，而德行是才学的统筹，德比才重要）。

推荐图书

［1］人力资源和社会保障部教材办公室．职业道德［M］．北京：中国劳动社会保障出版社，2009．

［2］陶宝铠．铁路职业道德［M］．北京：中国铁道出版社，2004．

［3］韩买良．铁路行车安全管理［M］．北京：中国铁道出版社，2010．

课后思考

1. 简要叙述职业道德的含义及基本特征。
2. 社会主义职业道德具有怎样的特点？
3. 结合你所学的专业及将来可能要从事的岗位，谈谈作为一名铁路员工应该具备的职业道德。

第三章 人际沟通

本章学习目的

通过本章的学习，了解人际沟通的内涵及作用、沟通的过程、沟通的类型，了解人际沟通的过程及影响因素，掌握人际沟通的基本技巧，提升沟通能力。

本章内容描述

人们之间的相互作用都必须通过沟通来进行。本章主要介绍人际沟通的内涵及作用、沟通的过程、沟通的类型，人际沟通的过程与影响因素，以及人际沟通的基本技巧等。

本章核心概念

人际沟通简称沟通，就是社会中人与人之间的联系过程，即人与人之间传递信息、沟通思想和交流情感的过程。

第一节 人际沟通及其作用

案例与分析

小贾是某铁路局机务段的一名员工，为人比较随和，不喜争执，和同事的关系处得都比较好。但是，前一段时间，不知道为什么，同一段的小李老是处处和他过不去，有时候还故意在别人面前指桑骂槐，对跟他合作的工作任务也都有意让小贾做得多。起初，小贾觉得都是同事，没什么大不了的，忍一忍就算了。但是，看到小李越来越嚣张，小贾一赌气，告到了值班段长那儿。值班段长把小李批评了一通，从此，小贾和小李成了真正的冤家了。

分析： 小贾所遇到的事情是在工作中经常会出现的，在一段时间里，同事小李对他的态度大有改变，这应该让小贾有所警觉，要留心是不是哪里出了问题。但是，开始时小贾一味忍让，之后又到值班段长那里告了小李的状，这些都不是好的办法，而应该要多沟通。而值班段长也过于草率，没有起到应有的调节作用，他的一番批评反而加剧了二人之间的矛盾。正确的做法是应该把双方产生误会、矛盾的疙瘩解开。案例中的小贾、小李、值班段长三人都犯了一个共同的错误，那就是没有进行有效沟通。

影响一个人事业成功的因素有很多，而良好的人际沟通就是不可或缺的因素之一。我们每一个人都应该学会主动、真诚、有策略地沟通，化解很多工作与生活中完全能够避免的误会和矛盾，从而有助于个人的发展。

一、人际沟通的内涵

人际沟通简称沟通，是社会中人与人之间的联系过程，即人与人之间传递信息、沟通思想和交流情感的过程。在这一过程中，人们采用语言、书信、表情、通信等方式交流事实、思想、意见和感情，以达到相互之间对信息的共同理解和认识，取得相互之间的了解、信任，从而建立一定的人际关系，实现对行为的调节。人际沟通具有以下特点。

（1）在人际沟通中，沟通双方都有各自的动机、目的和立场，都设想和判定自己发出的信息会得到什么样的回答。因此，沟通的双方都处于积极主动的状态，在沟通过程中发生的不是简单的信息运动，而是信息的积极交流和理解。

（2）在人际沟通中，沟通的双方应有统一的或近似的编码系统和译码系统。这不仅指双方应有相同的词汇和语法体系，而且要对语义有相同的理解。沟通场合以及沟通者的社会、政治、宗教、职业和地位等的差异都会对语义的理解产生影响。

（3）人际沟通借助言语和非言语两类符号，这两类符号往往被同时使用。

（4）人际沟通是一种动态系统，沟通的双方都处于不断的相互作用中。

二、人际沟通的作用

人际沟通在日常生活、工作中均具有重大意义。人们只有通过相互的沟通，才能相互了解，达到行动上的协调一致，实现共同的活动目标。它的作用主要体现在以下几个方面。

首先，人际沟通是人们适应环境、适应社会的必要条件。沟通是人与人之间发生相互联系的最主要的形式。通过沟通，使我们了解许多的情况，哪些是有利的，哪些是不利的，从而及时调整我们的行为，使我们的目标得以实现。

其次，人际沟通具有保健功能，有助于人们的心理健康。人际沟通是人类最基本的社会需要之一，良好的人际沟通，有助于保持人与人之间充分的情感交流，能使人心情舒畅，起到保健的作用；而与他人沟通不充分的人，往往有更多的烦恼和难以排除的苦闷。

最后，人际沟通还是心理发展的动力，它提供了人们身心发展所必需的信息资源。通过人际沟通，人与人之间交流各种各样的信息、知识、经验、思想和情感等，为个体提供了大量的社会性刺激，从而保证了个体社会性意识的形成与发展。婴儿一出生就通过与父母的沟通获得生理和心理的满足，随着年龄的增长，与他人沟通的范围日益扩大，接受各种社会思想，形成一定的道德体系，社会意识由低级向高级迈进，形成健全的人格特征以适应复杂的社会生活。

三、沟通的原则

如同做好任何一项工作都要遵循相应的原则一样，人与人之间的沟通也要遵循一定的原则。

1. 尊重原则

相互尊重是有效沟通的前提。在沟通的过程中盛气凌人、刚愎自用等，都是缺乏尊重人的表现。在讨论问题时，坚持并保留自己的意见，这是十分正常的，但沟通的双方应相互尊重，如尊重人格、尊重不同观点等。

2. 坦诚原则

在沟通过程中，坦率、真诚，有什么不同意见、建议直言相告，开诚布公，更有利于提高沟通的效果。反之，如果沟通双方缺乏坦诚态度，相互指责、攻击，不仅无助于问题解决，而且还会扩大乃至激化矛盾。

3. 平等原则

在沟通过程中，要遵守平等原则。尤其是管理者，要克服地位、职务的障碍，如果以权势压制不同的意见，就很难进行有效的沟通。

4. 开放原则

沟通者双方要以开放的心态同他人的沟通，乐于接受新观念，在沟通过程中不隐瞒个人思想和观点；反之，抱有自以为是、故步自封的心态，就会失去与他人交流的机会。

5. 真实原则

沟通是传递信息的过程，虚假的信息不仅严重制约沟通的质量，而且还会导致决策失误。因此，在沟通过程中，传递的信息真实有效，才更易达到沟通题的目的。

四、沟通的类型

1. 按沟通信息有无反馈分类

(1) 单向沟通，指信息向一个方向传递，没有反馈，特点是速度快但准确性差，如做报告、演讲、发指示等。

(2) 双向沟通，指交往双方相互交流信息，有反馈，速度虽慢但准确性高，如交谈、协商、讨论、谈判等。

单向沟通时，一方只发送信息，另一方接受信息，接受信息者不再向发送者反馈信息，单向的信息、思想、情感传递不能称为严格意义上的人际交流。无法达到任何类型的人际目的。双向沟通时，发送信息者不仅要发出信息且还要听取信息接受者对信息的反馈，发送与反馈可进行多次，直到双方有了共同的理解为止。有效的人际沟通应当是一种双向互动的活动。交流是双向、互动、互为主客体的反馈和理解过程。人际沟通的双向互动性与交流活动的参与者的双重角色密切相关。在一个完整的沟通过程中，沟通双方几乎在同时充当着信息发送者和接收者的双重角色。而且，沟通的意义不在于达成一致的意见，而在于对于交流信息的准确理解。

2. 按照语言的运用形式分类

(1) 语言沟通，指以语言符号形式为媒介的沟通行为。语言有口语和文字两种形式，因此，语言沟通又分为有声的语言沟通或称口头沟通（以口头讲话方式进行沟通，如谈话、演讲、打电话等）和无声的语言沟通或称书面沟通（以书面语言方式传播，如写信、发通知、讲课中的板书等）。

(2) 非语言沟通，主要是指以形体语言或非语言符号为媒介的沟通行为，如以表情、身体动作、衣着、外形等作为工具进行沟通。非言语沟通往往只是在面对面的范围内使用，更易泄露人们难以掩饰的内心世界。准确运用非语言信息，可以更好地补充沟通信息。

3. 按照是否需要第三者转送信息分类

(1) 直接沟通，指发送信息与接收信息无需第三者传递。如面对面谈话、电话直接对话等。

(2) 间接沟通，指发送信息与接收信息之间有第三者传送。如不方便当面沟通时，请人转达某种信息。

直接沟通与间接沟通各具优点，应根据不同的沟通内容、预期的沟通效果来进行选择。

4. 按沟通的组织形式分类

（1）正式沟通，指在组织中按明文规定的渠道进行的信息传递，如传达指示、汇报工作、召开会议等。

（2）非正式沟通，指以个人身份进行正式沟通渠道以外的信息交流活动，如私下交换意见。很多时候人们的真实思想和动机往往是在非正式的沟通中表露出来的。

5. 按人际沟通的方向分类

（1）下行沟通，指组织机构中高层次向低层次的沟通，如下达任务、指示等。

（2）平行沟通，指组织机构内部同层次及组织机构间同层次的沟通，如部门之间任务的讨论。

（3）上行沟通，指组织机构中低层次向高层次的沟通，如请示、汇报等。

第二节　沟通的过程及其要素

案例与分析

张峰刚从铁路局段修一线提拔，出任部门主管。一上任，就对段修部门进行整改。张峰发现段修现场的数据很难及时反馈上来，于是决定从段修报表上开始改造。借鉴公司的生产报表，张峰设计了一份非常完美的段修报表，从报表中可以看出修理故障中的任何一个细节。每天早上，所有的生产数据都会及时地放在张峰的桌子上，张峰很高兴，认为他拿到了第一手的生产数据。没有过几天，出现了一次大的品质事故，但报表上根本没有反映出来，张峰这才知道，报表的数据都是随意填写上去的。为了这件事情，张峰多次开会强调填写报表的重要性，但每次开会后的开始几天还起到一定的效果，过不了几天又返回了原来的状态。张峰怎么也想不通。

分析： 张峰的苦恼是很多主管普遍的烦恼。现场的操作工人也很难理解张峰的目的，因为数据分析距离他们太遥远了。大多数工人只知道好好干活，单纯地强调效果是不明显的，在沟通过程中，不要简单地认为所有人都和自己的认识、看法、高度是一致的，对待不同的人，要采取不同的方式，要用别人听得懂的"语言"去沟通。

一个人只有与他人进行准确、及时的沟通，才能取得良好的沟通效果，因此有必要了解沟通要素与主要影响因素，否则容易导致沟通不顺畅，不能达到沟通的目标，甚至还会引起误会或者闹笑话。

一、沟通的过程

沟通的过程其实就是传递信息的过程。在这个过程中至少存在着一个发送者和一个接受者，即发出信息一方和接受信息一方。信息在二者之间的传递过程，一般经历七个环节，如图3-1所示。

第一步，发送者向接受者传递信息或者需要接受者提供信息。信息包括观点、想法、资料等内容。

第二步，发送者将所要发送的信息译成接受者能够理解的一系列符号。为了有效地进行

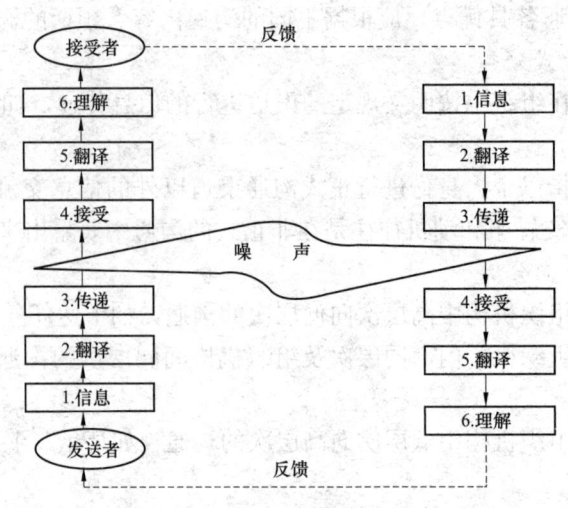

图 3-1 沟通的过程

沟通，这些符号必须适应媒体的需要。例如，如果媒体是书面通知，符号的形式应选择文字、图表或照片；如果媒体是报告，就应选择语言或文字、PPT等。

第三步，发送的符号传递给接受者。由于选择的符号种类不同，传递的方式也不同。传递的方式可以是书面的，如信、通知等；也可以是口头的，如交谈、讲话等；甚至还可以通过身体动作来表述，如手势、面部表情、姿态等。

第四步，接受者接受符号。接受者根据发送来的符号的传递方式，选择相应的接受方式。如发送来的符号是口头传递的，接受者就必须仔细地听，否则，符号就会丢失。

第五步，接受者将接受到的符号译成具有特定含义的信息。由于发送者翻译和传递能力的差异，以及接受者接受和翻译水平的不同，信息的内容和含义经常被曲解。

第六步，接受者理解被翻译的信息内容。

第七步，通过反馈发送者来了解他想传递的信息是否被对方准确地接受。一般来说，由于沟通过程中存在着许多干扰和扭曲信息传递的因素（通常把这些因素称为噪声），这使得沟通的效率大为降低。因此，发送者了解信息被理解的程度也是十分必要的。通过反馈就形成了信息的双向沟通。

二、沟通过程中的要素

沟通的过程有一定的规律可循，同时也有一些必备的要素，即沟通主体、沟通客体、沟通介体、沟通环境、沟通渠道。

1. 沟通主体

沟通主体指有目的地对沟通客体施加影响的个人或团体。沟通主体可以选择和决定沟通客体、沟通介体、沟通环境和沟通渠道，在沟通过程中处于主导地位。

2. 沟通客体

沟通客体即沟通的对象，包括个体沟通对象和团体沟通对象；团体的沟通对象还有正式群体和非正式群体的区分。沟通对象是沟通过程的出发点和落脚点，因而在沟通过程中具有积极的能动作用。

3. 沟通介体

沟通介体即沟通主体用以影响、作用于沟通客体的中介，包括沟通内容和沟通方法。沟通介体是沟通主体与客体间的联系，保证沟通过程的正常开展。如果没有沟通内容，沟通的必要性就不存在了。

4. 沟通环境

沟通环境既包括与个体间接联系的社会整体环境（政治制度、经济制度、政治观点、道德风尚、群体结构），又包括与个体直接联系的区域环境（学习、工作、单位或家庭等）。沟通发生的环境影响到沟通的效果。比如，圆形的座位排列方式能让小组成员之间交流更顺利；在心理咨询室中，环境的布置也能直接影响来访者的心情。

5. 沟通渠道

沟通渠道即沟通介体从沟通主体传达给沟通客体的途径。沟通渠道不仅能使正确的思想观念尽可能全、准、快地传达给沟通客体，而且还能广泛、及时、准确地收集客体的思想动态和反馈的信息，因而沟通渠道是实施沟通过程，提高沟通功效的重要一环。沟通渠道很多，诸如面谈、座谈等。

三、影响沟通的因素

信息传递的各个环节常会受到某些因素的作用，了解哪些因素能够影响沟通，有利于我们提高沟通技巧，改进沟通的品质。影响人际沟通的因素主要有以下几个方面。

1. 影响信息来源的因素

（1）发送者所使用的传播手段，如发送者的语言表达能力。

（2）发送者的态度，如是否尊重对方等。

（3）发送者的经验与知识，如丰富的社会经验更容易进行恰当的表达。

（4）发送者的社会地位，如果发送者处于较高社会地位时，其信息源就更权威性。

2. 影响信息的因素

（1）信息的次序。信息传递时有首因效应和近因效应，即先呈现的信息和最近呈现的信息容易被记住。

（2）信息的内容。信息的内容直接影响沟通双方，信息发送者通过信息的内容传达自己的观点、态度和知识，从而试图影响或改变对方。

（3）信息的处理情况。选择合适的语言和非言语行为来表达信息是非常重要的，同一个信息用不同的词语和语气来表达会产生不同的效果。

3. 影响信息渠道的因素

同一信息经过不同的信息渠道传递，其效果大不一样。因此，要注意根据接受者的特点，选择适当的信息渠道，使之与传播的信息相配合。比如，布置工作时，使用员工能理解语言更易达到良好的效果；做总结报告时，使用投影展现图表等数据的分析更易令人印象深刻。日常生活中所发生的沟通主要是视听沟通，心理学家研究显示，面对面的沟通方式是各种沟通中影响力最大的。

4. 影响接受者的因素

（1）接受者的心理选择性。如接受者对有的信息乐意接受，而有的信息不喜欢接收。

（2）接受者当时的心理状态。如处于喜悦情绪状态的人容易接受他人所提出的要求。

在实际的沟通过程中，上述四个方面的影响因素通常是联合发生作用的。

第三节　开展有效的沟通

案例与分析

机务段维修车间来了8个不同学校的大学生实习，大家关系都不错，李强跟王风走得更近一些。王风电脑游戏玩得好，有时饭都顾不上吃，更别提实习了，李强就常催他按时去吃饭，现场实习的月度考试前王风也总找李强帮他复习功课。

有一次月度考试前，李强正焦头烂额地在培训教室复习，突然收到王风的短信："你在哪儿？"李强知道王风又找自己帮他考前突击复习。当时李强真是自顾不暇，于是就回复他："现在特忙，自己都顾不过来了。"发完这个短信后，李强压根儿没当回事，继续复习。晚上回到宿舍后，李强依然像往常一样和大家有说有笑。可当跟王风打招呼时，他却看都不看一眼，像没听到一样。李强有点蒙了：他真的生气了？

接下来的几天李强一直主动跟王风说话，甚至私下问他是不是生气了。他依然对李强不理不睬的。看见李强很苦恼，其他实习同学也安慰："没事的，他就那样，别跟他一般见识。"

分析： 李强和王风的问题是在沟通中对语言的理解存在差异。同样的一件事物，不同的听众会有不同的反应，其理解可能是千差万别的，甚至还会理解为相反的意思，这都会大大影响沟通的效果。我们在进行沟通的时候，需要细心地去体会对方的感受，做到真正用"心"去沟通。

沟通无处不在，无时不在。在竞争日益激烈的职场，人际关系也复杂多变，要想自如应付，就必须掌握有效的沟通技巧，为自己的职业发展奠定基础、创造契机。

一、如何进行有效的沟通

我们在日常的工作和生活中会遇到各种各样的沟通，要想完成一次有效的沟通，需要做到以下六点。

1. 事前要准备

要先明确事情沟通的对象、沟通的内容和沟通要达成的协议。事前准备是影响沟通成败的重要因素。

（1）明确沟通的目的与内容，即知道自己的目的是什么，要说些什么。如果目的不明确，就意味着你的自己也不知道说什么，自然也不可能让别人明白，也就达不到沟通的目的。

（2）明确沟通的对象，即知道对谁说。虽然你说得很好，但你选错了对象，自然也达不到沟通的目的。

2. 确认需求

沟通是建立在需求之上的，要充分理解对方的需求和自己的需求，才能使沟通过程更加完整和顺畅。有一位保险业务员，好不容易见到目标客户后，对方却给了她一枚硬币，说是给她回家的路费。当时她很生气，在她扭头要走的一瞬间，她看到客户的办公室里挂了一张小孩的头像，于是她对头像深鞠一躬说："对不起，我帮不了你了。"客户大为惊讶，忙问究竟，于是头一单生意就这样谈成了。原来这个客户最爱护他的儿子，所以把儿子的画挂在办公室里天天看。沟通时找准对方的需求点很重要，有利于消除其抗拒心理，增加成功沟通的概率。

3. 阐述观点

在阐述观点的时候一定要按照属性、作用和利益的顺序，做到让对方能够听懂和接受。

（1）掌握沟通的时机，即知道什么时候说。当沟通对象正焦头烂额地忙于工作时或情绪非常低落时，你要求他与你商量聚会的事情，显然不合时宜。

（2）掌握沟通的方法，即知道怎么说。沟通时要选择对方听得懂的语言，如语调、文字、肢体语言等，才能达到良好的效果。

4. 处理异议

要进行有效的沟通，除了要阐述自己的观点，当沟通过程中出现不一致意见时，还要摆正自己的态度，不能带情绪沟通。

（1）对于管理者来说，应该积极和部属沟通。当员工有异议时，既让员工愉快地接受自己的观点，又不挫伤员工积极进取的锐气。

（2）对员工来说，应该主动与管理者沟通。管理者在下达命令让员工去执行后，自己并没有亲自参与到具体工作中去，所以，员工尤其应该注重与主管领导的沟通。

5. 达成协议

是否完成了沟通，取决于最后是否达成了协议，当达到沟通目的时，要参与者表示感谢或赞美。

6. 共同实施

在达成协议之后，要共同实施。达成协议是沟通的一个结果。但是在工作中，任何沟通的结果都意味着一项工作的开始，要共同按照协议去实施。

二、有效沟通的条件

达成有效沟通须具备两个必要条件：首先，信息发送者清晰地表达信息的内涵，以便信息接收者能确切理解；其次，信息发送者重视信息接收者的反应并根据其反应及时修正信息的传递，免除不必要的误解。两者缺一不可。有效沟通能否成立关键在于信息的有效性，信息的有效程度决定了沟通的有效程度。信息的有效程度又主要取决于它的透明和反馈。

1. 信息的透明程度

当一则信息应该作为公共信息时就不应该导致信息的不对称性，信息必须是公开的。公开的信息并不意味着简单的信息传递，而要确保信息接收者能理解信息的内涵。如果以一种模棱两可的、含糊不清的文字语言传递一种不清晰的、难以使人理解的信息，对于信息接收者而言没有任何意义。另外，信息接收者有权获得与自身利益相关的信息内涵，否则有可能导致信息接收者对信息发送者的行为动机产生怀疑。

2. 信息的反馈程度

有效沟通是一种动态的双向行为，而双向的沟通对信息发送者来说应得到充分的反馈。只有沟通的主、客体双方都充分表达了对某一问题的看法，才真正具备有效沟通的意义。

三、人际沟通的技巧

1. 用心倾听

要沟通首先要倾听，倾听是沟通的前提。倾听可以满足对方自尊的需要，减少对方自卫或对抗的意识，为心理沟通创造有利的条件和氛围。倾听的过程是深入了解对方的过程，也是准备做出反应的过程。倾听并不是只用耳朵去接受信息，必须用心去理解，做出应有的反应。所以，倾听要有"三心"，即耐心、虚心和会心。

（1）耐心地听。即使对方所讲的你已经知道，为尊重对方，你仍得耐心听下去。特别要耐心听对方申辩，切不可粗暴地随意打断，即使对方发火，也要让他尽情发泄，之后自然会缓和下来。

（2）虚心地听。对问题有不同观点或看法，不要中途打断或妄下判断，即使对方错了，也要在不伤害对方自尊的情况下以商讨的口气提出。

（3）会心地听。首先，善听弦外之音，不被虚假的表面信息所迷惑，善于捕捉背后的真实意图。特别要注意对方的体态语，有时可能传达出言辞背后更为真实的信息。其次，要会心的呼应，可以简单地重复对方话语，发问或表示赞同，多用注视、点头、微笑等态势语。

2. 努力认同

建立认同心理，就是设法寻找谈话双方的共同语言，以求得心理上的接近与趋同。认同心理是互相沟通的基础。在沟通过程中要努力设法寻找共同点，缩短双方的心理距离，为进一步交谈创造有利的和谐气氛。所以，认同要注意求同存异与设身处地。

（1）求同存异。每个人的成长背景、性格、人生经验、教育程度、文化水平、价值观念是不同的，就导致对同一信息的理解不同，就需要沟通的双方求同存异，就某一方面取得共识，再转入需要沟通的话题，效果要好得多。

（2）设身处地。先绕开敏感话题，设身处地为对方设想层层分析。当他觉得你的确为他着想的时候，他在精神上就会处于松弛和开放的状态，也就可能会较为客观地理解和评价你的看法、观点，沟通的目的也就容易达到了。有时释放的情感落差很大，这时也需要设身处地体察领悟对方特定境遇中的情感，形成情感的认同感。

（3）以他人为中心。有效沟通是一种动态的双向行为，而双向的沟通应得到充分的反馈，只有沟通的主体、客体双方都充分表达了对某一问题的看法，才具备有效沟通的意义。在沟通的过程中以他人为中心，设身处地站在对方的角度考虑问题，才能引导人们从不同的角度看问题，消除一些不必要的误解和偏见。

3. 把握主动

建立沟通双方交谈时的主动性，就是在双方交谈时时刻注意适当调控，采用迂回方式诱导对方，运用情绪感染对方或转化话题，时刻把谈话的主动权把握于自己的手中。

（1）调控把握。口语交际中的调控，是指为达到控制说话主动权以实现沟通心理、统一思想的目的而运用的语言技巧，在交谈中要不时地注意调控。

（2）迂回诱导。对一些难以直说或不便单刀直入的问题，可以采取"曲径通幽"的办法，通过类比、推理等办法来达到心理沟通的目的，这叫迂回诱导。在与别人交谈时经常会遇到别人不愿说或自己不好问的问题，就需要我们采取这种方法循序善诱，让他们主动说出来。

（3）话题调控。在口语交际中，当交谈出现障碍时，及时调控话题是重新达到心理相容的一个好办法。可以采取偷换概念或立即转换话题等方法，以避免尴尬的现象发生，使谈话能够继续，实现相互沟通的目的。

4. 采用恰当的表达

在表达的过程中注意语言的逻辑顺序，清晰地表达想要沟通的事情，同时还要注意其他几个方面。

（1）选择合适的媒介。选择合适的媒介要视双方的地理位置、所处的场合而定。一般而言，面谈是最好的方式，可以进行及时的互动、反馈，可以从对方的身体语言、面部表情来洞察他的想法，改变谈话的方式或策略。

（2）运用恰当的语气。说话的语气自大，讽刺、严厉的批评，都会令对方难以接受你的观点，即使你的观点是对的，谈话也会不欢而散。

（3）选择合适的环境。在沟通过程中，选择不适当的时间、地点等，都会直接影响到信息传送。在午休的时间谈论下一步的工作计划，在大办公室里谈论薪酬问题，都是不合适的。

（4）情绪感染。感染是人际间情绪的同化反应形式。交际过程中，一个人说高兴的事，双方也愉快；一个人说不幸的事，双方也难过。情绪感染是调控的一种好方法。所以，在交谈过程中要适时运用自己的情感来感染别人，调动别人的情绪，以期达到沟通的预期目的。

拓展测试

沟通能力测试

以下这些问题看似小事，却有可能决定别人对你的看法和态度。想测一下你的沟通能力吗？那就开始吧！

1. 你跟新同学打成一片一般需要多少天？
   A. 一天
   B. 一个星期
   C. 十天甚至更久

2. 当你发言时有些人起哄或者干扰，你会：
   A. 礼貌地要求他们不要这样做
   B. 置之不理
   C. 气愤地走下台

3. 上课时家里有人来找你，恰好你坐后排，你会：
   A. 悄悄地暗示老师，得到允许后从后门出去
   B. 假装不知道，但心里很焦急，老走神
   C. 偷偷从后门溜出去

4. 放学了，你有急事要快点走，而值日的同学想让你帮忙打扫教室，你会：
   A. 很抱歉地说："对不起，我有急事，下次一定帮你"
   B. 看也不看地说："不行，我有急事呢"
   C. 故意听不见，跑出教室

5. 开学不久你就被同学选为班长，你会：

A. 感谢同学们的信任和支持，并表示一定把工作做好
B. 觉得没什么大不了的。只是要求自己默默地把工作做好
C. 觉得别人选自己是别有用心，一个劲地推托
6. 有同学跟你说："我告诉你件事儿，你可不要跟别人说哦"这时你会说：
A. "哦！谢谢你对我的信任。我不是知道这件事的第二个人吧"
B. "你都能告诉我了，我怎能不告诉别人呢"
C. "那你就别说好了"
7. 老师布置你和另一位同学一起完成一项任务，而这位同学恰恰和你不怎么友好，你会：
A. 大方地跟他（她）握手："今后我们可是同一条船上的人哦"
B. 勉强接受，但工作中决不配合
C. 坚决向老师抗议。宁可不做
8. 你和别人为一个问题争论，眼看就要闹僵了，这时你：
A. 立即说："好了好了，我们大家都要静一静，也许是你们错了，当然，也有可能是我的错"
B. 坚持下去，不赢不休
C. 愤然退场，不欢而散

计分方法：选 A 计 3 分，选 B 计 2 分，选 C 计 1 分。

解析：

8～12 分。表明你的沟通能力较低。由于你对沟通能力的重视不够，而且也没有足够的自信心，导致你在成长的道路上，一些机遇常常与你擦肩而过。你应该以轻松、热情的面貌与同学进行交流，把自己看作集体中的一员。同时，对其他同学也不可存在任何偏见。经常与人交流，取长补短，改变自己拘谨封闭的状态。记住：沟通能力是成功的保证和进步的阶梯。

13～19 分。表明你的沟通能力较强，在大多数集体活动中表现出色，只是有时尚缺乏自信心。你还需加强学习与锻炼。

20～24 分。表明你的沟通技能很好。无论你是学生干部还是普通学生，你都表现得非常好，在各种社交场合都表现得大方得体。你待人真诚友善，不狂妄虚伪。在原则问题上，你既能善于坚持并推销自己的主张，同时还能争取和团结各种力量。你自信心强，同学们都信任你，你可以使你领导的团队充满着团结和谐的气氛。

名人寄语

威廉·尼可尔斯（美国）：每一个人都知道，聆听对沟通来说是重要的。但是极少组织会小心聆听它们的员工以及它们的顾客的心声。

霍布斯（英国）：倾听对方的任何一种意见或议论就是尊重，因为这说明我们认为对方有卓见口才和聪明机智，反之，打瞌睡走开或乱扯就是轻视。

戴尔·卡耐基（美国）：如果希望成为一个善于谈话的人，那就先做一个致意倾听的人。

推荐图书

[1] 余世维. 有效沟通 [M]. 北京：北京联合出版公司，2012.

[2](美)罗杰·费希尔 斯科特·布朗. 沟通力[M]. 王燕译. 北京：中信出版社，2012.

[3]杨涛鸣. 沟通智慧：快速提升业绩的艺术[M]. 北京：北京工业大学出版社，2013.

课后思考

1. 在日常生活中，哪些因素会影响到你的沟通？
2. 思考自己的沟通方式，以及理解模式，举一例自己在过去的误解经验。
3. 想一想，自己在与人沟通时，是否会做一些准备？

第四章 人际关系

本章学习目的

通过本章的学习，了解人际关系及其基本原则、职场中人际关系的类型、人际交往能力等基本知识，掌握处理职场中的人际关系、打造和谐的人际关系的方法。

本章内容描述

人只有在与其他人交往和互动中才能生存和发展，人与人之间在相互交往中发生、发展和建立起来的关系就是人际关系。本章主要介绍人际关系的含义及基本原则、职场中人际关系的类型、人际交往能力，以及如何处理职场中的人际关系、打造和谐的人际关系等。

本章核心概念

人际关系是指人们在物质交往与精神交往中发生、发展和建立起来的人与人之间的比较稳定的直接的心理关系。

人际交往能力是指在人际交往过程中，个体具有交往意愿，积极主动参与交往，并且表现出有效和适宜的交往行为，从而使自己与他人关系处于和谐状态的能力。

第一节 认识人际关系

案例与分析

蔡某和阿梅是同时进公司的，两人脾气相投，又在同一个部门工作，关系一直很好。出于信任，蔡某和阿梅无所不谈，从个人的事情到对公司的种种看法。可蔡某没想到，有一天她们会反目成仇：前些日子，部门主管辞职了，公司决定在蔡某和阿梅之间选一个人接替这个职位，论资历和实力，两人不相上下，可最后，蔡某落选了。后来才知道，阿梅将平时两人聊天时蔡某对公司、领导的抱怨告诉了部门领导……

分析：职场上，很多时候，同事之间除了是合作伙伴关系，还是潜在的竞争对手。当你们目标一致时，同事是你最亲密的战友；当你们利益发生冲突时，同事是你最强劲的竞争对手。在处理职场人际关系时，要与同事保持一定的安全距离。

本杰明·富兰克林说："成功的第一要素是懂得如何搞好人际关系"。人际关系与我们的工作和生活密切相关，一个人在社会上，要想取得成功，就要懂得处理好人际关系。

一、人际关系的含义

人际关系是指人们在物质交往与精神交往中发生、发展和建立起来的人与人之间的比较稳定的直接的心理关系。它离不开一定的群体背景，是社会关系的一个心理侧面，是通过一定的交往形式建立起来的心理关系，如图4-1所示。其外延很广，包括朋友关系、夫妻关系、亲子关系、同学关系、师生关系、同事关系等。人际关系是社会关系总体系中较低的层次；同时，它又渗透到社会关系的各个方面，是社会关系的"横断面"，因而又反过来影响社会关系。

人际关系是最普遍、最活跃和最基本的层次。它对群体内凝聚力的大小、心理环境的好坏有直接的重要作用。人际关系的形成包含着认知、情感和行为三种心理成分的作用。

1. 认知

认知成分是人际关系形成、发展和改变的基础。包括对他人的认知和自我认知，包括对自己与他人的关系的认知和对他人与他人关系的认知，是人际知觉的结果。

2. 情感

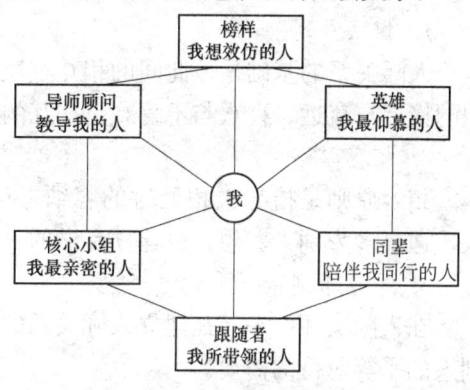

图4-1 人际关系图

情感成分是人际关系的主要成分，是指交往双方相互间在情绪上的好恶程度及对交往现状的满意程度。还包括情绪的敏感性及对他人、对自我成功感的评价态度，这些都在不同水平上调节着人际关系。

3. 行为

行为成分是人际关系中的有机成分，主要包括活动的结果、活动和举止的风度、表情、手势以及言语，即所能测定与记载的一切量值。行为成分是作为人际关系的交往手段出现的。

在这三个因素中，情感因素起着主导作用，制约着人际关系的亲密程度、深浅程度和稳定程度。可见，情感的相互依存关系是人际关系的特征，一般来说，在正式组织关系中，行为成分是调节人际关系的主导成分；在非正式组织关系中，情感成分承担着主要的调节动能。

二、人际关系的需求

人是社会化动物，在社会生活中每个人都需要他人，都具有人际关系需求。而在人际关系需求的基础上形成了个体对他人的基本反应倾向或待人的行为特征，这就是人际反应特质。人际反应特质一旦形成，便在相当长一段时期内不会改变而具有稳定性，并在各种交往场合中会保持同样的反应倾向，具有一贯性。人际关系的需求分为三种。

1. 包容的需求

包容的需求是一种希望与他人来往、结交、共处于某种和谐关系中的欲望。基于这种动机而产生的人际反应特质有交往、沟通、相属、出席、参与、融合，或与此相反的反应特质，如排斥、对立、疏远、退缩、孤立等。

2. 控制的需求

控制的需求是希望通过权力、权威与他人建立并维持良好关系的欲望。基于这种动机而形成了诸如使用权力、权威、威信以便影响、支配、控制和领导他人，以及抗拒权威、忽视秩序、受人支配、追随他人等两种相反的人际反应特质。

3. 情感的需求

情感的需求是希望在情感方面与他人建立并维持良好关系的欲望。基于这种动机形成了以下人际反应特质：喜爱、同情、热情、亲密，以及憎恨、厌恶、冷漠、疏远等。

三、人际关系的基本原则

了解和运用人际关系的基本原则，是处理好人际关系的基本条件。

1. 相互原则

人际关系的基础是彼此间的相互重视与支持。我们喜欢那些也喜欢我们的人，人际交往中的接近与疏远、喜欢与不喜欢是相互的。

2. 相容原则

相容原则是指与人相处时的容纳、包涵、宽容及忍让，要积极寻找共同点，要体谅他人，遇事多为别人着想，以建立和谐的人际关系。

3. 平等原则

在人际交往中平等是建立人际关系的前提。人都有友爱和受人尊敬的需要，都希望得到别人的平等对待的需要。

4. 信用原则

在与人交往中要诚实、不欺骗、遵守诺言，从而取得他人的信任，才能产生使人乐于与你交往的魅力。

5. 尊重原则

要学会从内心深处去尊重他人，能找得出别人的优点，客观地评价别人，有助于建立和谐的人际关系。

四、人际关系的意义

1. 人际关系是个体社会化的必由之路

婴儿从一出生，就开始和人的接触，依赖着成人的照顾，接受着成人的影响，开始着将一个自然人转化为一个能够适应一定的社会文化，参与社会生活，履行一定角色行为，有着健康人格的社会人的过程，这是一个特别长的社会化过程。而这只有通过人际关系才能实现，只有在一定社会环境中通过与他人的接触与互动，逐渐地认识自我，认识他人，成为一个合格的社会成员的社会化过程才能完成。如果一个婴儿生下来在人际关系上处于孤立或被隔离状态，就不能实现社会化，不能完成由自然人到社会人的转化。许多事实和研究结果表明，动物或人类个体在成长过程中，如果长期处于被社会隔离或孤立的状态，就会在认知、情绪、行为等方面的发展上产生明显的障碍。

2. 良好的人际关系具有心理保健意义

当一个人隶属于一个团队，并为他人所接纳时，他就有了安全感。在人际交往中，大家相互学习、模仿、表达感情，促进双方行为的协调一致。双方心理相容，心理距离很近，交往中彼此感到心理和情感上的平衡和满足，双方都会感到舒畅、愉快。若双方人际关系冲突，心理距离很大，相互排斥，彼此都会感到心情抑郁、孤独寂寞，以致损害身心健康，严重的可能会导致心理失常，不利于身心发展。因此，建立良好的人际关系是保证每个人心理健康的重要保证。

3. 良好的人际关系对职业成功有着重要的意义

良好的人际关系也是事业成功的重要保证。大学生在学校和职场中面临的人际环境有着很大差异。进入职场，就进入了比学校相对复杂的人际环境。职场中人际关系牵涉面广，往往比较复杂，如同事与同事之间的关系、上下级关系，能否处理好工作中的人与人之间的关系，决定着能否尽快适应工作，并使工作顺利开展。

第二节 打造和谐人际关系

案例与分析

阿华刚参加工作时，抱着走"群众路线"的想法，尽量远离领导，和同事打成一片。阿华以为只要认真做事，就能在公司立足。可是3个月试用期还没到，他就被炒鱿鱼了——因为领导觉得他"表现平平"。不久阿华又找到另一份工作，吸取上次的教训，阿华频频在领导眼前晃悠：开会时总抢着坐在他旁边，隔三岔五主动汇报工作……同事们的鄙视早在他的意料之中，可让阿华没想到的是，有一次无意中听到领导也评价说他"太爱出风头"……

分析： 古语云"伴君如伴虎"，在现代职场上，领导就是每个普通职员心中的那只"老虎"：离得太远，怕被忽略；离得太近，怕被伤着。其实，在职场中，无论是与上司相处，还是与同事相处，都要把握一个"度"，建立和谐的人际关系。

看一个人的人际关系，就知道他是怎样的人，以及将会有何作为。大多数人的成功，都源于良好的人际关系。人们处在繁忙的工作当中，复杂的人际关系无疑给人增添了新的压力，因此每一个人都要学会经营自己的人际关系。

一、人际交往能力

人际交往能力是指在人际交往过程中，个体具有交往意愿，积极主动参与交往，并且表现出有效和适宜的交往行为，从而使自己与他人关系处于和谐状态的能力。拥有很强人际交往能力的人善于与人交往，并易于与他人建立广泛而融洽的人际关系。人际交往能力又由以下6个方面构成。

（1）人际感受能力，指对他人的感情、动机、需要、思想等内心活动和心理状态的感知能力，以及对自己言行影响他人程度的感受能力。

（2）人事记忆力，是记忆交往对象个体特征，以及交往情景、交往内容的能力。总之，人事记忆力是记忆与交往对象及其交往活动相关的一切信息的能力。

（3）人际理解力，即理解他人的思想、感情与行为的能力。

（4）人际想象力，即从对方的地位、处境、立场思考问题，评价对方行为的能力，也就是设身处地为他人着想的能力。

（5）风度和表达力，是人际交往的外在表现，指与人交际的举止、谈吐、风度，以及真挚、友善、富于感染力的情感表达，是较高人际交往能力的表现。

（6）合作能力与协调能力。这是人际交往能力的综合表现，是企业团队合作的必要能力。

二、人际交往能力的表现特征

人际交往能力就是在一个团体、群体内的与他人和谐相处的能力。人是社会的人，很难想象，离开了社会，离开了与其他人的交往，一个人的生活将会怎样？有人存在，必须与人交往。在与人交往中，能否得到别人的支持、帮助，就涉及自身能力的问题。

(1) 人际交往能力强的典型特征包括：
1) 愿与人相处，合作。
2) 通过有效的沟通手段和交往方式，增进与对方的友谊和合作。
3) 正确认知他人情感，善于理解别人，能设身处地地为他人着想。
4) 宽宏大度，不斤斤计较。
5) 萍水相逢也一见如故。
(2) 人际交往能力弱的典型特征包括：
1) 宁愿独处和独自工作。
2) 不能与他人建立和谐、愉快的关系。
3) 不去理解别人。
4) 喜欢吹毛求疵，不听不同意见。
5) 与陌生人交往困难。

三、打造和谐的人际关系

其实，几乎所有的人都懂得处理好人际关系的重要性，但尽管如此，仍有很多人不知道怎样才能处理好人际关系，甚至相当多的人错误地认为拍马屁、讲奉承话、请客送礼才能处理好人际关系。下面的内容有助于我们打造和谐的人际关系。

1. 学会尊重人、关心人

获得尊重和关心是人的基本需要之一，当尊重的需要得到满足时，个人才会体验到生活的价值。每个人都渴望能得到别人的尊重与关心。如果能够敞开心扉，做到对别人的尊重与关心别人，心与心的距离就会缩短，必将有助于建立良好的人际关系。

2. 正确认识自己和他人

"寸有所长，尺有所短"。要正确地认识自己和他人优点与缺点，才能有效地进行交往。在与人交往的过程中，要多注意别人的优点，能够对别人的优点、长处和成绩进行诚意的赞美，能够增进彼此的吸引力。

3. 以诚待人

待人以诚是人际交往的基石，同时也是交往得以延续和深化的保证。因此，在交往中切忌虚伪，坦诚相见、肝胆相照，交往双方的关系才能巩固。

4. 做好自我管理

在与人交往的过程中要管理好自己，不给别人带来困扰，如遵守两人的约定、做到自己承诺的事情等。同时，要控制好自己的情绪，不给别人带来影响。展示良好的情绪，如热诚、愉悦、感恩等，不要在别人面前表现出不良情绪，如烦躁、愤怒、沮丧等。

5. 能站在他人的立场

每个人立场不一样、价值观不同，对一件事情产生相异的看法，是最自然不过的一件事情。当能站在别人的立场考量事情时，并不是牺牲自己的立场，而是能以协调合作的态度，找出一个对双方都有利的或是双方都想达成的目标。

6. 掌握沟通的技巧

交谈是交往的主要形式，在交往中，人们主要通过交谈传递信息、交流思想、表达情感。良好的交谈是导向成功交往的桥梁，而不善交谈也正是不善交往的重要标志。在与人交往的过程,能够正确与人沟通,如说话时、态度诚恳、谈吐谦逊,能注意对方的反应;倾听别人意见时,耐心、虚心,都会使自己成为一个受欢迎的人。

7. 巩固人际关系

保持联系是巩固人际关系的关键,如记下一些特别的日子(如生日),恰当地表达自己的心意;当喜事盈门时,一定要及时进行祝贺;当别人落入低谷或遇到麻烦时,以适当的方式关心他们,并给予力所能及的帮助;经常沟通,共同分享有用的信息,及时交流对事情或问题的不同看法。这些都会帮助我们巩固人际关系。

第三节 职场中的人际关系

案例与分析

小张和小李是一个车间的同事,小张是工长,小李是副工长。但是两人因为性格、脾气、做事方法等各方面差异很大,在工作上互不理睬,各自为政,"你吹你的号,我弹我的调",相互不协助配合,因此有的作业标准、操作程序没有执行到位。一次因为两人在工作上配合的失误,造成了一批产品质量不合格,小张和小李两人也都因此受到了处分。

分析: 首先,职场中每个人性格、脾气、爱好等不同是很普通的现象,但是将工作以外的东西带到工作之中,影响工作质量就不妥了;其次,同事间有关工作上的事情应该做到互相沟通,互相配合。总之,良好的人际关系,有助于工作的开展。

统计资料表明:良好的人际关系,可使工作成功率与个人幸福达成率达85%以上;一个人获得成功的因素中,85%决定于人际关系,而知识、技术、经验等因素仅占15%。大学毕业生中人际关系处理得好的人平均年薪比优等生高15%,比普通生高出33%。人际关系对每个人的情绪、生活、工作有很大的影响,职场中的人际关系对组织气氛、组织沟通、组织运作、组织效率及个人与组织之关系均有极大的影响。

一、职场人际关系的类型

组织内的各成员互相作用,彼此沟通,在组织中承担着不同的角色。不懂得如何和别人共同完成一件工作的人,就很难有绩效产生。组织很看重人际关系良好的员工,因为人际关系不佳的人,不能和别人相处融洽,也就不能好好地和别人一起工作。在职场中,人际关系主要分为以下几种类型。

(1) 主从型:一方处于支配地位,另一方处于从属地位。这是人际关系类型中最基本的一种,几乎所有的人际关系都有主从性因素。

(2) 合作型:双方有共同目标,为了达到这一目标,彼此能配合和容忍对方。

(3) 竞争型:双方为实现各自目标将对方作为竞争对手。

(4) 主从-竞争型:一种混合型的人际关系。双方相处中,有时是主从型、有时是竞争型的人际关系,这是难以相处的人际关系。

(5) 主从-合作型:一种互补与对称的混合型人际关系。双方在其中能和谐共处,如果其中合作因素超过主从因素,则关系更为融洽。

(6) 竞争-合作型:双方在这种人际关系中,时而竞争,时而合作。为维持这种类型的人际关系，双方需要保持一定的心理距离，避免交往过频。

（7）主从-合作-竞争型：这种混合型的人际关系兼有三者的特点，矛盾较多，双方易于陷入困境。

二、正确处理职场中的人际关系

处理人际关系是职业生涯中一个非常重要的任务，良好的人际关系是舒心工作、安心生活的必要条件。尤其是当今的大学毕业生，很多是独生子女，刚从学校里出来，自我意识较强，初到职场更应在人际关系方面调整好自己的坐标。

1. 对上司——先尊重后磨合

任何一个上司（包括部门主管、项目经理），他们丰富的工作经验和待人处世方略，都是值得我们学习借鉴的，我们应该尊重他们精彩的过去和骄人的业绩。但每一个上司都不是完美的，所以在工作中，即使是要提建议，应在尊重的氛围里，提出自己的观点。与上司相处之道包括以下几点。

（1）严格遵守上下级关系。
（2）考虑到上司的利益。
（3）若有不同的意见可向上司报告，对上司决定后的事情须依指示进行。
（4）能和他人协调、合作。

2. 对同事——多理解慎支持

对同事不能太苛求，对每个人都一样友好。在办公室里上班，与同事相处得久了，对彼此之间的兴趣爱好、生活状态等都有了一定的了解。作为同事，在发生误解和争执的时候，一定要换个角度，站在对方的立场上多思考。同时，对同事必须选择慎重地支持，避免过早地进入某一小群体。与同事相处之道包括以下几点。

（1）对待同事，应谦和有礼，忌粗暴急慢。
（2）不偏交，不搞小圈子派系，不可以只与特定人物来往。
（3）注意有效表达自己的意见，不要进行人身攻击或强词夺理。
（4）勿背地说长道短，搬弄是非。
（5）牢记团队精神，少责怪别人，少推卸责任。
（6）对于老同事，应虚心学习其经验和长处，对于新员工，应积极教授自己已掌握的知识和技能，促进交流，共同进步。

3. 对下属——多帮助细聆听

在工作上只有职位上的差异，人格上都是平等的。在员工及下属面前，没有什么了不得的荣耀和得意之处。多帮助关心下属，其实是帮助自己，因为员工们的积极性发挥得愈好，工作就会完成得愈出色，也让你自己获得了更多的尊重。而聆听更能体味到下属的心境和了解工作中的情况，为准确反馈信息、调整管理方式提供了翔实的依据。与下属的相处之道包括以下几点。

（1）给予下属突出的机会，多褒赏，慎怒慎言。
（2）多与下属接触，适时提供对下属工作有益的帮助。
（3）对部属应关爱加严格。

4. 向竞争对手——露齿一笑

在我们的工作当中，处处都有竞争对手，而任何人都有可爱的闪光之处。当你超越对手时，没必要蔑视人家，别人也在寻求上进；当人家在你前面时，也不必存心添乱找茬。无论对手如何使你难堪，露齿一笑，既有大度开明的宽容风范，又有一个豁达的好心情。与竞争对手的相处之道包括：

（1）尊重竞争对手。

（2）不做恶意攻击。

三、影响职场人际关系的坏习惯

在职场中，面对各种利益冲突，你必须找准角色定位，既不能孤芳自赏，又不能表现过度。新进一个单位，人地生疏，特别是在办公室内，如何迅速赢得大多数人的好感，尽快融入其中，营造良好的人际关系呢？几个影响职场人际关系的坏习惯需要注意：

1. 拉小圈子，散布小道消息

办公室内切忌私自拉帮结派，形成小圈子，这样容易引发圈外人的对立情绪。更不应该随意散布小道消息，充当消息灵通人士，这样只会让人对你唯恐避之不及。

2. 情绪不佳，牢骚满腹

工作时应该保持高昂的情绪状态，即使遇到挫折、饱受委屈、得不到领导的信任，也不要牢骚满腹、怨气冲天，更不要将生活中的情绪带到工作中来。

3. 做事两面，表里不一

工作时不要表里不一，切忌在领导面前充分表现自己，办事积极主动；在同事或下属面前，推三阻四，爱理不理。

4. 故作姿态，举止特异

办公室内不要给人"新新人类"的感觉，毕竟这是正式场合。无论穿衣，还是举止言谈，都要庄重、得体。

拓展测试

人 际 交 往 测 试

你的人际交往能力如何？你可以通过下面的测试来了解。将下列各句所述情况与自己的实际状况做比较，符合程度越高，你的人际交往能力就越弱；符合程度越低，则人际交往能力越强。

符合程度

高 ———— 低

1. 在与权威说话时，我感到紧张。　　　　　　　　　　□ □ □ □ □
2. 我害怕在会上表述自己意见。　　　　　　　　　　　□ □ □ □ □
3. 到一个新环境，我可以接连好几天不讲话。　　　　　□ □ □ □ □
4. 与一大群朋友在一起，我常感到孤寂或失落。　　　　□ □ □ □ □
5. 我担心别人对自己有什么坏印象。　　　　　　　　　□ □ □ □ □
6. 我对自己的容貌缺乏自信。　　　　　　　　　　　　□ □ □ □ □
7. 不是不得已，我决不求助于人。　　　　　　　　　　□ □ □ □ □
8. 我同别人的友谊发展，多数是别人采取主动态度。　　□ □ □ □ □

9. 参加集会，我总是坐在熟人旁边。　　　　　　　　　□ □ □ □
10. 我在演说时，身体的某些部位非常紧张和僵硬。　　 □ □ □ □
11. 我喜欢与机器打交道而不是与人。　　　　　　　　 □ □ □ □

名人寄语

安东尼·罗宾（美国）：人生最大的财富便是人脉关系，因为它能为你开启所需能力的每一道门，让你不断地成长、不断地贡献社会。

哈维·麦凯（美国）：建立人脉关系就是一个挖井的过程，付出的是一滴滴汗水，得到的是源源不断的财富。

杨澜（中国）：我成功的秘诀之一是先为别人创造，建立良好的人际氛围。

比尔·盖茨（美国）：一个人永远不要靠自己一个人花100%的力量，而要靠100个人花每个人1%的力量。

卡耐基（美国）：成功来自于85%的人脉关系，15%的专业知识。

推荐图书

[1] 文齐. 18岁以后要处理好的50个人际关系［M］. 北京：中国致公出版社，2012.
[2]（美）鲍勃·沃尔. 职场关系的真相［M］. 卫青青译. 北京：京华出版社，2010.

课后思考

1. 列出你的人际关系圈的人员名单，并标注最核心的十名成员，然后制订一个增进你与他们关系的计划。
2. 当你与他人有矛盾时，你会如何处理？

第五章 团队合作

本章学习目的

通过本章的学习，了解团队及其构成要素，了解建设高效团队的方法，理解团队精神、团队合作能力，学会在合作的过程中承担责任，并快速融入团队。

本章内容描述

良好的团队合作可以调动团队成员的所有资源和才智，并产生一股强大而且持久的力量。本章主要介绍团队及其构成要素，以及团队精神、团队合作能力，如何建设高效团队，并快速融入团队等内容。

本章核心概念

团队是指一种为了实现某一目标而由相互协作的个体组成的正式群体。

团队合作指的是一群有能力、有信念的人在特定的团队中，为了一个共同的目标相互支持、合作、奋斗的过程。

第一节 团队及其构成要素

案例与分析

有这样一个成功的"团队"，经历了数百年，他们的故事仍然为人们津津乐道，那就是《西游记》中的取经团队。为了完成"西天取经"的任务，由唐玄奘、孙悟空、猪八戒、沙和尚的四人团队成立。唐僧作为团队领导，孙悟空则是技术核心，猪八戒和沙和尚是骨干成员。这个团队在合作完成任务的过程中经历了很多磨难。

分析：按照团队合作中的角色定位对这一团队进行分析。作为这个团队领导的唐玄奘，类似于现在的部门经理，非常有原则，甚至有些固执，是个不达目的不罢休的人。孙悟空是这个取经团队里主力，相当于技术核心，关键人物，无论遇到什么样的困难，他都能够迎刃而解。但是他放荡不羁，不愿接受管理。猪八戒看起来好吃懒做，似乎是个笑料，但是他却发挥着团队减压器的功能。他性格开朗，能够接受任何批评，甚至能容忍小小的委屈。试想，在一个团队中如果没有猪八戒这样的人物，该是多么沉闷。而且，猪八戒也不是一点本领也没有，在应对挑战中，他常常是孙悟空的好帮手。沙和尚沉默寡言却心中有数，工作中任劳任怨，承担了挑担子这种劳苦而无聊的工作，从个人能力上讲，他算是战斗力最弱、变化最少、创造力最差的一位，但是他任劳任怨，承担了没人愿意承担的工作，使两位师兄能够专心降妖除魔。在关键时刻，他也是整个团队的稳定器，在唐玄奘受难、孙悟空被逐、猪八戒吵着要散伙的时候，只有他能保持平和的心态，用理智进行劝解，使团队不至于一哄而散。因此，我们每个人都立足自己的团队，定位好自己的角色，发挥优点、克服不足，才能实现共同的目标。

当今社会，各种知识、技术不断推陈出新，竞争日趋紧张激烈，社会需求越来越多样化，使人们在工作中面临的情况也变得更为复杂，单靠个人能力已很难完全处理各种错综复杂的问题。所以，就需要人们组成团队，并相互依赖、共同合作，来解决错综复杂的问题。

一、团队的含义

团队是指一种为了实现某一目标而由相互协作的个体组成的正式群体。团队是由两个或两个以上的人组成的一个共同体，利用每一个成员的知识和技能协同工作，解决问题，达到共同的目标；团队内的成员在工作上相互合作，在心理上彼此意识到对方，在感情上相互影响，在行为上有共同的规范。

一般来讲，一支高效团队都具备以下几个特征。

(1) 相互依赖与协同。每个人都依靠与他人的合作才能完成预定的工作目标，和谐融洽的人际关系氛围将为团队协同提供必要的社会基础。大雁有一种合作的本能，科学家发现，大雁以这种形式飞行，要比单独飞行多出12%的距离。合作可以产生"1+1>2"的倍增效果。据统计，诺贝尔获奖项目中，因协作获奖的占2/3以上。在诺贝尔奖设立的前25年，合作奖占41%，而现在则跃居80%。

(2) 角色定位与责任分担。每一个团队成员都担当不同的角色，承担与角色相应的责任，团队每一个成员必须具备胜任工作的核心专长与技能。

(3) 信息沟通与知识共享。每一个团队成员必须通过分享信息和资源来协调他们的各项活动，每一个成员都有责任以一种适宜的方式向其他成员提供信息，传授经验。

(4) 自我管理与授权。团队成员在团队工作中既要承担相应的责任，也享有相应的管理自己的工作和内部流程的自主权。因此，团队管理既要依靠制度与业务流程来实现团队的有效运作，又要充分授权，以发挥每个成员的主动性与创造性。

二、团队的构成要素

团队有几个重要的构成要素，总结起来就是"5P"。

1. 目标

团队应该有一个确定的目标（Purpose），为团队成员导航，知道要向何处去，没有目标这个团队就没有存在的价值。

自然界中有一种昆虫很喜欢吃三叶草（也叫鸡公叶），这种昆虫在吃食物的时候都是成群结队的，第一个趴在第二个的身上，第二个趴在第三个的身上，由一只昆虫带队去寻找食物，这些昆虫连接起来就像一节一节的火车车厢。管理学家做了一个实验，把这些像火车车厢的昆虫连在一起，组成一个圆圈，然后在圆圈中放了它们喜欢吃的三叶草。结果它们爬得精疲力竭也吃不到这些草。这个例子说明团队在失去目标后，团队成员就不知道何去何从了。所以团队的目标必须跟组织的目标保持一致，此外还可以把大目标分成几个小目标具体分到每个团队成员身上，大家合力实现这个共同的目标。

2. 人

人（People）是构成团队最核心的力量，2个（包含2个）以上的人就可以构成团队。

目标是通过人来实现的，所以人员的选择是组建团队时非常重要的一个部分。不同的人通过分工来共同完成团队的目标，在人员选择方面要考虑人员的能力如何，技能是否互补，人员的经验如何。

3. 定位

团队的定位（Place）包含两层意思：一是团队的定位，团队在企业中处于什么位置，由谁选择和决定团队的成员，团队最终应对谁负责，团队采取什么方式激励下属；二是个体的定位，作为成员在团队中扮演什么角色，是制订计划还是具体实施或评估，等等。

4. 权限

团队当中领导人的权力大小跟团队的发展阶段相关，一般来说，团队越成熟领导者所拥有的权力相应越小；在团队发展的初期阶段，领导权相对比较集中。团队权限（Power）关系的两个方面：①整个团队在组织中拥有什么样的决定权，如财务决定权、人事决定权、信息决定权；②组织的基本特征，如组织的规模，团队的数量，组织对于团队的授权程度，业务类型等。

5. 计划

计划（Plan）包括两个层面的含义：

（1）目标最终的实现，需要一系列具体的行动方案，可以把计划理解成目标的具体工作的程序。

（2）提前按计划进行可以保证团队工作的顺利进行。只有在计划的操作下团队才会一步一步地贴近目标，从而最终实现目标。

三、团队的功能

当科技打破疆域，高度信息化，使全球一体化。任何单一的力量都相对有限，即使身居高位的领导人也是如此。优秀的团队给企业带来的不仅仅是当前所需的利润，更能带来一种优秀品质的传承。团队具有以下功能：

（1）目标导向功能。团队精神的培养，使员工齐心协力，拧成一股绳，朝着一个目标努力。

（2）凝聚功能。任何组织都需要一种凝聚力。团队通过员工在长期的实践中形成的习惯、信仰、动机、兴趣等，引导人们产生共同的使命感、归属感和认同感，从而产生一种强大的凝聚力。

（3）激励功能。优秀团队激励着每个成员不断进步，或努力向团队中最优秀的成员看齐，或得到团队的认可，或获得团队中其他员工的尊敬，从而不断实现团队目标。

（4）控制功能。员工的个体行为需要控制，群体行为也需要协调。团队的控制功能是通过团队内部所形成的一种观念的力量、氛围的影响，去约束、规范、控制成员的个体行为。

四、团队的类型

在现代企业组织中，团队可以说是无处不在。团队的组织形态也各不相同。归纳来看，团队主要有以下4种常见类型。

1. 项目团队

项目团队通常是基于完成某项专门任务而组建的，具有明确的目标与任务以及完成任务的时限。团队成员来自各个不同的职能部门,每一个成员具有独特的技能和知识背景,彼此之间具有知识与技能的互补性。

2. 固定工作团队

固定工作团队的成员主要从事的是专业化或例行工作以保证生产和服务流程正常运转。这类团队一般比较稳定,很少变动,团队成员具有相似的知识背景,并掌握专项技能。

3. 功能团队

功能团队包括因某种特殊需要或突发事件而临时组建的快速应急团队,如谈判团队、事故处理小组、竞技团队等。

4. 网络化团队

网络化团队是基于信息系统的发展,成员配置不为时间和空间所限制,团队成员合作往往处于虚拟状态的一种团队组织形式。团队成员的配置随任务的需要而改变。

第二节 团队建设

案例与分析

恒兴团队是城轨事业部的一个项目研发团队,这个团队由六人组成。团队人员的素质很高,全部具有高学历,所以他们都很自信,觉得没有他们做不好的事情。王总是此项目的负责人;小毕和小陈是经常能给团队提供各种想法的人,他们经常为不同的想法争论不休,但是小陈与小毕又有所不同,小陈经常能够对想法的可行性做出周密的分析;小迪是能够进行周密计划的人;小翼对交代的工作能够及时准确地完成;小富能够对各种想法做出调查,并能做出评估。在一次项目研发过程中,令王总非常苦恼的是,虽然这些人员都非常优秀,能够提出各种非常合理的方法,但是他们召开了一次又一次会议,大家各抒己见,在一些细节上纠缠不休,最后还是没能得出结论。

分析:发生这种情况的原因是此项目团队缺乏有效的团队建设。团队成员的构成不是越优秀越好,而是应该互补。如果项目负责人王总没有对此做出任何改变,那么将影响整个团队目标的实现。

经济全球化的压力以及竞争激烈的市场环境,迫使现代企业不断地对低效的经营管理过程进行重组,以加快企业对外部市场环境的反应速度。此时,把拥有专门知识和技能,具有强烈的成功愿望、创新意识和合作精神的员工组成高效团队就成为一种行之有效的方式。

一、团队建设的重要性

1. 产生高效应

团队可以产出大于个人绩效之和的群体效应。团体与个人的关系就如同整体与部分的关系,团队模式使组织结构大大简化,建立在志同道合基础上的团队可以起到功能互补的作用,从而产生了比个体简单相加高得多的效率。

2. 提高组织灵活性

团队可以提高企业组织的灵活性。企业团队的共同价值取向和良好的文化氛围,使组织能更好地适应日益激烈的竞争环境,增强企业的应变能力,提高企业组织的灵活性,提升企业的竞争力。

3. 增强凝聚力

团队有着极强的凝聚力。团队强调沟通协调，成员之间相互信任、坦诚沟通，人际关系和谐，这样可以提高员工归属感和自豪感，大大激发员工的积极性，增强企业内部的凝聚力。

4. 培养人才

团队注重对成员的培养，使团队成员迅速进步，从而带来团队工作效率的成倍增长。同时，团队在文化氛围上既强调团队精神，也鼓励个人的完善与发展，从而激发了个人的积极性、主动性和创造性。

二、建设高效团队的方法

从前，有两个饥饿的人得到了一位长者的恩赐：一根鱼竿和一篓鲜活硕大的鱼。其中一个人要了一篓鱼，另一个人要了一根鱼竿，于是他们分道扬镳了。得到鱼的人原地就用干柴搭起篝火煮起了鱼，他狼吞虎咽，还没有品出鲜鱼的肉香，转瞬间，连鱼带汤就被他吃了个精光，不久，他便饿死在空空的鱼篓旁。另一个人则提着鱼竿继续忍饥挨饿，一步步艰难地向海边走去，可当他已经看到不远处那片蔚蓝色的海洋时，他浑身的最后一点力气也使完了，他也只能眼巴巴地带着无尽的遗憾撒手人间。又有两个饥饿的人，他们同样得到了长者赠予的一根鱼竿和一篓鱼。只是他们并没有各奔东西，而是商定共同去找寻大海，他俩每次只煮一条鱼，他们经过长途跋涉来到了海边，从此，两人开始了捕鱼为生的日子，过上了幸福安康的生活。建设高效团队，需要注意以下几个方面。

1. 设定共同的目标

共同的目标可以为团队成员提供具体的指导和行动方向，目标是团队存在的价值，明确目标就是使成员明确团队存在的意义。将目标植根于每位团队成员的心里，就可以使团队行动一致。如果团队的领导疏于制定团队的目标，或有目标而成员们并不了解目标的，那么就没有凝聚成真正的团队。

2. 制定规则

团队是集体，必须要有规则，这可以帮助团队成员很好地界定自己行为，明确团队的利益要高于个体的利益。规则制定是为了明确团队中每个成员的角色，每个人都做自己最擅长的工作，每个人都平等，而且同样重要。

3. 选择团队成员

有两种团队特别容易失败：一是整个团队都是由聪明人组成的，二是整个团队都是由个性相近的人组成的。如果全部都是将军，谁来打仗？反过来，如果全部都是士兵，谁来指挥？因此，团队成员应该是相互补充，各有优点的，才易形成合力。

4. 明确角色定位

在团队中每位成员要明确自己在团队中的角色定位，了解自己的职责，认定"我是谁"，"我"扮演和充当一个什么样的角色，"我"要做什么，要怎样做才能做好，在其职，做其事，尽其责。每个团队成员都是不可或缺的，而且每一个团队成员都要具有团队合作的意识。无论你自身能力的强大，团队少了你依然会继续运行，所以不要妄自称大。

（1）做好自己的事情。团队合作中，最起码的事情就是把自己的事情做好。团队的任务都是有分工的，分配给自己的任务就要按时做好。只有这样，你才能不给别人带来麻烦；也只有在这个前提下，你才能去帮助其他成员的事情，否则你就有些轻重不分了。

（2）信任你的伙伴。既是团队成员，就要相信自己的伙伴，相信他们能够与你协调一致，相信他们会理解你，支持你。一个团队只有在信任的氛围中才可能有高效的工作。如果大家相互猜忌、互不信任，那么分工就不可能，因为总有一些任务依赖于别的任务；同时，猜忌的气氛让每一个人都不能全心投入到工作中去，也不利于成员们工作能力的发挥。

（3）为他人着想。不要事事都从自己的角度考虑。如果有任何问题或者遇到什么问题，先从别人的角度想一想，看看怎样能让他人更加方便，这样的人在团队当中会很受欢迎。

（4）愿意多付出。付出并不是什么坏事。多做一些，可以让团队的工作进展更快，你也得到更多的好评，能力上也有提高，何乐而不为呢？当然也不是付出的越多越好，如果所有的事都让你做了（虽然这一般是不可能的），其他的人一定会有意见的。

5. 加强沟通

成功的团队依靠的是队员之间的相互配合、分工、协作，从而实现组织高效率运作的管理，因而团队成员之间要多进行沟通。

小宇明天要参加小学毕业典礼，他高高兴兴地上街买了条裤子，可惜回到家才发现右边裤腿比左边长了两寸。吃晚饭的时候，小宇把一边裤腿长两寸的事说了一下，饭桌上奶奶、妈妈和嫂子都没有反应，饭后这件事情也没有再被提起。妈妈睡得比较晚，临睡前想起儿子第二天要穿的裤子有问题，于是将裤子剪好缝好放回原处，才去安心睡觉。半夜里，被狂风惊醒的嫂子突然想小叔子的裤子有问题，于是披衣起床将裤子处理好又安然入睡。第二天一大早，奶奶给孙子做早饭时，想起孙子的裤子有问题，马上进行了处理。结果，小宇只好穿着右裤腿短四寸的裤子去参加毕业典礼。沟通不畅很容易会造成工作效率低下，也只有进行充分的沟通，在沟通的基础上明确各自己的职责，才能充分协作，形成合力。

三、团队建设过程的五个阶段

团队建设一般要经过形成期、磨合期、凝聚期、收获期、修整期5个阶段。

1. 形成期

团队成员由不同动机、需求与特性的人组成，此阶段缺乏共同的目标，彼此之间的关系也尚未建立起来，人与人的了解与信任不足，彼此之间充满着谨慎和礼貌。整个团队还没有建立起规范，或者对于规范还没有形成认同，这时的矛盾很多，一致性很少，即使花很大的力气，也很难产生相应的效果。

此时，管理人员的主要任务是以下两个方面。

（1）初步搭建团队的内部框架。在团队成立伊始，组织管理者应该对团队的各个要素十分明确，包括团队的目标、定位、职权、人员和计划。其团队内成员的角色应如何分配，团队成员如何选拔，都是在团队的组建期设定的。

（2）建立团队与外界的初步联系。主要包括：①建立起团队与组织内其他工作集体及职能部门的信息联系及相互关系；②确立团队的权限，如自由处置的权限、资源使用权、信息接触权限等；③建立对团队的约束或绩效激励制度体系；④争取外部对团队的技术支持、专家指导、物资、经费、精神方面的支持；⑤建立团队与组织外部的联系，努力与社会制度和文化取得协调等。

在团队建设的形成期，管理人员必须立即掌握团队，快速让成员进入状态，降低不稳定的风险。此阶段的领导风格要采取控制型，不能放任，尽快建立必要的规范，尽快让团队进入轨道。

2. 磨合期

团队经过组建阶段以后，隐藏的问题逐渐暴露，就会进入磨合期。团队内各成员维护自己的权益，外面的压力也渗透到团队内部，增加了团队内部的紧张气氛。磨合期包括成员与成员之间、成员和环境之间、新旧观念与行为之间3个方面的磨合。

(1) 成员和成员之间的磨合。团队进入磨合期后，会产生成员之间的冲突，成员之间由于立场、观念、方法、行为等方面的差异而产生各种冲突，人际关系陷入紧张局面，甚至会向领导者挑战的情况，导致有的人可能暂时回避这种紧张的气氛，甚至准备退出这一新生团队。面对如此形势的团队领导者和成员，一方面，要认识到激荡期是团队成长必须经历的阶段，产生冲突并不一定是坏事，相反，它使潜在问题得到了暴露，为团队尽早进入规范期创造了条件；另一方面，领导和成员都应积极进行冲突的解决，解决问题的过程也能促进成员之间的相互了解，以及决策的完善。

(2) 成员与环境之间的磨合。团队会产生成员与环境之间的冲突。这种冲突主要包括：第一，成员与组织技术系统之间的冲突。如团队成员可能对团队采用的新技术不熟悉，经常出差错。这时最紧迫的是对团队成员进行培训，使成员迅速掌握新技术。第二，成员与组织制度之间的冲突。在团队建设中，组织会在其内部建立起与团队运作相适应的制度系统，如考评制度、奖惩制度等。这些制度可能不够完善，也可能使团队成员很难适应。这时要做的工作，是不断完善新的制度，或是使团队成员尽快适应新的制度。第三，团队成员与组织内其他部门之间的关系冲突。团队在成长过程中，与组织内其他部门要发生各种各样的关系，也可能会产生矛盾冲突，需要进行很好的协调。

(3) 新旧观念与行为之间的磨合。团队中的每位成员在新的集体中拥有的观念与行为，可能会与过去的观念、行为存在着较大的差异，这时需要运用一系列手段来促进团队成员的成长，如采用培训、舆论宣传、纪律处分、奖励措施等。在这一阶段，成员将经历一系列的压力、学习、强化、行为校正的过程。

3. 凝聚期

经过磨合期之后，团队逐渐走向规范。组织成员开始以一种合作的方式组合在一起，团队成员逐渐了解了领导者的想法与组织的目标，建立了共同的愿景，成员互相之间也产生了默契，对于组织的规范也开始适应。这时日常工作能够顺利进行，但对领导者的依赖依然很强，还不能形成自治团队。

在这一阶段，最重要的是形成有力的团队文化，促进成员形成共同的价值观，调动个人的积极性，增强团队的凝聚力，培养成员对团队的认同感、归属感，营造成员间互相合作、互相帮助、互相关爱的氛围。此时，还应进行更广泛的授权与更清晰的权责划分，在授权的同时，还要注意控制。

4. 收获期

团队经过组建、磨合、凝聚，开始变得成熟，能使任务得以高效地完成。在收获期，团队成员的注意力已经集中到了如何提高团队效率和效益上，这是一个出成果的阶段。此时，团队成员的角色都很明确,并深刻领悟到完成团队的工作需要大家的配合和支持,同时已学会以建设性的方式提出异议,大家高度互信,彼此尊重,整个团队已熟练掌握如何处理内部冲突的技巧,也学会了如何集中大家的智慧做出高效决策,并通过大家的共同努力去追求团队的成功。在完成目标的过程中,团队成员加深了了解,增进了友谊,同时整个团队更加成熟,工作也更加富有成效。此时的领导者必须创造参与的环境,以身作则,使得工作更有成效。

5. 修整期

当团队经过收获期后就要进行修整,找出存在的问题,进一步调整目标或规范制度,以便取得更多的成功。此时管理者更需要运用系统的思考,通观全局,并保持危机意识,不断改进,持续成长。而对于经过以上各阶段却并未形成高效团队的队伍,进入修整期时,就需要进步大的整顿。对团队实行整顿的一个重要内容是优化团队规范,于是出现新的一轮的团队建设。

以上5个阶段反映的是团队建设的一般性过程,但是实践中的团队建设过程常常有所偏差。团队建设过程会出现跳跃现象,或是会出现某些阶段的融合。例如,在团队发展的前期和后期都可能产生冲突,在前期出现冲突的原因可能是团队成员角色定位的混乱,而后期出现的冲突可能是奖励分配过程中出现了"不公平"的现象。总的来说,如果团队建设过程顺利,它通常会表现出如下特征:①团队行为与组织目标规定的方向日趋一致;②团队绩效逐渐提高;③团队的自我管理、自我调节、自我完善能力不断增强;④团队越来越能兼顾组织、团队、个人的三者利益;⑤团队能持续学习提高。

第三节 融入团队,学会合作

案例与分析

在一个花园里,美丽的红玫瑰引来了人们的驻足欣赏,红玫瑰为此感到十分骄傲。红玫瑰旁边一直蹲着一只青蛙,红玫瑰嫌青蛙跟自己的美丽不协调,强烈要求青蛙立即从自己的身边走开,青蛙只好顺从地走开了。

没过多久,青蛙经过红玫瑰身边,它惊讶地发现红玫瑰已经凋谢了,叶子和花瓣都已经掉光了。青蛙说:"你看起来很不好,发生了什么事情?"红玫瑰回答:"自从你走了之后,虫子每天都在啃食我,我再也无法恢复往日的美丽了。"

分析:许多人就像红玫瑰一样自命清高,总认为自己是最棒的,什么都可以完成。刚刚毕业的大学生,不懂配合、服从、执行。无法融入团队的员工不仅得不到同事的欢迎,也无法得到领导的器重。聪明的人融入团队,孤傲的人被团队抛弃。

团队合作指的是一群有能力、有信念的人在特定的团队中,为了一个共同的目标相互支持合作奋斗的过程。它可以调动团队成员的所有资源和才智,产生一股强大而且持久的力量。一个人的智慧再高、能力再强,对于迅速膨胀的信息和海量知识,任何个人都无法全面掌握,因此,一味强调个人力量、个人作用已不符合时代的发展,大学生在校期间就要培养自己的团队精神。只有这样,才能在进入职场后迅速融入团队,取得职业的成功。

一、团队精神及其培养

1. 团队精神的含义

所谓团队精神,简单来说就是大局意识、协作精神和服务精神的集中体现。团队精神的基础是尊重个人的兴趣和成就,其核心是协同合作,最高境界是全体成员的向心力、凝聚力,反映的是个体利益和整体利益的统一,进而保证组织的高效率运转。团队精神是组织文化的一部分,没有良好的从业心态和奉献精神,就不会有团队精神。

2. 团队精神的培养

(1)团队成员要有基本一致的价值观。"物以类聚,人以群分",具有相近价值观的人容易走到一起,沟通合作也会顺畅得多。让价值观不同的人一起共事,肯定会有很多矛盾和问题。

(2)要有主动适应并融入团队的核心精神。每个成熟的团队,都有其独特的团队文化和核心价值观,作为团队成员要主动与之协调、融合。

(3)个人要服从团队。判断一个人有没有团队精神,往往看其能否顾全大局。当个人利益与团队利益出现矛盾或当个人意见与团队意见不一致时,个人必须服从团队。

(4)处处维护团队的声誉。团队有共同的目标和利益,作为团队成员,即使团队出现了一些问题,也要保持对团队的热爱,而不是抱怨和诋毁。

(5)注意人际关系处理。团队是由许多个体组成的集体。因此,与团队中大多数成员处理好人际关系,共同为集体利益服务,是成员是否具备团队精神的具体体现。

二、团队合作能力及其培养

1. 团队合作能力的含义

在一个高效的团队中工作,团队成员首先要具备团队精神,其次是适合团队的能力。适合团队的能力包括工作能力、与人交流沟通的能力以及团队合作能力,最突出的就是团队合作能力。所谓团队合作能力,是指建立在团队的基础之上,发挥团队精神、互补互助以达到团队最大工作效率的能力。对于团队的成员来说,不仅要有个人能力,更需要有在不同的位置上各尽所能、与其他成员协调合作的能力。

2. 团队合作能力的培养

(1)选择好角色,积极参与团队工作。一方面,要注意自己在团队中的定位,把握自己在团队中扮演的角色;另一方面,要投入自我,全心付出。几乎所有的团队都要求成员具有敬业的品质,把团队的事情当成自己的事情,才能为了团队的整体利益配合其他成员的工作。

(2)尊重多样性,寻找团队中的积极品质。在工作环境中,团队通常由具有不同背景的人组成,每个成员的优缺点都不尽相同,我们要多寻找和学习团队成员的积极品质,弥补自己的不足。如果每位成员都能如此,团队的协作就会变得顺畅,整体效率就会提高。

(3)保持足够的谦虚,避免居功自傲。即使自己在团队中取得了一定成绩,也不要居功自傲,要多找自己的不足,促使自己在团队中不断进步。任何骄傲自大的人,都不会受到团队的欢迎。

(4)乐于为他人提供帮助,不要斤斤计较。一个人的精力和能力始终有限,每个成员都会有需要支持和帮助的时候。乐于助人，是团队成员应该具有的优秀品质。团队成员之间平等相待、互相协作，可以使团队内部更加团结一致，团队的成员也会为此感到满足和荣耀。

三、快速融入团队的方法

1. 积极主动

每一位初入职场的大学毕业生都要深刻地认识到，一个人的成功并不是真正的成功，团队的成功才是最大的成功。那种"只顾自己，不顾集体"的员工，不是优秀的员工。虽然领导希望自己的员工精明能干，能独挡一面，但领导更重视团队的力量。作为个体，只有把自己融入团队之中，凭借集体的力量，才能把个人的力量发挥到最大，让自己得到最好的发展。因此，大学毕业生工作后，要积极主动地融入所在的团队中，服从领导的安排，遵守规章制度，积极与其他员工合作，共同完成团队的任务。

2. 真诚和尊重

真诚和尊重是合作的前提，团队中的每一个人都有不同的性格特征，都需要尊重。要想与团队成员达成良好的合作关系，需要付出真诚与尊重。融入团队，加强合作离不开真诚与尊重。尊重是合作的前提，是成功的基础。欣赏彼此的优点并且互相提供帮助，是团队精神的基石。即使你非常优秀，也不要瞧不起别人。人与人之间就像一面镜子，当你对着别人微笑的时候，别人也会对着你微笑；当你不尊重别人的时候，别人也不会尊重你。我们要尊重团队中的每一位同事。

3. 学会沟通

团队精神的最高境界是具有凝聚力，凝聚力源于团队成员自觉的内心动力，来自形成共识的价值观，而共识的形成则有赖于沟通。融入团队，必须学会有效的沟通。沟通是传达、倾听、协调，也是一个团队和谐有序的润滑剂。沟通不仅是一个人的个人能力、魄力的体现，也是每一位员工应该做到的。公司的员工，大家在一起，不仅是工作，更是一起分享成功或挫折、快乐与忧愁。如果员工之间不进行交流，各自唱"独角戏"，团队势必成为一盘散沙。团队中没有"他们"、"你们"、"你"、"我"、"他"，只有"我们"。

4. 互相关爱

在工作单位中，只有学会关爱同事，才能取得同事的信任和支持，从而提高团队的整体工作绩效。珍惜与团队同伴相识的缘分，在同伴需要帮助的时候提供关爱，是与人合作最好的方式。在团队里，成员要像群飞的大雁，遇到困难时，互相帮助、共同解决，团队成员共同进步，团队取得成功，每一位成员也会因此而受益。

5. 全局观念

团队精神不反对个性张扬，但个性必须与团队的行动一致，要有整体意识、全局观念，互相配合，考虑团队的需要，为集体的目标而共同努力。曾经有这样两个工作伙伴，他们共同承担一个项目，但其中有分工，两个人都希望好好表现，能够得到团队领导的认可，将彼此视为竞争对手，为了在两个人的比赛中获胜，两个人都隐瞒对对方有利的信息，都只顾自己，结果这个项目不符合客户的要求，给公司带来很大损失。因此，团队中每个人都应有全局观念，要以团队的目标为自己的最高目标，只有团队取得成功才会有个人的成功。

四、影响融入团队的因素

盐能融入水，石头就不行。同样，一名成员是否能与团队相融，也存在两方面的影响因素，一是成员自身，二是团队。

（1）团队成员对团队的精神与理念不认同、不理解、不接受，因而不愿意融入团队。这不一定是成员的错，很有可能是团队的精神与理念无法使团队成员形成共鸣，不能领导所有成员的价值观。

（2）团队成员之间的性格冲突，并且没有协调者，这也影响着成员融入团队。

（3）成员在团队中若贡献值远大于肯定值，并得不到认可，也会导致这个成员想离开团队。

（4）团队中的主导力量非常排外，致使新的成员无法与团队形成合力，新成员总体感觉到无法施展才能或体现价值。

（5）团队确实形成了合力，可以共同工作，但因整个团队发展的空间比较小，导致有的成员会关注团队外的机会，而逐渐地与团队产生心理距离。

拓展测试

团 队 精 神 测 试

当今社会的竞争日趋激烈，信息量成几何级增长。任何一个组织的成功都不能仅仅依靠某一个人单枪匹马作战，因此团队精神的重要性不言而喻。没有团队合作精神的人，将很难在这个社会立足。下面来看看你的团队合作精神如何？

1. 当班级来了一个新同学，你会怎么做？
   A. 这跟我没有太大关系
   B. 主动和他/她打招呼，帮助他/她尽快适应学校
   C. 他/她跟我主动打招呼后再去帮助他/她

2. 当班级组织体育活动时，你会：
   A. 积极参与，即使自己体育不太好也会在旁边加油
   B. 不是强迫参加就不参加，忙自己的事情更重要
   C. 自己喜欢的项目就参加，不喜欢的就不参加

3. 当你和朋友一起聚餐点菜的时候，你会怎么做：
   A. 点自己最喜欢吃的菜
   B. 点大多数朋友都比较喜欢吃的菜
   C. 点自己喜欢大家也还能吃的菜

4. 和几个朋友一起约定去景点玩的时候，你会：
   A. 总是比约定时间早到几分钟
   B. 一般是最晚到，让别人等你
   C. 有时候早到，有时候晚到

5. 你所参加的球队打比赛失败了，你会：
   A. 抱怨那些没打好的人
   B. 鼓励大家不要气馁
   C. 让大家一起找出原因

6. 同学遇到不会做的题，而你正好会做，你会：

A. 如果是自己的竞争对手就不告诉他
B. 给他讲一遍，如果还是不懂的话就让他去问别人
C. 耐心地给他解答，直到他听懂为止
7. 宿舍同学生病的时候，你会：
A. 跟自己关系好就照顾照顾，不好就算了
B. 人人都应该学会照顾自己，不能指望别人
C. 仔细照顾他，为他做一些力所能及的事情
8. 宿舍熄灯后，你一般：
A. 已经忙好事情躺在床上了
B. 忙一些事情，不时发出声响
C. 忙一些事，但尽量轻手轻脚
9. 你的好朋友这次考试比你成绩好，你会：
A. 衷心地向他表示祝贺，并向他请教
B. 表面表示祝贺，心里不太舒服
C. 心里很不舒服，暂时先不理他
10. 对于那些学习成绩很差的人，一般情况下你会怎么看待他们：
A. 他们天生就比较笨，不想和他们打交道
B. 他们可能是不够勤奋，再努力点就好了
C. 他们在某些方面有我所不具有的优点
11. 当你和能力不如你的小组成员一起完成一项活动时，你会：
A. 自己一个人干算了，免得他们做不好我还得重做
B. 自己干最重要的部分，其他的分给他们做
C. 按照每个人的情况，合理分工，共同完成任务
12. 班级大扫除时，某个同学临时有事不能完成他的任务，你会：
A. 主动去分担他的工作
B. 不是分内的事情自己才不理会
C. 这次替他干，下次值日让他帮自己干

答案：

项目	1	2	3	4	5	6	7	8	9	10	11	12
A	0	2	0	2	0	0	1	2	2	0	0	2
B	2	0	2	0	2	1	0	0	1	1	1	0
C	1	1	1	1	1	2	2	1	0	2	2	1

测试分析：

得 17~24 分：你是一个很有合作精神的人。遇到事情你能够考虑到其他人，因此大家都愿意和你共事，你会有很不错的发展。

得 10~16 分：你的团队合作精神中等。一般情况下你能够注意别人的感受，但是需要加强对合作重要性的认识，这样你会更受欢迎。

得 10 分以下：你的团队合作精神很差，需要有意识去培养。在当今社会，学会和别人

合作，能让你取得更大的成就。

团队合作能力测试

1. 如果某位中学校长请你为即将毕业的学生举办一次介绍公司情况的晚间讲座，而那天晚上恰好播放你"追踪"的电视剧的最后一集，你是：

    A. 立即接受邀请

    B. 同意去，但要求改期

    C. 以有约在先为由拒绝邀请

2. 如果某位重要客户在周末17：30打来电话，说他们购买的设备出了故障，要求紧急更换零件，而主管人员及维修工程师均已下班，你是：

    A. 亲自驾车去30公里以外的地方送货

    B. 打电话给维修工程师，要求他立即处理此事

    C. 告诉客户下周才能解决

3. 如果某位与你竞争最激烈的同事向你借一本经营管理畅销书，你是：

    A. 立即借给他

    B. 同意借给他，但声明此书无用

    C. 告诉他书被遗忘在火车上了

4. 如果某位同事为方便自己去旅游而要求与你调换休息时间，在你还未作决定如何度假的情况下，你是：

    A. 马上应允

    B. 告诉他你要回家请示夫人

    C. 拒绝调换，推说自己已经参加旅游团了

5. 你如果在急匆匆地驾车去赴约途中看到你秘书的车出了故障，停在路边，你是：

    A. 毫不犹豫地下车帮忙修车

    B. 告诉他你有急事，不能停下来帮他修车，但一定帮他找修理工

    C. 装作没看见他，径直驶过去

6. 如果某位同事在你准备下班回家时，请求你留下来听他"倾吐苦水"，你是：

    A. 立即同意

    B. 劝他第二天再说

    C. 以夫人生病为由拒绝他的请求

7. 如果某位同事因事要去医院探望夫人，要求你替他去接一位搭夜班机来的大人物，你是：

    A. 立即同意

    B. 找借口劝他另找别人帮忙

    C. 以汽车坏了为由拒绝

8. 如果某位同事的儿子想选择与你同样的专业，请你为他做些求职指导，你是：

    A. 立即同意

    B. 答应他的请求，但同时声明你的意见可能已经过时，他最好再找些最新的资料做参考

    C. 只答应谈几分钟

9. 你在某次会上发表的演讲很精彩,会后几位同事都向你索要讲话纲要,你是:
   A. 同意,并立即复印
   B. 同意,但并不十分重视
   C. 同意,但转眼即忘记
10. 如果你参加一个新技术培训班,学到了一些对许多同事都有益的知识,你是:
    A. 返回后立即向大家宣布并分发参考资料
    B. 只泛泛地介绍一下情况
    C. 把这个课程贬得一钱不值,不透露任何信息

评分:

(1) 全部回答"A":你只能说是一位极善良、极有爱心的人,但你要当心,千万别被低效率的人拖后腿,应该有自己的主见。

(2) 大部分回答"A":很善于合作,但并非失去个性,认为礼尚往来是一种美德,在商业生活中亦不可或缺。

(3) 大部分回答"B":以自我为中心的人,不愿意为自己找麻烦,不想让自己的生活规律,工作秩序受到任何干扰。

(4) 大部分回答"C":一个名副其实的孤家寡人,不善于同别人合作,几乎没有团队意识。

名人寄语

高尔基(苏联):一个人如果单靠自己,如果置身于集体的关系之外,置身于任何团结民众的伟大思想的范围之外,就会变成怠惰的、保守的、与生活发展相敌对的人。

毛泽东(中国):团结一致,同心同德,任何强大的敌人,任何困难的环境,都会向我们投降。

韦伯斯特(美国):人们在一起可以做出单独一个人所不能做出的事业;智慧、双手、力量结合在一起,几乎是万能的。

歌德(德国):不管努力的目标是什么,不管他干什么,他单枪匹马总是没有力量的。合作永远是一切善良思想的人的最高需要。

推荐图书

[1] 余世维. 打造高绩效团队 [M]. 2版. 北京:北京联合出版公司,2012.

[2] (美) 马克·米勒. 团队的秘密:如何打造高绩效的卓越团队 [M]. 夏愉译. 北京:金城出版社,2012.

[3] 姚裕群. 团队建设与管理 [M]. 北京:首都经济贸易大学出版社,2013.

[4] 唐荣明. 融入组织 [M]. 北京:机械工业出版社,2012.

课后思考

1. 个人和团队的完美哪个更重要?
2. 你是怎样扮演好团队队员的角色?
3. 对于你现在所处的集体,你都做了什么?

第六章 职 场 礼 仪

本章学习目的

通过本章的学习，了解职场礼仪的基本概念与相关知识，掌握职场中常用仪表礼仪、仪态礼仪、语言礼仪、握手礼仪、名片礼仪、电话礼仪、会议礼仪，以及列车乘务员服务礼仪的基本知识，塑造职业形象，提高人际交往能力，从细节处提升职业素养。

本章内容描述

礼仪是我们在职场、日常生活中不可缺少的，是一个人内在修养和素质的外在表现，职场礼仪是影响职业生涯成败的因素之一。本章主要介绍什么是礼仪与职场礼仪，职场中常用的几种礼仪与列车乘务员服务礼仪。

本章核心概念

礼仪是指在人际交往中，自始至终地以一定的、约定俗成的程序和方式来表现的律己、敬人的完整行为。

职场礼仪是指人们在职业场所中应当遵循的一系列礼仪规范。

第一节 职场礼仪及其作用

案例与分析

小王是一名刚大学毕业不久的某公司员工。有一天，部门领导有事让他到办公室来，小王立刻赶到部门领导的办公室，刚好部门领导在打电话，就示意他先在旁边等候。小王就往旁边的沙发上一靠，随手拿起茶几上的报纸翘起二郎腿一边看、一边等。本来小王刚毕业到单位，勤劳肯干，这次正好有一个出去培训的机会，部门领导想把这个培训的机会给小王，培养他成为部门的技术骨干，但部门领导一看小王等候时的样子，立刻打消了这个想法，决定另派部门的其他员工去，接完电话后随便与小王聊了几句，就让他回去工作了。

分析：礼仪无处不在，它不仅展现了一个人的风度与魅力，还体现了一个人的内在学识与修养。小王因为忽视了礼仪，错失了一个非常好的机会。因此，注重礼仪，是每个人立足社会的基本前提之一，是人们成就事业，获得美好人生的重要条件。

礼仪不仅在传统文化中占有重要地位，而且在现代生活、职场及各类社交活动中也具备显著的重要性。一个懂得礼仪的员工，总能得到单位领导的青睐，也更容易在事业上取得成功。

一、礼仪的含义

礼仪是指在人际交往中，自始至终地以一定的、约定俗成的程序和方式来表现的律己、敬人的完整行为。礼仪一词由"礼"和"仪"两个字组合而成，既包含礼貌、礼节的表达，又包含程序、规范的遵守。

礼仪是伴随着人类的文明而产生和发展的，具有很深的文化内涵，并且对一定文化群体中的人们有着相当强的约束力。礼仪反映出一个人的文化教养和综合素质，代表着一个企业的文化和形象。在社交活动中，人与人之间的互相交往都要运用"仪"这一形式，遵循一定的规范，并常常借助语言、外貌、表情、动作，通过人们交往中的称呼、交谈、仪态、举止等予以表现。

二、礼仪的特点

礼仪是为了适应人类生存而产生，随着人类的发展而丰富和完善，对于人类社会的文明进步起着重要作用，并在自身发展中逐渐形成了自己的鲜明特点。

1. 规范性

礼仪既有内在的道德准则，又有外在的行为尺度，对人们的言行举止和社会交往具有普遍的规范、约束作用。遵循礼仪规范，就会得到社会的认可，而违反礼仪规范，就会到处碰壁，遭至反感、受到批评。

2. 普遍性

礼仪存在于人们相互交往的各个领域中，普遍起着调节人际关系的作用，制约着人们的行为，促进社会的稳定。现代社会的发展与文明，使人们普遍地认识到礼仪的价值，从而更自觉地去了解、学习礼仪，使礼仪的应用具有普遍性。

3. 差异性

俗话说"十里不同风，百里不同俗"。不同国家、不同地区由于民族特点、文化传统、宗教信仰、生活习惯不同，往往有着不同的礼仪规范。了解礼仪的差异性，能更准确地了解礼仪、应用礼仪，体现更深层次的文化修养与对他人的尊重。

4. 时代性

礼仪并非一成不变，它随着时代发展变化而吐故纳新，礼仪的发展变化过程是继承与创新相统一、差异与交融相伴的过程。

三、礼仪的分类

礼仪是由一系列的、具体的、表现礼貌的礼节构成的，是一个表现礼貌的系统和完整的过程。礼仪依据对象、适用范围及使用目的的不同，有很多的表现形式。

1. 按应用范围分类

按应用范围，礼仪一般分为政务礼仪、商务礼仪、服务礼仪、社交礼仪、涉外礼仪五大类。

（1）政务礼仪。政务礼仪是国家公务员在行使国家权力和管理职能时必须遵循的礼仪规范。

（2）商务礼仪。商务礼仪是在商务活动中体现相互尊重的行为准则。商务礼仪的核心是一种行为的准则，用来约束日常商务活动的方方面面。

（3）服务礼仪。服务礼仪是指服务行业的从业人员应具备的基本素质和应遵守的行为规范，主要适用于服务行业的从业人员。

（4）社交礼仪。社交礼仪是指人们在人际交往过程中应具备的基本素质、交际能力等。社交礼仪在当今社会的人际交往中发挥的作用越来越重要。

（5）涉外礼仪。涉外礼仪是指在长期的国际往来中逐步形成的外事礼仪规范，也就是人们参与国际交往需要遵守的惯例，是约定俗成的做法。

2. 按社会交往的对象和性质分类

按社会交往的对象和性质，礼仪一般分为家庭礼仪、职业礼仪和公共礼仪。

（1）家庭礼仪。家庭是人们生活的重要领域之一，是家庭成员相处和维持相互之间亲密关系的稳定场所，存在于一定范围内亲属之间的社会生活组织形式。家庭礼仪既是调节家庭成员的相互关系，实现家庭和睦与幸福的基础，也是社会和谐和国家稳定的重要条件。

（2）职业礼仪。职业礼仪是从事一定职业的人们在职业活动中行为规范的总称，包括职业行为准则以及各种职业礼节和仪式等。不同职业有着不同的职业行为规范，从而形成不同的职业礼仪。职业礼仪对于人们遵守职业行为规范，实现职业理想与职业发展有着重要的意义。

（3）公共礼仪。公共礼仪是人们保持社会正常公共生活秩序而必须共同遵守的行为规范的总称。公共礼仪有助于纠正和克服人们的不良习气，有助于建设一个守秩序、讲文明、和睦相处的良好社会环境。

现代礼仪的分类有很多种，如按性质分，可以分为个人礼仪、家庭礼仪、社交礼仪、公务礼仪、公关礼仪、商务礼仪、外事礼仪、旅游礼仪、求职礼仪、宗教礼仪等；按场合分，可以分为家庭礼仪、学校礼仪、办公室礼仪、公共场所礼仪、客房服务礼仪等；按身份分，可以分为教师礼仪、学生礼仪、营业员礼仪、秘书礼仪、主持人礼仪等；按表现形式分，可以分为交谈礼仪、待客礼仪、书信礼仪、电话礼仪、交换名片礼仪等。

四、礼仪的原则

礼仪在产生和发展中也形成了践行礼仪必须遵循的基本原则。

1. 尊重的原则

尊重是礼仪的首要原则，人们在社会交往中，要敬人之心常存，处处不可失敬于人，不可伤害他人的个人尊严，更不能侮辱他人的人格。

2. 平等的原则

平等是礼仪的核心，即尊重交往对象、以礼相待，对任何交往对象都必须一视同仁，给予同等程度的礼遇。

3. 诚信的原则

诚信是建立良好人际关系的基本条件，在人与人交往中，要言行一致、表里如一、心口一致。

4. 宽容的原则

宽容是指人们在交际活动中运用礼仪时，既要严于律己，更要宽以待人。

5. 适度的原则

应用礼仪时要注意做到把握分寸，做到礼遇适当、自然得体、恰到好处。

6. 从俗的原则

由于国情、民族、文化背景的不同，必须坚持入乡随俗，与绝大多数人的习惯做法保持一致，切勿目中无人、自以为是。

五、礼仪的作用

1. 有助于建立良好的人际关系

在人际交往中，自觉地执行礼仪规范，可以使交往双方的感情得到沟通，在向对方表示尊重、敬意的过程中，获得对方的理解和尊重。人们在交往时以礼相待，有助于加强人们之间互相尊重，建立友好的关系，缓和或者避免不必要的矛盾和冲突。

2. 有助于维护正常的社会秩序

在社会生活中，礼仪约束着人们的态度，规范着人们的行为方式，协调着人与人之间的关系，维护着社会的正常秩序，在社会交往中发挥着巨大的作用。

3. 有助于形成良好的社会风尚

礼仪以一种道德习俗的方式对全社会的每一个人发挥着维护社会正常秩序的作用。人们通过对礼仪的学习和应用，在交往中严于律己、宽以待人、互尊互敬、互谦互让，与他人和睦相处，形成良好的社会风尚。

六、职场礼仪及其作用

职场礼仪是指人们在职业场所中应当遵循的一系列礼仪规范。它是礼仪在职业场所的具体运用。学习职场礼仪知识，提高自身素养，越来越成为职场精英的必修课。

1. 职场礼仪是个人职业素养的体现

礼仪是一个人内在修养和素质的外在表现，职场礼仪使人具有由内向外展示的职业能力与综合素质。合理使用职场礼仪能让刚毕业的大学生心智更成熟，是个人职业素养的体现，能促进其综合素质的提升。

2. 职场礼仪是职业生涯取得成功的助力

在职场中，运用恰当的礼仪能增进人们的感情，减少人际冲突，让职场中的人际交往更加轻松，也会使职场人士在工作中如鱼得水，事业蒸蒸日上。因此，很好地把握职场礼仪会让自己在职场中游刃有余，帮助自己的职业生涯取得成功。

3. 职场礼仪是单位形象的体现

职业场合中，每个职场人士的个人形象不仅仅代表自己，还代表着个人所在的工作单位，每一位职场人士都要特别注意自己的仪容、仪表、仪态，注意自己的言行举止，以良好的形象展现单位的风采。

第二节　职场中的常用礼仪

案例与分析

刘明是刚刚毕业到某铁路局机务段的货车机车乘务员，单位已为刘明配发了工作服装，而刘明却未引起重视，认为只要认真工作，按规定操作就可以了。在一次值乘作业过程中，忘记佩戴姓名牌，被检查人员发现，按照机务段的规定，给予刘明C牌考核。刚刚参加工作没多久就得到C牌，此时的刘明才懊悔不已。

分析：刘明在工作中没有注意自己的仪表，导致被C牌考核。穿着职业服装不仅是对服务对象的尊重，同时也使着装者有一种职业的自豪感、责任感，是敬业、乐业在服饰上的具体表现。在职场中的每一个人，都要严格执行单位规定的服务质量规范。

了解、掌握并恰当地运用职场礼仪有助于完善和维护职场人的职业形象，以便在职场中赢得别人的尊重，这样会使我们在工作中左右逢源，使我们的事业蒸蒸日上，并成为成功的职业人。

一、仪表礼仪

仪表是指人的外表，包括人的容貌、服饰和个人卫生等方面。它是人精神面貌的外观，是形成良好形象的基本要素。注重仪表不仅是自尊、自重、自爱的表现，也是对他人的尊重，更是我们修身、立业之源，不但会给他人留下良好的"第一印象"，还有利于与人沟通和工作开展。因此，一个人在职场中，必须精心塑造自己的仪表形象。

在日常交往过程中，人的仪表影响着人的感觉、情绪、印象乃至交往的质量和结果。人际间的初次交往，仪表最能引人注意。有人说，交际中的"3秒钟第一印象"60%来自仪表，所以为了在职场中给人以良好的第一印象，一定要注意自己的仪表。职场人员的仪表，应与职业特点相适应，符合职业活动的要求，力求做到整洁美观、简约朴实、自然得体。

（一）头发

发式是仪容的重要组成部分，也是一个人的亮点。头发整洁、发型得体是个人礼仪的基本要求。头发应保持秀美、干净、整齐的状态。发型应与职业、身份、气质相符合，与脸型、肤色、体型相匹配。

女士发型应体现出庄重、典雅、大方、秀美的风格，发型不可怪异前卫，不得留寸头，不应漂染艳丽彩发。

男士发型应体现出传统、庄重、得体、自然的风格。一般来说，头发不得盖住耳朵、眉毛、普通衬衫领子，不得留长发、蓄胡须，不剃光头，不得漂染彩发。

应注意保持头发的清洁，要勤于洗发、梳理，定期修剪头发。不要披头散发，或肩上散落头皮屑。不当众整理头发。

（二）面部

面部应注意保持美观、整洁，具体要求如下。

（1）保持眼睛卫生。应做到无眼屎，无睡意，不充血，不斜视。眼镜端正，清洁明亮。工作时不戴墨镜或有色眼镜。

（2）保持鼻腔卫生。应做到鼻子干净，不流鼻涕，不外露鼻毛。

（3）保持耳朵卫生。应做到耳朵内外干净，无耳屎。

（4）保持口腔卫生。应做到牙齿干净，牙齿上无食物残渣，口腔无异味。

应注意不要当着别人的面挖眼屎，擦鼻涕，掏鼻孔，挖耳朵，剔牙齿，打哈欠，修指甲，搓泥垢等。咳嗽、打喷嚏时，应用手捂住口鼻，面向一旁，避免发出大声。

职场中的女性在工作中略施淡妆，会显得端庄美丽。化妆不是简单地涂脂抹粉，也不是按照固定的模式，千篇一律、千人一面，而应根据年龄、气质、肤色、职业及面部的具体条件因人而异。化妆的基本原则包括：①适度原则，即化妆时要注意与时间、空间相适应，与个人衣着、周围环境相协调，选择合适的化妆品，恰到好处地加以使用；②自然原则，即化妆突出自然，给人一种健康自然、淡雅清秀的感觉，而不是完全的改变自我；③个性原则，即化妆时基于不同的脸型，扬长避短，对个人面部形象进行修饰，使之具有个性美。化妆应注意不当众化妆、不在异性面前化妆、不要使妆面出现残缺、不借用别人化妆品。

（三）着装

着装在一定程度上反映一个人的阅历修养、文化品位和审美情趣，也体现着所属民族的习俗、社会的风尚、个人的地位和身份等，是个人礼仪与个人基本素养的重要体现。

1. 着装的规则

（1）TPO 原则。T、O、P 分别是英语中 time、object、place 三个单词的首字母缩写。"T"指时间，泛指早晚、季节、时代等；"O"代表目的、目标、对象；"P"代表地方、场所、位置、职位。TPO 原则是目前国际上公认的着装标准。

（2）整体性原则。着装要能起到修饰形体的作用，使服装衬托人的内在气质，形成和谐的整体美。

（3）个性化原则。着装要考虑个人的性格、年龄、身材、爱好、职业等要素，力求反映一个人的个性特征。选择服装因人而异，其重点在于扬长避短，展现个性魅力。

（4）整洁原则。在任何情况下，服饰都应该是整洁的。衣服不能褶皱、沾有污渍，不能有开线，更不能有破洞。衣领和袖口处尤其要注意干净、整洁。

（5）协调原则。服装要与肤色、形体、年龄相协调。着装还要注意色彩的搭配，全身上下的衣着，应当保持在 3 种色彩之内。

2. 西装

（1）西装的选择。一般而言，要挑选一身合适的西装，需要关注其面料、颜色、款式、尺寸、做工等几个方面。在正式场合不宜穿色彩过于鲜艳、发光发亮、朦胧色、过渡色的西装。越是正规的场合，越讲究穿单色的西装。在选择西装时，还要注意正装西装与休闲西装的区别。在职场中，男士所穿的西装不管是过大还是过小，过肥还是过瘦，都会影响其个人形象。

（2）西装的穿法。男士在穿着西装时，要对其具体的穿法加以注意。不遵守西装的规范穿法，都是有违礼仪的表现。

第一，要拆掉衣袖上的商标。在西装上衣袖子的袖口上，通常会缝有一块商标（见图 6-1），在穿之前一定要拆掉。

第二，要熨烫平整。要使一套穿在自己身上的西装看上去美观大方，要在每次穿着之前，对其进行认真的熨烫。

第三，要不卷不挽。穿西装时，一定要悉心呵护其原状。无论如何，都不可以将西装上衣的衣袖挽上去。

第四，口袋少装或尽量不装东西。不要把西装口袋塞得满满的。

（3）西装的搭配。

1）衬衫。衬衫一般以单色为主，正装衬衫必须为长袖衬衫，短袖衬衫则具有休闲性质。穿西装打领带时，不管是衣扣、领扣还是袖口的扣子，都要一一系好；衬衫袖应比西装袖长出 1～2 厘米，衬

图 6-1 西装袖口上的商标

衫领应高出西装领 1 厘米左右，如图 6-2 所示。穿长袖衬衫时，无论是否穿外衣，均须将其下摆均匀而认真地掖进裤腰之内。若不系领带，衬衫的领口应敞开。

2）领带。在职场上，蓝色、灰色、棕色、黑色、紫红色等单色领带都是十分理想的选择。一般而言，领带的主色调应与西装套装的颜色一致。领带的面料、图案也要与西装协调，适当的领带长度是领带的尖端恰好触及皮带扣。同时还要注意领带的打法，如图 6-3 所示，领带有不同的打法，可以根据自己的需要来进行选择。

3）鞋袜。穿西装时，男士所穿的鞋子与袜子均应与之配套。在正式场合选择与西装配套的鞋子，只能选择皮鞋。与西装、皮鞋相配套的袜子以单色为宜，并与西装、皮鞋的颜色保持一致。

图 6-2 西装与衬衫袖、领

图 6-3 领带的打法
(a) 平结（Plain Kont）；(b) 交叉结（Cross Kont）；(c) 双环结（Double Kont）；
(d) 温莎结（Windsor Kont）；(e) 双交叉结（Double Cross Kont）

3. 套裙

职场女士在正式场合穿着的裙式服装中，套裙是首选，即上身是女式西装，下身是半截式裙子。

（1）套裙的选择。在正式场合穿着的套裙上衣和裙子要采用同一质地面料。上衣注重平整、挺括、贴身，裙子要以窄裙为主，并且裙长要到膝或者过膝，体现穿着者的典雅、端庄和稳重。套裙讲究简洁，不能用花卉、宠物、人物等符号为主体图案，也不要添加过多的点缀。

（2）套裙的穿法。女性的职业套裙比男士的西装更具个性，在正式场合，女士着装一定忌短、露、透。因此，在穿着套裙时，需要注意以下几个方面。

第一，长短适宜。通常，套裙之中的上衣最短可以齐腰，而其中的裙子最长则可以达到小腿的中部。一般上衣不宜太短，裙子也不宜过长或过短。上衣和裙子均不宜过于肥大或过于紧身。

第二，穿着整齐。穿套裙时要端端正正、上下对齐，上衣的领子要完全翻好，并系好衣扣。

第三，妆饰协调。穿套裙时最好化淡妆，并且搭配合适的佩饰，使妆容、佩饰与套裙协调统一。

（3）套裙的搭配。

1）衬衫。衬衫的颜色可以有多种选择，但要与套裙相匹配。其款式应当简洁，不要有花边、皱褶和夸张的图案。

2）内衣。要确保内衣合身，身体线条曲线流畅，既穿得合适，又要注意内衣及颜色不要外泄。

3）围巾。选择围巾时要注意颜色中应包含有套裙颜色。

4）袜子。女士穿裙子应当配长筒丝袜或连裤袜，颜色以肉色最为常用。不要穿带图案的袜子，并且随身携带一双备用的丝袜，以备袜子被钩破时替换。

5）鞋。套裙要配合适的鞋，最好是黑色的皮鞋，一般应深于套裙的颜色。要穿着舒适，美观大方，鞋跟不要过低也不要过高。正式的场合不要穿凉鞋或露脚趾的鞋。

6）包。穿套裙时最好选择款式简单、质量优良的皮包，且颜色与衣服保持一致，不要过于夸张。

4. 职业装

初入职场的着装，最关键的就是要做到适合，既适合你的身材和工作性质，又和公司的整体着装风格相符。所以，要做一个有心人，经常留意身边大多数同事的着装，从而帮助你以最快的速度融入你所在的团队。如果单位有规定需要穿制服，就必须在工作时间穿制服，不能随意穿便装。规范穿着职业装要注意以下几个方面。

（1）整齐。服装合身，必须整整齐齐、外观完好，不混穿、不挽袖、不卷裤、不漏扣。如要佩戴领带、领结，要与衬衫领口吻合紧凑且不系歪；有的岗位还要戴好帽子与手套，一定要按要求佩戴。

（2）清洁。衣裤一定要保证无异味、无异物、无异色、无异迹，与之配套穿着的内衣、衬衫、鞋袜，亦应定期进行换洗，领口与袖口处尤其要保持干净。

（3）挺括。衣裤不起皱，穿前要烫平，穿后要挂好，做到衣服平整。

(4) 保持完好。在一般情况之下，制服一旦在外观上发生明显的破损，如开线、磨毛、磨破、纽扣丢失等，就不宜在工作岗位上继续穿着。

(5) 佩戴标志。在身着制服时，有的单位要求员工必须佩戴工号牌或标志牌。标志是一种严肃的身份象征，要保证标志的清洁与完整，不能有污点和缺损，并按单位的规定将其佩戴在指定的部位。

二、仪态礼仪

仪态是指人的姿态、举止和风度，即一个人的表情、行为、动作，也包括人的体态语。一个人的仪态包含了他的所有行为举止，如站立姿势、走路步态、面部表情等。这些行为举止以小见大地体现着一个人的思想和感情，真实地表露着一个人的性格、气质、态度、心理变化和素养，被视为人类的"第二语言"。仪态是表现一个人涵养的一面镜子，不同的仪态显示人们不同的精神状态和素养。仪态礼仪是在人际交往中为了表示敬意、友善能被对方所接受，而对人们的日常行为举止所做的要求和规范。每一个职场人都要在职场中要力求举止得体、适度，从而塑造良好的形象。

1. 站姿

站立是人们在日常交往中最基本的姿势，人处于站立时的姿势也是最容易表现体态特征的，是良好形象的基础。在职场中要注意站姿的优美，做到"站有站相"。

正确的站立姿势应是抬头、目视前方、挺胸立腰、肩平、双臂自然下垂、收腹，体现端庄、稳重。站立时的人，从正面看去，应以鼻为点与地面作垂直状，人体在垂直线的两侧对称。男女的站姿应形成不同的形象，男士应站得刚毅洒脱、舒展大方，双脚可呈"Ⅱ"状，两脚间距小于肩宽；双手搭在一起，放在腹部或臀部，如图6-4所示；女士应站得亭亭玉立、端庄秀美，双脚可呈"V"字形，膝和脚后跟靠紧，右脚向前将脚跟靠于左脚内侧，成丁字步右手放在左手之上，轻贴于腹部，如图6-5所示。有的单位对员工的站姿有规定的，应该按照单位的规定执行。

图6-4 男士站姿 　　　图6-5 女士站姿

不雅站姿如下所述。

(1) 身体。歪脖、斜肩或一肩高一肩低、弓背、挺腹、撅臀、身体倚靠其他物体等。

(2) 手脚。两腿弯曲、叉开很大以及手叉腰、双臂抱在胸前、两手插在口袋等。
(3) 动作。身体抖晃，东歪西靠，搔头抓痒，摆弄衣带、发辫，咬指甲等。

2. 坐姿

坐姿是人际交往中常见的人体姿态。坐姿是一种静态造型，也是展现自身气质和风范的重要形式。坐椅子时最好坐满2/3，上身自然挺直，双肩平正放松，立腰、挺胸，双腿正放或侧放，双膝并拢（男士可略微分开），两手自然放在双膝上或两手交叉放在腿上。坐姿中女士与男士稍有所不同，如图6-6和图6-7所示。当进入主人、客户或者上级的房间以后，不要急于坐下，当让座之后，再礼貌地坐下。

图6-6 女士坐姿 　　图6-7 男士坐姿

注意避免以下几种不雅坐姿。
(1) 就座时前倾后仰，或是歪歪扭扭，脊背弯曲。
(2) 两腿过于叉开或长长地伸出去，萎靡不振地瘫坐在椅子上。
(3) 坐下后随意挪动椅子，或是不停地抖腿。
(4) 在正式的场合跷二郎腿。
(5) 男士双腿过于分开，女士穿裙装时露出大腿或衬裙等。

3. 走姿

行走是人生活中的主要动作，一个人的走姿最能体现出其精神面貌。标准的走姿要求行走时上身挺直，双肩平稳，目光平视，下颌微收，面带微笑；手臂伸直放松，手指自然弯曲，摆动时，以肩关节为轴，向前、后自然摆动；身体稍向前倾，如图6-8所示。

不雅的走姿有以下几种。
(1) 内八字和外八字。
(2) 弯腰驼背，歪肩晃膀。
(3) 走路时大甩手，扭腰摆臀，大摇大摆，左顾右盼。
(4) 双腿过于弯曲或走曲线。
(5) 步子太大或太小。

4. 蹲姿

蹲姿是人在处于静态时的一种特殊体位，当

图6-8 走姿

要捡起落在地上的东西或拿取低处物品的时候,不可只弯上身、翘臀部,而是首先走到要捡或拿的东西旁边,再使用正确的蹲姿,将东西拿起。下蹲时一定要注意不要有弯腰、臀部向后撅起的动作;女士应靠紧双腿,男士双腿则可适度分开,臀部向下,基本上以后腿支撑身体。切忌露出内衣裤。

蹲姿一般以下列两种为宜。

(1) 交叉式蹲姿。下蹲时,右脚在前,左脚在后,右小腿基本垂直于地面,全脚着地,左腿在后与右腿交叉重叠,左膝由后面伸向右侧,左脚跟抬起,脚掌着地,两腿前后靠紧,合力支撑身体。臀部向下,上身稍前倾,如图6-9所示。

(2) 高低式蹲姿。下蹲时左脚在前,右脚稍后,两腿靠紧往下蹲。左脚全脚着地,小腿基本垂直于地面,右脚脚跟提起,脚掌着地。右膝低于左膝,右膝内侧靠于左小腿内侧,形成左膝高右膝低的姿势,臀部向下,基本上靠一只腿支撑身体,如图6-10所示。

图6-9 交叉式蹲姿　　　　图6-10 高低式蹲姿

5. 微笑

微笑是"世界通用语言",无论走到哪里,无论面对怎样的对象,都应将微笑毫不吝惜地送给他人。发自内心的微笑既是一个人自信、真诚、友善、愉快的心态表露,又能制造明朗而富有人情味的气氛。

微笑虽然是人们交往中最富有吸引力、最有价值的面部表情,但也要区分场合,要笑得得体、适度,才能充分表达友善、诚信、和蔼、融洽等最美好的感情。例如,与人初次见面,给对方一个亲切的微笑,就可以拉近双方的心理距离,消除拘束感;同事见面打个招呼,点头微笑,显得和谐、融洽;上级给下级一个微笑,会让人感到其平易近人。正式场合的笑容要适度,放声大笑或无节制的笑也不雅观,没头没脑地边看别人边哈哈大笑更是失礼的行为。

6. 递接物品

在工作中常有递接物品的时候,递接物品时要目视对方,而不要只顾注视物品,一定要用双手或右手,不宜单用左手。必要时,应当起身而立,并主动走近对方。当对方递过物品时,要以双手去接取。主要注意以下几个方面。

(1) 双手为宜。有可能时,双手递物最佳。不方便双手并用时,也要采用右手。以左手递物,通常被视为失礼之举。

(2) 递于手中。递给他人的物品,以直接交到对方手中为好。不到万不得已,最好不要将所递的物品放在别处。

(3) 方便接拿。在递物时，应为对方留出便于接取物品的地方，不要让其感到接物时无从下手。将带有文字的物品递交他人时，还须使之正面朝向对方。将带尖、带刃或其他易于伤人的物品递于他人时，切勿以尖、刃直指对方，应当使其朝向自己或是朝向他处，如图6-11所示。

图6-11 递送物品

三、语言礼仪

人们运用语言表达思想、沟通信息、交流感情。语言是个人礼仪的重要组成部分，恰当的语言能在沟通双方间架起情感桥梁。语言礼仪的关键是要做到尊重他人和自我谦虚。交谈时态度要诚恳、亲切，语调要平和沉稳。在使语言的过程中要注意以下几个方面。

1. 使用礼貌用语

个人语言礼仪的基本原则就是文明用语、礼貌用语。

(1) 礼貌用语十个字：您好、请、对不起、谢谢、再见。

(2) 见面语：您好、早上好、下午好、晚上好、很高兴认识您、请多指教、请多关照等。

(3) 感谢语：谢谢、让您费心了、拜托了、麻烦您、感谢您的帮助等。

(4) 致歉语：对不起、请原谅、很抱歉、请稍等、请多包涵等。

(5) 接受对方致谢、致歉语：不客气、不用谢、没关系等。

与人交谈时，除了表达方面要尽可能词义准确，有时还应注意措辞要委婉。在交谈的过程中要杜绝说粗话、脏话。

2. 不要过于随便

在工作场合，要注意保持基本的语言礼仪，即使和关系很好的同事或上司说话，也不要过于随便。对于有头衔的人最好称呼其头衔，因为这表现出对其真诚的尊重和肯定。在与身份地位较高的人交谈时，或者在与陌生人、不太熟悉的客户打交道时，要使用敬语。

3. 不要以自我为中心

不要一个人侃侃而谈，而不给他人开口的机会。话题也应该是双方或多方感兴趣的。交谈讲究是的双向沟通，因此要多给对方发言的机会。他人讲话时，不要插嘴打断。即使要发表个人意见或进行补充，也要等对方把话讲完，或征得对方同意后再说。

在交谈中，一般情况下应该以对方为中心，处处礼让对方、尊重对方。即使有不同意见，只要对方不是恶意攻击，也应让对方有充分表达的机会。如果有异议，表达时也应留有余地，不要把问题绝对化，从而使自己失去回旋、挽回的余地。

4. 使用普通话

避免或少用方言。在正式场合发言时，应用标准的普通话，这样才是对大家的尊重。说话时语速快慢适中，发音标准，含含糊糊或者声音过大过小，都让人听起来不舒服。在公共场合和工作场所，与人交谈时应适当控制说话的音量，以免打扰别人。

5. 保持适当的距离

交谈时要注意保持与对话者适当的距离，距离太远，会显得不易接近、不够友好；距离过近，又容易使对方觉得不自在。从礼仪的角度来讲，两人的距离保持在1.5~2米最为合适,这种距离能够产生一种舒服的主观感受。

四、握手礼仪

在交际和应酬中握手被认为是人类的"次语言"。热情、得体、文雅的握手,可以给人以亲切、舒适的感觉,能将礼仪展现得淋漓尽致。握手的力量、姿势与时间的长短往往能够表达出握手者对对方的态度。握手能显露自己的个性,同时也可以通过握手了解对方的个性。

当需要与对方握手时,应距对方约一步远,然后保持双腿立正,上身稍向前倾。同时伸出右手,且保持四指并拢,拇指张开与对方相握,如图6-12所示。握手时应保持力度适中,既不能太用力,也不能太无力。双手紧握在一起后,上下稍晃动3次,随即松开手,恢复原状。在握手时还要目光注视对方的双眼,同时应向对方问候。

1. 需要握手的场合

握手代表问候、告辞、感谢、祝贺、相互鼓励,需要握手的场合有以下几种。

(1) 遇到较长时间没有见面的熟人或者朋友。

(2) 在比较正式的场合和认识的人道别。

(3) 拜访他人结束后,在辞行的时候。

(4) 当自己被介绍给不认识的人时。

(5) 在社交场合,偶然遇到亲朋故旧或上司的时候。

图6-12 握手

(6) 别人给予你一定的支持、鼓励或帮助时。

(7) 表示感谢、恭喜、祝贺时。

(8) 向别人赠送礼品或颁发奖品时。

以上这些场合都适合行握手礼。当然如果有特殊情况发生的话,则不宜握手。如当对方手上正提着很多东西、手部受伤、对方正忙于一些事情、离自己的距离较远时。

2. 握手时的注意事项

(1) 握手的先后次序。握手时,要根据双方的性别、年龄、身份、地位来决定握手顺序。具体要求是:男女之间,女士先伸手,男士才能伸手相握;宾主之间,主人应向客人先伸手,以示欢迎;长幼之间,长辈先伸手,晚辈再伸手相握;上下级之间,下级要等上级伸手才可以伸手相握,当多位领导在一起时,应尽可能按其职位高低行握手之礼。

(2) 握手的力度。在职场中,为了表达热情,握手时的力度应适中,既不能太过用力,也不可太轻。

(3) 握手的时间。对于握手时间的控制要视具体情况而定,若是初次见面,3秒钟左右即可,与异性握手不宜时间太长。

(4) 握手时的禁忌。

1) 不要用左手相握。

2) 不要戴着手套握手。

3) 不要交叉握手。

4) 不要拒绝对方的握手,如实在不方便,应当场致歉解释。

5) 不将另外一只手插在口袋里。
6) 不要用脏手握手。

五、名片礼仪

名片是人们交往中常用的一种介绍方式，是新朋友互相认识、自我介绍时快捷且有效的方法，以促进相互了解。在名片上常印有个人的姓名、职务、电话号码、邮箱、地址等。在交往中正确使用名片也是个人素养的一种体现。

1. 名片的种类

现代社会，名片的使用相当普遍，分类也比较多，没有统一的标准。最常见的分类主要有以下几种：

(1) 按名片用途，名片可分为商业名片、公用名片、个人名片。
(2) 按名片质料和印刷方式，名片可分为数码名片、胶印名片、特种名片。
(3) 按印刷色彩，名片可分为单色、双色、彩色、真彩色。
(4) 按排版方式，名片可分为横式名片、竖式名片、折卡名片。
(5) 按印刷表面，名片可分为单面印刷、双面印刷。

2. 递接名片

(1) 递名片给他人时，应郑重其事。最好是起身站立，要用双手的大拇指和食指握住名片，正面要面向接受名片的人，同时要聚精会神，目光正视对方，用双手递交自己的名片，如图6-13所示。递送名片时，可口头说"请多指教"、"多多关照"、"今后保持联系"等。切勿以左手递送名片，不要将名片背面面对对方或是颠倒着面对对方，不要将名片举得高于胸部，不要以手指夹着名片给人。

图6-13 递接名片

(2) 当他人表示要递名片给自己或交换名片时，应立即停止手中所做的一切事情，起身站立，面含微笑，目视对方。接名片的人也应使用双手，一定要仔细地看一下，然后放好。接受名片的一方必须点头或口头表示感谢。接过名片后切勿拿在手头把玩，或放在桌上，或装入口袋，或交给他人。

(3) 当他人索取名片没有或是不想给对方时，应以委婉的方式表达，如可以说"对不起，我忘记带名片了"，或者"抱歉，我的名片用完了"，等等。

六、电话礼仪

在当今社会，电话的普及率越来越高，电话被现代人公认为便利的通信工具。在日常工作中，使用电话的语言很关键，它直接体现着一个单位的形象；在日常生活中，接打电话能反映一个人的素养。因而，掌握正确的、礼貌待人的打电话方法是非常必要的。

1. 使用礼貌用语

电话交流的时间虽然较短，但也要在简短的交流中体现对对方的尊重。在通话过程中要较多地使用敬语、谦语。通话开始时的问候和通话结束时的道别，是必不可少的礼貌用语。通话过程中，通话人应当根据具体情况适时选择运用"您好"、"谢谢"、"请"、"对不起"一类礼貌用语；通话结束时须说"再见"。若通话一方得到了某种帮助，则应不忘致谢。

2. 内容简洁

电话是快捷、高效的沟通工具，除了私人的聊天电话，在接打电话时要做到内容简洁、用词准确、长话短说、废话不说。常规是"3分钟原则"，即谈话不超3分钟。如果确有重要事情需要多占用一些时间，一定要征得对方的同意。

3. 选择合适的时间

当需要打电话时，首先应确定此刻打电话给对方是否合适，要考虑此刻对方是否方便接听电话。一般说来，要注意以下几点。

(1) 避开吃饭和休息时间。打电话时应尽量避开吃饭和休息时间，以免影响到别人。若事情不太紧急时，可以发短信息。

(2) 避开忙碌的时间。打电话给对方时，在一天中，最好不要刚刚上班或快要下班时打电话；在一个星期中，最好不要在星期一上午刚上班或星期五下午快下班时打过去。

(3) 尽量避免往别人家里打电话。总的来说，工作上的事情尽量不要打电话到别人的家里。早晨8点以前，下午下班之后，或者节假日时间，都不宜往对方家里打电话。除非有紧急的事。

4. 接打电话时的其他注意事项

(1) 自报家门。无论是正式的电话，还是一般交往中不太正式的通话，自报家门都是必需的，这是对对方的尊重。即使是你熟悉的人，也应该主动报出自己的姓名，因为接电话方往往不容易通过声音准确无误地确定打电话人的身份。

(2) 结束通话。要结束电话交谈时，一般应当由打电话的一方提出，然后彼此客气地道别，说一声"再见"，再挂电话，不可只管自己讲完就挂断电话。挂电话时一般是地位高者或长辈先挂电话，在同等地位时，被求的人先挂电话。注意不要未等对方说完话就挂电话，或者挂电话时发出很大的声音。

(3) 公众场所接打电话。不要在影剧院、餐厅、商场、医院、会议室、电梯内、公交车内等公众场所大声地接打电话。有的场所不能打电话时则不要打电话，如加油站。

七、会议礼仪

会议是一项最基本的办公活动，它有一定的程序，保证会议的有序进行；同时也有一定的纪律，要求出席者严格遵守。

1. 会议的种类

会议的种类繁多，从不同的角度来看，同一个会议可以分为不同的种类。根据其各自的特点主要有以下几类。

(1) 按会议性质分类。根据不同的性质，会议可做以下分类。

1) 法定性或制度规定性会议，如党代会、人代会、职代会、妇代会、股东大会等。

2) 决策性会议，如常委会、党组会、理事会、行政会、董事会等。

3) 工作性会议，如动员大会、工作布置会、经验交流会、现场办公会、总结会、联席会、座谈会、协调会、务虚会等。

4) 专业性会议，如研讨会、论坛、听证会、答辩会、专题、鉴定会等。

5）告知性会议，如表彰会、纪念会、庆祝会、庆功会、命名会等。

6）商务性会议，如招商会、订货会、贸易洽谈会、观摩会、广告推介会、促销会等。

7）联谊性会议，如接见、会见、茶话会、团拜会、恳谈会、宴会等。

8）信息性会议，如新闻发布会、记者招待会、报告会、咨询会等。

（2）按会议区域分类。按会议代表来自的范围，会议可分为世界大型会议、国际会议、全国会议、区域会议、单位或部门会议等。

（3）按会议规模分类。按参加会议的人数，会议一般可分为大型会议、中型会议、小型会议。

（4）按会议周期分类。会议可分为定期会议和不定期会议。

（5）按会议阶段分类。会议可分为预备会议和正式会议。

（6）按会议手段分类。会议可分为常规会议、电话会议、电视会议、网络会议等。

对于普通企业的员工来说，以参加单位的全体会议，或部门的周例会、月度例会居多，主要是以通报工作情况、讨论解决问题为主。

2. 会议的基本礼仪

一般而言，参加会议应注意5个方面的问题：When，即会议开始的时间；Where，即会议的地点；Who，即会议的出席人；What，即会议的议题；Others，即其他事项，如会议所用的设备、资料等。

无论是参加单位内部会议还是其他类型的会议，都要遵守会议礼仪。如果单位内部会议有特殊的规定，必须按照规定执行。在参加会议时，应衣着整洁，仪表大方，准时入场，进出有序，按照会议安排落座，以展现自身良好的职业素养。

（1）在开会前，按时到达会议地点，提前就座。如果临时有事不能出席，必须提前请假。不迟到，不无故缺席。

（2）开会的时候，应认真倾听，不要私下小声说话、睡觉、玩手机。如果要发言，发言应简明扼要。在别人发言时，不要随便插话，破坏会议的气氛，如果有疑问，也要通过适当的方式提出来。

（3）会议结束之后，有序地离开会场，没有特殊的情况不要中途退席，即使要退席，也要征得主持会议人的同意，中途退场应轻手轻脚，不影响他人。

第三节 列车乘务员服务礼仪

案例与分析

毕业于某铁道职业技术学院的唐子钦同学，在毕业前曾参加广州铁路集团的春运实习，在长沙客运段长怀车队合肥一组从事乘务工作，在实习期间他认真、负责，严格按照乘务员的标准要求自己，在拾得旅客遗失的钱包后，将钱包原封不动地交还给失主，他主动、热情的服务也得到了车厢内旅客的连声称赞。毕业后的唐子钦在广州铁路集团株洲机务段工作。

分析：实习期间端正工作态度，真诚地为旅客提供服务、帮助，使唐子钦得到了旅客的称赞。列车乘务员的工作并不像人们想象中的那么轻松，他们的工作繁杂、辛苦，并且在工作中要特别注意服务礼仪的运用。

旅客乘坐铁路客车旅行的全过程，就是铁路客运部门的站车工作人员为旅客提供旅行服务的过程。为了安全、迅速、准确、便利、优质地运送旅客，树立良好的客运服务企业形象，需要站车工作人员遵守相应的礼仪，以保证客运服务的质量。

在中国铁路总公司《关于印发〈铁路旅客运输服务质量规范〉的通知》（铁总运〔2014〕178号）中，明确提出了铁路旅客运输服务质量规范，包括高铁中型及以上车站服务质量规范、高铁小型车站服务质量规范、普速大型车站服务质量规范、普速中型车站服务质量规范、普速小型车站服务质量规范、动车组列车服务质量规范、空调列车服务质量规范、非空调列车服务质量规范8个部分，并于2015年1月1日起施行。各铁路局可以根据具体情况，提出细化要求。因此，所有的铁路员工，都应遵守本单位的工作规范，主动服务、热情服务、周到服务。

旅客列车的服务工作主要由乘务组完成，一般来说，我国铁路的旅客列车乘务组由列车长、列车员、列车行李员、广播员、餐车主任、厨师、服务员、供水员、售货员、检车员、车电员和乘警等组成。人员较多，担当的任务各不相同。列车乘务组的工作简单地说主要是将旅客平安的从A点运送到B点，在此期间为旅客提供服务。

一、仪容仪表

列车乘务员在工作中要仪容整洁，着装统一，整齐规范。

1. 头发

头发干净整齐、颜色自然，不理奇异发型、不剃光头。男性两侧鬓角不得超过耳垂底部，后部不长于衬衣领，不遮盖眉毛、耳朵，不烫发，不留胡须；女性发不过肩，刘海长不遮眉，短发不短于两寸。

2. 面容

面部、双手保持清洁，身体外露部位无纹身。指甲修剪整齐，长度不超过指尖2毫米，不染彩色指甲。女性淡妆上岗，保持妆容美观，不浓妆艳抹。

3. 着装

着装统一，衣扣拉链整齐。着裙装时，丝袜统一，无破损。系领带时，衬衣束在裙子或裤子内。外露的皮带为黑色。佩戴的外露饰物款式简洁，限手表一只、戒指一枚，女性还可佩戴发夹、发箍或头花及一副直径不超过3mm的耳钉。不歪戴帽子，不挽袖子和卷裤脚，不敞胸露怀，不赤足穿鞋，不穿尖头鞋、拖鞋、露趾鞋，鞋跟高度不超过3.5cm，跟径不小于3.5cm。餐车工作人员作业时着工作服，戴工作帽（女性带三角巾）和围裙。

如广州铁路集团公司机车乘务员值乘中，必须按集团公司乘务着装标准着装，系领带，佩带规定的肩标和姓名牌，值乘动车组的机车司机还应着戴白色手套；遇地域温差、气温变化、个人身体素质不同等特殊情况，需增加衣服的，不得套在制服外；需减少衣服的，不得解下制服。要严格按季节统一穿着制服，同一单位的机车乘务员铁路制服穿着和乘务包必须统一。夏季（连续5天平均气温22℃及以上，并最后一天气温在22℃及以上），上穿竖领短袖衬衣（如系领带，须夹好领夹），下穿黑色长裤，脚穿黑色皮鞋；春、秋季（连续5天平均气温10~22℃，并最后一天气温在10~22℃）：外穿黑色全套西装制服，里服上衣为竖领长袖衬衣（与夏季同色），并须系好领带，夹好领夹，脚穿黑色皮鞋；冬季（连续5天平均气温 10℃ 及以下，并最后一天气温在 10℃ 及以下），穿全套黑色防寒制服，脚穿黑色皮鞋，如图 6-14 所示。同时，机车乘务员参加各级部门组织开展的群众性娱乐、教育培训、座谈研讨、学习参观等各种团队活动时，也必须按照出乘着装标准要求着装。

4. 佩戴标志

佩戴职务标志，胸章牌（长方形职务标志）戴于左胸口袋上方正中，下边沿距口袋 1 厘米处（无口袋的戴于相应位置），包含单位、姓名、职务、工号等内容。菱形臂章佩戴在上衣左袖肩下四指处。按规定应佩戴制帽的工作人员，在执行职务时戴上制帽，帽徽在制帽折沿上方正中。除列车长外，其他客运乘务人员在车厢内作业时可不戴制帽。

图 6-14 客车乘务员着装标准

(a) 夏装；(b) 夏装（长袖）；(c) 春秋冬装；(d) 冬装加外套

二、言行举止

列车乘务员在工作中要表情自然，态度和蔼，用语文明，举止得体，庄重大方。

1. 语言

使用普通话，表达准确，口齿清晰。服务语言表达规范、准确，使用"请""您好""谢谢""对不起""再见"等服务用语。对旅客、货主称呼恰当，统称为"旅客们""各位旅客""旅客朋友"单独称为"先生""女士""小朋友""同志"等。

旅客问讯时，面向旅客站立（列车办公席工作人员办理业务时除外），目视旅客，有问必答，回答准确，解释耐心。遇有失误时，向旅客表示歉意。对旅客的配合与支持，表示感谢。

2. 行为举止

（1）坐立、行走姿态端正，步伐适中，轻重适宜。在旅客多的地方，先示意后通行；与旅客走对面时，要主动侧身向旅客让行，不与旅客抢行。列队出（退）勤（乘）时，按规定线路行走，步伐一致，箱（包）在同一侧。

（2）立岗姿势规范，精神饱满。站立时，挺胸收腹，两肩平衡，身体自然挺直，双臂自然下垂，手指并拢贴于裤线上，脚跟靠拢，脚尖略向外张呈"V"字形。女性可双手四指并拢，交叉相握，右手叠放在左手之上，自然垂于腹前；左脚靠在右脚内侧，夹角为45°呈"丁"字形。

（3）列车进出站时，在车门口立岗，面向站台致注目礼，以列车进入站台开始，开出站台为止。办理交接时行举手礼，右手五指并拢平展，向内上方举手至帽檐右侧边沿，小臂形成45°角。

（4）清理卫生时，清扫工具不触碰旅客及携带物品。挪动旅客物品时，征得旅客同意。需要踩踏座席、铺位时，带鞋套或使用垫布。占用洗脸间洗漱时，礼让旅客。

（5）夜间作业、行走、交谈、开关门要轻。进包房先敲门，离开时，应倒退出包房。

（6）不高声喧哗、嬉笑打闹、勾肩搭背，不在旅客面前吃食物、吸烟、剔牙齿和出现其他不文明、不礼貌的动作，不对旅客评头论足，接班前和工作中不食用异味食品。餐车对旅客供餐时，不在餐车逗留、闲谈、占用座席、陪客人就餐。

三、客运列车乘务员服务礼仪

1. 迎客

列车广播通知放行旅客后，值班列车员应锁好厕所，打开车门，悬挂好车厢活动顺序号牌，擦净车门扶手，在车厢门外面面向旅客放行方向以立正站姿迎客。乘务员在站立时应挺胸、抬头、收腹、沉肩，手臂自然下垂，中指贴裤缝，两脚脚跟略分开，两眼平视服务对象。

当旅客前来登车时，要热情问候和指示，相应服务用语有"您好""欢迎乘车、请出示车票""请勿带危险品上车，谢谢"。经查验车票后，引导旅客上车。对老弱病残幼旅客进行搀扶帮助。

2. 列车进出站

发车铃响站线、铃停登车、取下车厢顺序号牌，翻起脚踏板，站立车门，观察站台动态。车动锁门，面向站台致注目礼至出站。

列车出站后开启厕所，介绍并致迎宾词。向旅客提供服务，并做好重点旅客的服务，做好车厢内的清洁工作。及时掌握车厢内的旅客情况，耐心解答旅客提出的问题。

列车进站提前到达车厢门口，打开安全锁，面向站台致注目礼。列车进站停稳后打开车门，悬挂好车厢活动顺序号牌，打开翻板。照顾旅客下车，礼貌地向旅客道别。

3. 列车到达终点站

列车到达终点站前，进行车厢的全面清扫整理，并向旅客通告。按规定时间提前锁好厕所。列车进站，提前到车厢门前等候，面向站台致注目礼。列车进站停稳后打开车门，悬挂好车厢顺序号牌，打开翻板，擦净扶手，车门立岗。照顾旅客下车，礼貌地向旅客道别。旅客都离开后，再次进行车厢内务整理。

拓展测试

某地铁公司乘客服务工作通用标准

一、服务承诺

安全、准点、舒适、快捷。

二、服务原则

乘客为先，有理有节；形象规范，美观大方；微笑服务，热忱主动；坚持原则，灵活处理。

三、服务规范

遵章守纪、标准作业、仪表端庄、用语文明、服务周到、礼貌热情、待客如宾、环境整洁。

四、对乘客的服务标准

1. 仪表着装标准

（1）生产岗位。

1）上班时间应按规定整齐统一穿着工作制服，佩戴领带（除工程车司机外）、领结、肩章、工号牌，工号牌戴在左胸前口袋上沿中部（如未配发工号牌或工号牌丢失期间应佩带本人胸卡），不需戴帽（特殊情况除外），在总部范围内（不含车站）必须佩戴胸卡，胸卡统一用胸卡带挂在胸前。

2）着工作制服时，应衣装整洁，不缺扣、不立领、不挽袖挽裤；凡着工作制服时，必须按规定穿黑色皮鞋，并保持光亮、整洁。

3）佩戴标志要清洁平整。肩章佩戴于肩上；服务品牌的宣传牌等佩戴于工号牌中上方；团徽佩戴于宣传牌的中上方；绶带佩挂于左肩上。

4）留长发（头发过耳30厘米）的女员工身着工作制服时，必须佩戴头花，将头发挽于头花网内；男员工不准留长发、大包头、大鬓角和胡须。

5）原则上只能在工作地点、工作时间穿着工作制服。在公司或车站范围内：当班时间应按规定穿齐工作制服，佩戴标志，不需戴帽（特殊情况除外）；参加总公司或总部组织的重大活动时须着统一着齐工作制服，不需戴帽（特殊情况除外）。已下班、但仍穿工作制服的员工，在车站内行为举止一律按上岗时的规定执行。

6）工作制服穿着类型应统一（如各站统一穿长袖或统一穿短袖等），如有特殊原因，需经部服务网络同意。

7）设备维修生产岗位员工按规定统一整齐穿着维修工作制服。

（2）管理岗位。

1）在工作时间内按规定统一整齐穿着工作制服，穿黑色皮鞋，保持穿着整洁、美观。

2）穿着工作制服时应佩戴胸卡，胸卡统一用胸卡带挂在胸前。

2. 行为举止标准

（1）在岗时要精神饱满，举止大方，行为端正。不得将个人情绪带到工作上，不得剪指甲、挖耳朵、打哈欠及伸懒腰等。

（2）专心认真工作，不准在岗位上聊天、说笑、追逐打闹或做与岗位工作无关的事，如看书、看报、吃东西、会客、打私话、发短信等。

（3）在岗时，应站姿挺拔、双手自然下垂、两腿并拢，不得背手、抱拳、玩手指、手插进口袋或手搭在物品上、倚靠墙柱等；坐着时要正、挺胸、腰不得背靠椅背，不得斜躺、抖腿、用手托腮及趴在桌面上，做到"站有站相，坐有坐姿"。

（4）回答乘客问询时，要耐心有礼，面带微笑。不得不理睬，不得边走边回答，不得边工作边回答，也不得以摇头、点头等方式回答乘客，应站立或停下手中工作认真回答（如工作确实无法终止应请乘客稍等，并在工作后第一时间回答）。对自己无法回答的询问，应请教同事，不得给乘客误导，不得互相推诿。对违反地铁有关规定的乘客应采用解释、诱导、委婉的语言，尽量站在乘客的角度解释是从乘客安全、利益的角度出发，严禁对乘客有大声呵斥、推、拉、扯、拽、不文明手势等行为。

（5）生产岗位（站长、队长、司机长、乘务材料工等生产岗位除外）不准佩带手机上岗。

（6）乘车、候车过程中，原则上不坐在座椅上，并主动维持乘客候车、乘车秩序。

（7）当与乘客有视线接触时，应点头微笑以示尊敬。

3. 服务语言标准

（1）与乘客交谈或使用人工广播时，每一句都应使用十字文明服务用语：您好、请、谢谢、对不起、再见等。

（2）与乘客交谈时或使用人工广播时，应根据乘客的不同身份使用恰当的称呼用语，如先生、小姐、小朋友、大爷、阿婆、同志等，不得使用"喂""嘿""哎""那位"等不礼貌用语称呼乘客。

（3）回答乘客问题或使用人工广播时，应语调沉稳、语气舒缓、吐字清晰、声音圆润、语速适中、音量适宜，避免声音刺耳或使乘客惊慌。

（4）处理违章事宜要态度和蔼、得理让人，不得讲斗气、噎人、训斥、顶撞、过头及不在理的话。

（5）严格遵守各岗位特殊语言要求，如：票厅岗兑零时应按规定语言唱票。

（6）紧急情况下，参照"运营应急信息发布管理办法"，根据行调下达信息，耐心做好乘客解释工作。

4. 服务态度标准

（1）主动热情关心乘客，主动协助老、弱、病、残、孕妇及其他有困难的乘客。

（2）安全意识强，在岗时时刻保持警惕，以确保乘客和行车安全为自己的首要职责。

(3) 处理有关乘客问题时，应公平、公正、合理，并遵循异时、异地、异人的原则。

(4) 遵守公司的各项方针、政策。

5. 执法语言标准

(1) 在要求乘客出示车票检查时，说："××，您好，请出示您所使用的车票。"检查结束时，说"多谢合作"、"谢谢"、"请好走"等。

(2) 乘客出现态度异常时，为减少给其他乘客造成不便，应尽量远离公众场合，并向乘客耐心解释公司规定："××，请到这边来，请慢慢讲"、"根据《××××地下铁道管理条例》第×条规定：××，请您配合我们的工作"等。

(3) 按法定程序实施处罚时，说："××，您已违反《××××地下铁道管理条例》第××条规定，我们要按规定实施处罚，请您配合。"

(4) 在做询问笔录时，说："您好！现就××问题向您进行询问。"询问笔录做好后，说："××，请您在笔录上签名，谢谢。"

(5) 在要对当事人相关物品作保存时，说："××，根据规定，我们要对您××物品依法进行保存，请核对物品情况，如核对无误，请签字。"

(6) 在向当事人当场收缴罚款时，说："××，请您缴纳××元罚款。谢谢配合。"

(7) 在告知当事人到银行缴纳罚款时，说："××，请您持决定书在规定时期内到××银行缴纳罚款。"

6. 环境卫生标准

(1) 卫生整体标准。窗明地净、清洁舒适、协调美观。

1) 站厅、站台：地面、台阶无痰迹、无垃圾、无尘土、无保洁用具/商铺物品等堆放物；站台屏蔽门、墙、柱、门、窗无痰迹、无印迹、无泥点、无黑灰；边、角、棱、沿无黑灰、无塌灰、无蛛网；垃圾箱周围不得有污迹杂物、箱体外部不得有污垢、箱内杂物不得超过箱口。

2) 票务中心、监控亭：亭内物品按规定摆放整齐，台面无杂物（包括水杯、饮料瓶、抹布等）、积尘，亭壁、玻璃干净无污渍、无油渍、无胶渍、无不标准张贴物等。

3) 站控室、点钞室：室内环境整洁，备品清洁整齐，台面无杂物（包括水杯、饮料瓶、抹布等）、积尘，墙壁、天花无污迹或蜘蛛网，各种设备、文件柜面及工作台面干净无积尘。

4) 站长室、休息室：室内环境整洁、摆放统一，桌面无杂物、积尘，墙壁、天花无污迹或蜘蛛网，工作台、文件柜面干净无积尘。

5) 服务硬件设施：设置位置合理，摆放端正，状态良好；外观干净整洁，无污渍、无油渍、无胶渍等；按要求张贴相应内容，并确保张贴效果美观、得体。

6) 其他设备、管理用房：室内环境整洁、摆放统一，桌面无杂物、积尘，墙壁、天花无污迹或蜘蛛网。

7) 门前三包区域无乱停车辆、无摆卖摊贩、无乞讨卖艺等闲杂人聚集。

8) 各出入口 5 米范围内必须保持整洁，地面、墙壁及玻璃等处无乱张贴、涂写现象，无杂物堵塞通道。

9) 出入口及公共区扶梯表面干净整洁，扶手带、挡板无灰尘，梯级上无垃圾杂物。

(2) 环境布置标准。

1) 各种临时导向标志要统一布置、摆放端正，保持清洁明亮；自制临时标志要版式正确，内容清晰，放置正确。

2）横幅、标语按要求在固定位置悬挂，必须平整、干净，不得有撕角或破损。

3）各种临时标志、宣传画、横幅、标语等车站公共区摆放物品须经营销调控部批准后方可在规定位置和时间内按标准张贴、摆放，到期及时拆除。

4）非统一印制临时告示须经营销调控部批准后方可在规定的位置张贴、摆放指定内容；所有告示必须统一打印，不得手写（紧急情况除外），不得丢字少字及使用不规范文字。

5）公共区宣传内容应平整、美观、色泽鲜亮，不得有破损、卷边、褪色等现象，残旧内容应及时更换。

6）各工作室、房间内物品摆放有序，各种备品、工器具应按规定位置摆放，保持整洁完好。

名人寄语

孔子（中国）：不学礼，无以立。

孟子（中国）：敬人者，人恒敬之；爱人者，人恒爱之。

荀子（中国）：人无礼不立，事无礼不成，国无礼不宁。

玛·沃·蒙塔古（英国）：讲礼貌不会失去什么，却能得到一切。

拉罗什福科（法国）：礼节是所有规范中最微小却最稳定的规范。

推荐图书

[1] 毕文杰. 你的职场礼仪价值百万［M］. 北京：中国画报出版社，2012.

[2] 李晓林. 不能不懂的360个职场礼仪细节［M］. 北京：金城出版社，2011.

[3] 姜文刚. 卓越员工职场礼仪［M］. 北京：北京工业大学出版社，2013.

课后思考

1. 思考如何塑造自己的形象。
2. 思考自己在日常生活中缺失了哪些礼仪，如何提升？

第七章 阳光心态

本章学习目的

通过本章的学习，了解什么是挫折、压力，学会正确面对职场中的挫折与压力；了解什么是阳光心态，学会塑造阳光心态。

本章内容描述

阳光心态能够让我们带着好心情去创造成功，体验丰富多彩的人生。本章主要介绍什么是挫折、压力，什么是阳光心态，以及如何正确面对职场中的挫折与压力，如何塑造阳光心态。

本章核心概念

挫折是指人们在有目的的活动中，遇到了无法克服或自以为是无法克服的障碍和干扰，使其需要或动机不能获得满足所产生的消极的情绪反应。

心理压力即精神压力，是指个体依据对压力源的不同感受而导致的生理、心理、行为上的反应过程。

阳光心态是一种积极、宽容、感恩、乐观和自信的心智模式。

第一节 正确面对挫折

案例与分析

1832年，林肯失业了，这显然使他很伤心，但他下定决心要当政治家，当州议员。糟糕的是，他竞选失败了。在一年里遭受两次打击，这对他来说无疑是痛苦的。接着，林肯着手自己开办企业，可一年不到，这家企业又倒闭了。在以后的17年间，他不得不为偿还企业倒闭时所欠的债务而到处奔波，历经磨难。随后，林肯决定再次参加竞选州议员，这次他成功了。他内心萌发了一丝希望。认为自己的生活有了转机："可能我可以成功了！"

1835年，他订婚了。但距结婚的日子还差几个月的时候，未婚妻不幸去世。这对他精神上的打击实在太大了，他心力交瘁，数月卧床不起。1836年，他得了精神衰弱症。1838年，林肯觉得身体良好，于是决定竞选州议会议长，可他失败了。1843年，他又参加竞选美国国会议员，但这次仍然没有成功。

林肯虽然一次次地尝试，但是一次次地遭受失败：企业倒闭、未婚妻去世、竞选败北。要是你碰到这一切，你会不会放弃？放弃这些对你来说是重要的事情？林肯没有放弃，他也没有说："要是失败会怎样？"1846年，他又一次参加竞选国会议员，最后终于当选了。

两年任期很快过去了，他决定要争取连任。他认为自己作为国会议员表现是出色的，相信选民会继续选举他。结果很遗憾,他落选了。因为这次竞选他赔了一大笔钱,林肯申请当本州的土地官员。但州政府把他的申请退了回来,上面指出:"做本州的土地官员要求有卓越的才能和超常的智力,你的申请未能满足这些要求。"接连又是两次失败。在这种情况下你会坚持继续努力吗?你会不会说"我失败了"?然而,林肯没有服输。1854年,他竞选参议员,但失败了;两年后他竞选美国副总统提名,结果被对手击败;又过了两年,他再一次竞选参议员,还是失败了。

林肯一直没有放弃自己的追求,他一直在做自己生活的主宰。1860年,他当选为美国总统。

分析: 一次又一次的失败,对于进取心来说,是非常沉重的打击。如果你能坚持,再坚持,当有一天取得成功时,你就会发现,经过挫折洗礼的胜利果实更大、更香甜,所以面对挫折时,要相信自己、永不放弃。

没有人能给生活贴上永久顺利的标签,在人生的道路上,总会遇到某些事情,羁绊住我们的脚步,它们被称为"挫折"。

一、挫折的含义

挫折是指人们在有目的的活动中,遇到了无法克服或自以为是无法克服的障碍和干扰,使其需要或动机不能获得满足所产生的消极的情绪反应。

从这个定义可以看出,挫折这一概念包括3个方面的含义:

其一,是指使需要不能获得满足的内外障碍或干扰等情境状态或情境条件,如考核不及格、比赛得不到名次、受到讽刺打击等。这就是造成挫折的情境因素,也称为挫折情境。

其二,是指对挫折情境的知觉、认识和评价,称为挫折认知。

其三,是指伴随着挫折认知,对于自己的需要不能满足而产生的情绪和行为反应,如愤怒、焦虑、紧张、躲避或攻击等,称为挫折反应。

当挫折情境、挫折认知和挫折反应三者同时存在时,便构成心理挫折。

但如果缺少挫折情境,只有挫折认知和挫折反应这两个因素,也可以构成心理挫折。这是因为,挫折认知既可以是对实际遭遇到的挫折情境的认知,也可以是对想象中可能出现的挫折情境的认知。例如,一个人总是怀疑自己周围的同事议论自己,看不起自己,虽然事实并非如此,但他会因此而形成与同事关系上的挫折感,产生紧张、烦恼、焦虑不安等情绪反应。

还有另外一种现象。例如,有的人在工作中受到讽刺、打击、嫉妒,但其本人并没有意识到这些情境因素的出现,或者虽然意识到了,但却不认为对自己有什么消极影响,反而认为这从反面证明了自己工作出色,并可以借此进一步锻炼自己的意志和才干。其主观上感受为一种激励而不是挫折,结果就不会形成心理挫折。

只有当主体将挫折情境感知为挫折时,才会产生挫折反应;反之,即使没有出现实际的挫折情境,但主体认为某种挫折情境将可能出现,如考试将会不及格,或将会遭到某人报复等,由于对其可能的后果感到担心、焦虑、恐惧等,也会产生挫折感。

所以,在挫折情境、挫折认知和挫折反应这3个因素中,挫折认知是最重要的。挫折情境与挫折反应没有直接的联系,它们的关系要通过挫折认知来确定。挫折反应的性质及程度,主要取决于挫折认知。一般来说,挫折情境越严重,挫折反应就会越强烈;反之,挫折反应就越轻微。但是如果个体主观上将别人认为严重的挫折情境，认知、评价为不严重，他的挫折反应就会很微弱；反之，他如果将别人认为不严重的挫折情境，认知、评价为严重，则也会引起非常强烈的情绪反应。

二、挫折对人的影响

挫折对人的影响具有两面性：一方面，挫折可增加个体的心理承受能力，使人醒悟，汲取教训，改变目标或策略，从逆境中重新奋起；另一方面，挫折也可使人们处于不良的心理状态中，出现负向情绪反应，并采取消极的防卫方式来对付挫折情境，从而导致不安全的行为反应，如不安、焦虑、愤怒、攻击、幻想、偏执等。在工作中，由于操作失误或疏忽大意导致工作出差错，受到领导批评或扣发奖金，有的人就会反思自己的问题，找出原因，并改进，以防此类的事情再次出现。而有的人对挫折容忍力小，就会产生不满情绪，自暴自弃，精神颓废，一蹶不振等。

三、挫折产生的原因

挫折情境也就是产生挫折的原因，这些原因有些是客观存在的，有些是由主观因素而产生的。因此，将挫折原因有两个方面，即客观原因和主观原因。

1. 客观原因

客观原因也叫外部原因，是指由于客观因素给人带来的阻碍和限制，使人的需要不能满足而引起的挫折。它包括自然因素和社会因素。

（1）自然因素。包括各种由于非人为力量所造成的时空限制、灾难等因素。如在工作过程中因意外导致受伤致残，家里遭受洪水、地震等自然灾害破坏，亲人生老病死所导致的挫折，都属于自然因素。

（2）社会因素。是指个体在社会生活中受到政治、经济、道德、宗教、习惯势力等因素的制约而造成的挫折，如升学、考试、入党、面试、提干等愿望因为名额限制而不能实现等。同自然因素相比，社会因素带来的阻碍或困难更复杂、更普遍、更广泛。

2. 主观原因

主观原因也称为内部原因，是指由于个人生理和心理因素带来的阻碍和限制所产生的挫折。

（1）生理因素。生理因素的挫折，是指因自身生理素质、体力、外貌以及某些生理上的缺陷所带来的限制，导致需要不能满足或目标不能实现。例如，有的人因为视力问题不能应聘司机、乘务员；有的人因为恋爱受挫，就嫌自己长得不够英俊等。

（2）心理因素。个体因需求、动机、气质、性格等心理因素可导致活动失败、目标无法实现。

四、正确面对职场中的挫折

职场中不能害怕挫折，每个职场人都不可避免地会经历一些挫折，其实是很平常的。有的大学生刚进入职场，遭到了一些困难、挫折，如果不善于自我调适，而使心理失衡，就对自己的能力产生怀疑，长此下去会失去信心，因此失去勇气，一蹶不振。挫折对人们的工作和生活往往有重大影响，轻者使人苦恼、懊丧、压抑、紧张，重者使人发生心理反常，甚至导致身心疾病。首先，要保持乐观的情绪；其次，要沉着冷静、不悲不怒、机智应对；再次，要有正确的评价，挫折往往发生在对自己缺乏正确的评价时，多是对困难估计不足造成的。挫折是不能选择的，它会在各种情况下光顾你，但你可以选择面对它的态度。

1. 正确对待和改进

在职场中遇到挫折是常有的事，关键还是犯了错以后，能够正确对待和改进才是最重要的。只有如此，人们才能在挫折中不断成长。我们在遇到挫折之后，首先要接受受挫的事实，应认真审视自己受挫的过程，多从自身找原因；然后采取纠正措施，并进行验证确认；最后逐步升华到采取预防措施，克服工作中自身存在的问题。只有将一个个困难解决之后，一步一步去改善局面，学会以一颗冷静的心，去适应，去找到一套属于自己的解决方法，也就找到了属于个人的成功法宝，才能在长期的考验中脱颖而出，走上职场人生的高点。比如说刚走出校门的大学毕业生，也许在找工作的过程中会遇到各种挫折，或者在工作之初遇到各种各样的困难，都是非常正常的，只有你能坚持下去，不断将这些问题解决了，也正是一个人的职场成长过程。

2. 重新确立目标

职场上的挫折干扰了自己原有的工作氛围，毁灭了自己原有的目标，因此，重新寻找一个方向，确立一个新的目标，就显得非常重要。目标的确立，需要分析、思考，这是一个将消极心理转向理智思索的过程。目标一旦确立，犹如心中点亮了一盏明灯，人就会生出调节和支配自己新行动的信念和意志力，从而排除挫折和干扰，向着目标努力。目标的确立标志着人已经从心理上走出了挫折，开始了下一步争取新的成功的历程。

3. 身处逆境的顽强的精神

有一天某个农夫的一头驴子，不小心掉进一口枯井里，农夫绞尽脑汁想办法救出驴子，但几个小时过去了，驴子还在井里痛苦地哀嚎着。最后，这位农夫决定放弃，他想这头驴子年纪大了，不值得大费周章去把它救出来，不过无论如何，这口井还是得填起来。于是农夫便请来左邻右舍帮忙一起将井中的驴子埋了，以免除它的痛苦。农夫的邻居们人手一把铲子，开始将泥土铲进枯井中。当这头驴子了解到自己的处境时，刚开始哭得很凄惨。但出人意料的是，一会儿之后这头驴子就安静下来了。农夫好奇地探头往井底一看，出现在眼前的景象令他大吃一惊：当铲进井里的泥土落在驴子的背部时，驴子的反应令人称奇——它将泥土抖落在一旁，然后站到铲进的泥土堆上面。就这样，驴子将大家铲倒在它身上的泥土全数抖落在井底，然后再站上去。很快地，这只驴子便得意地上升到井口，然后在众人惊讶的表情中快步地跑开了。

职场中的挫折就如驴子的情况，有时候我们难免会陷入"枯井"里，还会被各式各样的"泥沙"倾倒在我们身上，而想要从这些"枯井"脱困的秘诀就是：将"泥沙"抖落掉，然后站到上面去。对各种困难挫折，职场中许多人，都喜欢把大量时间浪费在抱怨不公和暗暗仇恨中，这种心态，其实是对事情没有任何帮助的。只有你把自己的时间花在有意义的地方，去做真正能改变你境况的事情，那么，挫折才会变成动力，驱动你直线前进。因此，身处逆境的顽强的精神，会帮助我们登上事业的巅峰。

其实，失败未必是一件坏事，它可以让你吸取教训。在工作岗位中，受到挫折或失败是难免的，其实有时我们要感谢挫折与失败，若不是它们，我们或许会被一切成功的喜悦冲昏头脑而不思进取。我们在成就事业的道路上，在走得顺利的时候，往往稍微遇上一些不顺心的事，就会习惯地抱怨老天亏待了我们，其实每个困难都有其存在的正面价值。既然失败是不可避免的，我们还不如用一颗感恩的心，坦然接受每一次失败，每一个逆境，去战胜它。

第二节 正确面对压力

案例与分析

2010年5月26日23时许，在富士康科技集团总裁郭台铭视察深圳厂区的当天晚上，富士康深圳龙华厂区大润发商场前发生一起员工跳楼事件。富士康证实这名员工堕楼身亡，这是今年以来第12宗，总共造成10死2重伤。一年内发生十多起自杀事件，这引起了社会各界的广泛关注。究竟是什么样的原因或是环境，使得这一个接一个的年轻人选择了自杀这样的极端方式？

分析：专家们分析富士康员工跳楼，其中一个主要的因素就是年轻员工抗压能力差。现代大城市中新生代打工族大多是80后和90后，他们多是独生子女，抗压能力、吃苦能力都比较差，但同时，这代人自尊心更强，心中的梦想也更大。进入现实工作后，理想与现实的巨大差距让这些心理尚未成熟的打工者难以适从。他们会觉得怀才不遇，觉得受到了不公正待遇，逐渐产生厌世感。在工作中我们难免会有压力，也只有积极地面对压力，应对挑战，才能实现自我价值。

现代社会，竞争激烈，压力也越来越大。尤其在职场上，面对着升职、加薪、考核，以及复杂的人际关系，多多少少总是会有一些压力，有的人将压力变成动力，有的人被压力击垮，在身体、心理上出现问题，甚至还有人猝死在工作岗位上。那么，在繁忙的职场上，我们该如何认识心理压力并减轻心理压力呢？

一、压力的含义

我们所说的压力是心理压力，心理压力源和心理压力反应共同构成的一种认知和行为体验过程。压力是一个外来词，有紧张、压力、强调等意思。压力会影响人们的身心健康。心理压力即精神压力，是指个体依据对压力源的不同感受而导致的生理、心理、行为上的反应过程。现代生活中每个人都有所体验，心理压力总的来说有社会、生活和竞争3个压力源。

心理压力是人类生活中一种必然的存在，各种各样的生活事件都能引起不同程度的心理压力。从大的方面说，战争、地震、水灾、火灾等灾害，都会给人们带来沉重的心理压力和负担。从小的方面讲，面临一次考试或考核，自己生病或亲友生病，也会给我们正常的生活带来意外的冲击和干扰，也都会成为我们心理压力的来源。心理学家格拉斯通提出了会给我们带来明显的压力感受的9种类型的生活变化。

(1) 就任新职、就读新的学校、搬迁新居等。

(2) 恋爱或失恋，结婚或离婚等。

(3) 生病或身体不适等。

(4) 怀孕生子，初为人父、母。

(5) 更换工作或失业。

(6) 进入青春期。

(7) 进入更年期。

(8) 亲友死亡。

(9) 步入老年。

此外，家庭、工作与环境状况之间的关系、所从事工作的性质等，也是能造成心理压力的情境，种种挫折都能给我们造成心理压力。压力是一种心理状态，是由于心理能量和外界能量失衡时个体所感觉到一种体验。挫折是一种社会情境，是由于个体能力与主观现实之间有所差距所产生的一种境况。挫折会带来压力，过度的压力也容易让人产生挫败感。

二、压力的反应

压力反应是生理和心理相互作用的结果，是一系列生理和心理反应的综合表现。同样的压力源可能引起不良的压力反应，也可能引起良性压力反应。下面是不良压力的反应。

1. 压力状态下的生理反应

(1) 经常体验到肌肉抽搐和紧张，如感到机体的某一部位不由自主地跳动，眼睛、面部、肩部、背部、腿部以及身体的其他部位发紧、酸痛，缺乏柔性和灵活性。

(2) 动作僵硬、急促，经常摆弄手指、抖动腿脚或身体的其他部位。

(3) 经常感到气闷，消化不良，食欲不振。

(4) 皮肤经常无缘无故地发痒、过敏，吃药也不起作用。

(5) 全身无力、疲劳，休息后也很难恢复。

(6) 免疫力下降。

2. 压力状态下的心理反应

在压力状态下，生理上的紧张和心理上的紧张是同时出现的，而且相互影响。心理上的紧张一般有以下表现：心烦意乱、焦虑、压抑、敏感、注意力不集中、思维混乱、感到生活空虚无聊、缺乏自信。如果长期得不到调节，就易引起心理疾病。常见的有：

(1) 焦虑症。表现为个体主观上总是感到无缘无故的紧张不安，整日忧心忡忡，似乎这种不安状态已经普遍化，成为其情绪的主宰。

(2) 抑郁。表现为情绪情感低落、忧伤、失望、怀疑自己的智力和学习能力，对许多事情持消极、悲观的看法，反应迟钝。

(3) 失眠。表现为入睡困难，夜间觉醒，多梦。长期的失眠会严重影响日常的生活和学习。

(4) 人际关系障碍。表现为缺乏自信，思维不清，动作不自然，缺乏语言表达能力等。

心理压力是个人对任何加诸形体的各种需求而产生的非特定反应。一般正常活动，如一次考试，都会造成心理压力。适度的心理压力促进一个人积极上进，能给人以动力，有利于人的进步和发展，但超过了人的承受能力，则容易产生消极悲观情绪、引发饮食失调、导致免疫力下降，危害人的身心健康。

三、如何缓解工作压力

每个人都会有心理压力，尤其是现代社会，学习、工作、房子、婚姻、感情等问题，让我们的心理压力越来越大。东北新闻网上曾刊登一则消息：为维护铁路职工心理健康，提高心理素质，沈阳市公安医院成立了铁路警察和铁路职工心理健康保护科，负责铁路员工的心理咨询。据有关部门统计，沈阳地区已有近 8000 名铁路员工作了心理测试，存在心理问题的占七成，有的甚至已经发展成为心理疾病。其中反映最多的是工作压力问题、婚姻问题、家庭问题、子女教育问题、人际关系问题等。在网上也一篇文章《世界上压力最大的职业——火车司机》，文章称火车司机是一个危险的职业，一般来说只要发生铁路事故，火车司机都是首当其冲；火车司机经常熬夜，有时候是一通宵上班，由于严厉的考核制度和强烈的责任感，火车司机是不可能在上班中睡觉的；火车司机的职责太多，既要应对各种突发非正常情况，还要熟悉火车经过的各个火车站和线路的情况，发现问题马上采取措施。

对于心理压力，我们要正确认识它，当心理压力过大时，还要学会调整、缓解它。

1. 寻找压力源

也许你一直在努力、奋斗，但繁忙的学习、工作让你筋疲力尽，学习、生活、工作的压力让你透不过气来。在职场中引起压力的根源很多：①工作负担，如工作量的负担、工作难易程度的负担等；②工作条件，如上下班的交通环境、工作的环境、工作时间长短、工作时间安排等；③角色冲突，如职责、权力不确定造成的缺乏安全感和归属感；④人际关系，如人际关系紧张导致的失落感、孤单感；⑤组织变革，如部门的重组导致员工的转岗、裁员等使员工重新认识自己工作的定位所产生的压力；⑥工作和家庭冲突，如事业与家庭都要兼顾到所产生的压力。

解决问题的根本方法就是找到压力的来源，针对压力源来解决问题。如果是工作负责重引起的压力，就要学会融入团队。现代社会分工越来越细，任何一项工作或任务，都不可能单靠一个人完成，很多工作都需要同事之间的相互配合。能够融入团队，与同事一起面对工作的挑战，压力自然就会减轻。如果压力来源于人际关系的紧张，就要学会与人交往，通过改变自己来获得别人的认可，来改善人际关系。

2. 调整自己的心态

在各种压力之下，难免会产生情绪低落、无精打采的状态，在找到压力源之后就要努力去解决，如果不能解决，就要调整好自己的心态。一次，美国总统罗斯福的家中被盗，丢失了许多东西。一位朋友知道后，就马上写信安慰他，劝他不必太在意。罗斯福给这位朋友写了一封回信，信中说："亲爱的朋友，谢谢你来安慰我，我现在很平安，感谢生活。因为，第一，贼偷去的是我的东西，而没伤害我的生命，值得高兴；第二，贼只偷去我的部分东西，而不是全部，值得高兴；第三，最值得庆幸的是，做贼的是他，而不是我。"对任何一个人来说，被盗绝对是一件不幸的事，但是，罗斯福却找出了三个感谢和庆幸的理由来快乐。所以，如何在不利的事件中看到其有利的一面、在消极的环境中看到积极的因素、在茫茫的黑夜里看到希望的黎明、在凄风苦雨中看到美丽的彩虹，心态很重要。

3. 学会在压力下工作

社会在进步，压力也在成倍地增加。压力无处不在，又不可避免，有的人被压力击垮，一蹶不振；有的人过得更有意义，更有效率。这其中的奥妙就在于，前者消极面对压力，而后者却对压力进行有效的运用，在面对困难时，能够自我控制，有条不紊。在职场中想让工作天天快乐并不容易，但你可以去换一个角度，树立积极的工作态度，想象着每天都是新的，每天都将有新的收获。老板向你发火时，你明白自己错在什么地方，避免下次再犯；工作任务量大时，你学会用积极的心态去面对。如此，你就会感觉并没有想象中的那么困难，每天微笑着面对生活，别人就会知道你很快乐，就会愿意亲近你，与你相处，你的人际关系就会更融洽。

4. 学会释放压力

每个人都会有这样那样的压力，也都需要适合自己的释压方式。如果还不懂得什么样的方式才能给自己降压，就一定要用心去发现、去尝试。释放压力最好的方式就是转移注意力。当感觉到压力时，可以找一些自己喜欢的、能转移自己注意力的事情去做，来宣泄压力。比如，放下手中的工作，去看一些情节跌宕、引人入胜的小说；或者穿上舒服的休闲服来一次大汗淋漓的运动；或者约上自己的好友出去逛逛街，给自己买一件漂亮的衣服；或者，想想有什么自己喜欢吃但很久没吃到的美食，然后揣着钱包狠狠地去吃一顿；还可以找一两个好朋友去倾诉……

5. 压力太大的时候学会弯一弯

曾有一对夫妻总吵架，处在离婚的边缘。于是，他们决定出去旅游，试图挽救自己的婚姻。两人来到魁北克的一条南北向的山谷，他们惊奇地发现山谷的东坡长满了各种树，西坡却只有雪松，为什么东、西坡差别这么大呢？为什么西坡只有雪松能生存呢？后来两人发现西坡雪大，东坡雪小，雪松枝条柔软，积雪多了，枝条会被压弯，雪掉下去后，枝条就又复原了。而其他的树硬挺，最后树枝会被雪压断，树也就死了。两人明白了，人在压力大的时候，也要学会弯一弯。丈夫赶快向妻子检讨："都是我不好，我做得不对。"妻子一听丈夫检讨了，马上说："我做得也不够。"于是，两人和好如初。

第三节 塑造阳光心态

案例与分析

有一个人想挂一张画。他有钉子，但没有锤子。邻居有锤子。于是他决定到邻居那儿去借锤子。就在这时候他起了疑心：要是邻居不愿意把锤子借我，那怎么办？昨天他对我只是漫不经心地打招呼，也许他匆匆忙忙，也许这种匆忙是他装出来的，其实他内心对我是非常不满的。什么事不满呢？我又没有做对不起他的事，是他自己在多心罢了。要是有人向我借工具，我立刻就借给他。而他为什么会不借呢？怎么能拒绝帮别人这么点儿忙呢？而他还自以为我依赖他，仅仅因为他有一个锤子！我受够了。于是他迅速跑过去，按响门铃。邻居开门了，还没来得及说声"早安"，这个人就冲着他喊道："留着你的锤子给自己用吧，你这个恶棍！"

分析：消极的思想造成错误的行为，积极的心态可以避免一切不必要的麻烦和错误。阳光心态是知足、感恩、乐观开朗的一种心态，它能让人心境良好，人际关系正常，适应环境。

英国著名作家狄更斯曾说："一个人的阳光心态，比一百种智慧都更有力量。"阳光是世界上最光明、最美好的东西，它能驱赶黑暗和潮湿，温暖我们的身心，而心态对我们的思维、言行都有导向和支配作用。人与人之间细微的心态差异，就会产生成功和失败的巨大差异！阳光心态便是一种幸福境界。这种幸福不是财富、权力、地位等所给予的，即使你贫穷、平凡，在别人看来一无所有，只要你能够主宰自己的情绪，让快乐做主，幸福便会由"心"制造。

一、阳光心态的含义

阳光心态是一种积极、宽容、感恩、乐观和自信的心智模式。阳光心态是一种积极而和谐的心态，也是心理健康的另一种说法。世界心理卫生联合会曾提出心理健康的4条标准：①身体、情绪十分协调；②适应环境，人际关系中彼此能谦让；③有幸福感；④在职业工作中，能充分发挥自己的能力，过着有效率的生活。我国心理健康学者一般认为，心理健康有八大标准：①智力正常；②情绪健康；③意志健全；④人格完整；⑤自我评价正确；⑥人际关系和谐；⑦社会适应正常；⑧心理行为符合年龄特征。

那么，阳光心态的主要内涵包括4个方面：

1. 不能改变环境就适应环境

有一个人练习搬山术，苦练了若干年后，发功搬山，结果发了半天功发现山没动。他向师父抱怨："我搬不动山。"师父对他说："山搬不过来，你过到山那边去不就行了吗？"不能改变环境，就只有适应环境。不能适应环境，就只有被环境淘汰。发牢骚谁都会，环境还是依旧，不能改变什么，所以不能改变这一切的情况下，就只能适应它。

2. 不能改变别人就改变自己

我们不能改变别人，那就先不用管别人，我们不用花那么多力气来改变别人，如果我们把一半的力气花在自己身上，就可以改变自己。当我们改变了自己，别人就会对我们做出不同于以往的回应。

3. 不能改变事情就改变对事情的态度

在现实中，有人常常会感到被别人的语言伤害了。其实在许多时候，并不是别人的语言伤害了你，而是你自己的思考伤害了你自己。如果有人说："你这人真不是一个东西！"你不必跟他生气，可以这样说："你说得太对了，你揭示了人类的本质，人类绝对不是一个东西！你我都一样。"

4. 不能向上比较就向下比较

成功学告诉大家，不想当元帅的士兵不是一个好士兵，不想当船长的水手不是一个好水手。但是，只有一个人能当船长，更多的人和你一样，甚至位置比你更低。如果你这样想，你的心胸就会变得开阔起来。适度竞争产生活力，过度竞争身心疲惫。当生存基础不成问题之后，我们就应保持好心情，努力向上，如果达不到最好，就力争达到次最好。何不每天快乐地工作，享受生活呢！

二、塑造阳光心态的意义

1. 心态影响健康，影响能力，影响人生

好的心态使人生理健康，能力增强，使生命幸福美好。它可以产生积极向上的力量，使人喜悦、生气勃勃；使人沉着、冷静；使人乐观，勇于承担责任，心胸开阔；使人精神饱满，精力充沛，能从容不迫地担负日常工作和生活，而不感到疲劳和紧张；使人情绪稳定，自我控制能力强、应变能力强，善于排除干扰，适应外界环境的各种变化。

不好的心态使人不思进取、消极、忧愁、悲观、失望、萎靡不振、颓废，甚至毁灭，使生命伤痕累累，进而影响身体的健康。同时，如果一个人的心态不好，还易造成人际关系紧张，个人能力就无法得到充分发挥。

2. 阳光心态点亮自己、温暖别人

阳光心态就是要点亮自己的心灯，用一颗积极、乐观、平和、包容的阳光之心点亮自己、温暖别人。有了阳光心态，能实现自我和谐，与家人和谐，与社会和谐；有了阳光心态，自己受益，家人受益，朋友、社会受益。阳光心态是成功的起点、快乐的源泉、失败的天敌、健康的关键。

如果你把别人看成是魔鬼，你就生活在"地狱"里；如果你把别人看成是天使，你就生活在"天堂"里。如果你能把别人变成魔鬼，你就在制造"地狱"；如果你能把别人变成天使，你就在制造"天堂"。怎么才能把别人变成天使呢？就要树立阳光心态，对他人欣赏、给予、宽容。

三、塑造阳光心态，快乐工作每一天

阳光心态是快乐工作的前提，是一个人事业成功与否的关键。阳光心态能让我们带着好心情去工作、去生活。那么，在工作中应该如何调整自己，塑造阳光的心态，去迎接工作、快乐工作呢？

1. 善于发现美

当今社会，工作、生活节奏不断加快，使我们所要完成的工作、学习上的任务越来越多，使我们越来越忙。似乎在生活中，种种值得欣赏的东西就在忙碌中被遗忘。其实生活中并不缺少美，著名雕塑家罗丹曾说："对于我们的眼睛而言，不是缺少美，而是缺少发现。"只要你懂得欣赏，任何东西都有它美的一面。要学会欣赏每个瞬间，要热爱生命，相信未来一定会更美好。

2. 学会放下

该放下的放下，学会谅解、宽容。不原谅别人，等于给了别人持续伤害你的机会。有这样一个故事，两个和尚下山化斋，回来的路上遇到了一条河，河边有一个靓丽女子，女子不敢过河。老和尚有心想去帮她，又怕别人说闲话，小和尚毫不犹豫地把女子背过河去。到庙里，老和尚说："出家人不近女色，你为什么要背那个女子？"小和尚说："我已经把她放在了河边，你怎么还'背'着她啊？"要学会放下，忘记该忘记的，记住该记住的。

3. 学会利用现有资源，而不是消极等待

如果有柠檬，就做柠檬水，就别嚷嚷怎么没有苹果、香蕉。利用现有的资源把事情做成，而不是好高骛远、消极等待。每一步都连接着未来，要把握现在，充分利用现在的条件做点事情，充分利用现有的资源使你的价值最大化，你现在努力走的每一步，都是通向未来的进步的阶梯。

4. 改变态度

改变不了事情，就改变对事情的态度。一个人因为发生的事情受到的伤害，不如他对事情的看法更严重。事情本身不重要，重要的是人对事情的看法。改变了态度往往就能产生激情，有了激情就有了奋发向上的斗志，结果往往就会变化。中国古代有这样一个故事：古时候有甲、乙两个秀才去赶考，路上看到了一口棺材。甲说："真倒霉，碰上了棺材，这次考试死定了。"乙说："棺材，升官发财，看来我的运气来了，这次一定能考上。"他们在答题的时候，两人的努力程度就不一样了，结果乙考中了。回家以后他们都跟自己

的夫人说:"那口棺材可真灵啊!"这个故事说明,心态可以影响人的能力,能力可以改变人的命运。

5. 享受过程

生命是一个过程,不是一个结果,就像一个括号,左边括号是出生,右边括号是死亡,我们要做的事情就是填括号,要争取用精彩的生活、良好的心情把括号填满。怎么享受生命这个过程呢?把注意力放在积极的事情上。生命如同旅游,记忆如同摄像,注意决定选择,选择决定内容。甲、乙两个人在看风景,开始的时候你看我也看,两人都很开心。后来甲要了一个小聪明,走得快一点,比乙早看一眼风景。乙一看,怎么能让你比我早看一眼,就走得更快一点超过甲。于是两人越走越快,最后跑起来了。原来是来看风景的,现在变成赛跑了,后面一段路程的沿途风景两人一眼也没看到,到了终点两人都很后悔。

6. 活在当下,行在今日

两个人在昨天吵架了,在今天,他们仍然怒气相对——他们这时没有活在今天,而是活在昨天。现代的人为什么这么多烦恼,就是因为对过去、未来太执着了。活在当下是一种全身心地投入人生的生活方式。当你活在当下,既没有过去拖在你后面,也没有未来拉着你往前时,你全部的能量都集中在这一时刻。行在今日就是紧紧把握今天的机遇,并用行动来实现自己的理想和信念。现在连接着过去和未来,如果你不重视现在,你就会失去未来,还连接不上过去。如果一味地为过去的事情后悔,就会消沉;如果一味地为未来的事情担心,就会焦躁不安;因此,你应该把握现在,认真做好现在的事,不要让过去的不愉快和将来的忧虑像强盗一样抢走你现在的愉快。

7. 情感独立

情感独立就是不要把自己幸福的来源建立在别人的行为上面,我们能把握的只有自己。一次,苏东坡和禅师佛印逛庙,发现庙里的观音菩萨手里也拿着念珠。苏东坡问:"人持念珠念观音,观音持念珠念谁?"佛印回答:"还念观音。"苏东坡又问:"为什么观音还念观音,念自己呢?"佛印的回答:"求人不如求己。"因此,要想让自己内心状态良好,就要学会情感独立。我们只能考虑力所能及的事情,力所能及则尽力,力不能及则由他去。

8. 学会感恩

感恩是一种处世哲学,是生活中的大智慧。人生在世,不可能一帆风顺,种种失败、无奈都需要我们勇敢地面对、豁达地处理。这时,是一味地埋怨生活,从此变得消沉、萎靡不振?还是对生活满怀感恩,跌倒了再爬起来?英国作家萨克雷说:"生活就是一面镜子,你笑,它也笑;你哭,它也哭。"

在现实生活中,我们经常可以见到一些不停抱怨的人,"真讨厌,今天的天气怎么这样不好""今天真倒霉,被老师骂了一顿""真惨啊,丢了钱包,还迟到了""唉,我们领导真啰唆"……这个世界对他们来说,永远没有快乐的事情,高兴的事被抛在了脑后,不顺心的事却总挂在嘴边。每时每刻,他们都有许多不开心的事,把自己搞得很烦躁,把别人搞得很不安。其实,他们抱怨的事很多都是日常生活中经常发生的一些小事情,只是明智的人一笑置之,因为有些事情是不可避免的,有些事情是无力改变的,有些事情是无法预测的。能补救的则需要尽力去挽回,无法转变的只能坦然受之,最重要的是,学会感恩,时刻怀有一颗感恩的心,做好目前应该做的事情。

测试你的压力有多大

你现在的压力大吗？下面这个小测试，可以测出你现在面临的压力大小。测试方法：按自己的程度给下面的选项打分，"从未或不常"为1分，"偶尔"为2分，"经常"为3分，"每次都是"为4分。

1. 对琐碎之事极度烦躁　　　　　　　　　　　　　　　　　　得分：_____
2. 早晨醒来就为学习（或工作）忧心忡忡　　　　　　　　　　得分：_____
3. 学习（或工作）要求的提高让我沮丧不安　　　　　　　　　得分：_____
4. 我发觉自己变得烦躁、易怒　　　　　　　　　　　　　　　得分：_____
5. 我会不耐烦地从一件事跳到另一件事　　　　　　　　　　　得分：_____
6. 不能得心应手地处理手头工作　　　　　　　　　　　　　　得分：_____
7. 我无法确定何时该做何事　　　　　　　　　　　　　　　　得分：_____
8. 我被委派的学习任务（或工作量）多到无法愉快胜任　　　　得分：_____
9. 对别人的指责无能为力　　　　　　　　　　　　　　　　　得分：_____
10. 在人群中或有限的空间里惊慌不安　　　　　　　　　　　得分：_____
11. 流言蜚语或者暗箭伤人的情形太多了　　　　　　　　　　得分：_____
12. 我的学习任务（或工作量）总是不可预测地出现变化　　　得分：_____
13. 我的学习（或工作）不断重复而且单调乏味　　　　　　　得分：_____
14. 没有任何生理原因就感到头晕、恶心　　　　　　　　　　得分：_____
15. 我对周围的环境、噪声等感到厌烦　　　　　　　　　　　得分：_____

把你的分数加起来看看结果吧：

15~25分：你的工作很愉快，目前没有感受到什么压力。

25~35分：和大多数人一样，你感觉到了一定的压力。

35~45分：你的压力已经使你喘不过气来了。

如果你的分数在35~45分，就该尽早开始需要调整了。

名人寄语

方海权（中国）：要有积极的人生态度，不要受了点挫折就想不开，人生最尊贵者莫过于生。

肖汉仕（中国）：适度的压力像天使，过大的压力像魔鬼。

肖汉仕（中国）：微小的心态差异造就巨大人生差异。

推荐图书

[1] 袁辛. 我是我自己——自我再认识[M]. 北京：高等教育出版社，2008.

[2]（美）厄尔·希普. 对付看不见的老虎[M]. 赵霞，李文道译. 北京：新华出版社，2005.

[3] 吴维库. 阳光心态[M]. 北京：机械工业出版社，2012.

课后思考

1. 什么事会让你有挫折感？你是如何处理的？
2. 什么事会让你有压力感？你是如何处理的？
3. "心态可以使天堂变成地狱，也可以使地狱变成天堂。"你是如何认识和理解雨果这句话的？

第八章 创新与科技创新

本章学习目的

通过本章的学习，了解科技创新方面的基本知识，培养创新能力及创新、创意意识，以现有的知识和物质，在特定的环境中，使自己的知识系统不断丰富和完善，认识能力不断提高，使产品不断更新；有意识、有计划地提高自身的创新、创意意识和创新能力。

本章内容描述

一个人的创新能力，对提高一个人的职业技能具有相当重要的作用。本章主要介绍什么是创新和科技创新，创新的常用技法，怎样才能提高自己的科技创新能力等主要内容。

本章核心概念

创新是指以现有的思维模式提出有别于常规或常人思路的见解为导向，利用现有的知识和物质，在特定的环境中，本着理想化需要或为满足社会需求，而改进或创造新的事物、方法、元素、路径、环境，并能获得一定有益效果的行为。

科技创新是原创性科学研究和技术创新的总称，是指创造和应用新知识和新技术、新工艺，采用新的生产方式和经营管理模式，开发新产品，提高产品质量，提供新服务的过程。

第一节 认识创新与科技创新

案例与分析

激光器的发明是20世纪科学技术的一项重大成就，标志着人类对光的认识和利用达到了一个新的水平。1916年，爱因斯坦发表了《关于辐射的量子理论》，对能态之间的跃迁方式第一次给出了实际的认识，提出了3种假设，即自发辐射、受激吸收和受激辐射，其中受激辐射是个新概念。随后在第二次世界大战中大批物理学家参加了微波技术的研究与发展工作，并将光谱学和微波电子学结合起来，开创了微波波谱学。

随着微波波谱学的发展，许多分子和原子微波波谱的发现，关于粒子数反转的概念，以及利用受激辐射实现相干放大等问题逐渐成为微波波谱学家们关注的重点，从而导致了1954年第一台微波激射器（MASER）的问世，从理论、技术和人才等方面为激光器（LASER）的问世准备了条件。

1960年，第一台红宝石激光器及稍后的氦氖激光器诞生后，人们根据激光的一系列优异特性——高单色性、高方向性、高相干性和高亮度，设想了激光的种种应用前景，由此吸引了来自政府和企业等各方面的投资，大批研究开发人员转入这一领域，激光理论、器件和技术的研究因此进展更为迅速。激光技术已在材料加工、医疗、通信、武器、全息照相、同位素分离、核聚变和计量基准等领域发挥着巨大的作用，成为支撑信息时代的一项关键技术。

如图8-1所示，这是一件绝对能勾起你和兄弟们争抢游戏手柄回忆的玩意：来自艺术家Aled Lewis的创意，他用激光在胶合板上雕刻出经典游戏《双截龙》的画面，并为它加上了竹子材质的画框。

如图8-2所示，这款创意激光水平仪可以帮助你更好地开展工作，通过底部的超强吸盘可以更好地吸附在墙面上，仪器中间部分安装有水平陀螺仪，可以自动调整十字激光线处于水平位置，所以，你下次需要在墙上打孔或者挂上一幅画，你一定会挂得很平整。

图8-1　精美的激光雕刻艺术品

图8-2　创意激光水平仪

科技与艺术的融合，能产生无穷的魅力。处于先锋科技领域的激光技术，运用到旅游资源中所产生的价值，已经在全球许多地方实现。早些时候，人们耳熟能详的是工业激光、医疗激光，如大型激光切割设备，激光手术刀等。如今，激光景观、激光水雾喷泉、高楼激光亮化、KTV里的激光束……现代人的生活里随处可见创意激光的影子。近几年，相关产业也迅速发展。声、光、影交织，将城市的夜空变为炫目的舞台，创意，赋予激光灵气与生命，催生出一个充满活力的朝阳产业，如图8-3～图8-5所示。

图8-3　武汉两江四岸光影协奏曲效果图之一

图 8-4　武汉两江四岸光影协奏曲效果图之二

图 8-5　美轮美奂的光影声协奏曲

分析：激光技术真真切切地成为支撑信息时代的一项关键技术，如果没有这项技术，现代社会前进的步伐不知要滞后多少。在经济全球化时代，一个国家具有较强的科技创新能力，就能在世界产业分工链条中处于高端位置，就能创造激活国家经济的新产业，就能拥有重要的自主知识产权而引领社会的发展。

当今之世，科技创新能力成为国家实力的核心。科技创新能力是当今社会活力的标志，是国家发展的关键。提倡创新精神、构建创新体系，不仅仅是讲个体的创新与创造，更是讲民族的创新，是讲民族精神的整体性提升，是提高国民素质的具体内涵之一。

一、创新和科技创新

1. 创新的含义

创新是一个国家和民族持续发展的源泉和动力。创新，是融责任、勇气、方法、态度、精神于一体的实践，是求得生存和发展的制胜法宝。创新概括地说，就是继承前人，又不因循守旧；借鉴别人，又有所独创；努力做到观察形势有新视角，推进工作有新思路，解决问题有新办法，使各项工作体现时代性，把握规律性，富于创造性。

创新是指以现有的思维模式提出有别于常规或常人思路的见解为导向，利用现有的知识和物质，在特定的环境中，本着理想化需要或为满足社会需求，而改进或创造新的事物、方法、元素、路径、环境，并能获得一定有益效果的行为。创新包括工作方法创新、学习创新、教育创新、科技创新等。

创新是以新思维、新发明和新描述为特征的一种概念化过程。创新起源于拉丁语，它原意有3层含义，第一，更新；第二，创造新的东西；第三，改变。创新是人类特有的认识能力和实践能力，是人类主观能动性的高级表现形式，是推动民族进步和社会发展的不竭动力。一个民族要想走在时代前列，就一刻也不能没有理论思维，一刻也不能停止理论创新。创新在经济、商业、技术、社会学以及建筑学这些领域的研究中有着举足轻重的分量。在中国大陆，经常用"创新"一词表示改革的结果。既然改革被视为经济发展的主要推动力，促进创新的因素也被视为至关重要。

实践是创新的基础，离开实践，创新便成了无本之木、无源之水。经验告诉我们，创新应该一切从实际出发，以我国的改革开放和现代化建设为中心，着眼于马克思主义理论的运用，敢于摒弃不合时宜的认识、观念、做法，形成切合实际的路线、方针、政策，发展我们的烟草事业。中国有句格言：常有所疑——创新的发端，勇于破疑——创新的能源。

鲁迅先生曾说过，第一个吃螃蟹的人很令人佩服。第一个吃螃蟹的人，除了英勇无畏，首先是一个长于质疑的发现者。大量事实表明：从常见的、普遍的、重复出现的现象中发现规律性的东西，这是一个重要的方法；其中，勇于质疑、善于发现，则是不断创新、有所创造的源泉。

有位作家说："学习是一个人的真正看家本领，第一长处，第一智慧，第一本源，其他一切都是学习的结果，学习的恩泽。"

创新也是学习的恩泽。无论是一个国家，还是一个企业或个人，要进步，要发展，都要有一股推动其不断向上的动力，使人们能够产生强烈的求知欲和创造力，由此推动人们自强不息，努力奋斗。这个动力的形成，正是基于勤奋学习和知识累积。人们越是学习，未知的世界越大，人们也就越感到自身知识的缺乏；而越不断学习积累，越能不断有所创造。

创新，需要诚实和谦逊的态度。有人说，谦逊是一种坦然面对成就和荣誉的精神境界，是一种求真务实、甘当学生的思想品格。时代在发展，社会在进步。在全面建设小康社会的伟大实践中，我们更需要坚持马克思主义与时俱进的理论品质，自觉地把创新作为一种不懈的追求，始终保持一股闯劲、冲劲、韧劲，以"长风破浪会有时，直挂云帆济沧海"的宽广胸怀与气度，开拓创新。

这样，我们才能争创一流的工作水平和业绩，在伟大实践中不断有所发明、有所发现、有所创造、有所前进。

古语云："穷则变，变则通，通则达。"此语道破了创新的真正要义。在市场竞争中，如果谁能够用心发现不断变化的市场需求，然后用自己力所能及的方式来满足这种需求，谁就会尝试到创新所带来的成功喜悦。

2. 科技创新的含义

科技创新只是众多创新中的一种，科技创新是原创性科学研究和技术创新的总称，是指创造和应用新知识和新技术、新工艺，采用新的生产方式和经营管理模式，开发新产品，提高产品质量，提供新服务的过程。

科技创新涉及政府、企业、科研院所、高等院校、国际组织、中介服务机构、社会公众等多个主体，包括人才、资金、科技基础、知识产权、制度建设、创新氛围等多个要素，是各创新主体、创新要素交互复杂作用下的一种复杂涌现现象，是一类开放的复杂巨系统。从技术进步与应用创新构成的技术创新双螺旋结构出发，进一步拓展视野，技术创新的力量是来自于科学研究与知识创新，来自专家和人民群众的广泛参与。

信息技术引领的现代科技的发展以及经济全球化的进程，进一步推动了管理创新，这既包括宏观管理层面上的创新——制度创新，也包括微观管理层面上的创新。现代科技引领的管理创新无疑是我们所在这个时代创新的主旋律，也是科技创新体系的重要组成部分。知识创新、技术创新、现代科技引领的管理创新之间的协同互动共同演化形成了科技创新。

二、科技创新的意义及作用

（一）科技创新的意义

创造发明的行为和能力是人类最高级和所特有的行为与能力。正是由于这一点，人类才成为我们这个星球的主宰者。从某种意义上说，人类的整个文明进化发展史，就是一部令人振奋不已和引以自豪的人类创造发明史。但遗憾的是，在人类的漫长发展中，人类是在一种本能的、不自觉的、神秘的和低效的状态下进行着创造发明，原因在于人类长期以来并没有认识和掌握创造发明的规律，使创造发明成为一门科学。只是到了现代，科学技术的迅猛发展和激烈竞争，才使人们把注意力转向人自己——创造力上。

很显然，人只有认识和掌握了创造发明的规律，才能更好地开发人的创造力，高效地进行创造发明活动，在激烈的竞争中，立于不败之地。在这样的背景下，一门研究创造发明活动的规律（称之为创造科学）、研究人的创造性（称之为创造性科学）、研究创造发明的技巧和方法（称之为创造工程）体系的科学在20世纪三四十年代开始出现，发展至今已成为一门独立的、新兴的、综合性学科——创造学。

科技创新能力的形成是一个过程，需要一定的环境。如果人们自觉而明智地去塑造有利于科技创新的环境，就能激发科技创新的社会潜能，就能缩减从科技创新到产业运用的时间进程。学习各国在科技创新上的经验，无疑是提高上述自觉性的很好方式。

在人类社会中，做成一件事的条件无非是人、财、物。在这3个条件中，人是主体，是最活跃的因素。在科技创新中，人的因素第一，人才第一体现得更为突出。当然，人的因素并不仅仅指个人的才智，也包括人的社会组织水平。另一方面，有人而无财、物，便是英雄无用武之地，也是做不成事的。因此，所谓科技创新的环境创造，就是让人、财、物能自然地结合、有效地结合，实现一种"人能尽其才，物能尽其用，货能畅其流"的和谐状态。

科技自主创新能力主要是指科技创新支撑经济社会科学发展的能力。近现代世界历史表明，科技创新是现代化的发动机，是一个国家的进步和发展最重要的因素之一。重大原始性科技创新及其引发的技术革命和进步成为产业革命的源头，科技创新能力强盛的国家在世界经济的发展中发挥着主导作用。

自然，一项新技术的诞生、发展和应用，最后转化为生产力，离不开观念的引导、支持和制度的保障，可以说，观念创新是建设创新型国家的基础，制度创新是建设创新型国家的保障；但发明一项新技术并转化为生产力，创造出新产品，占领市场取得经济效益，这是只有科技创新才能实现的。随着知识经济时代的到来和经济全球化的加速,国际竞争更加激烈,为了在竞争中赢得主动,依靠科技创新提升国家的综合国力和核心竞争力,建立国家创新体系,走创新型国家发展之路,成为世界许多国家政府的共同选择。

(二)科技创新的作用

科学技术创新对企业而言至关紧要,它的作用主要体现在以下3个方面。

1. 科学技术创新有助于经济增长

1988年,邓小平同志提出"科学技术是第一生产力"这一战略性的论断。1995年,江泽民同志说:"创新是一个民族进步的灵魂,是国家兴旺发达的不竭动力。"这两个论断深刻揭示了创新的本质和重要性。可以毫不夸张地讲,科学技术创新是人类财富之源,是经济增长的根本动力。

德国经济学家李斯特在100年前曾有过一句名言:"一个国家可能很穷,但它若是有创造财富的生产力,它的日子就会越过越富;财富的生产比之财富本身不知道要重要多少倍"。战后日本经济的迅速崛起充分证实了他的这一断言。富于进取精神的日本人,凭借科学技术创新将"财富的生产力"发挥得淋漓尽致,让世界看到了今天的日本。不仅日本如此,回顾世界各国尤其是发达国家的发展史乃至发展中国家的发展历程,各国的实践均证明了科学技术创新是人类创造财富和积累财富的根本所在。

研究表明,西方发达国家已走过生产要素和投资推动的粗放型经济增长阶段而进入了创新推动的集约型经济增长阶段。在这一阶段,通过科学技术创新,在资源稀缺的前提下重新组合生产要素并提高效率水平和人均产量水平,成为推动经济增长的主要方式。而我国的经济增长目前仍然主要处于资金和人力追加投入的粗放型经济增长模式,资源浪费已构成我国经济增长的严重障碍。

我国目前每万元国内生产总值(GDP)的能源耗费为美国的5.45倍,日本的14.33倍,德国的10.86倍,甚至是印度的2.86倍。显而易见,如果不依靠科学技术创新重组生产要素提高资源利用效率,我国的经济发展前景令人担忧,资源短缺雪上加霜。所以,只有科学技术创新才能解决资源浪费,实现集约型经济增长。知识经济时代的竞争将更加激烈和残酷,我国只有大力推进科学技术创新才能在竞争中掌握主动,实施节约资源型战略,才能早日实现中华民族的伟大复兴。

2. 科学技术创新有助于提高企业经济效益

发达国家经济和社会发展经验表明:科学技术创新是企业的生命力。不创新,企业就不能生存,不持续创新,企业就难以发展。不创新就灭亡,对于企业来说是一条难以改变的规律。

改革开放30多年,我国的经济发展迅速,综合国力得到极大提高,但企业尤其是国有及国有控股企业经济效益始终不高,成为历届政府力求解决的一个难题,然而见效甚微。这其中有一关键问题,那就是企业没有充分利用科学技术创新来改善产品结构,提高产品附加值,提高产品质量,以适应市场的需求。

中国家电名牌海尔集团通过科学技术创新,推动产品结构不断变化和产品附加值不断提高,在短短十五六年时间内,迅速成为中国家电品牌中的龙头企业。海尔在1984年成立之初的前身青岛电冰箱总厂,其所有资产就是一排破旧的厂房,几台落后的机床和147万元的亏空。海尔最初产品只是电冰箱,在20世纪80年代末的电冰箱大战中,海尔依靠科学技术创新改进电冰箱的功能、外观，提高冰箱质量等方式生存下来，并成为该行业的佼佼者。

进入20世纪90年代，海尔加速了科学技术创新的步伐和力度，先后开发了空调器、洗衣机、电视机、家庭橱柜、洗碗机、消毒柜以及生物工程制品等产品，成为中国第一家大型的综合性家用电器制造企业。

海尔利用科学技术创新不但在激烈的市场竞争中生存下来，并且使"海尔"品牌成为中国名牌。这是一个利用科学技术创新使企业的经济效益不断提高的典范，告诉人们，科学技术创新是企业走出困境的唯一途径。科学技术创新对企业来说，可能会牺牲一些眼前暂时性的利益，但科学技术创新对于企业的未来则是必不可少的、有长久之利的。

无独有偶，昆明中铁大型养路机械集团有限公司（简称"昆明中铁"）也是科技创新中的佼佼者。昆明中铁隶属于国务院国资委管理的中国铁建股份有限公司，始建于1954年。多年来，昆明中铁肩负着"为铁路强基固本"的神圣使命，以发展我国铁路养路机械事业为己任，通过引进技术、消化吸收和再创新，积累了一批自有技术和核心技术，具备了较强的自主创新能力，创立了符合国情的大型养路机械发展模式和技术体系，开发了一批具有自主知识产权的新产品，形成了良好的品牌效应。

昆明中铁通过了ISO 9001质量管理体系和OHSMS 28001职业健康安全管理体系认证，现已形成清筛、捣固、配砟、稳定、物料、焊轨等多个系列30多种产品配套的格局，实现了大型养路机械国产化配套，产品遍布全国各铁路局、工程局、地方铁路和城市地铁，市场占有率超过80%，是中国研发制造能力最强、产销量最大的铁路大型养路机械制造和修理基地，中国铁路养路机械设备的领军企业。多次荣获国家科学技术进步奖、国家火炬计划重点高新技术企业、全国文明单位、全国质量工作先进单位、全国设备管理先进单位、中国标准创新贡献奖、中国名牌产品、全国爱国拥军模范单位、全国模范职工之家、全国群众体育工作先进单位、中央企业先进基层党组织、中央企业先进集体等荣誉称号。

2008年，昆明中铁自主研发了达到国际领先水平的DWL-48型连续走行捣固稳定车。此举成功填补了国内相关领域的空白，并满足了高速铁路对高效、高精度线路养护机械的需求，而这也是我国铁路对引进技术进行消化、吸收、再创新的又一重要成果。

2009年，昆明中铁自主研发了具有完全自主知识产权的YHGQ-1200型数控气压焊轨车，填补了国内在气压焊轨车领域的空白。

2010年，昆明中铁自主研发了具有自主知识产权的QJC-190型桥梁检查车，为公司的大型养路机械家族再添新品种，如图8-6所示，该项目列为中国铁建股份公司开发项目。该桥梁检查车工作机构除选用国外世界领先成熟技术外，其他机构均为集团公司自主开发设计。该设备配备了国产风冷增压发动机、全液压两轴驱动、新材料工艺装修司机室、计算机辅助触摸屏控制、GPS卫星定位远程监控、桥梁检查高清视频图像显示等新技术新工艺。其桥梁检查作业半径轨面以上25米，轨面以下15米，既能适应单线桥梁检查的需要，又能适应复线和客运专线桥梁检查和隧道检查的需要，而且可以进行线路上的高空作业。不仅可以满足桥梁、隧道检查的需要，并且在安装上附件后可以实现线路除草、修剪灌木、挖土等作业。使桥梁检查车成为流动检查或维修作业的多功能车辆。

从1997年至2007年，我国铁路先后进行了6次大提速。随着我国高速铁路、客运专线的大规模建设，桥梁的安全已成为确保铁路高速运行的重要条件之一。桥梁检查车是检查桥梁安全的关键保障设备，已成为各铁路局的必备关键设备。QJC-190型桥梁检查车的试制

图8-6 QJC-190型桥梁检查车

成功进一步完善了我国铁路大型养路机械系列配套产品,对我国高速铁路发展和安全运行,具有十分重要的现实意义和战略意义。

2011年,昆明中铁自主研发了具有完全自主知识产权的TXC铁路道床吸污车。该车主要用于对高速铁路整体道床、隧道进行除尘吸污,该车的主要技术性能达到了世界领先水平。

一台台大型养路机械的诞生,使我国大型养路机械制造产业从无到有、从小到大,并形成一定规模。昆明中铁在"追随与超越"的产品开发战略指导下,结合中国铁路实际,一边开展技术引进,一边自主研发新产品,取得了骄人的成绩。

3. 科学技术创新有助于提高企业竞争力

在市场经济的大潮中,每个企业都面临着竞争的巨大压力。如何在竞争中取胜,成为企业生存下去的关键。

企业之间的竞争可以分为两大类型,一种是建立成本优势,进行价格竞争,其核心思想是以低成本取得竞争优势。价格竞争战略的思路是通过科学技术创新,或是降低生产过程的耗费,或是获取更低廉的原料来源,或是开辟更为合理的销售渠道,以此降低产品制造成本,占有较大的市场份额,从而掌握产品销售价格的主动权,把大多数竞争对手逐出共同的市场。另一种是差异化竞争,即通过创造与众不同的产品来博得消费者的青睐,吸引消费者购买,从而取得市场竞争优势。产品的差异性体现在技术特征、功能特征、产品质量、品牌形象等方面。

对企业来讲,产品的差异化即意味着不断进行科学技术创新,推出改进型和创新型产品,适应越来越细化的市场需求。现代企业制度体现的是企业资源配置的高效性,而这种高效率能否充分发挥,主要依靠科学技术创新。科学技术创新是要结合企业的改革,在企业中加快建立技术开发中心,组织重点产品的研制开发和引进技术的消化吸收,进一步推动产学研结合,培育和扶持一批拥有自主知识产权和市场前景的高新技术产品。

例如,TCL把不断提高产品研发水平、加速产品的更新换代作为提高企业竞争力的重点,形成了TCL的超前竞争力。2000年5月,TCL在印度设立加工企业,仅一年时间,TCL在印度取得产销40万台彩电、VCD机和CD机的良好业绩,市场占有率达到8%。

在海尔的产品中，直接源于顾客信息反馈、满足市场需求的科学技术创新，层出不穷，比如流行的"地瓜"洗衣机和小小神童洗衣机，仅小小神童洗衣机就已改进了 6 代，在春节刚刚流行"唐装"时，海尔便马上推出了专洗唐装的洗衣机，结果销售很好。

由此可见，科学技术创新在提高企业竞争力方面有着不可替代的作用。

科技创新活动具有科技性、实践性和探索性的特点，是大学生参与创新活动的主要渠道，因为具有"创新"的主要特征，因此能促进培养大学生的创新能力；同时科技创新也是一种可行的教育、教学行为，有着常规教学难以比拟的特殊的创新教育功能，能培养学生对科学的浓厚兴趣，有力地调动大学生自主学习的积极性，为创新能力的培养奠定一定的理论基础。

风吕敷是日本一种传统四方包裹布的叫法，各种不同大小的物品可以用不同尺寸的布料包裹，打结方式也多种多样。一家叫 Vibram 的日本公司受到启发，设计了一款包裹式运动鞋，富有弹性的鞋面布料可自由伸展与收缩，穿上时可完全贴合脚掌，如图 8-7～图 8-9 所示，达到最佳舒适度，而且足够轻巧，给你一种穿了鞋就像没穿鞋的感觉。

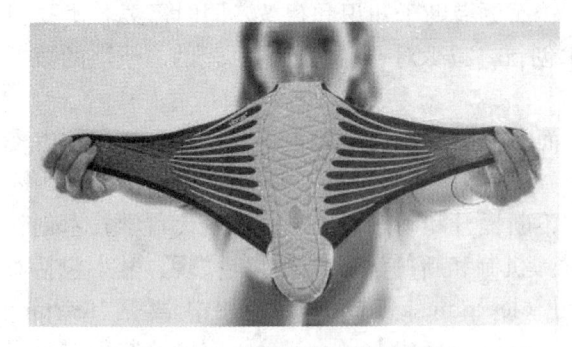

图 8-7 超轻便包裹式运动鞋　　　　　图 8-8 穿上脚的感觉

图 8-9 男女都适合

纵观当今世界创新型国家，他们的共同特征是，科技自主创新成为促进国家发展的主导战略，创新综合指数明显高于其他国家，科技进步贡献率大都在70％以上，对外技术的依存度都在30％以下（我国的对外技术依存度达50％以上）。因此，科技自主创新方能体现出国家的创新能力，只有不断提升自主创新能力，才能使经济建设和社会发展不断迈上新的台阶，真正实现可持续发展。

（三）全球经济变革对科学技术创新提出新要求

21世纪，全球经济的变化总体上可概括如下：①全球化。世界各个地区之间的原材料、资金、信息、人才的流动更为频繁。②信息化。以因特网为主体的信息网络、以光学材料为主要媒介的信息存储技术的发展，大大促进了信息的扩散与使用，甚至出现了"信息过剩"与"信息污染"的现象。③知识化和过剩化，知识化是指经济发展从依靠原材料等初级资源转变到更为依托知识的作用；过剩化是指由于科技的进步与管理的改良，使全球的生产能力迅速发展，形成生产能力的相对过剩。

在知识经济时代，科学技术创新的条件有了显著的变化，主要表现在以下几个方面。

（1）科学技术创新从依赖于数据、信息，转而更借助于知识和智慧，同时需要各类知识的动态转换与流动。也就是说，未来科学技术创新将减少对"急功近利"式的、浅层的数据和信息的依靠，它更需要创造性和深思熟虑。

（2）科学技术创新需要较强的智力资本，而非简单依靠物质的累积。开发和应用智力资本，是一个组织科学技术创新的重要条件。

（3）科学技术创新依赖于人类学习能力的不断提升和动态调整。由于当代科学技术创新包括了各类知识，这些知识的掌握需要新的学习机制和新的学习方式才能实现，其中包括阅读中学习（learning by reading）、实践中学习（learning by doing）、应用中学习（learning by using）和研究开发中学习（learning by researching and developing）。掌握这些新的学习机制和学习技能，并进行由浅至深的动态转换，将成为科学技术创新成败的关键。

第二节 创 新 技 法

案例与分析

我们煮完面条或者其他食品有时候需要将水倒出来而留下锅里的食物，不过倾斜得太大就很容易将食物也一起倒出来，倾斜得太小水又流得不够彻底。有了锅具过滤网就变得简单了。它采用硅胶材料做成，食品级材质，无毒无味，质地柔软适用于各种大小不一的锅具，如图8-10所示，清洗蔬菜水果、面条去水轻松搞定！

分析：简简单单的一款设计，对厨艺爱好者来说，确实是一款贴心好助手。创新的意义在于满足客观存在的需求，并能够有效解决工作、生活中碰到的和即将碰到的问题。

创新对于创新者来说，其价值恰恰在于"价值"的增长，学习可以使很多人"成绩"优秀，创新却是个体间差别的最佳裁判。

图 8-10　锅具过滤网

一、创新技法概述

创新技法是指创造学家收集大量成功的创造和创新的实例后，研究其获得成功的思路和过程，经过归纳、分析、总结，找出规律和方法以供人们学习、借鉴和仿效。简言之，创新技法就是创造学家根据创新思维的发展规律而总结出来的一些原理、技巧和方法。

1. 创新技法的作用

(1) 它可以启发人的创造性思维。

(2) 应用创新技法可以直接产生创新成果。

(3) 能够提高人们的创造力和创造成果的实现率。

2. 创新技法的分类

自 1941 年现代创造学奠基人美国人奥斯本发明了世界上第一种创造技法——智力激励法以来，现在已有三百多种创造技法应用于世界各国。不久前，日本创造学会会长恩田彰教授和日本创造开发研究所所长高桥浩，整理出版了 100 种国际上最常用的、最著名的创造技法。这 100 种创造技法，可分为 3 类：扩散发现技法、综合集中技法、创造意识培养技法。

(1) 扩散发现技法：围绕创造发明的对象，利用扩散思维来诱发出各种各样的创造性设想的创造技法。所谓扩散思维，就是充分发挥人的想象力突破原来的知识圈的一种思维方法。例如，奥斯本发明的智力激励技法、希望点列举法等就属于这一种。

(2) 综合集中技法：通过搜集情报信息，并按一定顺序进行集中思维的创造技法。所谓集中思维，就是对各种创造性设想进行分析、整理，最后再根据价值观进行判断的思维方法。例如，检核表法、信息交合法等就属于这一类。

(3) 创造意识培养技法：培养人集中注意力、诱发创造思维萌芽的一种前期创造技法。

3. 创新技法的法则

(1) 迁移法则。

(2) 组合法则。

(3) 分离法则。

(4) 还原法则。

二、发明创造的具体技法

发明创造的技法如表8-1所示。

表8-1　　　　　　　　　　发明创造的技法

序号	常用发明创造技法	序号	其他创造思维法
1	智力激励法	1	水平思考法
2	缺点列举法	2	借助卡片的思维法
3	希望点列举发明法	3	叠加法
4	假想构成法	4	原型启发法
5	高顿思考法	5	合理移植法
6	开发新产品的设问法	6	联想扩充法
7	开发潜在创造力的综摄法	7	象征类比法
8	类比发明法		
9	信息交合法		
10	创造技法之母——检核表法		

三、常用发明创造技法

（一）智力激励法

现代科学技术发展史表明：一项技术革新或科技成果，大都先有一个创造性设想。一般来说，创造性设想越多，发明也越容易获得成功。

1. 获得大量的创造性设想的途径

中国有句俗话，叫作集思广益。在创造发明活动中，应用"集思广益"的例子是屡见不鲜的。

例如，日本三菱树脂公司随着生产的发展，急需研制一种新兴净化池。公司领导召集十余名技术人员，在短短的半天里就提出了70种方案，并从中选择了10种优秀方案。然后将根据10种优秀方案设计的净化池的结构画成图纸，贴在黑板上，再将技术人员对新方案提出的改进设想写在纸条上，贴在净化池结构图的相应部位，通过公司内部科技人员的评审，最后得出一种研制新型净化池的最佳方案。

由此可见，集思广益是一种有效的创造方法。创造学家在此基础上创造了一种科学的开发创造性设想的创造技法——智力激励法。这种方法是世界上第一种创造技法。

2. 智力激励法的要求

智力激励法是世界上最早付诸实用的创造技法。它由美国创造学家奥斯本首先提出，以后各国创造学家又做了发展。

采用这种技法，一般通过一种特殊的会议，使参会人员相互启发，填补知识空隙，从而引起创造性设想的连锁反应，产生众多的创造性设想。

智力激励会议的具体组织方法是：参加会议得人数不超过10人，会议的时间控制在20～60分钟。每次会议的目标要明确，到会人员围绕议题可以任意发表自己的想法。

为了使会议的参加者都充分表达和发挥自己的设想，还必须做以下几项规定。

(1) 决不允许批评别人提出的设想。

(2) 提倡任意自由思考。
(3) 任何人不能作判断性结论。
(4) 提出的设想越多越好。
(5) 集中注意力,针对目标。
(6) 参加会议的人员不分上下级,平等相待。
(7) 不允许私下交谈,以免干扰别人的思维活动。
(8) 不允许用集体提出的意见来阻碍个人的创造性思维。
(9) 各种设想不分好坏,一律记录下来。

在智力激励会议中,每个人都可以充分利用别人的设想来激发自己的灵感,或者结合几个人的设想提出新的设想,所以要比单独思考更容易得到数量众多的、有价值的设想。一般说来讨论1个小时可产生数十至几百个设想。

智力激励法的应用非常广泛,不仅可以应用于创造发明,还可以应用于企业管理。

3. 智力激励法的操作

智力激励法先后发展了默写式智力激励法、卡片智力激励法、三菱式智力激励法等。

(1) 默写式智力激励法。奥斯本的智力激励法传入联邦德国后,联邦德国的创造学家荷立根据德意志民族习惯于沉思的性格进行改良,创造出一种默写式智力激励法。

默写式智力激励法规定:每次会议由6个人参加,每人在5分钟内提出3个设想,所以它又称"635法"。在举行635法会议时,由会议主持人宣布议题,即创造发明的目标,并对到会者提出的疑问进行解释。之后,每人发几张设想卡片,在每张设想卡片上标出1、2、3编号,在两个设想之间要留一定的空隙,可让其他人填写新的设想,填写的字迹必须清楚。在第一个5分钟内,每人针对议题在卡片上填写3个设想,然后将设想卡片传给右邻的到会者。在第二个5分钟内,每个人从别人的3个设想中得到新的启发,再在卡上填写3个新的设想,然后将设想卡片再传给右邻的到会者。这样,半个小时可以传递6次,一共可产生108个设想。

默写式智力激励法可以避免出现由于数人争着发言而使设想遗漏的情况。

(2) 卡片式智力激励法。这种技法又可分为CBS法和NBS法两种。CBS法由日本创造开发研究所所长高桥诚根据奥斯本的智力激励法改良而成;NBS法是日本广播电台开发的一种智力激励法。

CBS法的具体做法是:会前明确会议主题,每次会议由3~8人参加,每人持50张名片大小的卡片,桌上另放200张卡片备用。会议大约举行1个小时。最初10分钟为"独奏"阶段,由到会者各自在卡片上填写设想,每张卡片写一个设想。接下来的30分钟,由到会者按座位次序轮流发表自己的设想,每次只能宣读一张卡片,宣读时将卡片放在桌子中间,让到会者都能看清楚。在宣读后,其他人可以提出质询,也可以将启发出来的新设想填入备用的卡片中。余下的20分钟,让到会者相互交流和探讨各自提出的设想,从中再诱发新的设想。

NBS法的具体做法是:会前必须明确主题,每次会议由5~8人参加,每人必须提出5个以上的设想,每个设想填写在一张卡片上。会议开始后,个人出示自己的卡片,并依次做说明。在别人宣读设想时,如果自己发生了"思维共振",产生新的设想,应立即填写在备用卡片上,待到会者发言完毕后,将所有卡片集中起来,按内容进行分类,横排在桌子上,在每类卡片上加一个标题,然后再进行讨论,挑选出可供实施的设想。

(3) 三菱式智力激励法（MBS 法）。奥斯本的智力激励法虽然能产生大量的设想，但由于它严禁批评，这样就难于对设想进行评价和集中，日本三菱树脂公司对此进行改革，创造出一种新的智力激励法——三菱式智力激励法，又称 MBS 法。

三菱式智力激励法的具体做法是：第一步，提出主题；第二步，由参加会议的人各自在纸上填写设想，时间为 10 分钟；第三步，个人轮流发表自己的设想，每人限 1~5 个，由会议主持者记下每人发表的设想，别人也可根据宣读者提出的设想，填写新的设想；第四步，将设想写成提案，并进行详细说明；第五步，相互质询，进一步修订提案；第六步，由会议主持者将个人的提案用图解的方式写在黑板上，让到会者进一步讨论，以便获得最佳方案。

以上介绍的几种智力激励法的共同点是：时间上都做了限制，在紧张的气氛下，参加者的大脑处于高度兴奋状态，有利于激励出新的设想。

（二）缺点列举法

20 世纪 50 年代，日本有个叫鬼冢喜八郎的人听朋友说："今后体育要大发展，运动鞋是不可缺少的。"他受这番话启发，决定跨入生产运动鞋这一行业。他想，要在运动鞋制造业中打开局面，一定要做出其他厂家没有的新型运动鞋。

然而，他一无研究人员，二无资金，不能向大企业那样投入大量的人力和资金去研制新产品。但是他想：任何商品都不会是完美无缺的，如果能抓住哪怕针眼大的小缺点进行改革，也能研制出新的商品来。所以，他选择了一种篮球运动鞋来进行研究。他先访问优秀的篮球运动员，听他们谈目前篮球鞋存在的缺点。几乎所有的篮球运动员都说："现在的球鞋容易打滑，止步不稳，影响投篮的准确性。"鬼冢喜八郎还和运动员一起打篮球，亲身体验到这一缺点。于是，他就围绕篮球运动鞋容易打滑的这一缺点进行革新。

有一天鬼冢喜八郎在吃鱿鱼时，忽然看到鱿鱼的触足上长着一个个吸盘，他想，如果把运动鞋底做成吸盘状，不就可以防止打滑了吗？他就把运动鞋原来的平底改成凹底，试验结果证明：这种凹底篮球鞋比平底的在止步时稳得多，如图 8-11 所示。

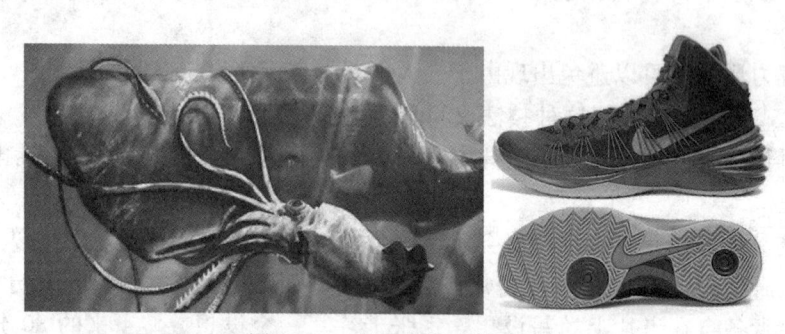

图 8-11 鱿鱼与凹底篮球鞋

鬼冢喜八郎发明的这种新型凹底篮球鞋，逐渐排挤了其他厂家生产的平底篮球鞋，成为独树一帜的新产品。鬼冢喜八郎的这种创造发明方法，叫作缺点列举法。缺点列举法就是通过发掘事物的缺陷，把它的具体缺点一一列举出来，然后找出改革方案，进行创造发明的一种方法。

现在工厂中正在生产或市场上正在销售的各种商品，并不都是十全十美的，它们或多或少地存在着这样那样的缺点。可是人有惰性，对于看惯的东西，往往不肯再去发掘它的缺陷。这样就会丧失每个人本来具有的创造力，无所创新。与此相反，如果能对产品"吹毛求疵"，找出它的缺点，然后运用新的技术加以改革，就会创造出许多新的产品来。缺点列举是一种简便有效创造发明方法。采用这一方法进行创造发明,获得成功的例子不胜枚举。

例如,麻婆豆腐是一个驰名中国的川菜品种。日本人学习中国制作豆腐的技术,然后从制作到烹调逐一环节进行改进。他们认为麻婆豆腐花椒放得太多,口味太麻,一般人接受不了。于是,把麻味减轻,采用保鲜包装,命名为日本豆腐,出口到世界各地,以至于美国人认为豆腐是日本人发明的,如图8-12所示。

图8-12 麻婆豆腐与日本豆腐

有一家生产皮表带的小厂,广泛发动职工找产品的缺点。有人发现:有些皮表带在使用时偶尔会发生皮肤过敏现象。尽管发病率只有1/10左右,但这总是一个缺点。经过调查,发现这种过敏是由连接表带上下两层皮革的粘结剂渗出引起的。于是,该厂就发动职工出谋献策,结果想出一个不使用粘结剂的方法,即在上下两层皮革之间夹一条聚丙烯薄膜,用高频电流使聚丙烯薄膜融化,将表带粘结在一起,从而防止了皮肤过敏现象。结果,这种经过改革的皮表带成了畅销品,占领了皮表带的市场。

用缺点列举法进行创造发明的具体做法是:召开一次缺点列举会,会议由5~10人参加,会前先由主管部门针对某项事务,选举一个需要改革的主题,在会上发动与会者围绕这一主题尽量列举各种缺点,越多越好,另请人将提出的缺点逐一编号,记在一张张小卡片上,然后从中挑选出主要缺点,并围绕这些缺点制定切实可行的改良方案。一次会议的时间控制在一两小时之内,会议讨论的主题宜小不宜大,即使是大的主题,也要分成若干小题,分次解决,这样,原有的缺点就不致被遗漏。

在室内浇花,水很容易洒出来,有了这个Viceversa出品的塑料盖子,用普通矿泉水瓶子就可以轻松浇花了,如图8-13所示。

图8-13 浇花壶嘴
(a)带弯管塑料盖;(b)浇花示范

缺点列举法的应用面非常广泛，它不仅有助于革新某些具体产品，解决属于"物"一类的硬技术问题，还可以应用于企业管理中，解决属于"事"一类的软技术问题。

（三）希望点列举法

达·芬奇是15世纪意大利著名美术家、自然科学家、工程师和哲学家，他曾设计过一种人力飞机——扑翼架，如图8-14所示，人趴在上面用手拨动前边的横杆，用脚蹬后边的一对顶板，手脚一起用力，扑翼架连同趴在上面的人就会飞了起来。尽管达·芬奇的这个设计用现代科学技术来衡量，显然是不可能实现的，但是他希望用人力来实现飞行的这一设想，经过人们几百年的努力，终于在20世纪实现了。

图8-14 达·芬奇的人力飞机——扑翼架

一直以来，工程师便不断努力，推动人力陆地、空中和海洋交通工具的极限。如图8-15所示的人力飞机名为"蝉翼信天翁"号，它在1979年成为世界上第一架飞跃英吉利海峡的人力飞机。"蝉翼信天翁"号的研制由杜邦公司发起，发明家保罗·麦卡克莱迪主持。"蝉翼信天翁"号采用轻型设计，由碳纤维管、西印度轻木、透明聚酯薄膜和凯夫拉纤维制造，同时安装一些线路和泡沫。

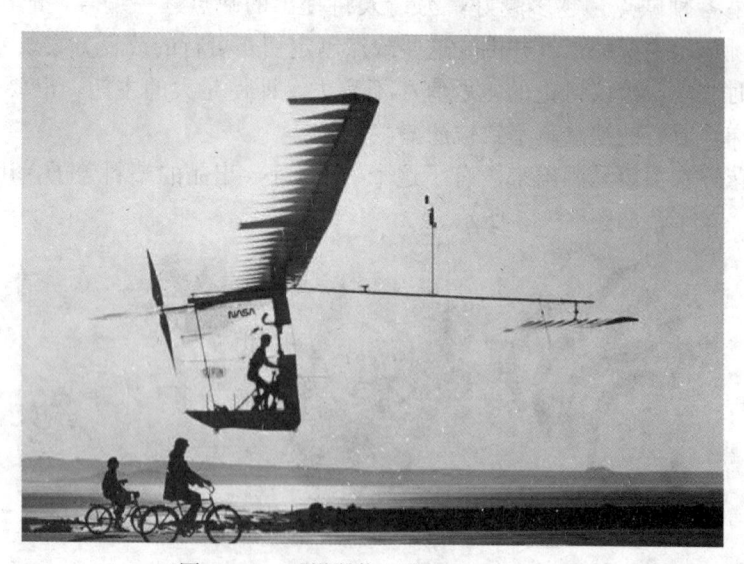

图8-15 "蝉翼信天翁"号人力飞机

1959~1980年，麦卡克莱迪设计了一系列人力—太阳能动力飞机。1971年，他创办了

Aero Vironment 公司。这家公司以无人飞机和电动汽车的充电装置而著称。"蝉翼信天翁"号重 70 磅（约合 31 千克），由擅长远距离骑行的自行车手"驾驶"，飞行时间不到 3 小时，超过预计大约 1 小时，飞行距离达到 22.5 英里（约合 36.2 千米）。

现在的人力飞机不仅能飞起来，而且还能飞越英吉利海峡。达·芬奇这种从自己的"希望"出发，进行创造发明的方法称为希望点列举法。

希望点列举法不同于缺点列举法。后者是围绕现有物品的缺点提出各种改进设想，这种设想不会离开物品的原型，因此，它是一种被动型的创造发明方法。而希望点列举法是从发明者的意愿提出各种新的设想，它可以不受原有物品的束缚，因此，它是一种积极、主动型的创造发明方法。

现在，市场上有许多新产品都是根据人们的"希望"研制出来的。例如，人们希望茶杯在冬天能保暖，在夏天能隔热，就发明了一种保暖杯；人们希望有一种能在暗处书写的笔，就发明了内装一节五号电池既可照明又可书写的"光笔"；人们希望有一种不用纽扣的穿着方便的衣服，就发明了一种不用纽扣的尼龙搭扣衣服等。

用希望点列举法进行创造发明的具体做法是：召开希望点列举会议，每次可有 5~10 人参加。会前由会议主持人选择一件需要革新的事情或者事物作为主题，随后发动会者围绕这一主题列举出各种改革的希望点；为了激发与会者产生更多的改革希望点，可将各人提出的希望点用卡片写出，公布在小黑板上，并在与会者之间传阅，这样可以在与会者中产生连锁反应。会议一般举行 1~2 小时，产生 50~100 个希望点，即可结束。会后将提出的各种希望点进行整理，从中选出目前可能实现的若干项进行研究，制订具体的革新方案。

例如，有一家制笔公司用希望点列举法产生出了一批改革钢笔的希望点：希望钢笔出水顺利；希望绝对不漏水；希望一支笔可以写出两种以上的颜色；希望不沾污纸面；希望书写流利；希望能粗能细；希望小型化；希望笔尖不开裂；希望不用打墨水；希望省去笔套；希望落地时不损坏笔尖等。这家制笔公司从中选出"希望省去笔套"这一条，研制出一种像圆珠笔一样可以伸缩的钢笔，从而省去了笔套，如图 8-16 所示。

图 8-16 伸缩钢笔

大多情况下我们会看到，白天人声鼎沸的游乐场，到了夜里就会变得冷冷清清、无人问津。其实只需要花一点点小心思，利用一些荧光的颜料、少许灯光，就可以打造出美轮美奂的夜间游乐场，足以让游客彻夜欢乐、流连忘返。届时，游客无论是穿梭于梦幻的丛林世界里，还是参与到奇妙的派对晚会，都会是一种难忘的体验。

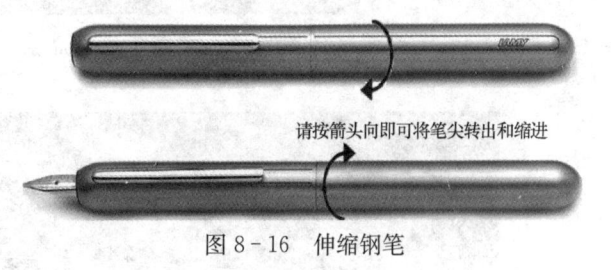

如图 8-17 所示，名为 Tree Rings（年轮灯）的创意灯具，主体部分是结结实实的一整段木桩，在顶部覆盖着一层树脂玻璃，发光的"年轮"荧光灯的就藏在里面。

如图 8-18 所示，各种尺寸的碎石头，涂上荧光颜料，白天吸收光线，夜间散发出各种光芒。

如图 8-19 所示，由无数灯泡组成的"浮云"，由每个灯泡垂下来的开关线，就像热带树木的悬垂在空中的无数根气根，用它们来控制"浮云"的明暗变化，当夜晚到来的时候，这种彩色浮云出现在黑黑的夜空，可以给人带来无限遐想。

图 8-17 彩色年轮坐凳

图 8-18 温馨的夜晚

图 8-19 由无数灯泡组成的"浮云"

希望点列举法应用非常广泛。如果我们能熟练地掌握这种方法，一定能大大地提高自己的发明能力，成为卓有成就的发明家。

（四）假想构成法

美国著名未来学家托夫勒和他的名著《第三次浪潮》在我国知识界曾经尽人皆知。其实，未来学著作不仅有《第三次浪潮》，还有《后工业化社会》《公元 2000 年》《大趋势》《未来的激荡》等。这些著作从不同的角度给人们描绘出一幅幅未来的图像，然而，这些未来的图像大都是作者"假想"的。

那么，"假想"有什么价值？未来学家为什么要以"假想"来作为他们的研究基础呢？原来，在日常工作和生活中，大多数人按于习惯性思维，即每当思考一个问题时，总是抱着一种守旧的思想，迷信权威，迷信已有的科学理论。对现时世界的一切科学理论置信不疑，认为创造发明都是最完善的、最合理的，绝对不可改变、不可革新的，即使一时生产了某种革新思想，有时也会怯于实施，而"假想"正是一种冲破这种习惯性思维束缚的好方法。它能帮助人们摆脱守旧的思维方式，开拓创新的设想，找寻解决问题的对策，因而，它的价值日益受到人们的重视。

下面我们来看看吊床的创新设计案例。

说到吊床，我们往往想到的是度假时的惬意感受，两棵树，一张网，随意平躺，仰望天空，吹来的或是清凉的海风，抑或是清新的森林之风，于是我们爱上了这一摇荡中的欢愉。

让我们来看看几组吊床的创意设计吧！如图 8-20～图 8-25 所示，相信通过这几组照片，人们对简简单单的吊床会有新的认识。

图 8-20 海风吹拂下的吊床

图 8-21 木架上的吊床

图 8-22 钢圈中的吊床

图 8-23 河湾中的吊床

图8-24 带帐篷的吊床　　　　　　　　图8-25 带回家的吊床

我们知道吊床是野外活动中轻便且易于携带的卧具，通常将制作吊床的材料拴在树上。根据制造的材料分为布吊床和绳网吊床等。布吊床通常用薄帆布或尼龙布缝制而成，绳网吊床通常用棉绳或尼龙绳编制而成。绳网吊床在热带丛林和炎热夏季尤为适用，而布吊床适用范围更广泛，除严寒地区和冬季不宜使用，其他季节均可使用。

"假想构成法"的具体做法是：先进行假想的构成，然后在假想的条件下，探索解决问题的对策。

（1）假想的构成。虽然称之为"假想"，但是在假想的构成过程中，假想的设定不能不着边际，而应当充分结合需要解决的问题设计假想。特别是根据不同的目的要求，设计有针对性的假想。例如，在学校里培养学生的创造力，可以采用前述"如果有另一个星球"这类假想。如果在工厂中培养技术人员的创造性，可以采用以下假想。

美国麻省理工学院有一位叫阿诺德的教授，他在教学中发现学生们常常被习惯性思维所困惑，解决问题时，往往百思不得其解。于是，他引导学生进行一种假想活动。例如，他向学生提出：假如你置身在另一个星球上，这个星球上的重力加速度要比地球上大11倍，那里也有鸟一样的生物……教授从各个角度描述另一个星球上的世界，然后，让学生把它们作为现实存在的世界来认识，从而进行研究与设计。例如，设计供在这种星球上使用的交通工具、生活用品等。这种假想活动对于打破学生的守旧思想非常有效，阿诺德的许多学生经过这一训练，获得很大的成功。他们毕业后，有的成为设想丰富的实业家。后来，阿诺德将这种假想活动总结成一种"假想构成法"的创造技法，用来开发人的创造力。

多年来对汽车的改造，让很多残疾人都可以继续驾驶，但从未有过一款能让腿部残疾的人独自完成整个过程的汽车。很多的残疾人用车虽然可以让残疾人驾驶，但是上车和下车却需要别人的帮助，这根本就没有什么意义。为了让驾驶的方面人人平等，Absolute Design设计了一款残疾人专用汽车，它可以真正实现残疾人的驾驶梦。首先，这个创意设计的外观非常时尚，不像古板的老年代步车那样，一看便知道是残疾人专用。其次，它的后开门设计，可以让残疾人坐着轮椅进入车内，方便了驾驶员独自上车和下车，车内的所有操作都不需要脚来操作，非常方便（见图8-26和图8-27）。

图 8-26 残疾人汽车图（1）

图 8-27 残疾人汽车图（2）

听力障碍的残疾人使用的车辆与正常人用的一样，而双下肢或右下肢残疾人由于不能用脚踩踏普通汽车的油门、刹车、离合器，因此他们驾驶的车辆都需要加装专用设施。残疾人专用汽车与一般自动挡汽车的根本区别在于制动踏板和油门踏板控制方式不同。一般自动挡汽车是由驾驶人的脚控制，而残疾人是由手控制的。在改装车的方向盘右下方，与普通汽车相比多了连接刹车和油门的操作杆，这样一来，操作杆将健全人用脚控制的刹车装置和加油装置都转化为用手控制，弥补了下肢残疾人的缺陷。同时，方向盘上还特别加装了一个方向助力柄，方便残疾人单手控制，如图 8-28 所示。

（2）探索解决问题的对策。为了使"假想"得到实现，就必须充分收集有关假想事实的各种技术与工程情报。然后，对实施假想的可能性进行设想。

假想构成法在具体应用时，当然并不单纯写几条假想，还需要运用其他创造技法，来帮助构成假想。如图 8-29 所示的创意设计就是一个比较典型的例子。

图 8-28 残疾人专用汽车驾驶室构造

图 8-29 冒泡沫的易拉罐

（五）高顿思考法

1. 高顿思考法的含义

高顿思考法是依靠群体的集体创造性思维法演进形式，由剑桥大学管理咨询协会的威廉·高顿研究提出的。

集体创造性思维法是由主持人将具体议题公之于众，然后就其提出设想方案，而高顿思考法则正相反，知道具体议题的只有主持者一人，由其向成员说明高层次概念并进行集体创造性思维。

近来，自行车数量猛增，车站前并排存放的自行车不止几百辆，可是一到傍晚，一辆也看不到了。因此，车站前的停车场不论多么大总是车满为患，继续增加收入受到限制。

为了解决这个问题，若采用集体创造性思维方法进行，须向成员宣布"希望提出有关改进自行车停车场的方案"，大家也就按着这个规定好的问题分别提出设想方案。但是，若采用高顿思考法来解决这个问题，同样也召集几个人至十几个人，但是"改进自行车停车场的问题"却谁也不知道。主持人对存在问题只字不谈，他的讲话只是谈些高层次概念："请大家谈谈储藏方面的设想方案"。

于是，有成员提出："收藏萝卜可用绳子捆扎后吊挂起来就可以"；联想收藏衣服的人想出拉出式分层收藏的方法；考虑收藏显像后的胶片收藏方法的人，提出了用线穿挂的方案。广开言路，各种设想方案倍出。

当各方面的意见都提出来了，主持人便再说下面一段话："实际上是近来自行车数量激增，站前存车处已车满为患。请大家想想看，怎样才能在狭窄的场地存放更多的自行车，这是请大家思考的真正目的。这里大家已提出了很多方案，可以从中找出可资借鉴的地方，集中设想一下改进自行车停车场的方案。"

如此推行的方法，就是高顿思考法。因此，比起集体创造性思维法，在思考范围方面更广阔，取得的设想方法也更切合实际。

2. 由高顿思考法产生的无形的汽车加油站

汽车加油站，在其场地上有一个岗亭式加油装置，从这个装置上伸出一根软管。汽车停靠在这个加油装置前，接受从软管中供给的汽油。但是，汽车为了停靠在这个加油装置的前面，加油站必须有供汽车迂回开行的广阔场地，也就是说，加油站的场地，比停车所需的面积大出40％，这真是一件不应该发生的浪费。

各地的营业者也曾考虑过"倒不如把这个妨碍汽车行进的加油装置从加油站除掉"。如果可以，就可以节约加油装置占用的场地和汽车迂回需用的场地，提高土地的有效利用率。

汽车加油站在地下安装一台从地下向地面供油的加油泵。这是加油站的心脏部位。谁都认为加油装置是加油站必不可少的设备。如果针对可否将加油装置取消来进行集体创造性思维，由于受固定概念的束缚，不会提出什么好方案来。于是，某公司以怎样创造"空间"为议题，利用高顿思考法来求得设想方案。

结果终于设想出以分离的办法来布置油泵、软管和仪表，创造"空间"的设想方案。软管由天棚上垂吊下来，计量仪表加大，醒目并挂在墙壁上，油泵安装在建筑物内的一角。

这种无形加油站，由于能有效地利用高顿思考法，完全可以提出各式各样的设想方案来。集体创造性思维法，可以自由讨论议题，气氛活跃，设想方案层出不穷，但多是些浮于表面的议论，很难付诸实现。与这种方法相比较，高顿思考法只是主持者一人知道议题，因此从其他成员那里取得十分有益的设想方案的可能性较高，这也就是高顿思考法的优点。

但是，这种方法不是正面地直接讨论议题，所以多费一些时间，这是高顿思考法的缺点。此外，该方法要求主持人具备丰富的经验、渊博的知识以及娴熟的领导艺术。但是，只要时间允许，采用高顿思考法是有效的。

（六）设问法

日本京都有家生产编席的小厂，由于地毯盛行，编席订货逐年减少，正面临着关门的危险。工厂经理人员经过反复思考，认为只要设计出一种新颖的编席，订货还是会接踵而来的。

那么，设计新颖编席该从何处着手呢？

有一个经理人员提出：不妨试用塑料纤维编席子。另一个经理人员则提出：试一下，把黑席边换成颜色席边。后者比较简单。他们就找来各种彩色布包边，果然十分漂亮，但是感到还不够新颖。有人提出，如果把闪闪发亮的金丝编入席边，那一定会更好看。大家对这一方案兴趣极大，结果一种带金丝席边的编席问世了。这种新颖的席子不仅十分畅销，而且还取得了专利，如图 8-30 所示。

这种用设问开发新产品的方法，是人们经常使用的一种创造技法——设问法。

图 8-30 精美的编席

1. 设问法的使用

尽管每时每刻都在生产大量的新产品、新工艺、新方法（据统计，单美国每年投放市场的新产品就达一万余种）都在使用，但其中绝大多数新产品都是为了满足消费者的某种需要，对原有产品的功能、形状、材质等方面进行革新而成的。例如，不锈钢汤匙具有容易烫手的缺点，在匙柄上加装一个木刻滑稽人后，这种娃娃汤匙不仅可以避免烫手，而且还受到小朋友的欢迎。

当然，革新老产品也不是一件容易的事，人们常常会感到无从下手。设问法可以帮助革新者找到革新的切入点。

设问法是围绕老产品提出各种问题，通过提问，发现老产品存在的问题或者不能满足消费者要求的地方，从而找到需要革新的方面，开发出新的产品来。

2. 设问法的方法

在新产品的开发中，设问的方法很多，经创造学家研究总结，有 4 种比较著名，即 5W2H 法、七步法、行停法和八步法。

（1）5W2H 法：从 7 个方面去设问。这 7 个方面的英文第一个字母正好是 5 个 W 和 2 个 H，所以称为 5W2H 法。这 7 个方面如下所示。

1) 为什么需要革新？（why）

2) 什么是革新的对象？（what）

3) 从什么地方着手？（where）

4) 什么人来承担革新任务？（who）

5) 什么时候完成？（when）

6) 怎样实施？（How）

7) 达到怎样的水平？（How much）

（2）七步法：美国著名创造学家奥斯本总结出来的一套设问方法。设问的起步是：第一步，确定革新的方针；第二步，收集有关资料数据，作革新的准备；第三步，将收集到的资料数据进行分析；第四步，将自由思考生产出来的各种各样创造性设想，一一记录下来，并构思出革新方案；第五步，提出实现革新方案的各种创造性设想；第六步，综合所有用的资料和数据；第七步，对实现革新方案的各种创造性设想进行评价，筛选出切实可行设想。

（3）行停法：美国著名的创造学家奥斯本研究总结出来的一套设问方法。他通过"行"（go）——发散思维（提出创造性设想）与"停"（stop）——收束思维（对创造性设想进行冷静的分析）的反复交叉进行，逐步接近所需解决的问题。行停法的操作步骤是："行"（go），想出与所需要解决的问题相关联的地方；"停"（stop），对此进行详细的分析和比较；"行"（go），对解决问题有哪些可能用得上的资料；"停"（stop），如何方便地得到这些资料；"行"（go），提出解决问题的所有关键处；"停"（stop），决定最好解决方法；"行"（go），尽量找出试验的方法；"停"（stop），选择最佳试验方法……直至发明成功。

日本发明家试图发明人工养珠技术，他先通过"行"，提出与人工养珠有关的一系列问题，如"如何启开蚌贝壳？""用何种物质代替沙粒作为珠心？""把珠心投置于蚌贝内哪一处？""含着珠心的蚌贝如何饲养？"

……

然后，他搜集有关资料，进行冷静的分析，并提出实验的方法。这个过程就是"停"——收束思维的过程。在实验中，他又通过"行"提出了许多疑问，然后再经冷静分析（即"停"）来解决自己提出的疑问，最后终于发明了人工养珠的方法。

（4）八步法：由美国通用电气公司总结研究出来的一套设问法，分为认清环境、设定问题范围与定义、收集解决问题的创造性设想、评价比较、选择最佳方案、初步设计、实地实验和追踪研究等八步。

设问法是现代生产中经常使用的一种创造技法，特点是简单易学，还可因地制宜，根据不同需要改换设问的方法。

冬天本是冰箱市场的淡季，而一向以技术创新领先于行业的海尔公司推出了科技含量极高的银色变频系列冰箱，在北京、上海、武汉等各大城市再次创造了淡季热销的奇迹。业内人士指出：海尔银色变频系列冰箱的上市，作为一个成功的技术创新典范，为中国冰箱业上了生动一课，如图8-31所示。

图8-31 海尔银色变频系列冰箱

如今的消费者到底需要什么样的冰箱？银色变频系列冰箱的热销表明：消费者需要的是

能够满足他们个性化需求的高科技产品，而不是一般的无差别产品。海尔冰箱在全国范围内推出 B2B 冰箱产品定制以来，在短短的一个月时间内，就收到了 100 多万份市场订单。而海尔银色变频冰箱更是直接根据用户的意见开发出来的。把握了消费者的真正需求，就等于把握住了市场的脉搏，海尔冰箱做到了这一点，海尔银色变频系列冰箱的市场热销也就是意料之中的了。

正是从消费者的切实利益出发，海尔银色变频系列冰箱在技术上实现了一系列实质性突破：采用国际先进的数字变频技术，日耗电量仅为 0.48 千瓦时，只相当于一只 20 瓦电灯泡的耗电量；独有的无级变速全自动功能，实现了冰箱控制从手动到自动的技术革命；配置世界最先进的变频压缩机，在节能之余还大大降低了噪声，再加上独具匠心的银色外观设计……一系列国际领先的技术组合成就了海尔银色变频冰箱在市场上的无限风光。

如果说"银色变频"为消费者带来了直接益处的话，那它对于行业发展的意义则更为深远。由于海尔银色变频冰箱在外观、节能及温控上的技术突破，真正捕捉并满足了消费者的潜在需求，在业界引导了一股新的冰箱技术开发潮流。目前"银色变频"不仅是冰箱销售商的最佳卖点和用户的首选产品，也成为越来越多冰箱企业仿效的"样品"。一些国内外冰箱品牌纷纷跟进，相继推出了相近或相似的产品，从而再一次形成一股技术升级的潮流，将中国冰箱业从价格战的怪圈拉回到了技术竞争的良性循环中来，避免了中国冰箱业的又一次"火拼"。

随着中国加入世界贸易组织，国外品牌产品的逐渐渗透，中国家电市场面临一场更为残酷的竞争。如何在未来激烈的竞争中拥有立足之地？海尔银色变频系列冰箱的推出及热销说明：只有提高产品的质量及科技含量，加大产品的技术创新力度，研制生产出真正满足消费者需求的高科技产品，才能够赢得消费者的青睐，才能够在未来的全球一体化市场中立于不败之地。

（七）综摄法

人类的知识已庞大到惊人的地步，这就驱使人们去开发各种高效率地利用知识的方法，以发挥人的潜在创造能力。1952 年，美国麻省理工学院的康顿教授发明了旨在开发人的潜在创造力的技法，称为综摄法。

综摄法通过已知的东西做媒介，将毫无关联的、不相同的知识要素结合起来，以此打开"未知世界的门扉"，勾起人们的创造欲望，使潜在的创造力发挥出来，产生众多的创造性设想。

1. 综摄法的两项基本原则

（1）异质同化。新的发明大都是现在没有的东西，人们对它是不熟悉的；然而，人们非常熟悉现有的东西。在创造发明不熟悉的新东西的时候，可以借用现有的知识来进行分析研究，启发出新的设想来，这就叫作异质同化。

例如，在脱粒机发明以前，谁也没有见过这种机械，要发明这样一种机械，就要通过当时现有的知识或熟悉的事物来进行创造。脱粒机实际上是一种使物体分离（将稻谷和稻草分开）的机械，可以使稻谷分离的方法很多，根据用雨伞尖顶冲撞稻穗，把稻谷从稻禾上脱落下来的创造性设想，终于发明出一种带尖刺的滚桶状的脱粒机，如图 8-32～图 8-35 所示，水稻脱粒经历了一个更新换代的发展过程。

图8-32 古老的水稻脱粒桶

图8-33 脚踏水稻脱粒机

图8-34 动力水稻脱粒机

图8-35 多功能动力脱粒机

(2) 同质异化。对现有的各种发明，运用新的知识或从新的角度来加以观察、分析和处理，启迪出新的创造性设想来，这就叫作同质异化。例如，热水瓶大家都很熟悉，将它改小成茶杯大小，就成了保暖杯；将电子表装在笔中，就发明出一种电子计时笔。

2. 在具体实施上述两项原则时，采用三种类比的方法

(1) 拟人类比。进行创造活动时，人们常常将创造的对象加以"拟人化"。挖土机可以模拟人体手臂的动作来进行设计。它的主臂如同人的上下臂，可以左右上下弯曲，挖土斗似人的手掌，可以插入土中，将土挖起。在机械设计中，采用这种"拟人化"的设计，可以从人体某一部分的动作中得到启发，常常会使人收到意想不到的效果。现在，这种拟人类比方法，还被大量应用在科学管理中。

(2) 直接类比。从自然界或者已有的成果中找寻与创造对象相类似的东西。例如，设计一种水上汽艇的控制系统，人们可以将它同汽车相类比。汽车上的操纵机构和车灯、喇叭、制动机构等都可经过适当改革，运用到汽艇上去，这样比凭空想象设计一种东西容易获得成功。再如，运用仿生学设计飞机、潜艇等，也都是一种直接类比的方法。

(3) 象征类比。所谓象征，是一种用具体事物来表示某种抽象概念或思想感情的表现手法。在创造性活动中，人们有时也可以赋予创造对象具有一定的象征性，使他们具有独特的

风格，这叫象征类比。

象征类比应用较多的是在建筑设计中。例如，设计纪念碑、纪念馆，需要赋予它们有"宏伟""庄严""典雅"的象征格调。相反，设计咖啡馆、茶楼、音乐厅就需要赋予它们有"艺术""优雅"的象征格调。历史上许多名垂千秋的建筑，就在于它们的格调迥异，具有各自的象征。

如图8-36所示加油站。这座漏斗式加油站位于斯洛伐克，是一座钢筋混凝土建筑，外形非常像3个巨大的漏斗，漏斗的顶端是3个水平的碟状建筑，流畅的曲线将建筑的外观勾勒得非常完美。加油站的高架照明灯嵌入到顶部地盘的内部，支架与地盘的交界处。这样的设计也使得整座建筑更富美学意义。

图8-36　斯洛伐克Gas加油站

综摄法作为一种创造技法虽然诞生于美国，但是，早在1921年，我国著名的学者梁启超在《中国历史研究法》一文中，就提出过："天下古今，从无同铸一型的史迹，读史者与同中观异，异中观同，则往往得新理解焉。"这里讲的"同中观异，异中观同"正是综摄法的精髓，但它要比美国的康顿提出相类似的思想早30年。

（八）类比发明法

著名的瑞士科学家阿·皮卡尔是一位研究大气平流层的专家，它不仅在平流层理论方面很有建树，而且还是一位非凡的工程师。他设计的平流层气球，飞到过15 690米的高空。后来，他有把兴趣转到了海洋，研究起深潜器来了。

尽管海和天是两个完全不同的世界。然而海和空气都是流体，因此，阿·皮卡尔在研究深潜器时，首先想到利用平流层气球的原理来改进深潜器。在此前，深潜起都是靠钢缆吊入水中的，它既不能在海底自由行动，潜水深度也受钢缆强度的限制，由于钢缆越长，自身重量越大，从而也容易断裂，所以它一直无法突破2000米大关。平流层气球由两部分组成：充满比空气轻的气体的气球和吊在气球下面的载人舱。利用气球的浮力，使载人舱升上高空。如果在深潜器上加一只浮筒，不也像一只"气球"一样可以在海水中自行上浮了吗？皮卡尔和他的儿子小皮卡尔设计了一只由钢制潜水球和外形像船一样的浮筒组成的深潜器，在浮筒中充满比海水轻的汽油，为深潜器提供浮力；同时，又在潜水球中放入铁砂作为压舱物，使深潜器沉入海底。如果深潜器要浮上来，只要将压舱的铁砂抛入海中，就可借助浮筒的浮力升至海上。再给深潜器配上动力，它就可以在任何深度的海洋中自由行动，再也不需要拖上一根钢缆了。

皮卡尔父子的这一设计获得了很大的成功。第一次试验，就下潜到1380米深的海底，后来又下到4042米深的海底。他们设计的另一艘深潜器"的里雅斯特号"下潜到世界上最深的洋底——10 916.8米，如图8-37所示，成为世界上潜得最深的深潜器。皮卡尔父子也因此获得了"上天入海的科学家"的美名。

图8-37 "的里雅斯特号"深潜器

皮卡尔的这种创造发明方法叫作类比发明法。类比就是在两个事物之间进行比较，这两个事物可以是同类，也可以不是同类，甚至差别很大，通过比较，找出两个事物的类似之处；然后，再据此推出它们在其他地方的类似处。例如，气球和深潜器本来是两个完全不同的东西，一个升空，一个入海，但是它们都可以利用浮力原理，因此，气球的飞行原理同样可以应用到深潜器中去。类比发明法是一种富有创造性的发明方法，有利于发挥人的想象力，从异中求同，从同中见异，产生新的知识，得到创造性成果。

类比的方法很多，除了有拟人类比法、直接类比法、象征类比法外，还有因果类比法、对称类比法、综合类比法等。

（九）信息交合法

信息交合法又可以称为要素标的发明法，或称为信息反应场法。信息交合法是一种在信息交合中进行创新的思维技巧，即把物体的总体信息分解成若干个要素，然后把这种物体与人类各种实践活动相关的用途进行要素分解，构成"信息反应场"，从而产生新的信息。

首先，信息交合法能完全拓展产品开发人员的思维，打破原有的思维禁锢，使思维得到创新，对新产品的开发有很大的促进作用，并更具直观性。其次，信息交合法是一种快速的发明创造方法，它以"信息交合"后所反映出来的新的信息，可以让人灵感大发，并马上有所创新，为发明者在思路上找到了一条捷径。

许国泰（中国）认为：人的思维活动的实质，是大脑对信息及其联系的输入反映、运行过程和结果表达，一切创造活动都是创造者对自己掌握的信息进行重新认识、联系的组合过程。把信息元素有意识地组成信息标系统，使它们在"信息反应场"中交合，就会引出系列的新信息组合（信息组合的物化是产品、信息组合及推导即是构思），导出技术发明、技术革新等成果。

1983年7月，中国创造学第一届学术讨论会在南宁召开。会上除了国内诸多学者、名流参加外，还请了日本专家村上幸雄与会。

村上先生给大家作了精彩的演讲，演讲中，他突然拿出一把曲别针说："请大家想一想，尽量放开思路来想，曲别针有多少种用途？"

与会代表七嘴八舌议论开了："曲别针可用来别东西——别相片、别稿纸、别床单、别衣物。"有人想得要奇特一点："纽扣掉了，可用曲别针拉长，连接东西。""可将曲别针磨尖，去鱼。"……归纳起来，大家说出了20来种用途。

在大家议论的时候，有代表问村上："先生，那你能讲出多少种？"

村上故作神秘地莞尔一笑，然后伸出三个指头。

代表问："30种？"

村上自豪地说："不！300种！"

人们一下子愣住了，真的！村上先生拿出早已准备好的幻灯片，展示了曲别针的诸种用途。

在与会代表中就有许国泰，看着村上先生颇为自负的神态，他心里泛起浪潮：在硬件方面，或许我们暂还赶不上你们，但是，在软件上——在思维能力即聪慧上，咱们倒可以一试高低！

与会期间，他向村上先生说："对曲别针的用途，我能说出3000种、30 000！"

人们更惊诧了："这不是吹牛吗？"

许国泰登上讲台，在黑板上画出了图，如图8-38所示。然后，他指着图说："村上先生讲的用途可用勾、挂、别、联4个字概括，要突破这种格局，就要借助一种新思维工具——信息标与信息反应场。"

许国泰首先把曲别针的若干信息加以排序，如材质、重量、体积、长度、截面、韧性、颜色、弹性、硬度、直边、弧等，这些信息组成了信息标 X 轴。然后，他又把与曲别针相关的人类实践加以排序，如数学、文字、物理、化学、磁、电、音乐、美术等，并将它们也连成信息标 Y 轴，两轴相交并垂直延伸，就组成了"信息反应场"。

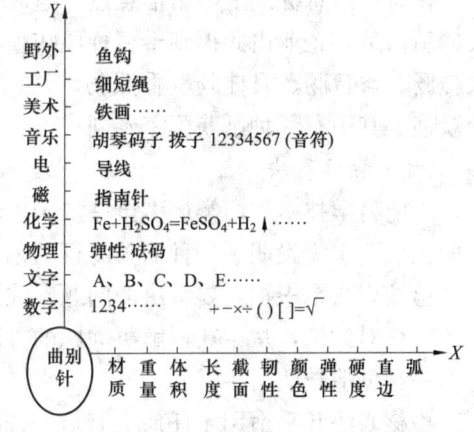

Y	
野外	鱼钩
工厂	细短绳
美术	铁画……
音乐	胡琴码子 拨子 12334567 (音符)
电	导线
磁	指南针
化学	$Fe+H_2SO_4=FeSO_4+H_2$……
物理	弹性 砝码
文字	A、B、C、D、E……
数字	1234…… $+-\times\div()[\,]=\sqrt{}$
曲别针	材 重 体 长 截 韧 颜 弹 硬 直 弧 → X 质 量 积 度 面 性 色 性 度 边

图8-38 信息交合法的应用——曲别针的用途

信息交合法的实施，一般分为四步：第一步，确定一个中心，即零坐标（原点）；第二步，给出若干标线（信息标），即串起来的信息序列；第三步，在信息标上注明有关信息点；第四步，若干信息标形成信息反应场，信息在信息反应场中交合，引出新信息。

下面，我们区分一些不同的情形，讨论具体的实施方法。

（1）单信息标的情形。我们用一个例子来说明实施方法。

例：提出新式家具的新设想。

我们先列举有关家具的信息：床、沙发、桌子、衣柜、镜子、电视、电灯、书架、录音机等。然后，用一根标线将它们串起来了，形成一根信息标。为了形成信息反应场，从每一个信息处引出两条信息射线，这些信息射线两两根交时会得到许多交点。最后，分析这些交点，列出可能的组合信息：沙发床、沙发桌、桌柜、穿衣镜、电视镜、电视灯、书架灯、录音机架、床头桌、沙发柜、镜桌、电视柜等。

（2）双信息标的情形。在提新设想的过程中，涉及的信息类型较多，用一根信息标不足以反应时，可以增加信息标。两根信息标相交可以形成一个坐标系，这时只需从每个信息处引一条信息射线出来即可进行交合了。

例：用双信息标交合引出家用新产品的设想来。

我们用一根信息标串联已有家用产品信息：台灯、风扇、电视、书桌、钢笔等。用另一根信息标串联与此不同类型的信息：驱蚊、提神、散热、催眠、灭蝇等。将两信息标相交组成坐标系，再引出信息射线形成信息反应场。

分析信息射线的交点，列出可能的组合信息（可以在图上标出，如"×"表示不能组合出信息，"○"表示可能组合的信息，"△"表示已有该种组合信息）：驱蚊台灯、提神钢笔、清凉书桌、灭蝇风扇、催眠风扇等。

（3）多信息标的情形。这时要以双信息标的实施方法为核心，通过多信息标的两两交合来产生新信息。

例：北京某食品厂在开发食品新品种过程中，运用信息交合法开发出肠类系列产品，并以其创意新颖、质量上乘、方便食用等特点一举占领目标市场。其构思设想的过程为：

以肠为零坐标。

取肉禽类、水产类、水果类、药材类、肠衣原料类和形状类等六根信息标线。

在每根信息标线上标出信息点，组成信息反应场。然后按照信息层次进行交合，引出有关的新信息。企业由此得到千百种风味独特的新品种。首批选择上市的有海米火腿肠、虾仁火腿肠、益智肠、月桂肠、香蕉肠、红枸肠、菠萝肠、山楂肠等20余种，受到广大消费者的欢迎。其中有5种已获国家专利。

（十）检核表法

当前科学技术的门类已多至一二千种，为了使发明家正确有效地把握创造发明的目标与方向，创造学家发明了一种简单易行的创造技法——检核表法。

检核表法是根据需要解决的问题，或者需要创造发明的对象，列出有关的问题，然后一个个来核对讨论，从中获得解决问题的方法和创造发明的设想。它是能够大量开发创造性设想的一种创造技法。

检核表法几乎适用于任何类型与场合的创造活动，因此享有"创造技法之母"之称。目前，创造学家已创造出许多种具有各自特色的检核表法，其中最著名的是由奥斯本创造的检核表法，它应用范围广，容易学，深受人们的欢迎。

奥斯本的检核表法是从以下9个方面来进行检核的。

（1）现有的发明有无其他的用途（包括稍做改革可以扩大的用途）。例如，日本一家公司将妇女烫发用的电吹风用于烘干被褥，结果就发明了一种被褥烘干机。

（2）现有发明能否引入其他的创造性设想，或者有没有可以借用的其他创造发明，有没有在其他地方见到过类似的发明等。如果现有发明可以引入其他的创造性设想，就可以发明出新的东西来。例如，泌尿科医生引入微爆破技术，消除肾结石，就是借用了其他领域的发明。

(3) 现有的发明可否改变形状、制造方法、颜色、音响、味道等。例如，将滚柱轴承中的滚柱改成圆球，发明了滚珠轴承。

(4) 现有的发明能否扩大适用范围，延长它的使用寿命等。例如，在两块玻璃中间加入某些材料，可制成一种防震、防碎、防弹的新型玻璃；在牙膏中掺入某种药物，可以使牙膏有治疗口腔疾病的功效。

(5) 现有的发明可否缩小体积、减轻重量或者分割化小等。例如，最初发明的收音机、电视机、电子计算机、收录音机等体积都很庞大，结构也非常复杂，现在经过多次的改革，它们的体积都比当初大大缩小，结构也相对简单多了，并出现了许多小型的、超小型的机器。

(6) 现有的发明有无代用品。例如，人们非常喜欢镀金手表，但黄金是一种贵金属，价值昂贵、数量有限，人们就用其他金属来代替黄金，现在镀金手表几乎可以乱真。

(7) 现有的发明能否更换一下型号或更换一下顺序等。例如，过去我国用的鞋号是从国外来的，产品不适合中国人的脚型。后来根据中国人的脚型，重新创造鞋号，造出的鞋子就适合中国人的脚型了。

(8) 现有的发明是否可以颠倒过来用。例如，火炮是向空中发射的，但是人们要向地底下打桩时，将炮弹改为向地下发射，就发明了一种内燃机打桩机，如图8-39和图8-40所示。

图8-39 火炮　　　　　图8-40 内燃机打桩机

(9) 现有的几种发明是否可以组合在一起。例如，美国威利发明的橡皮头铅笔，就是将铅笔和橡皮组合而成的。日本一家公司，将卷笔刀与塑料瓶组合在一起，发明了一种能使铅笔屑不掉在地下的卷笔刀。

总之，检核表法能帮助人们突破旧的框架，闯入新的领域。

四、其他创造思维法

(一) 水平思考法

1. 水平思考法的含义

水平思考法是剑桥大学泰博诺博士创造的。

传统的思考方法属于垂直思考法，是理论学和数学方面的代表性思考方法，正如"东风吹，云成堆；云浓黑，雨丝飞"的说法，是把因果关系联系起来思考的三段推理法的代表，是一环紧扣一环的连续思维形式，而且要求每一个环节都正确无误。这亦称为正攻法，学校也采用这种方法。

但是，水平思考方法，如同在地上挖掘一个洞穴，如果遇一块石头阻挡，便停止挖掘，改在旁边再继续挖掘的思考方法。所以，它不是论理式、数学式、因果关系的思维形式，而是跳跃式的，观点可左右改变的思考方法。

2. 水平思考法的应用

为了使肥胖女人瘦下来，变得苗条些，怎样办才好呢？

从生理学上来考虑，可以长跑、减食、吃纤维质食物。这就是传统的垂直思考法。

如果采用水平思考法来解决这个问题，是饭前喝上一大杯麦芽乳，待到吃饭时就没有食欲，最后就会消瘦下来。

在百货商场等地很容易发现，等待电梯的人都很着急。用垂直思考法解决的办法是另外增设一台自动扶梯或电梯。用水平思考法来解决，则是在入口处装上一面大镜子。这样一来，顾客就不会有焦急感了。

北海道的夏季很短。如果修游泳池，也只能游上一个月。那好，提高水温，或者一边生火取暖，一边游泳——这是理论上的思考方法。但是某些人则认为"近来，在农业上都是在搭设温室大棚，所以在游泳上也可以架设大棚"，如图 8-41 所示。这就是水平思考法。

图 8-41 带大棚的游泳池

3. 水平思考法产生的 QC 活动桌

小群体协作活动，是针对生产上遇到的困难或问题，几个人组成一个小组，共同发表这样或那样的意见，提出解决措施的方法。这种活动有利于提高职工参加经营管理的积极性和各车间的相互经验交流。

作为这种活动的中心，一般是采用会议的形式。大凡开会就需要黑板和桌子。传统的黑板是挂起来的，所以要想写字时，必须离开席位。黑板下面的字或画图不容易看清。于是

QC活动桌便应运而生。

直径一米的圆桌，无论坐到桌子的何处，也不会碰到膝盖，借助一根立柱台面可以旋转。而且可以在上面用万能笔写字、画图，即黑板和桌子合而为一体的会议桌。

成员分别坐在桌旁，一边在桌面写字、画图，一边进行讨论。因此，无须站立起来离席写字，全体成员可以围着桌面，聚精会神地交换意见。桌面可以旋转，成员可把桌面转动到适当位置，即可写下自己的意见。更为方便的地方是，水平桌面比立挂的黑板更容易写字，更容易看清楚。书写随便，效率大为提高。

如果不打破"黑板立挂"的既定概念，不可能产生这种设想。"把垂直的东西作成水平的"这种思考，正是"水平思考"的实质。

水平思考的技巧之一，是把已经成熟的设想方案反过来试一试看。这种逆反思考技巧很重要。"我们的文明是热衷于建立一个概念。但是，不设法去改变这个概念"，这是马库尔汉的一句名言。技术人员常被现有的知识束缚，很难萌发出新的设想方案，这不能不说是垂直思考法的最大弊端。希望技术人员去尝试一下水平思考法。

（二）借助卡片的思维法

1. 何为卡片思维法

这是代替口述意见，将创造性设想写在纸片上的一种方法。任何人只要坚持每天写一张卡片，一定会取得令人吃惊的成就。

2. 卡片是创造性思维的源泉

不妨在这里介绍一下C君的情况。C君不论在上下班，还是在用餐时间，总习惯想点什么，只要想出什么来，马上就从口袋里取出卡片记上。回家后再加整理，记在一尺见方的贴面黑板上。

日积月累，从不间断。他每天都要审视记有设想的黑板，有时发现，某种设想在记录下来时尽管感到很新奇，但过几天再度思忖，却觉得索然无味。据说，他反复翻阅卡片以后，有时会萌发出新的启示。C君在谈到运用卡片时说："卡片是书写记事之物，查阅换取的同时，也是反复推敲，促使设想趋向合理的过程。在此基础上，当进一步考虑成熟，并有新的设想时，心情自然无比快慰。"

卡片不愧是产生宝贵设想的最好工具。C君的事例是个人运用卡片的尝试，这种方法也可集体进行。具体的做法是把成员召集在一起，先把题目分发给每个人，请各位在卡片上针对题目填写建议，然后收回待审。如果在会议之前采用这种方法可以缩短开会时间，是产生高质量创造思维的良好时机。

3. 创造性设想的提出

（1）在卡片上记录设想的内容。这是一种集体献计献策的重要方法。全体成员按照集体创造性思维的要领，任意发挥，各抒己见，并把每人的设想记在卡片上。应严守创造性思维的四项规则。稍有离题无妨，但凡是想到的都要记在卡片上。文字表达方式不宜冗长，但希望注意以下几点：一张卡片一个题目；横写；使用通俗易懂的语言；最好用凝练成一行或两行的概括性文字；尽可能明确、具体。

（2）卡片的评审。填写好的卡片首先在全体人员面前朗读，以利于全体人员评审，朗读时不必拘泥于表面文字，要力求读出卡片的潜在意义与核心内容。

（3）卡片的积累。在朗读卡片的过程中，虽然表现方式不同，但内容有的相近，有的相似，可以把这些卡片挑出来，编成一类，但此时不要勉强或过于牵强。

（4）给各类卡片定出标题。给分类的卡片定出表示其内容的标题，为了使分类的卡片一目了然，标题可用不同颜色标示。标题应与卡片类别的内容相符合，但不必搞得过于烦琐。大类、小类分好后，再把大类、小类分别组合在一起，另起一个标题。

（5）结构化。考虑各类卡片的相互关系，组装成有相应外形和模式的结构模型，然后在图纸上绘出分解图。

用上述方法可以产生创造性的设想，在车间里加工制作时，要注意到图纸易懂、通俗。在这种场合最好采用立体图。所谓立体图，是指物体的投影图。目前插图、使用说明书类的东西，开始大多采用立体图。

（三）叠加法

1. 创造的基础是 A+B

据说所谓发明就是"现有的 A 叠加上现有的 B，制成稍有改变的 C"。如果一时提不出更好的方案，首先可以试想 AB 叠加。任何出色的发明，均是在其原有的基础上稍做增减，如果出现某种新奇的效果，这就变成一种新发明。

可旋转可触屏自带照明的多功能笔，如图 8-42 所示。这种多功能笔依据科学的人体构造学原理制作而成，具有以下特点：

（1）区别于传统笔的偏轴结构，独特造型，书写省力，抗疲劳，纠正坐姿，预防近视。

（2）左右 360°，上下 0°~40°旋转笔头，左手、右手写字者及残疾人均可使用。

（3）LED 灯，方便黑暗中书写，辅助照明，对弱视力群体书写有帮助。

（4）环保硅胶笔帽尖 PDA，应用于电容触摸屏，如 iPhone 等。

（5）硅胶防滑笔套，舒适、防滑。

图 8-42　可旋转可触屏自带照明的多功能笔

如图 8-43 所示，个性多功能验钞式 U 盘笔。该款多功能笔具有验钞、储存和书写等功能，小巧玲珑，方便携带，使用简便，插入端配有保护盖，流行时尚具有鲜明的时尚特色。

图 8-43　个性多功能验钞式 U 盘笔

有些人感叹自己不能提出有独特风格的设想和发明，这大可不必。在此以前，不妨如上所述，找来你认为合适东西，首先来个叠加试一试看。

在现今这个工作节奏急速的时代，在办公桌前通宵加班已经不是什么新鲜事，累了就直接趴在桌上睡一会，醒来了又继续工作，趴着肯定不会睡得好，但总不能躺在办公室的地板上睡觉吧？而这张希腊公司 Studio NL 设计 Nap Desk 办公桌既能满足办公需要，又能让加班的人睡得像在床上一样舒服，看上去如一般办公桌差不多，但当你工作累了，通过简单的变换就成了一个打盹小空间，三面挡板就算是在多人办公室也有一点私密空间，如图 8-44 和图 8-45 所示。

图 8-44 Nap Desk 办公桌办公状态

图 8-45 Nap Desk 办公桌构成的打盹小空间

几年前，T 公司开始出售一种名为"蒸糕器"的电动制糕器。发明并研制成功这种蒸汽制糕器是农机制造厂一大成功之举。公司经理言道："我们决定研制蒸糕器时，已经考虑到社会上已有不少制糕器制造厂，如果要想跻身于这个行业，就要生产出与众不同的富有特色的产品。为此，我们广泛听取家庭主妇的意见，希望和要求最多的是：'制糕过程中最麻烦的事是蒸米，如果有简便可行的蒸米方法那可就方便多了。'为此，我们便考虑在传统的制糕器上加配一个蒸汽器。我们着手用家家都有的电饭煲及蒸盒加以改进，两者巧妙地结合，成功制成了蒸汽器。首先通入蒸汽，用30分钟可把米蒸熟，7分钟制成年糕。后来这种产品便成了紧俏品。"

A＋B式的商品到处可见，确信这类商品今后大有增加之势。

2. 组合的诀窍

"一加一等于二"这种思考方式只适合于算数世界。例如，向全是男性工人的车间调入几名女工；向全是青工的车间里，调入几个老工人，这样会增加融洽与协调的气氛；还有午休时听听轻音乐等。诸如此类做法，日渐普通，随时随地可以做到，这也都是由组合这一设想中得到启发而产生的。

希望大家在解决或处理某种问题时，不妨试一试这种组合的设想。至于如何解决什么与什么组合的问题，怎样组合才能收到更好的效果，也希望大家多多考虑考虑。

（四）原型启发法

这种思维方法的训练，要求你善于并细心观察周围发生的一切，从某种事物的性能或某一动植物的特性，得到创造性的启发，从而解决实际问题。

什么是"原型"呢？

举个例子吧：鲁班小时候跟师傅上山砍树，不小心被芭茅草拉破了手。仔细观察芭茅草，原来草叶口上有许多排列整齐的小齿，于是他发明了木工用的锯子。从芭茅草割破手指到锯子的诞生，是一个创造过程，而芭茅草便是引起创造性思维的"原型"。这种思维方式应用非常普遍，从飞鸟到飞机，从开水壶到蒸汽机，从海豹皮到南极探险服，从木蛀虫到地道导管软钻机等。

我们在下雨天，最讨厌雨水顺着雨衣流进鞋里。北京一个四年级小学生发明了一种充气雨衣，雨衣下面是一个气圈，充气后雨衣张开，雨水便不会灌进鞋子了。他的充气雨衣的构想，便是从芭蕾舞旋转长裙和游泳圈这两个原型得来的，如图8-46所示。

图8-46 充气雨衣

也有人把"原型启发"称作模仿思维法，但简单生硬的照搬是不行的，还要有创新。

由于具有启发作用的原型与所要解决的问题之间有着相似之处，加上创造思维活动，便形成新的构想方案。这样的例子在科学发展史上屡见不鲜。

（五）合理移植

把其他事物的特长和功能合理地移植过来，达到创造的目的，这一思维过程便叫合理移植思维。事物都是普遍联系的，巧妙利用这种内在联系和直观联系，把现有知识成果引入新的领域，往往能促使人们以新的眼光、新的角度去发现新的事实，产生新的成果。

罗马工程师马·维·波利昂在自己的著作《论建筑术》中讲述了这样一个故事：

有一位古代国王得到王位后，决定做一顶金制的王冠献给神灵以感谢神灵的庇佑。于是他称给金匠所需要的金子并付给了酬金，定做了一顶金冠。工匠按规定的期限做好了金冠。国王很满意，过了称，工匠所做的金冠的重量与所称金子的重量完全相符。事后，有人告密，说工匠偷了做金冠的一部分金子而掺进去同等重量的银子，国王为有人欺骗他而他又无法揭露这种欺骗而感到生气。

我们也许会说：做一下化学分析不就知道了吗？可是，那时的人们还不知道什么叫"化学分析"，因而无法揭破这个盗窃案。

国王便请智者阿基米德来想办法，然而阿基米德也百思不得其解。一次，他带着沉思偶然走进了浴室，当他坐到澡盆以后，发觉自己进入澡盆的身体体积与澡盆中流出来的水的数量一样。弄清楚这个事实的实质以后，他马上高兴地跳出澡盆，光着身子跑回家，对所有的人大声宣布，他找到了解决问题的方法，如图8-47所示。

图8-47 阿基米德洗澡时都在琢磨王冠

他找到了什么方法呢？金子比银子的比重大些。掺了银子的王冠，一定比同等重量的纯金体积大些，在灌满水的容器中，体积大的王冠溢出来的水必定多些。这就找到了盗窃金子的证据了。

这不就是液体静力学的基本定律吗？其实不是的。这只是一种比较不同物体体积的办法。金冠的问题还推动阿基米德对物体漂浮规则进行了细心而艰巨的研究，结果得出了著名的"阿基米德定律"。

创造心理学家A. H. 鲁克把类似阿基米德的思维方式叫作"经验转移中的侧面思维"。

他说:"侧面思维,是有效果的并且能够在一定条件下帮助找到解决问题的方法。这个条件就是,所探讨的问题应该是活动的稳定目的,是占优势的思想。"

所谓"占优势的思想",就是一个问题使你无论做什么事情都在思考其解决的方法。如上面说的王冠案问题便成了阿基米德一段时期的"占优势的思想"。

有位叫梅契尼科夫的医师,他醉心于有机体怎样和感染做斗争的问题达到寝食无味的程度。有一次,他注意观察海星透明的幼虫身体时,抛了一些玫瑰花刺聚集在它们身边,幼虫包围这些刺并把它们消化了。梅契尼科夫马上把这次观察与刺进我们手指中的刺联系起来:白细胞包围了它们(脓),溶解和消化异体。就这样,吞噬理论诞生了。

还有一个叫莫尔斯的美国人,他在发明电报时碰上了向远距离发报时信号衰减问题。增大最初信号的能量没有获得成功。当他成坐驿车从纽约到巴尔的摩市旅行时,观察到在驿站怎样换马的情景,于是产生了沿着电报线路增设电报支局放大站的念头。

A. H. 鲁克强调,"侧面思维之所以帮助解决了困难的问题,正是因为这类问题成了吸引所有外部刺激的优势中心",这种"运用解决一个问题时获得的本领去解决另外一个问题的能力极为重要"。

(六)联想扩充

利用联想,可以扩充人脑固有的思维,大大提高人的思维广度,产生更多的创造性设想。不过,要运用联想扩充法来进行创造发明,必须了解几条基本原则。

(1)相似联想,即由一种事物想到与它特征相似、性质相近的事物。这一点与"原型启发"是相通的,也可以说原型启发实质上是一种相似联想。如图8-48所示的一组色彩绚丽的图案,给人以特别的享受。

图8-48 让人特别享受的图案设计

(2)对比联想,即由一种事物想到它对立面的其他事物。如图8-49所示,采用强烈的色彩对比,让人产生强烈的美轮美奂的感觉。

(3)接近联想,即想起时间和空间上与一定事物有关的经验。相传"扬州八怪"之一的郑板桥,有一次大雨中赴好友寿宴,酒后主人请提诗贺寿,郑板桥不假思索,提笔便在纸上写了"奈何"二字,弄得满座惊讶,担心出言不吉。哪知郑板桥紧接着又写了"奈何""可奈何",众人更加惊奇。郑板桥不顾这些,落笔又写下第四个"奈何",接下来龙飞凤舞,挥就全诗。众人一看,却是首绝妙的贺寿诗:"奈何奈何可奈何,奈何近日雨滂沱。滂沱雨祝

图 8-49 黑白对比壁纸设计

李公寿，寿比滂沱雨更多！"郑板桥巧接回环，众人为之折服。室外大雨如注，仿佛为李公祝寿，也为郑公叫好。郑板桥便是无意中启用了接近联想。从"雨滂沱"到"寿更多"，所接近的只是一个"多"字，一般人恐难想到。

古诗中的"落霞与孤鹜齐飞，秋水共长天一色，"是不是也运用了接近联想？是的。"秋水"与"长天"，"落霞"与"孤鹜"，只有在某种时空境界下才有接近的地方，一般人也难以想到。

如图 8-50 所示的创意桌面壁纸设计是不是挺有意思的？

图 8-50 壁纸创意设计

（4）关系联想，即由于事物他种关系（如整体与部分、原因与结果、结构与功能等关系）而形成的联想。看到客人带的雨伞，你会想到外面正在下雨。看到夜鸟惊飞，你会想到林中夜行人。看到尖顶嵯峨的教堂，你会想到哥特时代的建筑。

如图 8-51 所示，河马趴在气球上悬空小憩，让人觉得特别温馨。

事实表明，知识积累越多，经验越丰富，联想能力就越强，联想范围就越广阔。对于要解决的问题，不妨从它的正、反面，以及与它相似、相近的关联事物和经验中，多角度地进行考查分析，找到解决问题的线索，从而获得有益的创新观念。

图8-51 小憩的河马

在贝尔发明电话以前，虽然已有人在研究电话了，但声音不清楚无法使用。贝尔决心致力于电话研究，使电话成为可以使用的通信工具。一次实验中，贝尔发现把音叉的端部放在带铁芯的线圈面前，如使音叉振动，线圈中会产生感应电流，通过电线把这电流送至另一只同样线圈，线圈前的音叉也会振动，发出跟那边音叉振动一样的声音。他由此联想到能像音叉一样发生振动的金属簧片。如用金属簧片代替音叉，线圈也应能产生感应电流，使簧片振动发声，这样金属簧片就能"说话"了。通过反复试制和完善，贝尔发明了世界上第一架电话，如图8-52所示。显然，贝尔是应用了联想法则才发明电话的。

图8-52 贝尔的电话

（七）象征类比

关于这种思维方式有两种解释：一个是直接应用于解决实际问题。在一些特殊的情况下，象征的方式可以起大作用。如包公打龙袍那场戏，"打龙袍"便是出于一种象征思维。皇子是君，包公是臣，包公打龙子是违反君臣伦常的，不忠。但包公是官，皇子是犯罪者，"王子犯罪与庶民同罪"，又是应该打的，不打则不义。在忠义不可两全的为难境地，采用"打龙袍"这样一种象征办法，可以说是包公的最佳选择了。

另一个解释，一些专家认为，"象征类比"也叫"词题类比"，即用能抽象出的反映问题的词或简单的词组来类比问题，先探索如何达到这些词题的要求，找到解决问题的方法后再回到原问题上。比如说，要发明一种开罐头的新方法，就可以选一个"开"字，先不接触实践，只从"开"的概念出发，看"开"有什么方法，如打开、撬开、剥开、撕开、拧开、揭开、刨开、拉开、旋开、溜开等，然后再回过头来看这些开法对开罐头有什么启发和作用。

概念是表达思维的符号，在词题上进行拓展也是一种很好的创造性思维训练。

美国科学史家库恩在《科学革命结构》一书中，援引了理论概念怎样影响科学观察结果的许多例子。在接受哥白尼体系的头50年里，虽然观察的方法依旧，但是天文学家发现了许多天体，因为"新的理论概念使得有可能发现以前那些观察者所一窍不通的东西。"A. H. 鲁克也认为："看来，在找出其他观察者们没有发觉的新的东西以前，需要形成一个相应的概念。概念的形成常常借助于词，也可以运用其他信息符号。"

比如，人类学家的观测就证实了这种观点。人类学家发现北美洲印第安人霍批部族在语言中就有"绿色"这个词，但没有"天蓝色"这个词，他们不能够把绿色和天蓝色区分开来。但是，他们当中掌握了英语的人就能很快地区分这两种颜色。

理论概念对于人类来说，除了作为传递信息的符号，还可以压缩思维操作过程，缩短人们的思维链。所谓"思维链"，就是人们的思维往往有一个环环相扣的过程，这个过程就叫思维链。

比如，早年人们发现树林里的空气很新鲜。为什么会新鲜？于是人们通过实验发现当阳光照在树叶上时，树叶在阳光的作用下吸收二氧化碳，呼出氧气，这就是"光合作用"。自从有了"光合作用"这个概念，人们便可以从具体的阳光、树野、氧气、二氧化碳等思维过程中跨越过来。用概念来缩短思维过程的例子在数学中最显而易见。例如，"$3×3×3×3×3×3×3×3×3=3^9$"这个"3^9"的概念便把思维链从9个环节压缩到一个环节。

当然，在其他学科也可以举出无数的例子。例如，著名心理学家皮亚杰认为："美的艺术对欣赏者的刺激与欣赏者的文化结构对魅力形成的效应是双向作用的。"这么一长串说明文字，通过符号表达，就大大缩短了。符号为"$S-(A)/T-R$"。

清晰简明的符号标记，不只是便利大家掌握材料，而且能简便地记下已经知道的事实，对深入研究的理论的简洁叙述方式是进一步前进的必要前提，是科学进步的一个重要阶段。引进新的优美的符号方式，精确阐明已知的某种方法，这个工作也带有创造的特点，需要独树一帜的思维。

第三节 创新思维的训练

案例与分析

最近，中国南车戚墅堰机车有限公司铸铁事业部工人技师李春格外高兴，他的技术攻关项目"提升JZ10A轴箱体质量"，历经一年的试验，终于取得成功并应用于实际操作。这一喜讯他第一个告诉了公司科协领导。"没有科协的'讲、比'活动，就没有我今天的成功！"他说。

在戚墅堰机车有限公司，像李春这样的非科协会员参与科协的"讲、比"活动的人还有很多。科协在很多人眼里总是和高科技人才联系在一起的，非会员的普通技术工人参与科协的"讲、比"活动立项，这多少让人觉得有点不可思议，可如今这样的情况在戚墅堰机车有限公司科协的"讲、比"活动中却成了一道"家常菜"。

"讲、比"活动一直是科协工作的重点之一。事实上，和许多企业的科协一样，中国南车戚墅堰机车有限公司科协的"讲、比"活动最初也只是局限于科协会员。

科协围绕公司的科技发展，以自主创新为中心，抓住中国铁路发展的契机，积极引导和组织广大科技人员，从本岗位工作出发进行立项攻关，"讲、比"活动渐渐步入了发展的"稳定期"。此时，是维持科协会员立项的现状，还是扩大立项的对象？对于致力于打造"亚洲第一，世界一流"的内燃机车生产基地的戚墅堰机车有限公司来说，自主创新是公司发展的最大资本，动员更多的员工参与"讲、比"活动，是科协工作的发展方向，也是义不容辞的责任。

公司科协适时改变过去仅仅限于科协会员参加"讲、比"活动的做法，通过广泛发动，先后把参加活动的对象扩大到非科协会员和技术骨干，包括工人技师和高级技师，90%以上的科协会员和许多科技人员、工人技师都主动参与立项，针对公司技术创新、管理创新、节能减排和科技成果转化等方面的课题进行攻关。

2010年，公司普通立项887项，重点立项22项；2011年普通立项达到1243项，重点立项24项。"讲、比"活动逐步迈向了"收获期"，成为促进公司的生产经营及新产品研制开发的强大动力。

"原先国产喷油器运行45万公里就要大修，而现在通过对280/285系列柴油机喷油器性能的改进，装用在DF11G机车上，运行了72万公里后，拆检喷油器仍能正常工作，没想到，一个小改进能产生这么大的效果。"到南车戚墅堰机车有限公司考察的一位专家显然对这个项目非常感兴趣。事实上，这种280改进喷油器在一定程度上解决了原先国产喷油器一直存在的使用寿命短、燃油雾化不良等问题，目前已在多种机型上扩大装车试验，并已获得专利证书。

为了培养后备技术力量，造就一支高素质的青年科技人员队伍，科协会同公司团委一起制订了《青年科技进步新秀奖管理办法》，把青年科技人员的"讲、比"活动与团委的"青年五小成果活动""青年科技创新行动"有机结合起来，鼓励青年科技人员立足本职岗位，刻苦钻研业务，提高创新能力和水平。多年来，一批批朝气蓬勃的青年科技人员在良好的育人机制下，攻克了科研工作中的一道道难关，磨炼出了一身过硬的本领。

一个个项目从"纸上谈兵"演变成实物成果，一个个改进从"奇思妙想"转化为生产效率，一个个科技人员从懵懂走向经验成熟，南车戚墅堰机车有限公司科协以科技为企业发展助力，奠定了科协组织在公司发展中的科技引领作用。通过打造"讲、比"活动的品牌，推进公司科技创新走在快速发展的大路上。

分析：思路的转变，为"讲、比"活动注入了新的生机，立项层次不断提高，和公司发展的贴近度也得到了提升，不仅丰富了"讲、比"活动的内容，而且开启了公司自主创新的"引擎"。

习近平主席说，谁牵住了科技创新的牛鼻子，谁走好了科技创新这步先手棋，谁就能占领先机、赢得优势。他还说，核心技术靠化缘是要不来的，必须靠自力更生。习主席指出，企业持续发展之基、市场制胜之道在于创新，各类企业都要把创新牢牢抓住，不断增加创新研发投入，加强创新平台建设，培养创新人才队伍，促进创新链、产业链、市场需求有机衔接，争当创新驱动发展先行军。

一、培养创新意识与创新能力在高职教育中的重要地位

1. 创新意识的重要意义

任何伟大的创造发明,都源于创新意识。只有培养学生的创新意识,才会有创新欲望和要求,才会有探索研究,才会有成功。

我们经常听到一些人在科研成果面前不屑一顾地说:"这还不简单,谁都会!"或许,人人都具有创造力,但是,不是人人都具有创新意识,只有具有创新意识的人,才会去观察生活、反复思考生活中引人注意的问题,并设法解决生活中的各种疑难问题,从而产生强烈的要创造、要发明的愿望。创新意识比创造力更重要,若把创造力比作钞票,那创新意识应该就是印钞机了,它是创造力的源头活水。试想,一个对周围事物漠不关心、麻木不仁,对任何新生事物毫无兴趣的人,决不会想到去创造发明,所以,从小就要重视创新意识的培养,因为冰冻三尺,非一日之寒。

创新意识是一种独特的思维方式,能引发创造性成果,它是人类智慧的核心。人类社会的进步,文明程度的提高,制度的不断完善,都离不开创新意识这个核心。改革开放以来,我国经济迅猛发展,有许多事业成功的人士都受益于创新意识,创新意识改变了不少人的人生道路,这是有目共睹的事实。

创新意识可以通过培养、训练得到不断的提高。高职学生将来是各企业技术岗位操作的主体,具有理论联系实践的最佳条件,因此,高职院校要下大力气培养学生的创新意识,要积极开设创新思维训练课,为将来的创新事业打好坚实的基础。将来在技术改革、设备创新中,高职学生是企业的中坚力量,给我们留下了无限多无限美的想象空间。

2. 培养创新能力的重要作用

常言道"万丈高楼平地起",人才的巨大金字塔需要有广阔和稳固的基础,从这个角度说,高等职业教育在整个民族创新体系中是"重中之重"的一个环节,高职教育的任务应是为人的发展打基础,也是为培养人的创新意识和创新能力打基础。未来社会是以创新为标志的社会,而未来教育也将是创新的教育。

职业教育是高素质技能人才培养的摇篮,职业教育应鼓励学生大胆怀疑,独立思考,培养学生的创新能力和创新意识,使大家对创新的态度由"漠不关心"变为"积极探索"。职业教育的层次、类型众多,其中,高等职业教育既是我国职业教育的重要组成部分,也是高等教育的重要类型,担负着培养面向生产、建设、服务、管理第一线需要的高素质、技术技能、应用型专门人才的使命。

随着高铁、城轨和地铁的快速发展,以创新能力培养为主、培养一线生产型技术精英为目标,正符合我国现阶段铁路变革新时期需要培养大量具有创造力的一线应用型人才的要求,更是当前和今后高职院校交通运输教学亟须研究的重点和目标。探讨和建立符合我国铁路发展和高职院校特色的创新能力培养体系,强化学生的职业能力和创新能力,全面推进素质教育对我国铁路的技术型应用人才创新能力培养及对我国的经济发展都具有很重要的意义。

二、培养创新意识的途径

1. 要加强创新意识的培养

在日常生活或是学习、工作中,时常会遇到一些难题,按常规的思维方法要么是不能解

决，要么是太烦琐，太费时、费力。能否寻求一种简捷、高效的办法来解决呢？这种想法，实际上就是创新意识。

德国数学家高斯小时候，他的老师在课堂上出了一道数学题："从1到100的数依次相加，和是多少？"别的同学一个劲地计算加法，而高斯则静静地独立思考，他从排列有序的数字上发现了规律：即首尾两个数依次相加其和相同。如1、2、3…98、99、100，于是他很快算出了答案：$101 \times 50 = 5050$。高斯摒弃了烦琐的演算，利用数字的组合，找到了最快捷的计算方法，这是典型的创新思维。

如果高斯没有改变旧算法的意愿，也就是没有创新意识，他也不会获得成功，而会像其他小朋友一样认真地重复前人的计算方法，足见创新意识比创新力更重要。

创新意识都具有明确的目的性，都是为了解决生活、工作中的难题。为了开启学生心智，培养创新意识，提高思维能力，我们可以学习运用各种思维方法解决难题，在长期反复的训练中，大家的创新意识必将得到显著提高。

某公安局在考核刑侦人员时，出了一道题：给每个应考者发一大串钥匙，令其在限定的时间内去打开一扇指定的房门。结果，绝大部分考生都拿着钥匙，一遍又一遍地去试开房间，都没有结果，因为他们都没跳出"钥匙开门"的思维方式。只有其中一位，飞起一脚，踢开了房门。

这位考生经过分析，运用了逆向思维，因为在那么短的时间内不可能试完大串的钥匙。这是考验分析、判断的能力，他们必须具有敏捷、果断、无畏的品质。

有一个故事讲的是有一位工程师和一位逻辑学家，是无话不谈的好友。一次，两人相约赴埃及参观著名的金字塔。到埃及后，有一天，逻辑学家住进宾馆后，依然习以为常地写起自己的旅行日记。工程师独自徜徉在街头，忽然耳边传来一位老妇人的叫卖声："卖猫啊，卖猫啊！"

工程师一看，在老妇人身旁放着一只黑色的玩具猫，标价500美元。这位妇人解释说，这只猫是祖传的宝物，因孙子重病，不得已才出卖以换取住院治疗费。工程师用手一举猫，看起来似乎是用黑铁铸就的。不过，那一对猫眼则是珍珠的。

于是，工程师就对那位老妇人说："我给你300美元，只买下两只猫眼吧！"

老妇人一算，觉得行，就同意了。工程师高高兴兴地回到宾馆，对逻辑学家说："我只花了300美元，竟然买下了二颗硕大的珍珠！"

逻辑学家一看这二颗大珍珠，少说也值上千美元，忙问朋友是怎么回事。当工程师讲完缘由，逻辑学家忙问："那老妇人是否还在原处？"工程师回答说："她还坐在那里，想卖掉那只没有眼珠的黑铁猫呢。"

逻辑学家听完后，忙跑到街上，给了老妇人200美元，把猫买了下来。工程师见后，嘲笑道："你呀，花200美元买个没眼珠的铁猫做什么！"

到底为什么要买铁猫呢？以上故事的答案是什么呢？

逻辑学家不声不响地坐下来开始摆弄这只铁猫，他用小刀刮铁猫的脚，当黑漆脱落后，露出了黄灿灿的一道金色印迹。他高兴得大叫起来："看来我想对了，这只猫是纯金的！"

原来，当年铸造这只金猫的主人怕金身暴露，便将猫身用黑漆漆了一遍，俨然像一只铁猫。对此，工程师十分后悔。逻辑学家对他说："你虽然知识渊博，可缺乏一种思维的艺术，没把问题想透。你应该好好想一想，猫的眼珠既然是珍珠做成，那猫的身体会是不值钱的黑铁所铸吗?"

众所周知,水对人体有压力,为此设计了潜水服,可是潜水员的手裸露在潜水服外照常工作,还有好多深海生物,怎么没有被压得粉身碎骨呢?另外还有,恐龙生活在亿万年前,早已深埋地底,而地面每下降4米,就会增加一公斤的压力,按传统的物理理论,恐龙化石应该是粉末了,可是我们挖出来的恐龙化石却完好无损,这又是为什么呢?虽然大家不可能回答这些问题,但可以认真地思考。思考、质疑都是有意识的行为,是创造的幼苗,是辉煌的萌芽。我们应该多思考、多探索、多设计,努力开启自己的心智,挖掘自己的潜能,培养自己的创造意识。

2. 创新思维中的联想与潜能

联想是创造的翅膀,可以在无际的宇宙中遨游;联想是脱缰的野马,可以在创新思维的原野上奔驰。联想越广阔、越丰富,创造力就越强。我们可以联想,从生活的各个方面去联想。

第一次世界大战期间,法国将军亚里亚安去探望伤兵,当他得知其中一位轻伤员是炊事员,在弹片横飞时,炊事员把大铁锅扣在头上才幸免遇难,而他的同伴们都被炸死了,由此联想到做铁头盔,并付之研制,使得头盔风行于世。

克隆技术制造了"多莉"羊之后,一玩具商立即采取"拿来主义",将此技术用于复制玩具娃娃。只要一张照片和写有年龄、性别、性格的文字材料,便可收到和自己一样的玩具娃娃了。这一联想,使他顷刻腰缠万贯。

瓦特从开水冲开了壶盖而产生联想,因而发明了蒸汽机,如图8-53和图8-54所示,这是联想和灵感的交融,是联想诱发了灵感,而灵感如一枚钥匙启开了潜能的智慧之门。

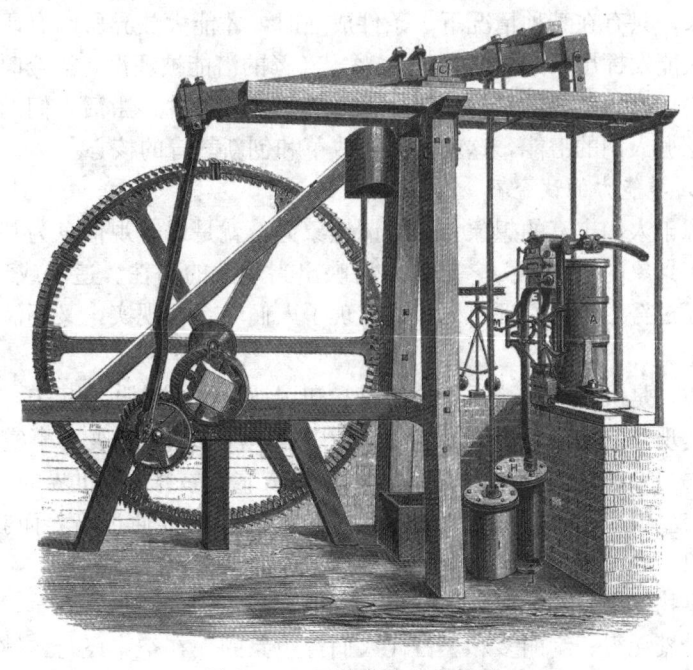

图 8-53 瓦特蒸汽机实物图

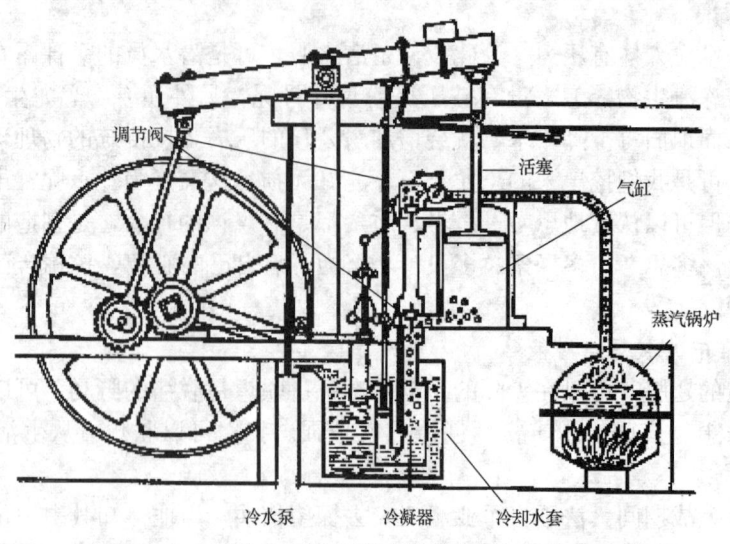

图 8-54 瓦特蒸汽机原理

我们常常有这样的经历，被一个问题困住，绞尽脑汁，不得其解，只好搁置。但后来，受到某种启发，问题迎刃而解，这便是潜能在发挥作用。潜能实际上是日常生活经验和书本知识的积累，也是长期探索、研究、思考过程中经验的储藏。潜能是一座蕴藏了无数知识和智慧的宝库，令人不可小视。一旦有适当的条件，打开了这座宝库，就会有惊人的奇迹出现。

潜能是相对显能而言的。显能就是我们平常所能发挥出来的才能和智慧，而潜能在一般情况下展示不出来，只有在某种情况下、条件成熟时，才能大放异彩。有研究表明，通常情况下，我们每个人能发挥出来的显能只占20%，80%的潜能被埋没。当今时代的教育任务不再是单纯的学习知识，更重要的是知识创新，创造更多的条件，激活人们的脑细胞，开启心智，最大限度地挖掘人们的潜能，这就是教育改革和创新教育的核心。

3. 想象力是人类能力的试金石

创新意识来源于人们丰富的想象力。所谓想象力，就是以客观信息为基础，在大脑中塑造出一种超越现实景象的思维能力。想象力反映出当事人的向往、追求或现实生活的需要，运用想象思维，经过努力达到心理目标，这体现了人们立足于现实，又不满足于现实的心理追求和对美的渴望。

想象力的实质，是沉积在大脑深处的信息和知识被激活，被调动起来，重新进行排列组合，得到一种超越现实的结果，想象力能使生活中原本没有的事物变为事实。"创造学之父"奥斯本说："想象力是人类能力的试金石，人们正是依靠想象力征服世界的。"

想象力不是与生俱来的，而是后天开拓的。我们完全可以通过培养而获得想象的能力。关键是要进行想象力的训练，才能培养和保持想象力的丰富。

生活中任何事物、情景都能成为训练想象力的内容，比如浮云、青草、游鱼、顽石等通过想象都会变得纷繁无穷、绚丽多彩。古代人们曾想象的人在空中飞行，嫦娥奔月，深海龙宫……现在都已变为现实，于是我们就有了飞机、潜艇、宇宙飞船……丰富的想象力，结合联想、模仿、创新，可不断地推进人类的进步和文明。

总之，为了培养和开启学生的想象力，我们要多动脑筋，发挥自己想象的广阔天地。例如，由于需要，有的新楼房必须拆除，我们能否想象，如何不破坏楼房整体结构，从一个地方搬迁到另一个地方呢？又如，我国南方年年洪水泛滥，分洪和加高堤防是主要办法，能否想象设计出一个防洪堤可以自行升高，就像自动伞一样呢？

4. 从典故中看创新思维

生活如万花筒，多姿多彩，且瞬息万变。每个人所处的环境、所遇到的情况都不相同，而创新思维往往是在特殊的情况下产生的，这就要求我们以各种方式去学习不同的思维方法。我国古代有众多智慧超常的精英，从名人典故中学习他们的思维方法，吸取经验，也不失为一种教学方法。"曹冲称象"的故事不但给我们教育，也给我们启发。曹冲那么小的年纪，面对难题不放弃、不退缩，而是积极思考，其精神应该重点学习。最值得称道的是他冲破了习惯思维的束缚，先后两次运用了"代替法"。他的"刻舟求重"是以舟代秤，再以石头代象，很轻易地就解决了难题。"代替法"被称之"换元法"，是生活中常被运用的一种思维方式。

战国时的军事家孙膑的战略思想至今仍有借鉴利用之处。齐王和田忌赛马，如图 8-55 所示，齐王的上、中、下三等马都比田忌的马快，第一局比赛田忌三战三败，这是必然结果。第二局比赛孙膑运用了重组思维的方法，将田忌的上、中、下等马分别对齐王的中、下、上等马比赛，取得了两胜一败的好成绩。

田忌的成功主要是打破了习惯性思维，进行发散思维，即从一点出发，朝四面八方想开去。很多事情都可以运用发散思维，充分发挥想象、联想，以多种方法解决问题，千万不能吊死在一棵树上，那将扼杀我们的创新意识。

图 8-55 田忌赛马

司马光砸缸救人的故事，说明了人们受习惯性思维的制约。小朋友掉入大水缸，情况危急，大家束手无措。因为只想到了一个答案，人是从上面掉下去的，应该从上面救出来，而司马光从矛盾的焦点进行思考：水要淹死人，我让水流出来，因此采取了砸缸的办法。

我国古代文学中多智多谋的人物举不胜举，他们的思维方法很多是发散思维，有高超之处，值得我们学习、借鉴。

5. 扫除创新思维中的障碍

要培养学生的创新意识，首先要扫除创新思维的种种障碍。创新思维的主要障碍是习惯性思维、心理障碍以及环境因素造成的思维障碍。我们要针对不同情况采取不同的措施。

比如老师在黑板上画一点，问同学们，这是什么？大家会不假思索，异口同声地回答："小圆点。"其实，我们还可以把它看成是线段的断面，或是线段的无限缩小，或者是一个物体的无限缩小等。大家只认定一个答案，这就是习惯性思维的弊病。它禁锢了人的思维，束缚了人的想象，扼杀了人的创新意识。

克服习惯性思维的最佳途径是进行变通思维训练。我们常说"穷则思变""变则通""随机应变""举一反三"等，这些词语实际上都表达了一种思维方式，叫作变通思维。变通思维是指不同分类、不同形式的思维转换运用，即从这个思维角度转换成另一个思维角度。

比如，对于废弃的饮料瓶，大部分人都把它当废品扔了，而有人却把它制成精美的工艺品、各种花篮，非常漂亮，曾盛行一时。根雕艺术产生前，谁都把它的原材料当柴烧，舍此百无一用，偏偏又是变通思维使其为人们的生活增添了一些色彩和亮点。

农村的麦秆当柴烧早已成为历史，因为麦秆工艺品不仅为国人所喜爱，也已经打开了国际市场，每年为国家创造大量的外汇收入，如图 8-56～图 8-59 所示。

图 8-56　麦秸工艺品

图 8-57　麦秸宝盒

图 8-58 翠竹双鸟图

图 8-59 麦秸孔雀图

足见变通思维何其重要,创新意识为我们增加了大量的财富。

创新障碍中影响最大的是心理障碍。创新意识的产生是有条件的,只有当人的心情愉快、关系融洽、没有顾虑、绝对放松的时候,人的思维才会活跃、激荡,才会迸发出新的火花,才会有创新力。

三、创新思维的 8 个方法

在科学技术不断发展、商品生产不断繁荣的新时代,随着科技的加速进步,现在的 80%～90%的产品将被降低档次销售,或被迫廉价抛售,或被迫彻底淘汰,为更加高档时新、功能多样的产品所取代。这就需要突破传统的思维模式,进行产品创新思维,这里简介八法,以资借鉴。

(1) 逆向思维。逆向思维是相对于顺向思维而言的,它是从相反的角度思考产品开发,把市场最终目标和为产品研究的出发点,沿着为实现未来而思考现在,为到达终点而把握起点的思路。

(2) 心理思维。抓住人们的心理追求去开发创造新产品，往往可以收到妙不可言的市场效果。

(3) 跟踪思维。跟踪思维就是通过对社会消费迹象进行跟踪调查之后，进行综合、分析和思考，从中发现未来产品的开发创新。

(4) 替代思维。一种产品在消费实践中已证明是过时落后的，人们希望有新的更好的东西替代之。而一旦有了优于或完全不同于这种产品的另一种新产品问世，市场销路往往会出人意料的好，经济效益也会出人意料地高。

(5) 物极思维。有一种现象：一只足球弹撞到墙上，因受反作用力的影响而猛然回头，顺着原方向，返回到一定的距离处，受反作用力越大，返回距离就越远。物理学家称此为"物极原理"。

(6) 发散思维。发散思维就是从某一研究和思考对象出发，充分展开想象的翅膀，从一点联想到多点，在对比联想、接近联想和相似联想的广阔领域分别涉猎，从而形成产品的扇形开发格局，产生由此及彼的多项创新成果。美国历经百年风化的自由神像翻新后，现场有200吨废料难以处理。一位叫斯塔克的人承包了这一苦差事，他对废料进行分类处理，巧妙地把废铜皮铸成纪念币，把废铅、废铝做成纪念尺，把水泥碎块、配木装在玲珑透明的小盒子里作为有意义的纪念品供人选购。所有这一切，都与名扬天下的"自由女神"相联系。这样一来，就从那些一文不值、难以处理的垃圾中开发出了好几种十分畅销、身价百倍的纪念性新产品，斯塔克也由此大获其利。这种变废为宝的发散式创新技世，一时传为美谈，启迪着许多企业家的产品开发行为。

(7) 否定思维。"否定是创新之母"。否定自己的过去，意味着创造更好的未来。产品创新也是这样。

(8) 多路思维。多路思维就是使头脑中多路创新思维聚焦于某一个中心点上，在产品开发中向某一个焦点发起创新攻势。

四、创新思维方式

重组从性质上说是一种发明、创造活动。著名科学家爱因斯坦曾经说过：组合（重组）是创造性思维的本质特征。重组又是当今社会发明、创造的主要方式。

调整和择优是重组型的两条思维原则。

(1) 调整：事物的性质和功能是由结构决定的。要改变事物的现状，唯有打破原先的格局，重新考虑其结构的组合，使之形成新的性质和功能，以满足新形势发展的需要或人们的新需求。

(2) 择优：在考虑调整的过程中，往往会出现多个方案，经过反复权衡利弊和可行性论证后，从中选择出一个最优的方案。所谓最优方案，就是在最大限度上满足新形势发展需要的或人们新需求的方案。

重组型有两种思维模式：①结构重组模式 结构包括数量、形状、材料等，对它们进行重组就是结构重组模式；②程序重组模式 如把原先的操作程序1、2、3、4、5改为1、3、5、2、4甚至5、4、3、2、1……

用"创造学之父"、美国人奥斯本的名字命名的奥斯本检核表法就是上述两种重组模式的集中体现。奥斯本检核表法又称设问法，即以提问的方式从 9 个角度对现有产品或发明创造物的材料、颜色、气味、声音、形状及其大小、轻重、粗细、上下、左右或前后等结构或顺序进行重组而形成的发明方法。

我国研究者许立言和张福奎提出了如下"12 个聪明方法"，进一步完善和发展了奥斯本检核表法。

加一加：能在这件东西上添加些什么吗？
减一减：可在这件东西上减掉些什么吗？
扩一扩：把这件东西扩展会怎样？
缩一缩：让这件东西缩小会怎样？
变一变：改变一下形状、颜色、声音、气味会怎样？改变一下次序会怎样？
改一改：这件东西存在什么缺点需要改进？
联一联：把某些东西或事物联系起来能达到什么目的？
学一学：模仿其他事物的结构会有什么结果？学习它的原理、技术又有什么结果？
代一代：有什么东西能代替另一些东西？
搬一搬：把这些东西搬到别的地方，能有其他用处吗？
反一反：一件东西、事物的正反、上下、左右、前后、横竖、里外颠倒一下，会有什么结果？
定一定：为解决某问题或改进某东西，需要规定些什么吗？

五、提升创新能力、创新思维的方法

通过前面的一些讲解，我们已了解了创新思维的一些基本概念及作用，但是，我们要如何才能拥有这些神奇的创新思维技巧与方法呢？下面我们先简单地谈一谈。

（一）破除思维定式

在长期的思维实践中，每个人都形成了自己所惯用的、格式化的思考模型，当面临外界事物或现实问题的时候，我们能够不假思索地把它们纳入特定的思维框架，并沿着特定的思维路径对它们进行思考和处理。这就是思维定式。

1. 破除"权威定式"

有人群的地方总有权威，权威是任何社会都实际存在的现象。对权威的尊崇常常演变为神化和迷信；在思维领域，人们习惯于引证权威的观点，不加思考地以权威的是非为是非，这就是权威定式。

（1）思维中权威定式的形成主要通过两条途径，第一条途径是，在从儿童长到成年过程中所接受的"教育权威"。第二条途径是"专业权威"，即由深厚的专门知识所形成的权威。

（2）权威定式的强化往往是由统治集团的有意识的培植，而且权威确立之后常会产生"泛化现象"，即把个别专业领域内的权威扩展到社会生活的其他领域内。

（3）权威定式有利于惯常思维，却有害于创新思维。在需要推陈出新的时候，它使人们很难突破旧权威的束缚。历史上的创新常常是从打倒权威开始的。

2. 破除"从众定式"

（1）从众定式的根源在于，人是一种群居性的动物，为了维持群体生活，每个人都必须在行动上奉行"个人服从群体，少数服从多数"的准则；然而这个准则不久便会成为普遍的思维原则而成为"从众定式"。

（2）从众定式使得个人有归宿感和安全感，以众人之是非为是非，人云亦云随大流，即使错了，也无须独自承担责任。人们大部分的行为选择其实都是从众的结果，而很少经过自己独立的深思熟虑。

（3）在传统社会中，统治阶级不断强化人们的从众定式，因而排斥那些惊世骇俗的言行和特立独行的人物。

3. 破除"知识—经验定式"

知识与经验有许多不同之处。简单的话，你掌握与了解的一些事物的现象与本质是知识；如何运用你了解的事物的现象与本质则是经验，一般地把两种定式统称为"知识—经验定式"。

（1）知识经验与创新思维的关系，是个较为复杂的问题。知识经验具有不断增长、不断更新的特点，从而有可能使我们看到它们的相对性，经过比较发现其局限性，进而开阔眼界，增强创新能力。知识经验又是相对稳定的，而且知识是以严密的逻辑形式表现出来的，因而又有可能导致对它们的崇拜，形成固定的思维模式，由此削弱想象力，造成创新能力的下降。

（2）思维上的"知识—经验定式"在以下3个方面构成了"思维枷锁"：第一，知识经验本身是一种限定或框架，"任何肯定即否定"，因而使人难以想到框架之外的事物；第二，知识与现实并不能完全吻合，而过去的经验也不一定能适用于现在和未来，因此"运用之妙存乎一心"；第三，知识经过"纯化"之后，常常只提供唯一的标准答案，既不能完全符合现实，也会扼杀人的创新思维。

（3）为弱化"知识—经验定式"，或从根本上阻止其形成，人们应该经常进行创新思维训练，以便灵活地运用已有的知识和经验，让它们与自己的智慧同步增长。

（二）扩展思维视角

"视角"就是思考问题的角度、层面、路线或立场。应该尽量多地增加头脑中的思维视角，学会从多种角度观察同一个问题。

1. 肯定—否定—存疑

（1）思维的肯定视角就是当头脑思考一种具体的事物或者观念的时候，首先设定它是正确的、好的、有价值的，然后沿着这种视角，寻找这种事物或观念的优点和价值。

（2）思维中的"否定视角"正相反，否定也可以理解为"反向"，就是从反面和对立面来思考一个事物；并在这种视角的支配下寻找这个事物或者观念的错误、危害、失败、缺少之类的负面价值。

（3）对于某些事物、观念或者问题，我们一时也许难以判定，那就不应该勉强地"肯定"或者"否定"，不妨放下问题，让头脑冷却一下，过一段时间再进行判定。这就是"存疑视角"。

2. 自我—他人—群体

（1）我们观察和思考外界的事物，总是习惯以自我为中心，用我的目的、我的需要、我的态度、我的价值观念、情感偏好、审美情趣等，作为"标准尺度"去衡量外来的事物和观念。

（2）"他人视角"要求我们，在思维过程中尽力摆脱"自我"的狭小天地，走出"围城"，从别人的角度，站在"城外"，对同一事物和观念进行一番思考，发现创意的苗头。

(3) 任何群体总是由个人组成的，但是，对于同一个事物，从个人的视角和从群体的视角，往往会得出不同的结论。

3. 无序—有序—可行

(1) "无序视角"的意思是说，我们在创意思维的时候，特别是在思维的初期阶段，应该尽可能地打破头脑中的所有条条框框，包括那些"法则""规律""定理""守则""常识"之类的东西，进行一番"混沌型"的无序思考。

(2) "有序视角"的含义是，我们的头脑在思考某种事物或者观念的时候，按照严格的逻辑来进行，透过现象，看到本质，排除偶然性，认识必然性。

(3) 创意的生命在于实施，我们必须实事求是地对观念和方案进行可行性论证，从而保证头脑中的新创意，能够在实践中获得成功。这就是"可行视角"。

最后，我们应该牢记的是，创新思维是一种习惯。要想拥有这种习惯必须通过认真学习，掌握各种创新思维方法，科学有序的方法才是成功的坚实基础。

六、创新思维的训练

(一) 发散思维训练

发散思维是培养创造性思维的重要途径，通过发散训练，有利于培养创造性思维能力。

发散思维有以下几种方法。

(1) 材料扩散：以某个物品为材料，当作扩散点，大家可以设想出它的各种用途。如回形针的用途：把纸或文件别在一起，制作铁塔等，如图 8-60～图 8-65 所示。

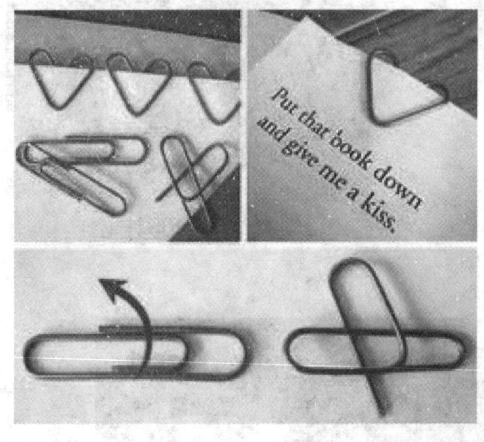

图 8-60　夹文件　　　　　　　　　图 8-61　制作铁塔

(2) 功能扩散：以某种事物的功能作为扩散点，设想出获得该功能的各种可能性。如怎样达到灯的照明：壁灯、吊灯等，如图 8-66～图 8-69 所示。

(3) 结构扩散：以某种事物的结构为扩散点，设想出利用该结构的各种可能性。如尽可能多地说出含圆形结构的东西：太阳，水滴，酒杯……

(4) 特征扩散：以某种事物的特征为扩散点，设想出利用某种特征的各种可能性。如利用红色可做什么：禁止通行的信号灯，红印泥，红墨水……

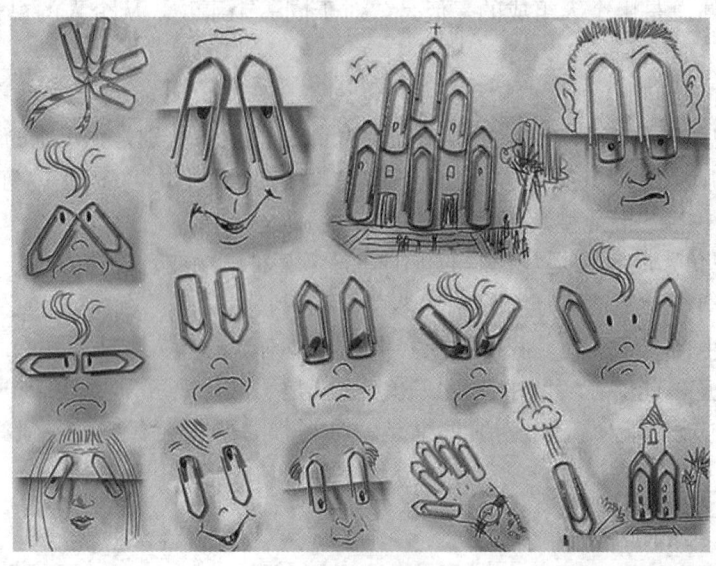

图 8-62 制作漫画

图 8-63 装订文件 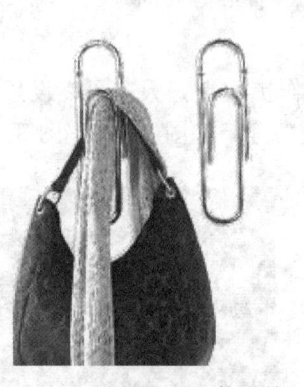　　　图 8-64 物品钩 　　　图 8-65 回形针笔挂

图 8-66 壁灯 　　　图 8-67 吊灯

（5）方法扩散：以人们解决问题或制造物品的某种方法为扩散点，设想出利用该种方法的各种可能性。如说出用"吹"的方法可能做的事或解决的问题：吹气球，吹蜡烛，吹口哨……

图 8-68　台灯　　　　　　　　　图 8-69　广场灯

（6）组合扩散：从某一事物出发，以此为扩散点，尽可能多地设想与另一事物联结成具有新事物的各种可能性。如尽可能多地说出钥匙圈可以同哪些东西组合在一起：可同小刀组合，可同指甲刀组合，可同小剪刀组合等，如图 8-70～图 8-75 所示。

图 8-70　精美指甲钳　　　图 8-71　开瓶器指甲钳　　　图 8-72　带放大器的指甲钳

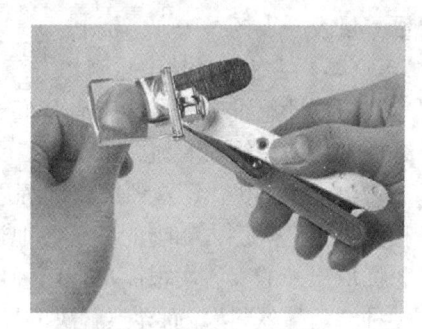

图 8-73　安全指甲钳　　　　　　图 8-74　德国多功能指甲钳

（7）因果扩散：以某事物发展结果起因为扩散点，设想出这一结果的原因或这一原因可能产生的结果。如推测"玻璃杯碎了"的原因：手没抓住，掉落地上碎了；被某物碰碎了……

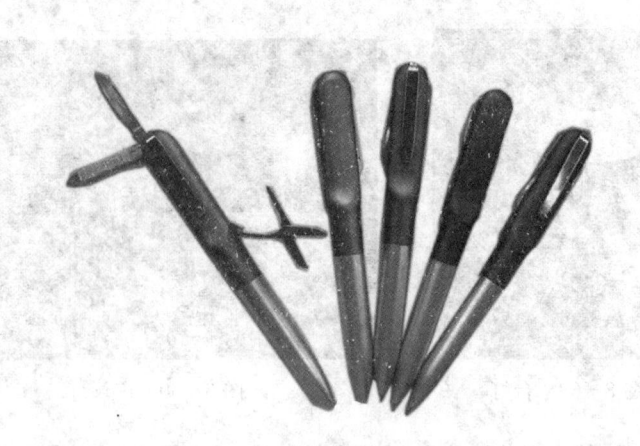

图 8-75　工笔指甲钳

（8）语词扩散：以一个词为基础连接或组成更多的词或句子。如学生—生活—活力—力量—量表—表扬……

(二) 摆脱习惯性思维训练

习惯性思维有时可能阻碍我们的思路，摆脱习惯性思维训练，可打破某种固定不变的思维框架，使思维具有流畅、变通、灵活、独创等特点。

（1）排除观念定式训练：训练思考者对任何事都能考虑各种可能性。比如爸爸的衬衣纽扣掉进了已经倒入咖啡的杯子，他连忙从杯子里拾起，不但手不湿，连纽扣都是干的，他是怎样取出来的？答案很简单：已经倒入的咖啡是固体粉末。在人们的观念里，总以为咖啡是一种"液体饮料"，而导致解决问题的障碍。

（2）排除功能固着训练：训练思考者从崭新的角度思考问题，可防止思维刻板、僵化，打破思维定式的影响。比如近代的客机把稳定翼安装在靠近机头处，螺旋桨放置在机尾用以推动尖端悬浮系统的流线型机身，既增加飞行速度，又可以排除失速和尾旋，提高飞行的安全性。如果对螺旋桨和稳定翼的位置重新组合，即把螺旋桨放置机身顶部，稳定翼安装在机尾，则变成直升机的结构了。这种通过重新组合事物的结构或事物形成的操作程序，从而产生新成果的思维方式类型就叫作重组型。又如，天花板上悬挂两根相距 5 米的绳子，桌上放有一把剪刀，聪明的被试能站在两绳间不动，伸开双臂，两手各抓一根绳子。你知道用的是什么办法吗？被试者先用一根绳拴住剪刀并使其振荡，然后走过去抓住一绳，另一只手抓住振荡过来的剪刀。剪刀，人们很少想到用来当重锤，只想到"剪"的功能。想不到剪刀的其他功能，问题就很难解决。排除功能固着，可通过列举事物用途来加以训练。

（3）查表法训练：为了打破习惯性思维方式，人们把应该考虑的各个要点编成一个表格，进行发明设想，按表格内的要点逐一考虑，从中得到启发，而提高创造性思维的效率。

(三) 缺点列举训练

对某事物存在的某个或某些缺点产生不满，往往是创造发明的先导。只要把列举出来的缺点想办法加以克服，那么就会有新发明创造。如尽可能多列举出玻璃杯的缺点：易碎，较滑，盛了开水时手摸上去很烫，有小缺口会划破手……

(四) 愿望列举训练

愿望列举也称希望点列举。人们对美好愿望的追求，往往成为创造发明的强大动力。如人们希望烧饭能自动控制，结果就发明了电饭锅。愿望列举就是将对某个事物的要求——"如果是这样该多好"之类的想法列举出来。提出积极的希望比仅仅克服缺点会产生更好的创意。

例如，什么样的电视机才是最理想的？看起来像立体的，具有每个人都可以分开看的装置，想看的频道节目会自动出现，能看到全世界的节目……

（五）想象训练

训练想象力是培养和发展创造性思维的一种极好的办法。它能帮助人们从固定化想法中解放出来，使人们在思考、解决问题的过程中学会大胆想象，敢于"标新立异""异想天开"。

拓展阅读

每一个灵感都是新构想

1947年2月，一天，当拍立得公司的总经理兰德正在替女儿照相，女儿不耐烦地问，什么时候可以见到照片。兰德耐心地解释，冲洗照片需要一段时间，说话时他突然想到，照相术在基本上犯了一个错误——为什么我们要等上好几小时，甚至几天才能看到照片呢？

如果能当场把照片冲洗出来，这将是照相术的一次革命。

难题是在一两分钟之内，就在照相机里把底片冲洗好，能适就0～110℃的温度，而且用干燥的方法冲洗底片。

兰德必须掌握解决所有这些问题的方法。他以令人难以置信的速度开始工作，6个月之内，就把基本的问题解决了。

诚如他的一名助理所说："我敢打赌，即使100个博士10年间毫不间断地工作，也没办法重演兰德的成绩。"这话毫不夸张。

但兰德自己无法解释他所经历过的发明过程。他相信人类和其他动物有质的区别，就在人的创造能力。

"你能想象吗？"他问，"一个猿猴发明一个箭头？"

有好多人说，现代人已经在科学上找到一项新工具，能够代替人创造发明，他对这种说法感到十分不耐烦。他倒是相信，发明是人类很早很早就有了的能力，只是至今还一点都弄不清楚它究竟是怎么回事。

"我发现，"兰德说，"当我快要找到一个问题的答案时，极重要的是，专心工作一段长时间。在这个时候，一种本能的反应似乎就出现了。在你的潜意识里容纳了这么多可变的因素，你不能容许被打断。如果你被打断了，你可能要花上一年的时间才能重建这60小时打下的基础。"

直到1946年兰德的助手还只有寥寥几位。因为第二次世界大战的关系，这些年轻的助手都没有受过正规的科学训练，尽管他们很聪明。说也巧，他们几乎都是史密斯学院毕业的。他的一个最接近的助手是专门研究60秒照相术的。

她是普林斯顿大学一位数学教授的女儿，名叫密萝·摩丝，摩丝小姐后来成为拍立得黑白底片研究部门的主任。兰德说她有许多重要的贡献，尤其在软片方面。

60秒照相术所用化学原料和技术等，仍然是个商业秘密。他们在调制配方的时候，药瓶上只写着代号而已。

60秒相机在1947年成功推出之后,兰德想尽快把它推销到市场去。难题是怎样推销。

兰德和他的助理请来哈佛大学商业学院的市场专家,一起研讨对策,有一阵子还真想采取上门推销的方式。

但是后来,他们倒觉得用一般的销售方式就行了,他们请了一个声望很高的人来推销,他名叫何拉·布茨。

布茨一见兰德的照相机立即狂热起来。他在1948年加入拍立得公司,成为它的副董事长之一,并且身兼总经理;他不只替拍立得带来响亮的名气,而他个人在推销方面,也显示了极高的才华。

他没有利用什么推销组织就把照相机卖了出去,他花的广告费用这么少,似乎连在波士顿一地做广告都不够。

布茨跟他的推销主任罗勃曼想出了一个办法。他们在每个大城市选上一家百货公司,给他们30天推销兰德照相机的专卖时间,条件是百货公司要在报纸上大做广告,拍立得只是从旁协助,而且要在百货公司里大肆推销。

1948年11月26日,兰德照相机首次在波士顿一家大百货公司上市。大家争相抢购,以至于忙碌的店员,不小心把一些没有零件的展览品也卖了出去。

这种势头促使拍立得大量生产。布茨在迈阿密用了个别开生面的推销方法。他想到让那些迈阿密来度假的有钱人买照相机,因为他们来自美国各地,等他们回去的时候,无形中就成了兰德照相机的宣传员。

为了加强效果,布茨雇了一些妙龄女郎和一些救生员,在游泳池和海滩附近,使用兰德照相机照相,然后把照片送给那些吃惊的游客。几个星期之内,迈阿密商店里的兰德相机被抢购一空。

推销活动从一个城市移到另一个城市。尽管全国多数的照相机销售店冷淡地接受兰德相机,但拍立得1949年的销售额却高达6 680 000美元,其中5 000 000元来自新相机和软片。

兰德一再要求他的设计人员设计出一种又轻又方便的照相机,使得大家都想拥有一部。他预测总有一天,1亿美国人携带兰德相机,就像身上的皮夹、腕上的手表一样普遍。他相信,等60秒相机变得这么方便的时候,每一个拥有相机的人,一天至少就会照一张相,不论做生意、旅行或在家,都要照上一张。等到一天,卖出的软片将是目前的两倍。

口袋型的相机还没有出现,但是拍立得公司正努力研究新的型号,照出的相片将跟目前的差不多,但是相机体积会小得多,便用更方便。以前大型的相机,重约4.5磅,而且鼓鼓的。20世纪60年代后期,不到一磅重的相机出现了,但口袋型相机仍尚未问世。

兰德深信,拍立得的规模有一天将会比今天至少大5倍或10倍。

拍立得公司的辉煌证明了一个简单的道理:每一个灵感是新构想,抓住它,你就能成功。

千万别小看自己无意中的主意

1. 机遇+实力=成功

可以肯定,几乎所有成功者都是在自身实力的基础上,看准时机,及时捕捉,借此冲向目标。

"安全刀片大王"吉利,未发明刀片以前是一家瓶盖公司的推销员。他从20多岁时就开始节衣缩食，把省下来的钱全用在发明研究中。过了近20年，他仍旧一事无成。

1985年夏天，吉利到保斯顿市去出差，在返回的前一天买了火车票。翌晨，他起床迟了一点，正匆忙地用刀刮胡子，旅馆的服务员急匆匆地走进来喊道："再有5分钟，火车就要开了！"吉利听到后，一紧张，不小心把嘴巴刮伤了。

吉利一边用纸擦血一边想："如果能发明一种不容易伤皮肤的刀子，一定大受欢迎。"

这样，他就埋头钻研。经过千辛万苦之后，吉利终于发明了现在我们每天所用的安全刀片。他摇身一变成为世界安全刀片大王。

2. 现实生活中小事所触发的灵感引起的成功

克鲁姆是位美国印第安人，是油炸薯片的发明者。1853年，克鲁姆在萨拉托加市高级餐馆中担任厨师。一天晚上，来了位法国人，他吹毛求疵总挑剔克鲁姆的菜不够味，特别是油炸食品太厚，无法下咽，令人恶心。

克鲁姆气愤之余，随手拿起一个马铃薯，切成极薄的片，骂了一句便扔进了沸油中，结果好吃极了。不久，这种金黄色、具有特殊风味的油炸薯片，就成了美国特有的风味小吃而进入了白宫，至今仍是美国国宴中的重要食品之一。

3. 多留心生活，一点小事可能就是将你引上成功之路的千载难逢的机遇

美国佛罗里达州有位穷画家，名叫利伯曼。他当时仅有一点点画具，仅有一支铅笔也是削得短短的。

有一天，利伯曼正在绘图时，找不到橡皮擦。费了很大功夫才找到时，铅笔又不见了。铅笔找到后，为了防止再丢，他索性将橡皮用丝线扎到铅笔的尾端。但用了一会，橡皮又掉了。

"真该死！"他气恼地骂着。

利伯曼为此事琢磨了好几天，终于想出主意来了：他剪下一小块薄铁片，把橡皮和铅笔绕着包了起来。果然，用一点小功夫做起来的这个玩意相当管用。

后来，他申请了专利，并把这专利卖给了一家铅笔公司，从而赚得55万美元。

4. 千万别小看你自己无意中的小主意

美国大西洋城有一位名叫彭伯顿的药剂师，煞费苦心研制了一种用来治疗头痛、头晕的糖浆。配方搞出来后，他嘱咐店员用水冲化，制成糖浆。

有一天，一位店员因为粗心出了差错，把放在桌上的苏打水当作白开水，没想到一冲下去，"糖浆"冒气泡了。这让老板知道可不好办，店员想把它喝掉，先试尝一下味道，还挺不错的，越尝越感到够味。闻名世界、年销量惊人的可口可乐就是这样发明的。

5. 有时候，机遇会自己找上门来，就看你能不能发现

日本大阪的富豪鸿池善右是全国十大财阀之一，然而当初他不过是个东走西串的小商贩。

有一天，鸿池与他的佣人发生摩擦。佣人一气之下将火炉中的灰抛入浊酒桶里（德川幕府末期日本酒都是混浊的，还没有今天市面上所卖的清酒），然后慌张地逃跑了。

第二天，鸿池查看酒桶时，惊讶不已地发现，桶底有一层沉淀物，上面的酒竟异常清澈。尝一口，味道相当不错，真是不可思议！后来他经过不懈的研究，认识到石灰有过滤浊酒的作用。

经过十几年的钻研，鸿池制成了清酒，这是他成为大富翁的开端，而鸿池的佣人永远不

能知道，是他给了鸿池致富的机会。

6. 善于观察，勤于思考，就会发现身边的机会很多

住在纽约郊外的扎克是一个碌碌无为的公务员，他唯一的嗜好便是滑冰，别无其他。

纽约的近郊，冬天到处会结冰。冬天一到，他一有空就到那里滑冰自娱，然而夏天就没有办法到室外冰场去滑个痛快。

去室内冰场是需要钱的，一个纽约公务员收入有限，不便常去，但待在家里也不是办法，深感日子难受。

有一天，他百无聊赖时，一个灵感涌上来，"鞋子底面安装轮子，就可以代替冰鞋了。普通的马路就可以当作冰场。"

几个月之后，他跟人合作开了一家制造 Roller-Skate 的小工厂。他做梦也想不到，产品一问世，立即就成为世界性的商品。没几年，他就赚进 100 多万美元。

有了机遇还不够，还要有实力，实力就是要善于观察，有对生活的冲动。

机遇只垂青于那些勤于思考的人。不然，有那么多人刮胡子、用铅笔，而发明安全刀片、带橡皮头铅笔的却只有一个。

对生活充满信心吧，相信你的未来不是梦。

名人寄语

邓小平（中国）：掌握新技术，要善于学习，更要善于创新。

江泽民（中国）：一个没有创新能力的民族，难以屹立于世界先进民族之林。

唐才常（清·《各国种类考》）：尊新必威，守旧必亡。

托马斯·彼得斯（美国）：距离已经消失，要么创新，要么死亡。

穆勒（英国）：现在的一切美好事物，无一不是创新的结果。

阿西莫夫（美国）：创新是科学房屋的生命力。

蒙森（德国）：人类的创新之举是极其困难的，因此便把已有的形式视为神圣的遗产。

塞·约翰逊（英国）：随着一种观念的流行，言语创新的程度丝毫不亚于习惯改变的程度。

宋叔和（中国）：敏于观察，勤于思考，善于综合，勇于创新。

李可染（中国）：创新就是在生活中发现了古人没有发现的东西。

松下幸之助（日本）：非经自己努力所得的创新，就不是真正的创新。

李政道（美籍华裔）：一个人想做点事业，非得走自己的路。要开创新路子，最关键的是你会不会自己提出问题，能正确地提出问题就是迈开了创新的第一步。

吉福德·平肖第三（美国）：将来，先进国家生产的产品价值只有很少一部分是从蓝领工人的劳动及从资本物中得来，而主要是从设想和创新中得到的。

陈安之（中国）：要研究成功者的想法策略和行为习惯，然后加以改良，因为我们不可能靠模仿别人而超越竞争对手，要超越竞争对手，我们一定要创新。

彼得·德鲁克（美国）：基于聪明的设想出现的创新数量极大，哪怕成功的百分比比较小，仍然成为开辟新行业、提供新职业、给经济增添新的活动面的相当巨大的源泉。

尼采（德国）：独创性并不是首次观察某种新事物，而是把旧的、很早就是已知的，或者是人人都视而不见的事物当新事物观察，这才证明是有真正的独创头脑。

马云（中国）：在我看来有三种人，生意人：创造钱。商人：有所为，有所不为。企业家：为社会承担责任。企业家应该为社会创造环境。企业家必须要有创新的精神。

乔布斯（美国）：创新无极限！只要敢想，没有什么不可能，立即跳出思维的框框吧。如果你正处于一个上升的朝阳行业，那么尝试去寻找更有效的解决方案：更招消费者喜爱、更简洁的商业模式。如果你处于一个日渐萎缩的行业，那么赶紧在自己变得跟不上时代之前抽身而出，去换个工作或者转换行业。不要拖延，立刻开始创新！

推荐图书

[1] 宫承波. 创新思维训练［M］. 北京：中国广播影视出版社，2014.

[2] 李中扬. 创意思维训练［M］. 北京：中国建筑工业出版社，2011.

[3] 高志，黄纯颖. 机械创新设计［M］. 2版. 北京：高等教育出版社，2010.

[4] 潘承怡，姜金刚. TRIZ理论与创新设计方法［M］. 北京：清华大学出版社，2015.

[5] 梁良良. 创新思维训练［M］. 北京：新世界出版社，2009.

[6] 毛溪. 图案创意设计［M］. 2版. 上海：上海人民美术出版社，2008.

[7]（英）爱德华·德博诺. 创新思维训练游戏［M］. 宗玲译. 北京：中信出版社，2009.

[8] 赵新军. 创新思维与技法［M］. 北京：中国科学技术出版社，2014.

课后思考

1. 如何提高自己的科技创新能力？

2. 挂在壁墙上的石英钟，当电池的电能耗尽而停止走动时，其秒针往往停在刻度盘上"9"的位置，这是什么原因？

中篇

职业规划

第九章 职业理想

本章学习目的

通过本章的学习,认识职业理想及职业理想的作用,了解职业理想的形成和发展阶段,了解如何树立职业理想,以及实现职业理想步骤。

本章内容描述

职业理想是人生理想的重要组成部分,预则立。本章介绍了什么是职业理想、职业理想的作用、如何树立职业理想及实现职业理想步骤。

本章核心概念

职业理想是指人们在一定的世界观、人生观、价值观的指导下,对自己未来的发展目标和所从事的职业做出的想象和设计,也就是人们对未来工作部门、工作种类和工作成就的向往和追求。

第一节 职业理想及其作用

案例与分析

小王,女,某铁道高职院校毕业生。她是一个从小喜欢机械类玩具而不是芭比娃娃的益阳女孩,曾用不到一个月时间就拿到汽车驾照。她觉得自己天生就是开车的料,进入学校后,将自己的职业理想定为地铁司机。当某轨道交通集团有限公司来学校组建订单班时,报名的同学非常多,男女统一规定的裸眼视力5.1以上的硬指标,让很多爱打游戏忙于上网的学生捶胸顿足。但她凭借良好的素质和沉着自信的应聘,使她在不到1/30的录取率中,脱颖而出。经过8个月的培训,小王成为该公司的第一批女司机,实现了自己的职业理想。

分析:进入大学后,有些同学会迷茫,有的同学却有着清晰的职业理想,小王明确的职业理想,使她很容易选择自己理想的职业。作为人生理想重要组成部分的职业理想,直接指导着人们的择业行为。大学生们要尽早树立自己的职业理想,在大学期间参加各类活动提升自己的综合能力,为自己的职业生涯做好充分的准备。

理想是人生的奋斗目标,是对未来的向往和追求。职业理想是理想的重要组成部分,指导着人们的职业价值观和择业行为。树立正确的职业理想,对大学生顺利就业以及在职业实践中把职业理想转化为现实和人格的完善有着重要意义。

一、什么是职业理想

理想可分为社会理想、道德理想、职业理想和生活理想。其中,职业理想是指人们在一定的世界观、人生观、价值观的指导下，对自己未来的发展目标和所从事的职业做出的想象和设计，也就是人们对未来工作部门、工作种类和工作成就的向往和追求。

职业理想作为一种可能实现的奋斗目标，是人们实现职业愿望的精神支柱和力量源泉。人的职业理想分为高中低3个层次。低层次的职业理想，是指把职业作为自己谋生的手段；中层次的职业理想，是指把职业作为个人兴趣满足的手段；高层次的职业理想，则是把职业作为自己创业、创造、创新，自我实现和为人类做贡献的有效途径。

二、职业理想的特点

1. 差异性

职业是多样性的，每个人也是不同的。一个人选择什么样的职业，树立的职业理想方向，与他的政治思想觉悟、道德修养水准、人生观、知识结构、能力水平、兴趣爱好、性别特征、身体状况等都很大的关系。职业理想具有一定的个体差异性。

2. 发展性

一个人的职业理想会因时因地因事的不同而变化。随着年龄的增长、社会阅历的增强、知识水平的提高，职业理想会由朦胧变得清晰，由幻想变得理智，由波动变得稳定。因此，职业理想具有一定的发展性。儿童时期想当一名警察，长大后却成了一名的火车司机就说明了这一点。

3. 时代性

时代的发展与职业的变化，都影响着一个人职业理想的选择，如高速铁路的产生和发展，演绎出与动车相关的职业，使很多人萌发了想当动车司机或相关职业的职业理想。生产力发展的水平不同、社会实践的深度和广度的不同，人们的职业追求目标也会不同，因为职业理想，它总是一定的生产方式及其所形成的职业地位、职业声望在一个人头脑中的反映。

三、职业理想的作用

哈佛大学有一个著名的关于目标对人生影响的调查，调查的对象是一群智力、学历、环境等条件都差不多的哈佛大学毕业生。毕业时，27%的人没有目标，60%的人目标模糊，10%的人有清晰但比较短期的目标，3%的人有清晰而长远的目标。25年后的就业跟踪调查显示：3%有明确目标的人，几乎都成为社会各界的成功人士，其中不乏行业领袖和社会精英；10%有短期目标的人，成为各个领域中的专业人士，大多生活在社会的中上层；60%目标模糊的人，他们安稳地生活与工作，但都没有什么特别成绩；剩下27%没有目标的人，他们过得很不如意，并且常常抱怨他人，抱怨社会，抱怨这个"不肯给他们机会"的世界。可见，树立职业理想，对一个人的发展有着积极的作用。

1. 导向作用

理想是前进的方向，是心中的目标。人生发展的目标是通过职业理想来确立，并最终通过职业理想来实现。俄国大文豪列夫·托尔斯泰曾说过："理想是指路的明灯，没有理想就没有坚定的方向，就没有生活。"只有树立明确的、切合实际的职业理想，再经过努力奋斗，才更易实现人生的发展目标，取得职业的成功。

2. 调节作用

职业理想在现实生活中具有参照系的作用，它指导并调整着我们的职业活动。当一个人在工作中偏离了理想目标时，职业理想就会发挥纠偏作用，尤其是在实践中遇到困难和阻力时，在职业理想的支撑下，才会奋发进取，勇往直前。

3. 激励作用

职业理想既源于现实又高于现实，它比现实更美好。为使美好的未来和宏伟的憧憬变成现实，人们会以顽强的拼搏精神和开拓创新的行动去为之努力奋斗。

四、大学生职业理想的影响因素

大学生职业理想的影响因素包括主体因素和客体因素，主体因素是主体内部产生的、与自我意识密切关联的影响因素，包括个性、能力、价值取向等，客体因素是指职业选择中环境因素的总和，包括社会评价、经济利益、家庭等。在这些影响因素中，价值取向、职业的社会评价、经济利益都有着明显的影响作用。

1. 价值取向

价值取向是一个人意识系统的核心部分，随着价值观的基本定型，大学生的价值取向也基本定型。大学生的价值取向、职业社会的价值取向和家长的价值取向都参与了大学生职业理想的形成过程，只不过它们都已融入了大学生主体的价值观系统，直接影响着大学生职业理想的确立。

2. 职业的社会评价

在现实社会中，人们普遍存在着职业高低贵贱之分的认识，这种认识就是职业的社会评价。职业的社会评价受到社会心理的强有力制约，对大学生职业理想的影响是潜移默化的，成为不自觉的考虑因素，尤其是他们对某种职业缺乏深入了解与切身感受时，社会评价的影响作用会格外明显。

3. 经济利益

经济利益在当代大学生确立职业理想的过程中发挥着举足轻重的作用。职业必须具有物质激励才能保持长久的吸引力，否则将无法获得选择者的青睐。对于尚未迈入职业社会的大学生来说，如果付出的劳动不能以合理的经济报酬加以实现，那么就会促使其重新选择职业。

第二节 职业理想的树立

案例与分析

刘某和秦某都是2006年考入某铁道职院的学生。入学后，刘某通过对城市地铁和铁路局的对比，了解了工作地点、工作环境、工作时间的不同特点，结合自己生活、工作的期待，树立了去地铁公司的职业理想，成功应聘到06级某地铁公司检修订单班。在校期间，他努力学习，毕业后顺利通过验收，成为某地铁公司的一员。秦某从小在铁路边长大，从小就好奇和向往铁路从业人员的工作。来学校后，根据自己及家庭的情况，了解和分析了户籍所在地及其他铁路局的录取及发展情况，决定应聘户籍地的铁路局，因此并未参加地铁公司订单班的报名，在毕业前也成功应聘上某铁路局。

分析：职业理想的树立与每个人的成长经历、家庭情况、学校和社会的就业环境有很大的关系，职业理想树立后，通过自己的努力，更易获得满意的工作。

青年时期是学生的世界观、人生观形成的时期，也是孕育职业理想的关键时期。步入高校，学生的自主意识发展迅速，同时学习专业知识与技能，为未来的工作做准备，此时也是职业理想发展的关键时期。

一、职业理想的形成与发展

职业理想的形成与发展可以分为3个阶段。

1. 萌发阶段

职业理想萌发于3～10岁的童年时期。这个时期的儿童开始萌发某种职业的倾向性，如小男孩长大了想当警察，小女孩长大了想当医生等。随着年龄的增长，思维不断发展，对社会的接触也增多，青少年从儿童时期的模仿和幻想中走出来，出现了职业理想的雏形，但此时对职业理想的认识和思考仍存在片面性和不稳定性。

2. 确立阶段

到了18岁以后，青年人的自我意识迅速发展，对社会职业开始有了较深刻的认识和了解。这时候，青年人已经掌握了一定的科学文化知识，他们开始对社会职业进行价值评论并探索自己的职业前景，使自己的职业理想更加科学化和系统化。此时，职业理想基本形成。但是，由于这一阶段青年对社会和自身的认识还不够稳定，因此确立的职业理想还需要不断调整和完善。

3. 稳定阶段

职业理想不是固定不变的，它是随着社会的发展、人们的观念及周围环境的变化而不断变化的。由于人的自身情况各不相同，人们职业理想的稳定性也有很大的差异。一般来说，人们的职业理想在中年时期得以基本稳定。因为人到了中年时期以后，对职业岗位的认识日趋全面和深刻，这时候能够逐步排除那些不可能实现的职业目标，把职业理想建立在理性思考的基础之上，从而处于稳定阶段。

二、职业理想的树立

大学生职业理想具有很强的自主性，但同时也易带有一定的盲目性。有的人热衷于追逐热门职业、功利性大，强调个人的经济收入；有的人把自己放在很高的起点去思考自己未来的职业，总希望自己所从事的工作条件要比别人好一些，付出的劳动比别人少一些，拿的工资却要比别人高一些；有的人认为只要自己肯吃苦，不愁找不到好工作，只要肯付出，个人的才华一定能发挥。因此，大学生应根据自己的特点，进行合理的定位，设计符合自己的职业理想。

1. 正确认识自己

大学生应该通过科学认知的方法和手段，充分了解自己的性格、兴趣、能力以及价值观，做到全面地认识自己的过去、现在和未来，从而树立适合自己的职业理想。

（1）兴趣与职业理想相吻合。兴趣是由于获得某方面的知识或参与某种活动而使人体验到情绪上的满足而产生的，如果一个人对某事物感兴趣，就会给予其优先注意和积极探索，并表现出超出一般的积极性和主动性，因此，在树立职业理想时要考虑自己的兴趣倾向。

（2）性格与职业理想的吻合。性格类型与职业类型的匹配度，决定着事业成功与否，一个人在确定职业理想时还要充分考虑自己的性格。

(3) 能力与职业理想的吻合。当前社会需要能够适应各种工作岗位的实用型人才,大学生要实现自己的职业理想,获得一个满意度较高的理想职业,就必须具备相应的专业能力。因此,在树立职业理想时,就应该考虑是否具备实现职业理想的能力前提,否则确立的职业理想只是幻想。如在铁道类院校中有不少专业是非铁道类的,这些专业中仍有不少学生希望能够未来从事铁道类工作,但由于所学专业的问题,在择业过程中面对铁路局招聘,根本就没有报名的资格,更无法实现铁道类工作的职业理想了。

2. 了解社会需求

大学生在设计职业理想时,要根据社会需求进行职业定向。不同行业的发展情况是不一样的,信息产业大发展时代,对信息类人才的需求量较大;在铁路大发展的时代,铁路相关专业人才的需求量就增加,社会需求总是在发生变化的。大学生的职业理想只有适应社会需求,才有可能得以实现,从而保证职业理想的顺利实现。

3. 分析职业情况

大学生职业角色的发展与从事的行业有着密切的关系,大学生不能仅看重单位的大小、名气、薪水高低,重要的是对该行业现状和发展前景有比较深入的了解。同时在专业学习的过程中,了解职业岗位情况,如工作内容、工作条件、工作环境等,这些是否是自己所喜欢的或能够做到的。

4. 在实践中确立正确的职业理想

人们对职业的认识同职业实践密不可分,大学生只有通过"实践—认识—再实践—再认识"的反复循环过程,才能逐渐加深对职业的理解和认识,才能不断修正自己职业理想的偏差,不断完善和升华自己的职业理想。大学生在确定自己的职业理想之后,还要通过学校的实习、社会实践等机会,去感受自己的职业理想。在这个过程中,大学生会发现择业现实与自己职业理想的反差非常大,职业理想不等于理想职业,这就需要大学生不断地进行职业实践来修正自己的职业理想,并且处理好职业理想与择业现实的矛盾,积累经验,调整自我,寻找机会,为长远发展奠定基础。

(1) 在实践中检验、调适职业理想。职业理想的正确与否,不是以主观上感觉如何而定,而是经过实践的反复检验看人与职业的适宜性来判定。理想的职业应该是人能适应职业需要,能发挥自己优势和充分显示个人才能的职业。但由于大学生在从事职业活动之前,缺乏职业实践体验或者不能正确、客观地评价自己,使自己职业理想发生偏差。这就需要做出合理的调适,找到自己与职业匹配的最佳结合点,使自己追求的目标建立在既符合现实需要又在长远的发展中有实现的可能的基础上。

(2) 职业理想人与职业的合理匹配。如果自己从事的职业实现了人与职业的合理匹配,这就是理想的职业。即使不符合个人已形成的职业理想,也要从现实与未来发展相结合的角度做出合理调适。如果从事的职业符合自己的职业理想,但人与职业不能合理匹配,自己不适应职业的要求或不能充分发挥个人特长,积极性和创造性不能很好地展现,这也需要及时地、符合实际地调适自己的职业价值观,通过实践(包括正常的职业流动)来实现人职匹配。

(3) 在实践中完善、升华职业理想。职业理想是社会和时代的产物,这就决定了它不是永恒不变的。大学生在职业实践中通过自身体验,应不断加深对社会的认识与理解,不断过滤职业理想的幻想成分,正确处理理想与现实的关系、个人与社会的关系、人与人的关系,通过自己的职业实践为社会、为人民服务。

此外，在实践的过程中，大学生还要处理好职业理想与择业现实的矛盾，处理好理性择业与实现职业理想的关系。总之，大学生要勇于实践理想，通过不断的实践，不断调整、完善、实现自己的职业理想。

三、职业理想树立中的常见误区

有人说："找工作赚钱就行，尤其是在就业形势非常严峻的情况下，没有必要再谈职业理想了。"这种看法是不对的。实际上，在任何情况下，一个人都应该有一个长远而切实的职业理想。在实际生活中，现实往往与职业理想发生矛盾。很多人不能按照自己的理想标准选择合适的职业，于是有的人索性不就业，坐等理想职业的出现；有的人随便谋个有收入的职业混日子；也有的人对与自己的职业理想不相符的工作怨天尤人，无所作为。这些现象发生的根源，皆在于择业者没有能正确认识职业理想与现实的关系。在大学生毕业中，看待职业理想时常存在以下几个方面的误区。

1. 职业理想脱离实际

职业理想虽然因人而异，没有绝对的标准，但是，有一点必须指出的是，理想职业必须以个人能力为依据，超越客观条件去追求自己的所谓理想，是不现实的。这就要求大学毕业生在选择职业之前一定正确估价自己，给自己一个合理的定位。

2. 职业理想就是一步到位

有的人如果所选择的职业岗位已无空缺，就不就业。但如果没有工作，就意味着没有实现职业理想的可能。就业以后，就可以向自己的职业理想靠近。我们把职场分为"天堂团队""人间团队""地狱团队"，很多人以为不能进入"天堂团队"，就是不理想的。实际上，很多真正有能力的人是从"人间团队"、甚至"地狱团队"走出来的。因为当一个人的职业生涯并不是一帆风顺的时候，往往可以使他的多方面能力得到更好的锻炼。

3. 职业理想等于理想职业

理想职业带有很大的幻想成分，一般认为当个人的能力、职业理想与职业岗位最佳结合时，即达到三者的有机统一时，这个职业才是你的理想职业。其实，在大学生毕业后的头两年，大多数人都会感觉到现实与自己职业理想的落差非常大，这段时期被称为"职业探索期"。在这段时间里，职业理想与现实发生冲突非常正常，既不要怨天尤人，也不要心灰意冷，而是要冷静地看待。应该用这段时间积累经验，同时通过增加对自己兴趣、能力等各方面的认识调整自己的职业理想，积极寻找机会，只要你的职业理想符合社会需要，而自己又确实具备从事那种职业的职业素质，并且愿意不断地付出努力，迟早会有一天会实现自己的职业理想。

第三节 职业理想的实现

案例与分析

邓某，系某铁道高职院校毕业生。他从大一开始就明确了自己的职业理想，并不断朝着目标努力迈进。例如在综合能力提高上，首先他通过应聘进入院学生会担任干事，在此期间他勤勤恳恳、扎扎实实学习做事和做人，不断提高学习成绩，赢得了师长的一致好评。大二的时候，经过竞选，他成为了学院的学生会主席，在这个更高的平台上，他不懈努力，继续践行自己的职业目标。在毕业前他成功被自己的心仪企业——某轨道交通公司录用。在该公司实习和工作期间，他因为表现突出，得到领导赏识，破格提拔为团支部书记。

分析： 专科毕业生加上工作时间不长，要想成为公司的管理人员难度不小，但邓同学实现了。正是由于他入校就有强烈的职业理想，并坚持不懈地朝着目标迈进，才取得了他理想的成绩。

大学生要想把职业理想变为现实，在校期间就要努力学习科学文化知识，提高综合素质，打好坚实的基础。步入职场之后，还要脚踏实地，从基层工作做起，或者瞄准目标，持之以恒，才能实现自己的职业理想。

一、实现职业理想的准备

大学生在确定了职业理想之后，在大学期间还要做好充分准备，为毕业后实现职业理想打下坚实的基础。

1. 拓宽专业知识

随着社会的发展，未来职场对人才的综合性知识结构提出了更高的要求，大学生除了学好本专业知识，还要拓宽专业知识面，了解和掌握与本专业相关的若干专业知识和技术。这样，大学生毕业后既能适应社会发展的需要，又能充分体现个人的特色；既能满足岗位的要求，又有良好的职业素养。而构建综合性的知识结构没有捷径可走，只能运用科学的学习方法，持续不断地学习与积累。

2. 提高专业能力

用人单位在招聘过程中，能力强、素质高的毕业生往往是首选。因此，大学生除了构建自己的知识结构，还要有具备从事本行业岗位的基本能力和某些专业能力，这些都需要在学校做好准备，才能获得与职业理想相符合的工作岗位。

3. 参加职业训练

大学生在校期间，除了学好专业课程，还应该抓住一切可能机会，积极参加多种形式的职业训练，如积极参加社会实践、顶岗实习、校园活动等。通过参加多种形式的职业训练，掌握专业技能，提升职业素养，为实现职业理想奠定良好的基础。

二、实现职业理想的步骤

1. 主动出击，积极择业

我国现阶段实行的就业方式是"双向选择"，即个人和用人单位的相互选择。这就要求大学生在择业时须树立正确的就业观。既要积极主动地寻找工作机会，也不要把"既轻松又赚钱"作为择业的必要条件，应根据自己的职业理想，寻找合适的岗位，才能实现自身价值。在择业时要做好遭受挫折的准备，在激烈的劳动力市场的竞争当中，择业的成功和失败是并存的，机遇和挑战是并行的。不要因一时的挫折让自己陷入困境，实践亦证明，成功的最大敌人不是挫折本身，而是被挫折击倒的我们自己。

2. 脚踏实地，从基层工作做起

当成功择业后就必须热爱就业岗位，同时还要使自己尽快进入角色，适应工作岗位。大学生要树立全心全意为人民服务的意识，脚踏实地从基层工作做起，从身边做起，从一点一滴的小事做起，增长才干，丰富见识，只有积小步以至千里、积小流以成江海，才能成就自己的事业。对于刚毕业生的大学生来说，最为重要的是需要对目前的就业环境和自身特点进行客观的判断，清楚地了解个人的职业发展目标，然后坚持不懈地探索，脚踏实地从基层做起。大学生要想实现自己的职业理想，要想取得事业的成功，达到自己的目标，就必须执着、努力地朝着自己既定的目标，持之以恒、锲而不舍地拼搏到底。

3. 学会积累，厚积薄发

职业理想随着时间和环境的变化也在发生着变化，应该从实际出发，根据自己的能力，要做出一个大方向和一个小目标，在社会中照着自己的方向努力前行，只有这样，才能不断靠近自己的最终目标。有这样一个人立志要做一名律师，初中考试之后，他的中考成绩并不理想，没能考上重点高中，而家中还有弟弟妹妹要上学，于是他妥协了，去了北京打工，在北漂的日子里，他做过快递员、服务员，后来在朋友的帮助下他做了一名保安，他随身总是携带者一些高中的课本，别人工作之后就去上网玩游戏，他只要有时间就会拿起课本读书。在做保安的日子里，别人最不愿意上的夜班他总是抢着上，他觉得值班室晚上安静，又有暖气，看书最合适。几年之后他考上了法律专业的自考大专，之后又考取了自考本科，还考取了律师资格证书，现在已经做律师多年。只要你为理想坚持，总有一天你会实现自己的理想。有时候现实是很残酷的，会让我们非常痛苦，当理想和希望面临破灭时，你会如何对待，有的人会一蹶不振，有的人会锲而不舍，有的人会转变方向，但胜利属于努力的人，前期的各种不顺、不成功，都是最终成功的基石。

三、职业生涯规划助力职业理想的实现

现实有了理想的指导才有前途，理想有了规划，并付诸实践，才能照进现实。职业生涯规划和职业理想的关系也是如此。一些让人怦然心动但不能实现的职业理想，不能成为真正的职业理想，充其量只是幻想或空想。

职业理想需要我们从大学出发，以人生为终点，以职业选择为站点，以职业生涯规划为绳索，将大学、职业、人生贯穿起来，努力践行。因此，大学期间就要根据职业理想规划毕业后的去向，根据学年规划使用大学的时间，根据学业、生活成长、社会实践等规划学习的内容，以去向规划为纲，以时间规划和内容规划为要，从而改变许多大学生在大学期间内心迷茫、沉溺于网络游戏、考试挂科的现象，为更好地利用大学时光做好充分的准备。

拓展训练

职业价值观测试量表

测试说明： 下面有 52 道题目，每个题目都有 5 个备选答案，请想象一下自己未来的工作，根据自己的实际想法，在题目后面圈出相应字母，每题只能选择一个答案。通过测验，你可以大致了解自己的职业价值取向。

A—非常重要　B—比较重要　C—一般重要　D—较不重要　E—很不重要

1. 你的工作必须经常解决新的问题。　　　　　　　　　　　　　　　　A B C D E
2. 你的工作能为社会福利带来看得见的效果。　　　　　　　　　　　　A B C D E

3. 你的工作奖金很高。　　　　　　　　　　　　　　　　A B C D E
4. 你的工作内容经常变换。　　　　　　　　　　　　　　A B C D E
5. 你能在你的工作范围内自由发挥。　　　　　　　　　　A B C D E
6. 你的工作能使你的同学、朋友非常羡慕你。　　　　　　A B C D E
7. 你的工作带有艺术性。　　　　　　　　　　　　　　　A B C D E
8. 你的工作能使人感觉到你是团体中的一分子。　　　　　A B C D E
9. 不论你怎么干，你总能和大多数人一样晋级和长工资。　A B C D E
10. 你的工作使你有可能经常变换工作地点、场所或方式。　A B C D E
11. 在工作中你能接触到各种不同的人。　　　　　　　　　A B C D E
12. 你的工作上下班时间比较随便、自由。　　　　　　　　A B C D E
13. 你的工作使你不断获得成功的感觉。　　　　　　　　　A B C D E
14. 你的工作赋予你高于别人的权力。　　　　　　　　　　A B C D E
15. 在工作中你能试行一些自己的新想法。　　　　　　　　A B C D E
16. 在工作中你不会因为身体或能力等因素，被人瞧不起。　A B C D E
17. 你能从工作的成果中知道自己做得不错。　　　　　　　A B C D E
18. 你的工作经常要外出，参加各种集会和活动。　　　　　A B C D E
19. 只要你干这份工作，就不再被调到其他意想不到的单位和工种上去。 A B C D E
20. 你的工作能使世界更美丽。　　　　　　　　　　　　　A B C D E
21. 在工作中不会有人常来打扰你。　　　　　　　　　　　A B C D E
22. 只要努力，你的工资会高于其他同年龄的人，升级或长工资的可能性比干其他工作大得多。　　　　　　　　　　　　　　　　　　　　A B C D E
23. 你的工作是一项对智力的挑战。　　　　　　　　　　　A B C D E
24. 你的工作要求你把一些事物管理得井井有条。　　　　　A B C D E
25. 你的工作单位有舒适的休息室、更衣室、浴室及其他设备。A B C D E
26. 你的工作有可能结识各行各业的知名人物。　　　　　　A B C D E
27. 在工作中能和同事建立良好的关系。　　　　　　　　　A B C D E
28. 在别人眼中，你的工作是很重要的。　　　　　　　　　A B C D E
29. 在工作中你经常接触到新鲜的事物。　　　　　　　　　A B C D E
30. 你的工作使你能常常帮助别人。　　　　　　　　　　　A B C D E
31. 你在工作单位中，有可能经常变换工作。　　　　　　　A B C D E
32. 你的作风使你被别人尊重。　　　　　　　　　　　　　A B C D E
33. 同事和领导人品较好，相处比较随便。　　　　　　　　A B C D E
34. 你的工作会使许多人认识你。　　　　　　　　　　　　A B C D E
35. 你的工作场所很好，比如有适度的灯光，安静、清洁的工作环境，甚至恒温、恒湿等优越的条件。　　　　　　　　　　　　　　　　　　A B C D E
36. 在工作中你为他人服务，使他人感到很满意，你自己也很高兴。 A B C D E
37. 你的工作需要计划和组织别人的工作。　　　　　　　　A B C D E
38. 你的工作需要敏锐的思考。　　　　　　　　　　　　　A B C D E
39. 你的工作可以使你获得较多的额外收入，比如常发实物，常购买打折扣的商品，常

发商品的提货券，有机会购买进口货等。　　　　　　　　　　　A B C D E
40. 在工作中你是不受别人差遣的。　　　　　　　　　　　　　A B C D E
41. 你的工作结果应该是一种艺术而不是一般的产品。　　　　　A B C D E
42. 在工作中不必担心会因为所做的事情领导不满意，而受到训斥或经济惩罚。
　　　　　　　　　　　　　　　　　　　　　　　　　　　　A B C D E
43. 在工作中你能和领导有融洽的关系。　　　　　　　　　　　A B C D E
44. 你可以看见你努力工作的成果。　　　　　　　　　　　　　A B C D E
45. 在工作中常常要你提出许多新的想法。　　　　　　　　　　A B C D E
46. 由于你的工作，经常有许多人来感谢你。　　　　　　　　　A B C D E
47. 你的工作成果常常能得到上级、同事或社会的肯定。　　　　A B C D E
48. 在工作中，你可能做一个负责人，虽然只领导很少几个人，你信奉"宁做兵头，不做将尾"的俗语。　　　　　　　　　　　　　　　　　　　　　A B C D E
49. 你从事的那种工作经常在报刊、电视中被提到，因而在人们的心目中很有地位。
　　　　　　　　　　　　　　　　　　　　　　　　　　　　A B C D E
50. 你的工作有数量可观的夜班费、加班费、保健费或营养费等。A B C D E
51. 你的工作比较轻松，精神上也不紧张。　　　　　　　　　　A B C D E
52. 你的工作需要和影视、戏剧、音乐、美术、文学、艺术等打交道。A B C D E

评分与评价：上面的 52 道题分别代表 13 项工作价值观。

每圈一个 A 得 5 分，B 得 4 分，C 得 3 分，D 得 2 分，E 得 1 分。请你根据下表中每一项前面的题号，计算每一项的得分总数，并把它填在每一项的得分栏上，然后在表格下面依次列出得分最高和最低的 3 项。

表 9-1　　　　　　　　　　　　得　分　表

得分	题号	价值观	说明
	2、30、36、46	利他主义	工作的目的和价值在于直接为大众的幸福和利益尽一份力
	7、20、41、52	美感	工作的目的和价值在于能不断地追求美的东西，得到美感的享受
	1、23、38、45	智力刺激	工作的目的和价值在于不断进行智力的操作，动脑思考、学习以及探索新事物，解决新问题
	13、17、44、47	成就感	工作的目的和价值在于不断创新，不断取得成就，不断得到领导与同事的赞扬，或不断实现自己想要做的事
	5、15、21、40	独立性	工作的目的和价值在于不断能充分发挥自己的独立性和主动性，按自己的方式、步调或想法去做，不受他人的干扰
	6、28、32、49	社会地位	工作的目的和价值在于所从事的工作在人们的心目中有较高的社会地位，从而使自己得到了他人的重视与尊敬
	14、24、37、48	管理	工作的目的和价值在于获得对他人或某事物的管理支配权，能智慧和调遣一定范围内的他人或事物
	3、22、39、50	经济报酬	工作的目的和价值在于获得优厚的报酬，使自己有足够的财力去获得自己想要的东西，使生活过得较为富足

续表

得分	题号	价值观	说明
	11、18、26、34	社会交际	工作的目的和价值在于能和各种人交往,建立比较广泛的社会联系和关系,甚至能和知名人物结识
	9、16、19、42	安全感	不管自己能力怎样,希望在工作中有一个安稳局面,不会因为奖金、涨工资、调动工作或领导训斥等经常提心吊胆,心烦意乱
	12、25、35、51	舒适	希望能将工作作为一种消遣、休息或享受的形式,追求比较舒适、轻松、自由、优越的工作条件和环境
	8、27、33、43	人际关系	希望一起工作的大多数同事和领导人品较好,相处在一起感到愉快、自然,认为这就是很有价值的事,是一种极大的满足
	4、10、29、31	变异性	希望工作的内容应该经常变换,使工作和生活显得丰富多彩,不单调枯燥

名人寄语

孙子(中国):凡事预则立,不预则废。

富兰克林(美国):宝贝放错了地方便是废物。

戴维·坎贝尔(美国):没有目标就永远不能实现目标。目标之所以有用,仅仅是因为它能帮助我们从现在走向未来。

推荐图书

[1] 田中. 有梦就去追——如何实现你的职业理想 [M]. 北京:外文出版社,2008.

[2] 塞缪尔·斯迈尔斯. 自助——靠自己拯救自己而获得成功 [M]. 齐仲里等译. 北京:中国发展出版社,2004.

[3] 麦迪. 这些事没人告诉你 [M]. 北京:中国商业出版社,2004.

课后思考

1. 结合调查学长的职业发展途径,树立自己的职业理想。

2. 如何实现自我的职业理想?

第十章　职业生涯规划

本章学习目的

通过本章的学习，了解职业生涯规划的概念、意义、基本理论、方法和步骤等基本知识，能够运用相关理论和方法，结合自己的特点，进行职业生涯规划。

本章内容描述

职业生涯规划对大学生获得职业成功有着重要的意义，职业生涯规划的好坏影响着整个生命历程。本章主要介绍什么是职业生涯规划、职业生涯规划的意义，以及职业生涯规划的基本理论、方法和步骤等。

本章核心概念

职业生涯规划是指结合自身条件和现实环境，确立自己的职业目标，选择职业道路，制订相应的培训、教育和工作计划，并按照生涯发展的阶段实施具体行动以达成目标的过程。

第一节　职业生涯规划及其意义

案例与分析

张某在刚考进某铁路高职院校时，就做了有心人。他通过老乡联谊、学生社团、学校活动认识了很多快毕业的学长，并听取了他们的建议，进行了学业规划，参加学生会竞选、班助竞选，为竞聘铁路局做准备，当心仪的铁路局来校招聘时他成功应聘。同时，他还积极与已毕业的学长保持联系，提前了解工作环境、工作内容、发展通道等。在校期间，他就在职业能力、职业素养等方面积极地做着准备，毕业后很快就适应了新的工作。

分析：职业生涯规划能帮助学生让职业理想变成现实，使大学期间的学习、生活有目标、有动力，不仅毕业找工作顺利，而且由于提前规划了自己的职业，具备了职场发展的条件与素质，在职场中往往成长更快。

生命对于每个人来说只有一次，无论学业也好，职业也罢，如果没有好好规划，很可能会多走很多的弯路。每一位大学生都应该科学设计自己的职业生涯发展蓝图，为实现自我价值做好准备。

一、职业生涯规划的含义

职业生涯规划也叫职业规划，是指结合自身条件和现实环境，确立自己的职业目标，选择职业道路，制订相应的培训、教育和工作计划，并按照生涯发展的阶段实施具体行动以达成目标的过程。一个完整的职业生涯规划由职业定位、目标设定和通道设计3个要素构成，对职业生涯乃至人生进行持续、系统的计划过程。

科学的职业生涯规划应具备以下 4 个方面的特征。

（1）可行性。职业生涯规划必须根据个人及组织的现实而制定，应该是能够实现和落实的计划方案，而不是没有依据或者不着边际的幻想。

（2）适时性。职业生涯规划是对未来的职业生涯目标的确定及对未来职业行动的预测。因此，各项活动的实施与完成时间，都应有时间和时序上的安排，以便作为检查行动的依据。

（3）灵活性。规划未来的职业生涯目标与行动，涉及许多不确定因素，因此，设计应有弹性，随着外界环境及自身条件的变化，应及时调整自己的职业生涯规划方案，以增强其适应性。

（4）持续性。职业生涯目标是人生追求的重要目标，职业生涯规划应贯穿人生发展的每一个阶段，通过不断调整与持续的职业活动，最终实现职业生涯的目标。

二、职业生涯规划的意义

1. 职业生涯规划可以发掘自我潜能，增强个人实力

一份行之有效的职业生涯规划具有以下作用：①引导大学生正确认识自身的个性特质、现有与潜在的资源优势，帮助大学生重新对自己的价值进行定位并使其持续增值；②引导大学生对自己的综合优势与劣势进行对比分析；③使大学生树立明确的职业发展目标与职业理想；④引导大学生评估个人目标与现实之间的差距；⑤使大学生学会运用科学的方法，采取可行的措施，不断增强大学生的职业竞争力，实现自己的职业目标与理想。

2. 职业生涯规划可以增强发展的目的性与计划性，提升成功的机会

凡事"预则立，不预则废"，好的计划是成功的开始。职业生涯发展是有计划、有目的的，这无疑会提升成功的机会。

3. 职业生涯规划可以提升职业竞争力

当今社会职业活动的竞争非常突出，要想在这场激烈的竞争中脱颖而出并立于不败之地，必须设计好自己的职业生涯规划，这样才能做到心中有数。未雨绸缪，先做好职业生涯规划，磨刀不误砍柴工，有了清晰的认识与明确的目标之后，做好充分的准备，再把求职活动付诸实践，这样的效果要好得多，也更科学。

三、影响职业生涯的选择因素

1. 主体因素

主体因素是主体内部产生的、与自我意识密切关联的影响因素，包括个性、能力、价值取向等，它们往往是影响大学生职业选择的主要因素。

（1）个性。性格、气质、兴趣是职业选择的主要影响因素，性格如何、气质怎样、对什么感兴趣，对学生的职业选择乃至职业成功均发挥着持续影响作用。社会学研究表明，自主选择与自己个性特点相符职业的劳动者，其劳动生产率比不相符的劳动者要高 40%。

（2）能力。进入高校学习的学生已经具备了一定的能力，即在基本活动中表现出的能力，如观察能力、反应能力、抽象概括能力等。同时，经过几年的专业学习，也具有了特殊能力，即专门活动要求的专业能力，合理审视自己的能力，在自己能力允许的职业群中寻找合适的工作，职业成功的可能性才会大大增强。

（3）价值取向。价值取向是价值观的具体化和方向化，而价值观是一个人对各类事物的一般性态度，这种态度表现出比较明确而单一的趋向和情感，便成为价值取向。随着价值观的基本定型，学生对某种价值的追求与排斥，对某类事物的偏好与厌恶，都会影响着职业的选择。

2. 客体因素

客体因素是指职业选择中环境因素的总和，也包括职业本身因素。如果说主体因素起着基础性作用，那么客体因素则发挥了制约和平衡的牵制作用。

（1）职业的社会评价。社会对各类职业所持的倾向性态度总会通过各种渠道渗透到学生职业评价心理中，观念的更新、思想的冲击、价值取向的调整都会改变其原有的内容，以至重新排列、组合理想职业的序列，这必然会影响职业生涯规划的制订。

（2）经济利益。经济利益在当今大学生职业选择中扮演着愈加重要的角色。一项工作收入的高低直接影响着大学生的职业选择，也必然会影响职业生涯。

（3）家庭。家庭中父母或亲戚朋友所从事的职业，通过耳濡目染可以让大学生有更多的了解，对大学生的职业选择同样具有很大的影响。

四、职业生涯规划的"四定"原则

简单地说，职业生涯规划就是要解决职业生涯设计中"干什么""何处干""怎么干""以什么样的心态干"这4个最基本的问题，有专家将此高度概括为职业生涯中的"四定"——定向、定点、定位和定心。

（1）定向，就是确定自己的职业方向。方向与目标有所不同，目标是自己拟定的期望达到的一个理想，而方向是为达成目标而选择的一种路径。对大学生来说，职业定向需要冷静的头脑和十足的勇气，根据自己的兴趣、理想、专业去选择自己未来的职业方向。

（2）定点，就是确定职业发展的地点。地点也是现实环境的一个因素。就中国来说，各地的经济发展现状和前景都有不同，甚至差异很大。近几年的调查研究显示，绝大多数毕业生就业地点列愿意选择经济发达地区，大学生需要结合自身情况判断，不同地区的发展与晋升机会哪一个更多。

（3）定位，就是确定自己在职业人群中的位置。定位过低会导致个人在职业生涯中无法实现自我价值的最大化，过高则容易遇到挫折而对职业生活丧失信心。大学生需要准确地标定自己的位置，既不能自卑也不要自傲，应根据自己的实际水平，在择业时对职位、薪资、工作容等做好判断和把握。如果定位不准确，容易出现"高不成低不就"的现象。

（4）定心，就是稳定自己的心态。人的一生必然会有高低起伏，成功与挫折总是结伴而行的。个人的职业生涯也不例外，在实现职业理想与目标的过程中，难免会有意想不到的困难。对大学生来说，就是要保持一种平常心态，敢于正视就业过程中的困难和问题。

第二节　职业生涯规划的基本理论

案例与分析

小敏大学时选择的是电气化铁道技术专业，之所以选择这个专业，也是因为父母认为学这个专业毕业后可以进铁路局工作，工作既稳定又轻松，收入也颇高。然而大学二年级开始学习专业课，小敏才真正了解这个专业，很多电类知识对于她来说真是枯燥难懂，学起来一点兴趣都没有。学校也开设旅游管理专业，小敏的一个老乡正好学这个专业，她经常去旁听上课，并考取了导游证。虽然家人希望她毕业后能进入铁路局工作，但小敏在职业指导课中了解人职匹配理论与霍兰德的职业兴趣理论，并运用专门的软件对自己的职业兴趣进行了测试，最终决定选择导游工作。实践证明，小敏的选择是没错的。小敏活泼开朗、服务周到，每次带团都有很大的成就感，小敏感慨：如果进入铁路局，每天面对机器，她不知道会是一种什么样的情形。

分析：合理地运用职业生涯规划的基本理论，了解自己的性格、兴趣、能力、职业价值观，了解人职匹配情况，有助于大学生理性择业，进行职业生涯规划。

一、施恩的职业生涯发展理论

美国麻省理工学院斯隆管理学院教授、著名的职业生涯管理学家 E.H. 施恩 (E. H. Schein) 立足于人生不同年龄段面临的问题和职业工作主要任务，将职业生涯分为9个阶段：成长、幻想、探索阶段；进入工作世界；基础培训；早期职业的正式成员资格；职业中期；职业中期危险阶段；职业后期；衰退和离职阶段；离开组织或职业——退休。

1. 成长、幻想、探索阶段

一般0～21岁处于这一职业发展阶段。主要任务是：①发现和发展自己的需要和兴趣、能力和才干，为进行实际的职业选择打好基础；②学习职业方面的知识，寻找现实的角色模式，获取丰富信息，发现自己的价值观、动机和抱负，做出合理的受教育决策，将幼年的职业幻想变为可操作的现实；③接受教育和培训，开发工作世界中需要的基本习惯和技能。在这一阶段充当的角色是学生、职业工作的候选人、申请者。

2. 进入工作世界

16～25岁的人步入该阶段。首先，进入劳动力市场，谋取可能成为一种职业基础的第一项工作；其次，个人和雇主之间达成正式可行的契约，个人成为一个组织或一种职业的成员。在这一阶段充当的角色是应聘者、新学员。

3. 基础培训

处于该阶段的年龄段为16～25岁。与正在进入职业工作或组织阶段不同，要担当实习生、新手的角色。也就是说，已经迈进职业或组织的大门。此时主要任务是了解、熟悉组织，接受组织文化，融入工作群体，尽快取得组织成员资格，成为一名有效的成员。

4. 早期职业的正式成员资格

此阶段的年龄为17～30岁，取得组织新的正式成员资格。面临的主要任务：①承担责任，成功地履行与工作有关的任务；②发展和展示自己的技能和专长，为提升或进入其他领域的职业成长打基础；③根据自身才干和价值观、组织中的机会和约束，重估当初追求的职业，决定是否留在这个组织或职业中，或者在自己的需要、组织约束和机会之间寻找更好的平衡。

5. 职业中期

处于职业中期的正式成员，年龄一般在25岁以上。主要任务：①选定一项专业或进入管理部门；②保持技术竞争力，在自己选择的专业或管理领域内继续学习，力争成为一名专家或职业能手;③承担较大责任,确实自己的地位;④开发个人的长期职业计划。

6. 职业中期危险阶段

处于这一阶段的是 35~45 岁。主要任务:①现实地估价自己的进步、职业抱负及个人前途;②就接受现状或者争取看得见的前途做出具体选择;③建立与他人的良好关系。

7. 职业后期

从 40 岁以后直到退休,可说是处于职业后期阶段。此时的职业状况或任务:①成为一名良师,学会发挥影响,指导、指挥别人;②扩大、发展、深化技能,或者提高才干,以担负更大范围、更重大的责任;③如果求安稳,就此停滞,否则要接受和正视自己影响力和挑战能力的下降。

8. 衰退和离职阶段

一般在 40 岁之后到退休期间,不同的人在不同的年龄会衰退或离职。此期间主要的职业任务:一是学会接受权力、责任、地位的下降;二是基于竞争力和进取心下降,要学会接受和发展新的角色;三是评估自己的职业生涯,着手退休。

9. 离开组织或职业——退休

在失去工作或组织角色之后,面临两大问题或任务:①保持一种认同感,适应角色、生活方式和生活标准的急剧变化;②运用自己积累的经验和智慧,对他人进行传帮带。

需要指出的是,施恩虽然基本依照年龄增大顺序划分职业发展阶段,但其阶段的划分更多是根据职业状态、任务、职业行为的重要性。由于每个人经历某一职业阶段的年龄有别,所以,他只给出了大致的年龄跨度,并且职业阶段所示的年龄有所交叉。

二、帕森斯的特质因素理论

帕森斯的特质因素理论又称人职匹配理论。1909 年美国波士顿大学教授弗兰克·帕森斯(Frank Parsons)在其《选择一个职业》一书中提出了"人与职业相匹配是职业选择的焦点"的观点。他认为,每个人都有自己独特的人格模式,每种人格模式都有其相适应的职业类型。

帕森斯在美国波士顿设立职业指导中心,在职业指导过程中,他提出了职业设计的三要素模式:其一,清楚地了解自己,包括性格、能力、兴趣、自身局限和其他特质等;其二,了解各种职业必备的条件及所需的知识,在不同工作岗位上所占有的优势、不足和补偿、机会、前途;其三,上述两者的平衡。特质因素理论的核心是人与职业的匹配。其理论前提是:每个人都有一系列独特的特性,并且可以客观而有效地进行测量;为了取得成功,不同职业需要配备不同特性的人员;个人特性与工作要求之间配合的越紧密,职业成功的可能性越大。

特质因素理论产生近百年来经久不衰。其中,三要素模式被认为是职业设计的至理名言,并得到不断的发展和完善,形成职业选择和职业指导过程的 3 个步骤:第一步,进行人员分析,评价个体的生理和心理特征;第二步,分析职业对人的要求,并向求职者提供有关的职业信息;第三步,人职匹配,个人在了解自己的特点和职业要求的基础上,借助职业指导者的帮助,选择一项既合适自己特点又有可能获得成功的职业。

特质因素理论强调个人所具有的特性与职业所需要的素质与技能(因素)之间的协调和匹配。为了对个体的特性进行深入详细地了解与掌握,该理论十分重视人才测评的作用,可以说，特质因素理论以对人的特性的测评为基本前提。人职匹配分为以下两种类型：

（1）因素匹配（工作找人）。例如，需要有专门技术和专业知识的职业与掌握该种技能和专业知识的择业者相匹配；脏、累、苦劳动条件很差的职业，需要有吃苦耐劳、体格健壮的劳动者与之匹配。

（2）特性匹配（人找工作）。例如，具有敏感、易动感情、不守常规、个性强、理想主义等人格特性的人，宜于从事审美性、自我情感表达的艺术创作类型的职业。

总体上看，特质因素理论为人们的职业设计提供了最基本的原则，各种心理测量工具为之提供了良好的支持。由于该理论具有较强的可操作性，使之被人们广为采用。但也应该看到该理论中的静态观点和现代社会的职业变动规律不相吻合，它忽视了社会因素对职业设计的影响和制约作用。

三、霍兰德的职业兴趣理论

约翰·霍兰德（John Holland）是美国约翰·霍普金斯大学心理学教授，著名的职业指导专家。他于1959年提出了具有广泛社会影响的职业兴趣理论。霍兰德认为人的人格类型、兴趣与职业密切相关，兴趣是人们活动的巨大动力，凡是具有职业兴趣的职业，都可以提高人们的积极性，促使人们积极、愉快地从事该职业，且职业兴趣与人格之间存在很高的相关性。

霍兰德的职业兴趣理论主要从兴趣的角度出发来探索职业指导的问题。他明确提出了职业兴趣的人格观，使人们对职业兴趣的认识有了质的变化。霍兰德认为人格可分为现实型、研究型、艺术型、社会型、企业型和常规型6种类型。

1. 现实型

（1）共同特点：愿意使用工具从事操作性工作，动手能力强，做事手脚灵活，动作协调；偏好于具体任务，不善言辞，做事保守，较为谦虚；缺乏社交能力，通常喜欢独立做事。

（2）典型职业：喜欢使用工具、机器，需要基本操作技能的工作；对要求具备机械方面才能、体力或从事与物件、机器、工具、运动器材、植物、动物相关的职业有兴趣，并具备相应能力。如技术性职业（计算机硬件人员、摄影师、制图员、机械装配工）和技能性职业（木匠、厨师、技工、修理工、农民、一般劳动）。

2. 研究型

（1）共同特点：思想家而非实干家，抽象思维能力强，求知欲强，肯动脑，善思考，不愿动手；喜欢独立地和富有创造性地工作；知识渊博，有学识才能，不善于领导他人；考虑问题理性，做事喜欢精确，喜欢逻辑分析和推理，不断探讨未知的领域。

（2）典型职业：喜欢智力的、抽象的、分析的、独立的定向任务，要求具备智力或分析才能，并将其用于观察、估测、衡量、形成理论、最终解决问题的工作，并具备相应的能力。如科学研究人员、教师、工程师、电脑编程人员、医生、系统分析员。

3. 艺术型

（1）共同特点：有创造力，乐于创造新颖、与众不同的成果，渴望表现自己的个性，实现自身的价值；做事理想化，追求完美，不重实际；具有一定的艺术才能和个性；善于表达，怀旧，心态较为复杂。

（2）典型职业：喜欢的工作要求具备艺术修养、创造力、表达能力和直觉，并将其用于语言、行为、声音、颜色和形式的审美、思索和感受，具备相应的能力；不善于事务性工作。如艺术方面（演员、导演、艺术设计师、雕刻家、建筑师、摄影家、广告制作人）和音乐方面（歌唱家、作曲家、乐队指挥），文学方面（小说家、诗人、剧作家）。

4. 社会型

（1）共同特点：喜欢与人交往，不断结交新的朋友，善言谈，愿意教导别人；关心社会问题，渴望发挥自己的社会作用；寻求广泛的人际关系，比较看重社会义务和社会道德。

（2）典型职业：喜欢要求与人打交道的工作，能够不断结交新的朋友，从事提供信息、启迪、帮助、培训、开发或治疗等事务，并具备相应能力。如教育工作者（教师、教育行政人员）、社会工作者（咨询人员、公关人员）。

5. 企业型

（1）共同特点：追求权力、权威和物质财富，具有领导才能；喜欢竞争，敢冒风险，有野心、抱负；为人务实，习惯以利益得失、权力、地位、金钱等来衡量做事的价值，做事有较强的目的性。

（2）典型职业：喜欢要求具备经营、管理、劝服、监督和领导才能，以实现机构、政治、社会及经济目标的工作，并具备相应的能力。如项目经理、销售人员、营销管理人员、政府官员、企业领导、法官、律师。

6. 常规型

（1）共同特点：尊重权威和规章制度，喜欢按计划办事，细心、有条理，习惯接受他人的指挥和领导，自己不谋求领导职务；喜欢关注实际和细节情况，通常较为谨慎和保守，缺乏创造性，不喜欢冒险和竞争，富有自我牺牲精神。

（2）典型职业：喜欢要求注意细节、精确度，有系统、有条理，具有记录、归档、根据特定要求或程序组织数据和文字信息的职业，并具备相应能力。如秘书、办公室人员、记事员、会计、行政助理、图书馆管理员、出纳员、打字员、投资分析员。

然而，大多数人都并非只有一种倾向，霍兰德认为，这些倾向越相似，相容性越强，则一个人在选择职业时所面临的内在冲突和犹豫就会越少。

四、MBTI 理论

MBTI 理论能够让人们更好地认识和了解自己，可以帮助人力资源部门对不同类型的员工进行更好的组合。目前 MBTI 理论已成为世界上应用最广泛的识别人与人差异的测评工具之一。MBTI 理论主要用于了解受测者的处事风格、特点、职业适应性、潜质等，从而提供合理的工作及人事决策建议。

MBTI 理论认为一个人的个性可以从 4 个角度进行分析，用字母代表如下（见表 10-1）：

表 10-1　　　　　　　　　　　　MBTI 理 论

E：外倾型	I：内倾型
（1）倾向于对外部世界的客体做出反应。 （2）积极活动。 （3）经验先于理解。 （4）从外界获得心理能量。 （5）采用尝试-错误的工作方式。 （6）偏好新异刺激	（1）倾向于在内部世界里沉思。 （2）偏好内省。 （3）理解先于行动。 （4）从精神世界获得心理能量。 （5）采用持久稳固的工作方式。 （6）偏好静态的外部环境

续表

S：感觉型	N：直觉型
(1) 着眼于现实。 (2) 重视现实性和常情。 (3) 关注具体性和特殊性，善于细节描述。 (4) 倾向于循序渐进的工作方式。 (5) 看重常规，相信确定有形的事物。 (6) 倾向于观察具体事件。 (7) 偏好已知事物	(1) 着眼于未来。 (2) 重视想象力和独创力。 (3) 关注普遍性和象征性，使用隐喻和类比。 (4) 倾向于跳跃性的工作方式。 (5) 不拘常规，相信灵感和推断。 (6) 倾向于把握事件的全局。 (7) 偏好新的思想观念
T：思维型	F：情感型
(1) 对问题进行非个人因素的分析。 (2) 公正，坚定，怀疑。 (3) 倾向于分析性和逻辑性的工作方式。 (4) 行为简洁、经济、带有批判性。 (5) 奉行清晰一致的客观原则	(1) 考虑行为对他人的影响。 (2) 温和，同情，体贴。 (3) 倾向于和自己的情感一致的工作方式。 (4) 行为期望他人认同。 (5) 奉行清晰一致的主观价值观
J：判断型	P：直觉型
(1) 行为有组织性和系统性。 (2) 时间观念严谨，认真对待最后期限。 (3) 看重工作结果。 (4) 倾向于解决问题。 (5) 认真完成预设目标	(1) 行为保持开放性。 (2) 时间观念宽松，经常变动最后期限。 (3) 看重工作过程。 (4) 倾向于使问题带有弹性。 (5) 在获取新信息的过程中不断改变目标

驱动力的来源：外向 E—内向 I。

接受信息的方式：感觉 S—直觉 N。

决策的方式：思维 T—情感 F。

对待不确定性的态度：判断 J—知觉 P。

表 10-1 所示四维八极构成了 16 种不同的心理类型。大部分人在 20 岁以后会形成稳定的 MBTI 类型，此后基本固定。MBTI 类型会随着年龄的增长、经验的丰富而逐步完善。其中两两组合，可以组合成 16 种人格类型。实际上这 16 种类型又归于 4 个大类之中，具体如下。

1. SJ 型——忠诚的监护人

具有 SJ 偏好的人的共性是有很强的责任心与事业心，他们忠诚，按时完成任务，推崇安全、礼仪、规则和服从，他们被一种服务于社会需要的强烈动机所驱使。他们坚定、尊重权威、等级制度，持保守的价值观。他们充当着保护者、管理员、稳压器、监护人的角色。大约有 50% 的 SJ 偏好的人为政府部门及军事部门的职务所吸引，并且显现出卓越成就。41 位美国总统中有 20 位是 SJ 偏好的人。

2. SP 型——天才的艺术家

具有 SP 偏好的人有冒险精神，反应灵敏，在任何要求技巧性强的领域中游刃有余，他们常常被认为是喜欢活在危险边缘寻找刺激的人。他们为行动、冲动和享受现在而活着。大约有 60% 的 SP 偏好的人喜欢艺术、娱乐、体育和文学，他们被称赞为天才的艺术家。

3. NT 型——科学家、思想家的摇篮

具有 NT 偏好的人有着天生的好奇心，喜欢梦想，有独创性、创造力、洞察力，有兴趣获得新知识，有极强的分析问题、解决问题的能力。他们是独立的、理性的、有能力的人。大多数 NT 类型的人喜欢物理、研究、管理、电脑、法律、金融、工程等理论性和技术性强的工作。达尔文、牛顿、爱迪生、瓦特都是这种类型的人。

4. NF 型——理想主义者

作为精神领袖，NF 偏好的人在精神上有极强的哲理性，他们善于言辩，充满活力，有感染力，能影响他人的价值观并点燃其激情。他们帮助别人成长和进步，具有煽动性，被称为传播者和催化剂。

根据 MBTI 理论，每种个性类型均有相应的优点和缺点、适合的工作环境、适合个人的岗位特质。使用 MBTI 理论进行职业生涯开发的关键在于如何将个人的人格特点与职业特点进行结合。

五、职业锚理论

所谓职业锚，是指当一个人不得不做出选择的时候，他无论如何都不会放弃的职业中的那种至关重要的东西或价值观，与在经验中自省的动机、价值观、才干相符合，达到自我满足和补偿的一种稳定的职业定位。职业锚强调个人能力、动机和价值观 3 个方面的相互作用与整合，是个人同工作环境互动作用的产物，在实际工作中是不断调整的。

职业锚以员工习得的工作经验为基础，产生于早期职业生涯。员工的工作经验进一步丰富发展了职业锚。1978 年，美国的 E. H. 施恩教授提出的职业锚理论包括以下几种类型。

1. 技术/职能型

技术/职能型的人，追求在技术/职能领域的成长和技能的不断提高，以及应用这种技术/职能的机会。他们对自己的认可来自他们的专业水平，他们喜欢面对来自专业领域的挑战。他们不喜欢从事一般的管理工作，因为这将意味着他们放弃在技术/职能领域的成就。

2. 管理型

管理型的人追求并致力于工作晋升，倾心于全面管理，独自负责一个部门，可以跨部门整合其他人的成果。他们愿意承担全部责任，并将公司的成功看成自己的工作。对他们而言，具体的技术/功能工作仅仅是通向更高、更全面管理层的必经之路。

3. 自主/独立型

自主/独立型的人希望随心所欲地安排自己的工作方式、工作习惯和生活方式。他们追求能施展个人能力的工作环境，最大限度地摆脱组织的限制和制约。他们宁愿放弃提升或工作扩展机会，也不愿意放弃自由与独立。

4. 安全/稳定型

安全/稳定型的人追求工作中的安全与稳定感。他们关心财务安全，如退休金和退休计划。稳定感包括诚信、忠诚以及完成老板交代的工作。尽管有时他们可以达到一个高的职位，但他们并不关心具体的职位和具体的工作内容。

5. 创业型

创业型的人希望利用自己能力去创建属于自己的公司或创建完全属于自己的产品（或服务），而且愿意去冒风险，并克服面临的障碍。他们想向世界证明公司是他们靠自己的努力创建的。他们可能正在别人的公司工作，同时他们也在学习并评估将来的机会。一旦感到时机成熟，他们就会走出去开创自己的事业。

6. 服务型

服务型的人指那些一直追求他们认可的核心价值，如帮助他人，改善人们的安全，通过新的产品消除疾病。他们一直追寻这种机会，这意味着即使变换公司，他们也不会接受不允许他们实现这种价值的工作变换或工作提升。

7. 挑战型

挑战型的人喜欢解决看上去无法解决的问题，战胜强硬的对手，克服无法克服的困难障碍等。对他们而言，参加工作或职业的原因是工作允许他们去战胜各种不可能。新奇、变化和困难是他们的终极目标。

8. 生活型

生活型的人是喜欢允许他们平衡并结合个人的需要、家庭的需要和职业的需要的工作环境。他们希望将生活的各个主要方面整合为一个整体。正因为如此，他们需要一个能够提供足够的弹性让他们实现这一目标的职业环境。甚至可以牺牲他们职业的一些方面，如提升带来的职业转换，他们将成功定义得比职业成功更广泛。

经过近30年的发展，职业锚已成为个人职业生涯规划的必选工具和公司人力资源管理的重要工具。职业锚以员工习得的工作经验为基础。个人在进行职业规划和定位时，可以运用职业锚思考自己具有的能力，确定自己的发展方向，审视自己的价值观是否与当前的工作相匹配。只有个人的定位和要从事的职业相匹配，才能在工作中发挥自己的长处，实现自己的价值。尝试各种具有挑战性的工作，在不同的专业和领域中进行工作轮换，对自己的资质、能力、偏好进行客观的评价，是使个人的职业锚具体化的有效途径。对于企业而言，通过雇员在不同的工作岗位之间的轮换，了解雇员的职业兴趣爱好、技能和价值观，将他们放到最合适的职业岗位上去，可以实现企业和个人发展的双赢。

第三节　职业生涯规划的方法和步骤

案例与分析

胡某考入某铁道职院后，在进行职业生涯规划时，他运用SWOT分析法分析了自己，①优势：有组织管理的能力；②劣势：专业成绩不具备竞争力；③机会：相对发达地区，对他而言其他地区发展空间大；④威胁：家庭条件欠佳，急需得到自己毕业后的经济支援。综合以上，他制订了对应的职业理想和大学学业规划，在发挥管理能力的同时，保证了在大学期间没有挂科的基础上，动手能力得到提升，成功应聘某公司并毕业。5年后胡某在公司发展顺利，帮助弟妹完成学业，职业满足感很高。

分析：不求最贵，但求最好（最适合）也可以运用于大学生进行职业生涯规划。每个同学根据自己实际情况，提早规划、尽早实施、适当调整，坚定执行，每个学生都有自己独特的绚丽人生。

据调查统计，大部分人职业生涯时间占可利用社会活动时间的71%~92%。职业生涯伴随人的大半生甚至更长，因此，职业生涯规划对个体来说意义重大。

一、职业生涯规划的方法

通过以上两节的知识准备，我们对职业生涯规划已经有了大概的了解，接下来的工作就是通过选择合适的工具来制定个人的职业生涯规划。职业生涯规划专家在实践过程中建立了许多行之有效的方法，下面为大家介绍3种常见的方法。

（一）SWOT分析法

SWOT分析法又称为态势分析法，它是由旧金山大学的管理学教授于20世纪80年代初提出来的。SWOT这4个英文字母分别代表：优势（Strength）、劣势（Weakness）、机会（Opportunity）、威胁（Threat）。所谓SWOT分析，即态势分析，就是将与研究对象密切相关的各种主要内部优势、劣势、机会和威胁等，通过调查列举出来，并依照矩阵形式排列，然后用系统分析的思想，把各种因素相互匹配起来加以分析，从中得出一系列相应的结论，而结论通常带有一定的决策性。

运用这种方法，可以对研究对象所处的情景进行全面、系统、准确的研究，从而根据研究结果制定相应的发展战略、计划以及对策等。SWOT分析法常常被用于制定企业发展战略和分析竞争对手情况，在战略分析中，它是最常用的方法之一。现在这种方法被广泛应用于个人职业生涯规划中，以帮助个人寻找合适的职业机会。SWOT分析是检查个人的技能、能力、职业、喜好和职业机会的有效工具。对自己做细致的SWOT分析，就会很明了地知道自己的个人优点和弱点在哪里，并且能仔细地评估出自己所感兴趣的不同职业道路的机会和威胁所在，如表10-2所示。

表10-2　　　　　　　　　　个人情况SWOT分析

内部因素	优势，指个体可控并可利用的内在积极因素，包括以下几点。 （1）工作经验。 （2）教育背景。 （3）丰富的专业知识和技能。 （4）特定的可转移技巧，如沟通、团队合作、领导能力等。 （5）人格特质，如职业道德、自我约束、承受工作压力的能力、创造性、乐观等。 （6）广泛的个人关系网络。 （7）在专业组织中的影响力。	劣势，指个体可控并努力改善的内在消极因素，包括以下几点。 （1）缺乏工作经验。 （2）学习成绩差，专业不对口。 （3）缺乏目标，且对自我的认识和对工作的认识都十分不足。 （4）缺乏专业知识。 （5）较差的领导能力、人际交往能力、沟通能力和团队合作能力。 （6）较差的寻找工作的能力。 （7）负面的人格特征，如职业道德败坏、缺乏自律、缺少工作动机、害羞、情绪化等。
外部因素	机会，指个体不可控但可以利用的外部积极因素，包括以下几点。 （1）就业机会增加。 （2）再教育的机会。 （3）专业领域急需人才。 （4）由于提高自我认识、设置更多具体的工作目标带来的机遇。 （5）专业晋升的机会。 （6）专业发展带来的机会。 （7）职业道路选择带来的独特机会。 （8）地理位置的优势。 （9）强大的关系网络。	威胁，指个体不可控但可以使其弱化的外部消极因素，包括以下几点。 （1）就业机会减少。 （2）由同专业的大学毕业生带来的竞争。 （3）具有丰富技能、经验、知识的竞争者。 （4）拥有较好的寻找工作技巧的竞争者。 （5）名校毕业的竞争者。 （6）缺少培训、再学习造成的职业发展障碍。 （7）工作晋升机会十分有限或者竞争激烈。 （8）专业领域发展有限。 （9）公司不再招聘与你同等学力或专业的员工。

1. 优势分析

在自己的职业生涯设计中，如果你能根据自身长处在选择职业并"顺势而为"地将自己的优势发挥得淋漓尽致，就会事半功倍，如鱼得水。职业生涯设计的前提是：知道自身优势是什么，并将自己的生活、工作和事业发展都建立在这个优势之上。

具体来说，就是要知道以下几点。

(1) 你学了什么。在几年的学习生活中，你从学校开设的课程中学到了什么有价值的东西，社会实践活动提高和你哪方面的能力。

(2) 你曾经做过什么。在学校期间担当的学生职务，参加过什么社会实践活动，工作经验的积累程度如何等。要提高自己经历的丰富性和突出性，你应该有针对性地选择与职业目标相一致的工作，坚持不懈地努力工作，这样才会使自己的经历有说服力。

(3) 最成功的是什么。你做过的事情中最成功的是什么？如何成功的？通过分析，可以发现自己的长处，譬如坚强的意志、创新精神，以此作为个人深层次挖掘的动力之源和闪光点，形成职业生涯设计的有力支撑。

2. 劣势分析

同样，你要指出自己的劣势和最不喜欢做的事情。不知道自己的劣势在哪里，就会盲目高兴，会觉得天生能做好许多事情，从而沉浸在自我优势的圈子里。找到自己的短处，可以努力去改正自己常犯的错误，提高自己的技能，放弃那些对不擅长的技能要求很高的职业。具体来说，就是要知道以下几点。

(1) 性格的弱点。人天生就都有弱点，这是我们与生俱来且无法避免的。坐下来，跟别人好好聊聊，看看别人眼中的你是什么样子的，与你的自我看法是否一样，指出其中的偏差并借鉴，这将有助于自我提高。

(2) 经验或经历中所欠缺的方面。欠缺并不可怕，怕的是自己还没有认识到或认识到了而一味地不懂装懂。正确的态度是，认真对待，善于发现，努力克服和提高。

(3) 最失败的是什么。你做过事情中最失败的是什么？如何失败的？通过分析来避免在以后的职业中再次失败，防止在跌倒的地方再次跌倒。

自我认识一定要全面、客观、深刻，绝不能规避缺点和短处。"当局者迷，旁观者清"，尽量多参考父母、同学、朋友、师长、专业咨询机构等的意见，力争对自我有一个全面的认识。

3. 机遇分析

环境为每个人提供了活动的空间，发展的条件和成功的机遇。特别是近年来，社会的快速变化，科技的高速发展，竞争加剧，对个人的发展产生很大的影响。在这种情况下，个人如果能很好地利用外部环境，就会有助于个人发展的成功。否则，就会处处碰壁，寸步难行。同时，我们也面临各种各样的机遇，比如，经济快速发展为我们提供了发展空间，网络技术的发展使我们能了解更多的信息。

4. 威胁分析

除了机遇，在这个社会中，我们也会面对各种各样的挑战和威胁。这是我们无法控制的外部因素，但是我们却可以通过弱化它的影响。这些因素包括所学专业就业形势严峻、所学专业过时或不符合社会的需要、面对有更优的技能和更丰富的知识及更多的实践经验竞争者、公司不雇用你这个专业的人等，这都是我们可能遇到的挑战。

对于这些挑战，我们不能采取一味回避的态度，我们不能让社会适应你，只能改变自己，提高自己去适应社会的能力，通过努力把挑战转化为一种内在的动力。这样，我们才能避免不利的影响，在困境中脱颖而出，寻求发展和成功。

(二) SMART 目标确定法

SMART 在管理中通常应用于目标管理，是组织确定目标必须遵守的基本原则，当该原则运用到个人职业生涯管理时，这个原则通常用来帮助我们制订正确的职业目标。SMART 这 5 个字母分别代表 Specific（具体的）、Measurable（可衡量的）、Attainable（可实现的）、Relevant（恰当的）和 Timebound（有期限的）。在制定职业目标时，我们要注意以下几个方面。

(1) 注意目标的具体性。未来的职业目标不应该是抽象的归纳或者大概的描述，应该是非常具体的行业、职位、层次等，以及在实现目标的过程中要关注的核心问题或者可能遇到的困难。

(2) 要注意目标的可衡量性。怎样才算达到具体目标？用何种方法来考核？这些必须都是明确的。也就是说，必须找到衡量达到目标的标准和考核方法。

(3) 注意目标的可实现性。社会运行是有一定规律的，不考虑社会的规范和限制制订不切实际的目标会导致个人和社会的激烈冲突。

(4) 注意目标的恰当性。目标的设定不能脱离个人能力的范畴。脱离现实制订过高的目标往往是无法实现的，反而会使自己的职业生涯与失败相伴随，进一步打击自己的职业信心，使原本可以实现的目标都无法实现。

(5) 要注意目标的时间限制。个人的职业生涯都是有一定的时间长度限制的，这取决于个人的自然寿命和身体状况。在既定的时间内一步一步实个人的阶段目标，既有助于生涯管理的有序性又有助于提高生涯管理的效率。

（三）橱窗分析法

橱窗分析法也叫作乔哈瑞之窗，是美国心理学家乔（Joe）和哈瑞（Harry）建立的。他们根据"自己知道—自己不知"和"他人知道—他人不知"这两个维度（见表 10-3），将人际沟通划分为 4 个区，即开放区、盲目区、隐秘区和封闭区。此理论起初用于人际沟通，职业顾问发现，这个工具也可用于职业规划中进行自我评价。乔哈瑞之窗，能帮助我们自我评价，了解别人对自己的真正看法，提高自我评价的准确度。

表 10-3　　　　　　　　　个 人 橱 窗 分 析 法

项目	自己已知	自己未知
他人已知	1. 你的公开面孔	2. 盲点
他人未知	3. 你的个人世界	4. 未知自我

窗 1 是你的"公共面孔"，属于开放区，这是你的生活的公共赛场。你知道的信息别人也知道，如你的姓名、专业、出生地等。如果你比较内向，窗 1 的空间将较小。

窗 2 是你的"盲点"，属于盲目区，它代表那些你自己不知道而别人知道的你的情况。这些可能包括其他人对你的看法和感觉等。如果你性格开朗，容易与人相处，你的盲点可能就比较小。你可以询问别人的意见，并接受建议。在准备求职时，这一点对你很重要。如果你知道如何给人留下深刻的印象，这将有助于你面试成功。如果你需要改变形象，就要向别人学习。

窗 3 是"你的个人世界"，属于隐秘区，即别人不知而自己知道的情况。你可以不公开这部分生活，也可以告诉别人，让人家更了解你。

窗 4 是你的"未知自我"，属于封闭区，一些你和别人都不知道的情况。随着自我意识的增强，这个窗会变得越来越小。

现在，让一个了解你的人诚实地对你进行描述，描述中必须包括你的缺点。同时，你也对自己进行描述。将两次写下的描述作比较，你会惊讶地发现这两次写的描述有一些相似之处和不同之处。既确定了你对自己的了解，也开阔了你对自己未知领域的认识，减少了对自己的盲目认识，规划职业时，就有一个好的起点。

这个工具告诉我们世界是由各种窗口组成的，透过窗口我们能看到自己的不同方面，既有别人眼中的自己，也有真实的自己。这个工具也强调了这一事实，即别人对你也会有看法，它可能与你的自我认识相似，也可能相差甚远。如果你愿意接受别人的意见，你将会更好地认识自己。

二、职业生涯规划的步骤

1. 确定志向

志向是事业成功的基本前提，没有志向，事业的成功也就无从谈起。俗话说："志不立，天下无可成之事。"立志是人生的起跑点，反映着一个人的理想、胸怀、情趣和价值观，影响着一个人的奋斗目标及成就的大小。所以，在制定生涯规划时，首先要确立志向，这是制定职业生涯规划的关键，也是职业生涯规划中最重要的一点。

2. 自我评估

自我评估的目的，是认识自己、了解自己。因为只有认识了自己，才能对自己的职业做出正确的选择，才能选定适合自己发展的职业生涯路线，才能对自己的职业生涯目标做出最佳抉择。自我评估包括自己的兴趣、特长、性格、学识、技能、智商、情商、思维方式、思维方法、道德水准以及社会中的自我等。

3. 职业生涯机会的评估

职业生涯机会的评估，主要是评估各种环境因素对自己职业生涯发展的影响，每一个人都处在一定的环境之中，离开了这个环境，便无法生存与成长。所以，在制定个人的职业生涯规划时，要分析环境条件的特点、环境的发展变化情况、自己与环境的关系、自己在这个环境中的地位、环境对自己提出的要求以及环境对自己有利的条件与不利的条件等。只有对这些环境因素充分了解，才能做到在复杂的环境中避害趋利，使你的职业生涯规划具有实际意义。环境因素评估主要包括：①组织环境；②政治环境；③社会环境；④经济环境。

4. 职业的选择

职业选择正确与否，直接关系到人生事业的成功与失败。据统计，在选错职业的人当中，有80%的人在事业上是失败者。正如人们所说的"女怕嫁错郎，男怕选错行"。由此可见，职业选择对人生事业发展是何等重要。

如何才能选择正确的职业呢？至少应考虑以下几点：①性格与职业的匹配；②兴趣与职业的匹配；③特长与职业的匹配；④内外环境与职业相适应。

5. 职业生涯路线的选择

在职业确定后，向哪一路线发展，此时要做出选择。也就是说，是向行政管理路线发展，还是向专业技术路线发展；是先走技术路线，日后再转向行政管理路线……由于发展路线不同，对职业发展的要求也不相同。因此，在职业生涯规划中，必须做出抉择，以便使自己的学习、工作以及各种行动措施沿着你的职业生涯路线或预定的方向前进。

通常，职业生涯路线的选择须考虑以下3个问题：一是我想往哪一路线发展？二是我能往哪一路线发展？三是我可以往哪一路线发展？对以上3个问题进行综合分析，以此确定自己的最佳职业生涯路线。

6. 设定职业生涯目标

职业生涯目标的设定，是职业生涯规划的核心。一个人事业的成败，很大程度上取决于有无正确适当的目标。没有目标如同驶入大海的孤舟，四野茫茫，没有方向，不知道自己走向何方。只有树立了目标，才能明确奋斗方向，犹如海洋中的灯塔，引导你避开暗礁险滩，走向成功。目标的设定，是在继职业选择、职业生涯路线选择后，对人生目标做出的抉择。其抉择是以自己的最佳才能、最优性格、最大兴趣、最有利的环境等信息为依据。通常，目标分短期目标、中期目标、长期目标和人生目标。短期目标一般为1～2年，短期目标又分日目标、周目标、月目标、年目标；中期目标一般为3～5年；长期目标一般为5～10年。

7. 制订行动计划与措施

在确定了职业生涯目标后，行动便成了关键的环节。没有达成目标的行动，目标就难以实现，也就谈不上事业的成功。这里所指的行动，是指落实目标的具体措施，主要包括工作、训练、教育、轮岗等方面的措施。例如，为达成目标，在工作方面，你计划采取什么措施，提高你的工作效率？在业务素质方面，你计划学习哪些知识，掌握哪些技能，提高你的业务能力？在潜能开发方面，采取什么措施开发你的潜能？这些都要有具体的计划与明确的措施，并且这些计划要特别具体，以便于定时检查。

8. 评估与回馈

俗话说："计划赶不上变化。"是的，影响职业生涯规划的因素诸多。有的变化因素是可以预测的，而有的变化因素难以预测。在此状况下，要使职业生涯规划行之有效，就必须不断地对职业生涯规划进行评估与修订。其修订的内容包括职业的重新选择；职业生涯路线的选择；人生目标的修正；实施措施与计划的变更等。

三、职业生涯规划的准则

个人职业生涯规划设计应该遵守以下准则。

1. 择己所爱

从事一项你所喜欢的工作，工作本身就能给你一种满足感，你的职业生涯也会从此变得妙趣横生。兴趣是最好的老师，是成功之母。调查表明：兴趣与成功概率有着明显的正相关性。在设计自己的职业生涯时，务必注意：考虑自己的特点，珍惜自己的兴趣，择己所爱，选择自己所喜欢的职业。

2. 择己所长

任何职业都要求从业者掌握一定的技能，具备一定的能力条件，而一个人一生中不能将所有技能都全部掌握。所以，你必须在进行职业选择时择己所长，从而有利于发挥自己的优势。运用比较优势原理充分分析别人与自己，尽量选择冲突较少的优势行业。

3. 择世所需

社会的需求不断演化着，旧的需求不断消失，新的需求不断产生。新的职业也不断产生。所以，在设计你的职业生涯时，一定要分析社会需求，择世所需。最重要的是，目光要长远，能够准确预测未来行业或者职业发展方向，再做出选择。不仅仅要有社会需求，并且这个需求要长久。

4. 择己所利

职业是个人谋生的手段，其目的在于追求个人幸福。所以，你在择业时，首先考虑的是自己的预期收益——个人幸福最大化。明智的选择是在由收入、社会地位、成就感和工作付出等变量组成的函数中找出一个最大值。这就是选择职业生涯中的收益最大化原则。

四、大学生职业生涯规划的常见错误

许多学校对学生的职业生涯规划比较重视，纷纷开展了职业生涯教育，学生在校时已经开始制定个人的职业生涯规划。但是由于我国的高校学生职业生涯教育起步较晚，教学水平较低，学生在制定个人职业规划的时候往往存在许多问题，需要加以重视。

1. 认识自我中的问题

首先，缺乏个人志向。大多数大学生都没有谈到这个问题。志向是事业成功的基本前提，没有志向，事业的成功也就无从谈起。所以，在制定生涯规划时，首先在确立志向，这是制定职业生涯规划的关键，也是生涯规划最重要的一点。

其次，认识自我的途径单一。绝大部分学生都是通过职业生涯测评系统来认识自己。实际上除了通过测评，大学生在制订职业规划时需要与周围的师长、朋友、家人和专家多做沟通，充分了解自己，并且听取他们的建议去反复修正规划，而不是单单自己一个想出来的。

再次，认识自我的内容不够全面。大部分学生只分析了个人的兴趣、爱好、特长、性格、价值观、个人的优缺点和个人的健康，没有谈到个人的情商。这个因素对职业生涯有着非常重要的影响。

最后，兴趣、经验和能力的展示与未来职业目标关联度不大，未突出自己的职业能力优势。例如，有人谈到兴趣爱好是旅游，但职业选择却是与旅游相差甚远的职业，诸如此类的兴趣还有打篮球、打羽毛球、听音乐、看电视、上网、书法、跳舞、定向越野、绘画、文艺等。

2. 环境分析中的问题

首先，环境分析只有普遍性没有特殊性。对就业形势的评估，只是从宏观的角度来分析问题，犯了"大而全"错误，缺乏针对性。如能从本省和具体就业区域的角度来评估就业形势，就更全面而具体。

其次，对行业、职位了解的途径单一。大部分人是通过互联网对行业、职业进行了解，认识单一。大学生还可以通过多种途径，如报纸、人才招聘会、行业展览会、专业协会、生涯人物访谈、访谈毕业的师兄和师姐、询问在职人员以及该行业的领军人物、咨询资深的职业生涯规划师、校友会、中文职业搜索引擎和实际接触等。

3. 职业定位中的问题

首先，定位分析不明。大多数人没有谈到选择该职业目标的原因，以及达到目标的途径，达到目标所需的能力、训练和教育。没有提到达到该目标可能得到的助力；没有提到达到该目标可能遇到的阻力。

其次，专业与职业关联度小。部分学生在做职业定位时，并没有把自己专业与能力与企业职业所需能力一一对应起来。例如，专业是中文，职业目标是高级心理咨询师。要具体分析自己所要从事的职业，自己在大学时期有没有这方面的知识储备？有没有这方面的社会实践？浪费自己三四年所学，从事别的工作，要特别慎重考虑。不能仅凭个人喜好做出重大决定。

最后，目标订立过于理想化。很多同学的目标是今后成为社会精英，如大学教授或总经理、董事长等。职业规划中有远大的理想固然是好，但一味追求速成，会导致择业中眼高手低，结果反而欲速不达。学生最好根据自己的专业知识做出职业规划，最重要的是抱着积极而又务实的心态，接受低层做起积累经验。

4. 规划执行中的问题

首先，规划可操作性不强。大学阶段的规划没有突显达到设定职位的社会实践和读书计划。执行规划模糊，即使有社会实践和读书计划，但是并没有定出时间，没有确定的社会实践的地点和计划读的具体书籍。规划应分为总体规划和阶段性规划。总体规划指一生总的职业目标；阶段性规划至少是两大部分，一是在校期间，另一部分是大学毕业后。大学期间应该具体详细，既要有年度规划，也要学期规划；既要有月规划，也有周规划，最好每天都要有规划。

其次，重考证，轻实践。现在很多大学生都考了一堆证书，但是很少有学生去考虑这些证书对自己以后的职业生涯发展有什么帮助。大多数学生很少提到与职业相关的社会实践。社会实践对在校大学生非常重要，通过社会实践才能知道自己所学是不是将来职业所需，自己能不能胜任工作。如果不能，那么在校应该尽快完善这方面的知识。这对今后的大学生活有极大的指导作用。

最后，想当然的多，结合实际的少。未来职业是计算机行业方面的管理人员，如基层管理（1年）—初级管理（2年）—中级管理（3年）—高级管理（5年）。这个计划是如何制定出来的呢？是请教了在职人员，还是自己想当然的呢？大学生应该结合自己的测评报告，发挥自己的长处，尽量使计划执行不再是凭想象。

5. 反馈修正中的问题

首先，一部分大学生根本就没有反馈修正这个步骤。每天晚上没有评估自己的规划执行情况，布置第二天的情况。应该坚持在每晚反省一天的行为。有些大学生这部分过于简单化。这些学生只是提到如果未能按原规划实行，那么就从事别的工作，而且没有说明为什么选择这份职业作为自己的第二选择。

其次，规划与备用方案之间缺乏内在联系。如规划是报社的广告营销工作，备用方案是保险公司销售人员。规划与备选方案可能都行不通。这样，就没有起到反馈修正的作用。还有的大学生以为备选方案多多益善，不管前面做出了多少分析，总不忘记要在从事职业前参加一次公务员考试，而这些大学生无论从性格、气质还是专业都不符合公务员的要求，纯粹浪费时间。大学生应根据自我发展变化与社会需求的变化，不断修正、优化职业生涯规划，主动适应各种变化，积极发展职业生涯规划。

拓展训练

大学生职业生涯规划表

一、结合你的具体情况，制定一份个人的职业生涯规划表

序号	内容	当前	3年	5年	未来
1	学业				
2	学历				

续表

序号	内容	当前	3年	5年	未来
3	职位				
4	职称				
5	薪水				
6	奖项				
7	社交圈				
8	业务范围				
9	活动地域				
10	住房				
11	交通				
12	其他				

二、自我状况分析评估

请用150～200个字，分别从以下几个方面来描述你理想中的职业生活及愿意从事这一职业的理由（工作性质、工作环境、工作伙伴、工作时间、工作待遇、社会需求、职业技能等）

自我评估	性格	
	兴趣爱好、特长	
	情绪情感状况	
	意志力状况	
	已具备经验	
	已具备能力	
	现学专业及主要课程	
	现有外语、计算机水平	

续表

		称谓	姓名	单位、职业、职务
社会中的自我评估	对你人生发展影响最大的人	父亲		
		母亲		
		其他人		
	他人对你的看法与期望	父母		
		亲戚、朋友		
		老师		
		同学		

三、环境与职业评估

	人际关系分析	
校园环境对你成才的影响	学校	
	院（系）	
	专业	
	班级	
	寝室	

续表

职业世界	人际关系分析	
	人才供需状况与就业形势分析	
	对人才素质要求	
	对人格特质要求	
	对知识的要求及学校中的哪些课程对从事该项职业有帮助	
	对能力的要求	
	对技能的要求	
	对资格证书要求	
	每天工作状况（即工作内容、工作伙伴及感受）	
	该岗位收入状况	
	该行业人士对所从事工作有何满意及不满意之处	
	该职业发展前景	
	其他	

四、确立初步目标

描述初步职业理想	职业类型		职业名称		具体岗位		
	职业地域		工作环境		工作时间		
	工作性质		工作待遇		工作伙伴		
	职业发展期望：						

续表

目标 SWOT 分析	实现目标的优势	
	实现目标的劣势	
	实现目标的机遇	
	实现目标的威胁	

五、职业生涯策略

	步骤	目标分解	提高途径和措施	完成标准
大学期间自我规划	大学总体目标			
	第一学期			
	寒假			
	第二学期			
	暑假			
	第三学期			
	寒假			
	第四学期			
	暑假			

续表

步骤		目标分解	提高途径和措施	完成标准
大学期间自我规划	第五学期			
	寒假			
	第六学期			
	暑假			
	第七学期			
	寒假			
	第八学期			
	大学以后			

六、生涯评估与反馈

自我评估	测评	学习成绩排名		素质拓展总分		身体素质状况	
		发展性素质测评					
	获奖						
	自我规划落实情况						
	经验与教训						
父母评价与建议							
同学、朋友评价与建议							

续表

教师评价与建议	
成才外因评估	
职业目标修正	
规划步骤、途径及完成标准修正	

（资料来源：http：//www.cnrencai.com/zhiyeguihua/61891.html.）

经典语句

- 人生是计划的过程，计划的主人是自己，计划做得具体，执行做得确实，胜算必然属于自己。
- 生涯即人生、生涯即竞争，生涯规划就是个人一生的竞争策略规划。
- 生涯规划就是规划人生的远景，彩绘生命的蓝图，发挥自己的才能，写出人生的剧本。
- 知己是生涯规划的起点，唯有充分了解自己，生涯规划才能做到量力适度，人生才能过得如自己所想。

推荐图书

[1] 谢耘. 成长，从校园到职场 [M]. 北京：中国人民大学出版社，2010.
[2] 程社明. 你的船你的海 [M]. 北京：新华出版社，2007.
[3] （美）洛克. 把握你的职业发展方向 [M]. 钟谷兰，曾垂凯，时勘等译. 北京：中国轻工业出版社，2006.

课后思考

1. 如何制定职业生涯规划的实施方案？
2. 根据自身的现状和特点，完成拓展训练中的《大学生职业生涯规划表》。

第十一章　个人职业生涯管理

本章学习目的

通过本章的学习，了解个人职业生涯早期、中期、后期的主要特点与面临的问题，以及如何进行自我管理。

本章内容描述

根据个人职业生涯的不同阶段来进行科学的管理，关系到个人的生活质量和职业发展机会，对个人实现职业目标、获得成功具有十分重要的意义。本章主要介绍什么是职业生涯管理，个人职业生涯早期、中期、后期的主要特点及面临的问题，以及如何进行自我管理。

本章核心概念

个人职业生涯管理是以实现个人发展愿望为目的，通过对职业生涯过程中产生的问题和个人发展目标进行有效的管理。

第一节　职业生涯管理概述

案例与分析

比尔·拉福是美国当代著名的企业家，比尔从小立志要当一名成功的商人，他的父亲也认为他机敏果断。中学毕业后，比尔考入麻省理工学院，学习最基础的机械制造专业。在4年大学生涯里，比尔还涉猎化工、建筑、电子等方面知识，毕业后，比尔并没有立即投身于商海，而是考入芝加哥学院攻读经济学的硕士学位，这期间比尔掌握了大量的经济学知识，了解了决定商业活动的众多因素。取得硕士学位后他还是没有从事商业活动，而是考公务员，进入政府部门工作了5年。5年之后他辞职，应聘到通用电气公司，开始熟悉商情和商务技巧。两年后，公司决定让他当高管，他却辞职了，创建了自己的拉福商贸公司。

分析： 比尔在很小的时候就确立了目标，并且他也为了这个目标而一直努力着。一个人要想获得个人的成功，就需要根据自己的目标来管理个人的职业生涯，并且由于未来的不确定性，在具体的职业生涯过程中也需要适当的变通，根据实际情况进行恰当的管理。

每个人的职业生涯发展都是一个持续不断的探索过程，在这一过程中，每个人都在根据自己的天资、能力、动机、需要、态度和价值观等慢慢地形成较为明晰的与职业有关的自我定位。成功的职业生涯管理既能满足组织对人才的需要又能满足员工自我实现的要求，实现组织与员工的双赢。

一、职业生涯管理的含义

职业生涯规划与管理学说始于 20 世纪 60 年代，现在已成为人力资源管理的重要内容之一，是取得未来职业生涯成功必备的知识与技能。

美国组织行为专家道格拉斯·霍尔认为，职业生涯管理是对一个人一生工作经历中从事的一系列活动和行为进行的规划和管理。

职业生涯管理是在职业生涯发展的不同阶段，个人与组织承担各自的责任，个人清楚地了解自己所掌握的知识、技能、能力、兴趣、价值观等，对职业选择有较深了解，能够制定目标、完善职业计划。组织有责任提供发展目标、政策、计划等，帮助员工做好自我评价、培训、发展。当个人目标与组织目标有机结合时，职业生涯管理就会意义重大。因此，职业生涯管理是个人与组织相辅相成、互动管理的过程。

职业生涯管理分为个人职业生涯管理和组织职业生涯管理。就个人而言，积极管理自己的职业生涯，能够促使自己了解自身的长处和短处，养成对环境和工作目标进行分析的习惯，可以帮助个人处理好职业同个人追求、家庭等其他生活目标的平衡，避免顾此失彼，从而最终实现自我价值的不断提升。对组织而言，加强职业生涯管理，优化人力资源配置，人尽其才、才尽其用，通过帮助员工提高在各个需要层次的满足度，充分调动员工的内在积极性，有利于更好地实现组织目标。

在组织中，员工既是职业生涯管理的对象，又是职业生涯管理的主体，员工的自我管理是职业生涯管理成败的关键，同时个人的职业发展也离不开组织提供的培训、经费、时间、机会、制度保障等条件。因此，员工的职业发展应服务于组织的发展战略。

二、个人职业生涯管理

个人职业生涯管理也称自我职业生涯管理，个人职业生涯管理是以实现个人发展愿望为目的，通过对职业生涯过程中产生的问题和个人发展目标进行有效的管理。员工本人是职业生涯规划的执行者，员工的自我管理是职业生涯管理成败的关键，自我职业生涯管理对个人来说，关系到个人的生活质量和发展机会。

个人在不同的职业生涯发展阶段，对人生的追求和对职业的需要是不同的，处于不断的变化之中。例如，40 岁以下的人追求发展、敢于冒风险；45 岁以上的人可能追求事业平稳、趋于规避风险。因此，认识职业发展道路的阶段性和渐进性，并且根据个人职业生涯的不同阶段来进行科学的管理，对个人实现职业目标、获得成功具有十分重要的意义。本章主要对个人职业生涯管理进行阐述。

三、组织职业生涯管理

组织职业生涯管理是指组织为了自身战略发展的需要，从员工个人的职业发展需求出发，有意识地将之与组织的人力资源需求和规划相联系，为员工的职业提供不断成长和发展的机会，帮助、支持员工职业生涯发展实施的各种政策、措施和活动。组织在实现员工个人的职业生涯目标的同时，实现组织的发展目标和持续发展。组织开展职业生涯管理工作是达到员工与企业二者的需要、目标、利益相匹配，最终达到双赢的效果。

在组织中，员工既是职业生涯管理的对象，又是职业生涯管理的主体，通过个人职业生涯道路与组织的需求愿望相融合，使职业生涯开发与管理的各种措施发挥效用，在组织的帮助和指导下不断提高基本素质和业务技能，通过提升员工的竞争力来推动公司的发展。

四、职业生涯管理的意义

职业生涯管理可以实现企业与员工的双赢，员工通过职业生涯管理可以提升职业竞争力，企业则通过职业生涯管理了解员工发展愿望，充分实现人职的匹配，最大限度提高员工工作效能，降低因人员流失造成的企业成本。

1. 职业生涯管理对个人的意义

（1）有利于增强员工对职业环境的把握能力。通过职业生涯管理，可以使员工根据实际的职业环境了解自身的优劣势，还可以使员工合理计划、安排时间和精力开展学习和培训，以完成工作任务、提高职业技能。

（2）有利于帮助员工协调好职业生活与家庭生活的关系。良好的职业管理可以帮助个人从更高的角度看待工作中的各种问题和选择，帮助员工综合地考虑职业同个人追求、家庭目标等多方面的平衡，避免顾此失彼，以更好地实现人生目标。

（3）有利于帮助员工实现自我价值。通过职业生涯管理可以促进个人职业目标的实现，可以发掘出促使人们努力工作的最本质动力，通过不断提升和超越自我，去追求更高层次的自我价值。

2. 职业生涯管理对组织的意义

职业生涯管理对组织而言也同样具有深远的意义，主要体现以下两个方面：

（1）有利于更加合理有效地利用人力资源。通过职业生涯管理了解员工的现状、需求、能力及目标，调和他们的目标同企业现实和未来发展中存在的职业机会与挑战间的矛盾，并针对员工的需要制订激励机制，帮助员工克服困难，提高技能，有利于人力资源的开发与利用，以实现企业的发展目标。

（2）有利于促进组织的持续发展。职业生涯管理能够促进人力资源水平的稳定和提高，为员工提供合适的培训、经费、机会、制度保障等条件，减少因员工流失造成的损失，提高组织的生产效益，对促进组织的持续发展具有至关重要的作用。

第二节　个人职业生涯早期管理

案例与分析

李秋焕是昆明铁路局昆明机务段电力检修车间辅机组职工。2013年7月毕业后进入铁路系统，整天与笨重机车配件打交道。刚毕业的她从入段见习开始，就养成了勤于学习的好习惯，电路图纸上的电机布线，被她画得密密麻麻，磨破了再买一套。在李秋焕看来，只有持续不断地学习，才能应对各种复杂设备故障的挑战。很多职工一套业务书籍可以用5年以上，而李秋焕在不到1年的时间就翻坏了一本业务书。功夫不负有心人，半年的见习结束后，在转正的理论和实操考试中，李秋焕成绩名列前茅，被正式定职在辅机组。李秋焕不仅工作努力，对段、车间、班组组织的活动，她也总是积极参与。在段内组织开展的"话梦想、献青春"安全风险管理大家谈活动中，李秋焕作为班组骨干参加座谈讨论，她把自己对岗位风险的认识和盘托出，赢得现场最热烈的掌声。"我们刚刚从学校毕业走上工作岗位，不要好高骛远，只有干好了今天的工作，我们才有精力想好明天怎么干。具体到如何干，就是对照工艺标准，也只有不折不扣地落实工艺标准，才能最大限度降低风险，保证安全。"李秋焕这样理解岗位、标准、安全之间的关系。如今，她已经成为段内最年轻的生产骨干。

分析：李秋焕的认真、积极、主动，使她很快就适应了新的工作岗位，快速完成了由学生向职业人的角色转换。每个初到单位的大学生，都有一个美好的梦想，盼着自己发光发热，期望自己尽快独挡一面甚至很快晋升。可事实是，一切都要从头开始，要认真地向师傅们学习，不管是枯燥的理论还是繁杂的作业过程，只有这样才能尽快地适应新工作，因此在职业生涯初期，每人都要做好自己的职业生涯管理，迅速完成个人角色的转换。

职业生涯早期是指一个人结束学校学习，由学校进入工作单位，并逐步"组织化"，为单位所接纳的过程。在职业生涯早期，职业生涯管理可以分为两个阶段：进入组织前的一段时间和进入组织之后的一段时间。这一阶段一般发生在20～30岁，是一个人开始择业、择偶，由学校走向社会、由学生变成员工、由单身生活变成家庭生活的过程，也是人生事业发展的起点，这一阶段职业生涯的发展状况直接关系到今后事业的成败。因此，一个能发挥自己才能、有成长空间的职业是实现自己人生目标的重要保证。

一、职业生涯早期的特点

职业生涯早期阶段是单位对新员工进行观察、了解的阶段。在这一阶段，个人的思想重心和行为重心应该是如何尽快适应新工作，在组织内出色地完成工作，等候机遇，而不是急于晋升，不要厌烦那些烦琐、乏味的例行事务，只有保持良好的、积极的心态，排除干扰，认真做好自己的本职工作，一旦有机会面对更富于挑战性的工作，才能迅速实现深度发展。

职业生涯早期的特点主要表现在以下两个方面。

1. 个人特点

（1）刚刚进入职场，具有一种新鲜感，并且有很强的上进心，在各方面都严格要求自己，内心潜在的力量在不断推动着个人前进和发展。由于年轻气盛，容易过分自信，导致在工作中难免表现出浮躁，如在工作中出现失误时，可能会怨天尤人；与他人意见不合时，容易导致人际关系紧张。

（2）刚进入职场时，怀着远大的理想和抱负，开始逐渐适应环境，工作经验也越来越丰富。

（3）初入职场，独当一面的机会比较少，常常处于配合的地位，有一定的依赖性。在经过一段时间的学习和积累之后，工作经验和能力都会有所提高，这时就应该寻求独立。否则，就会影响未来的职业发展。

（4）除了在事业上的拼搏，职业生涯早期的员工开始组建家庭，承担家庭责任。此时的家庭观念也随之增强，要逐步学会与配偶相处，照顾孩子，协调工作和家庭生活的关系。

2. 职业发展特点

在职业生涯早期阶段，员工在进入自己向往的职业领域之后，开始接触职业领域的知识、技能，并逐步积累知识和经验。这个时期也是职业适应和职业探索的时期，因为员工刚进入组织，对组织环境和组织文化都很陌生，是逐步熟悉工作环境和人际关系的阶段，不断地适应，不断地学习，并确定个人的发展方向，如果觉得不合适，可能会做出调整和改变。

二、职业生涯早期的问题

在职业生涯的早期，选择适合自己发展的职业，进入合适的组织并迅速适应组织的发展是关键。如果一个人能在职业生涯早期很好地认识自我，寻找适合自己发展的职业和组织，并且迅速适应工作岗位的要求，就会为以后的发展打造一个良好的开始。在职业生涯早期，主要需要解决以下两个方面的问题。

1. 职业选择问题

员工在进入组织之前就要选择适合自己的单位和岗位，当代大学生在选择职业容易出现以下几个方面的问题。

（1）盲目从众，虚荣攀比。有些大学生在择业过程中往往缺乏理性思考，缺乏对社会需求和求职单位的了解，忽视了对自身特长特点的分析，对经济发达地区和一些热门职业过于集中，而不考虑自身条件、职业特点、社会整体需求，并且喜欢用身边同学的择业标准来定位自己的标准，即使一些单位比较适合自身发展，也不愿意去选择。

（2）清高自负，求高求全。有的大学生认为自己在择业中具备种种优势，在择业的过程中左挑右拣；有的大学生希望工作一步到位，既要单位的地理位置优越，又要工资待遇丰厚，还要考虑专业对口和较好的发展机会。

（3）忽视专业，只讲实惠。收入、福利目前已经成为毕业生择业时考虑的重要因素。在职业的选择上更注重职业的经济价值，对收入、住房、发展机会等要求过高，而不考虑自身特点、专业特长的发挥。

（4）眼高手低，求闲怕苦。有些大学毕业生在择业的时候片面追求舒适安逸，要求未来的职业要轻松一点，工作环境要舒适一点，单位管理要弹性一点，地理位置要优越一点。求闲怕苦的心理往往导致这些毕业生择业面窄、求职困难。还有的大学毕业生对基层工作缺少兴趣，眼高手低，只想一毕业就走上管理岗位。

2. 职场适应问题

进入单位的初期阶段，新员工对单位还不是很了解，与上司和同事之间还不熟悉，处于适应的阶段。所以，个人与组织之间容易出现一些问题，容易对个人的职业生涯发展造成阻碍。

（1）新员工难以得到信任和重用。新员工刚进入企业，对单位的文化和环境都不了解，工作单位对新员工也缺乏足够的认识，所以领导不会把重要的任务交给新员工，也不会立刻将新员工安排在重要的岗位上。但新员工却难以接受这种现实，因为这一时期的员工对自己有较高的期望，面对毫无挑战且枯燥乏味的工作自然就会感到失落。

（2）新员工难以快速融入工作团队。由于时代、年龄和经历等方面的原因，单位中有些老员工不是很容易接纳新员工，甚至有老员工排斥新员工。组织成员对新成员往往会产生抵触心理，认为他们书生气、没有经验、还好高骛远、不脚踏实地等，导致新成员很难快速融入工作团队。

三、职业生涯早期的个人管理

这一阶段的主要管理任务是职业选择与个人的组织化。

（一）做好职业选择

进入组织之前，主要是个人选择适合自己的职业，积极地准备应聘，为了实现自己的职业生涯目标而进入理想的组织。择业是一个复杂的过程，毕业生要在了解就业形势、掌握政策、收集信息、自我认识的基础上做出自己的职业选择。在职业选择过程中要注意以下几个方面。

(1) 确定目标。要正确地认识自我，对自己的人生目标、成功的理想有充分的认识。应对诸如"我的人生需求到底是什么？什么对我是最重要的，是挣钱的多少、良好的工作环境，还是什么样的职业"等问题进行深入思考。充分认识自己的人生目标，自己对成功的理解，是确定择业目标的重要因素之一。

(2) 要准确地对自己知识、能力、个性、特长等方面进行分析，确定自己最适合的职业。尽管有时你对某一职业感兴趣，但如果你的个性和能力表明你不适合从事这份职业，仍固执地去选择，就会降低你成功的概率。因此，确定自己职业目标时，要摸清自己的"家底"。以下4个方面是选择职业、确定择业目标所要考虑的因素：①专业技能。假如想成为一名医生，那么，你本人是否具有一定相关的专业技能呢？②兴趣爱好。兴趣爱好是一个人事业取得成功的重要条件。研究表明，若对自己所从事的工作有兴趣，就能发挥全部才能的80%～90%，并能长时间保持高效工作而不感到疲劳。③特长与能力。特长与能力是开辟职业道路的重要因素。对任何一个人来说，最明智的做法是找到自己的特长，然后在那个领域培养职业发展的本领与资本。④性格与气质。性格与气质同职业选择有很大的关系，不同性格与气质的人适合从事不同类型的职业。如果一个人的性格与气质同所从事的职业很吻合，在职业生涯中就更容易获得成功。

(3) 择业的地域、行业范围以及岗位对人才的要求。择业的地域是在沿海城市，还是在内地；是留在外地就业，还是回本省市就业。另外，还要考虑择业的行业范围，是在本专业范围就业，还是跳出本专业去其他行业就业；是从事本专业范围内的技术工作、管理工作，还是教学、科研工作等。同时，了解想要从事职业的岗位对人才的要求也是必需的。

(4) 社会环境。择业不仅是一个个人行为，也是一种社会行为，各行各业的发展要受制于整个社会经济环境的影响。比如，由于经济体制改革的需要，国有企业、政府机构都在进行改革，这些历史上的用人大户对毕业生的吸纳正在减少，每一位大学毕业生都难以改变这种状况，因此，最明智的做法是了解社会环境，并适应这种环境，使你的愿望符合实际。

(二) 尽快适应新工作

在进入职业生涯之后，新员工应尽快学会如何工作，开始逐渐适应新环境、新岗位，检验自己的知识、技能、经验和能力是否适合新岗位的需要，充当好个人在组织中的角色，逐渐融入组织，在组织中建立自己的地位。对于一个跳槽者来说，则不涉及进入职业前的问题，主要是适应新的单位，慢慢地确立自己的地位。在职业生涯的早期，要注意从以下几个方面着手，有效地实施职业生涯管理。

1. 做好思想准备

在进入组织之前做好思想准备，要以饱满的热情来工作，树立正确的态度和价值观，对于自己所选择的职业，要认识到它对自己的重要性，要充满信心，只有兢兢业业，努力工作，做出自己的成绩，才会有好的发展。做好思想准备有助于个人更好地接受组织文化，及时融入组织团队，促进个人职业目标的实现。

2. 树立良好的第一印象

第一次交往所形成的印象会对人的态度产生深远而持久的影响。刚进入企业的新员工，其工作表现的好坏对未来的发展影响较大。在刚进入职场时，要注意：①懂得职场礼仪。在入职时要注意职场礼仪，一个人的素质高低，往往来源于他理解礼仪的多少，有好的礼仪，就更易给别人留下好的印象。②交流要真诚。对于新人来说，初次接触自己的同事和上司，要用真诚的态度交流。③工作起来要勤快。新人在职场中总是要比别人勤快点。④做事谦虚谨慎。作为新人谦虚十分重要，不要给人留下骄傲的感觉，遇到不懂的要耐心请教，这样既可以促进同事间的交流，也有利于与同事建立良好的人际关系。

如果新员工给企业的第一印象不好，以后再想扭转就必须付出加倍的努力。有些刚毕业的大学生总认为自己很了不起，对于工作中的小事不屑一顾，从而给人不踏实、不努力的印象，可能因此就会失去发展的机会。因此，新员工在进入一个新的组织之后一定要注意树立良好的形象，否则会影响到自己今后的发展。

3. 全面了解组织

对于新员工来说，进入一个组织，全面了解组织、适应组织环境是首要任务。要全面了解组织的基本情况，如组织的机构设置、规章制度、领导及员工的情况、组织的发展历程及前景、过去所取得的成绩、未来的奋斗目标等；努力加深对自己从事的职业及选择的企业或其他组织形式的认同和理解，积极培养情感，接受组织文化，熟悉大环境（整个组织）、小环境（工作部门或小组）的工作。

4. 适应职业要求

新员工在进入组织并承担一定的工作任务后，除了要尽快进入工作状态，还要尽快了解组织情况、熟悉组织环境，更重要的是要尽快适应职业要求，弄清岗位职责，明确工作任务，以便完成各项工作任务。

（1）要不断学习。要通过自学或参加培训，掌握工作所需的新知识和新技能，不断提升自身的职业能力；要了解清楚所负责岗位的职能、责任，明白哪些是应该做的，哪些是不应该做的。既要避免因为不知道该做什么、怎么做而显得不知所措或工作不积极主动，也要避免工作过于主动而显得越俎代庖，引起老员工的嫉妒和不满。当接受某些具体的工作任务时，要弄清楚任务的目标和要求、完成任务的时间等，做到心中有数、有的放矢。

（2）工作要积极主动。新员工应当学会自主地开展工作，明确所承担的工作任务和工作方法，认真工作，这样才能够有所收获，尽快成长。在工作中力所能及的范围内主动承担工作任务，克服依赖心理，在不断积累工作经验和能力的同时，勤于思考、大胆工作、勇于创新，充分发挥自己的才能和智慧，高质量地完成组织交给的工作任务，并借此机会磨炼自己、展示自己。

（3）养成良好的工作作风。工作作风要踏实严谨，接受任务既不能拈轻怕重，也不能好高骛远，完成任务要一丝不苟、精益求精，确保质量和效果。说话要真诚、果断，少说大话、空话，不说假话、坏话。特别是要注重细节，力求把小事做细、做好，要提高工作效率，今日事今日毕，切忌办事拖拖拉拉、拖泥带水，工作时间要保持良好的精神状态和充沛的体力。

（4）要调整好心态。对于新员工来说，工作中经常会遇到各种困难和障碍，面临诸多挑战，特别是由于新员工和组织彼此尚不十分了解，与领导同事之间尚不熟悉，因此往往导致个人的期望与工作实际之间差异较大而产生心理波动。例如，新员工满腔热情地投入工作，面对的却是枯燥乏味和毫无挑战性的工作现实，或者遇到一个自己不喜欢的部门领导，得不到应有的重视和重用等,都需要个人调整好心态。

5. 建立良好的人际关系

新员工进入组织后要尽快完成由学生到员工的角色转换,虚心向领导和老员工学习,充分尊重他人。对同事要真诚,主动关心集体和他人,培养团队意识和协作能力,为自己的发展营造良好的人际关系。如果被分配到一个工作团队,就要明确承担的任务,必须学会使自己的需要和才干与团队的要求相结合,学会与团队成员和睦相处,团结合作。

6. 正确面对困难

对于刚工作的新员工来说,在工作中遇到困难和障碍是在所难免的,这时候不要惊慌,不能逃避,更不能畏缩不前,要正确面对困难,用积极的态度来解决问题,要学会在困境中学习与提升,不断地提高自己的业务水平与其他能力。

(三)确定职业目标

对于新员工而言,要在了解和适应组织环境的基础上,结合各种实际情况,寻找最适合自己的职业发展方向,确定未来的职业发展目标。一个人如果没有明确的努力目标,不考虑自身的特点,总是跟在别人的身后走;或者总在变换自己的目标,那么一生的宝贵时光都要消耗在摸索与不断尝试中,最后很可能一事无成。因此一定要尽早地给自己定位,确定自己的前进方向。

第三节 个人职业生涯中期管理

案例与分析

20世纪90年代初,吴浩从学校分配到武汉铁路局武昌南机务段检修车间。进入工作岗位后,吴浩喜欢结交朋友,每天除了上班之外就是和朋友们出去吃喝玩乐,生活过得单调而平淡。尽管收入不高,但他还是觉得很开心快乐。那时吴浩的目标和期望就是能从单位分到一套住房,可以不再住集体宿舍,不再吃集体食堂的饭菜。

后来吴浩结婚成家,也有了房子。在过了一段舒适和安定的生活后,昔日的同学和朋友一个个开始有了新的打算,有调离的,有出国的,还有继续上学深造的。吴浩是大专毕业直接分配到现在工作的单位,在外人看来进入铁路局工作就是找到了一个铁饭碗,一辈子的吃穿都不愁了。但是轻松的工作岗位会逐渐使人变得懒惰和不思进取,将近而立之年的吴浩也逐渐感觉到这种没有挑战的生活是在虚度人生,他开始思考该如何规划自己以后的人生了。现在摆在吴浩面前的有两条路,第一条路是在单位努力工作以寻求晋升的机会;第二条路就是选择离开,以寻求更大的发展空间。

经过慎重的考虑,升职的机会相当渺茫。于是吴浩决定将以前在学校所学的书本知识重新捡起来。首先给自己定一个近期目标,在两年之内考上理想学校的研究生。多年没有摸过书本的吴浩在考研复习的初始阶段,感觉到了巨大的压力,白天有时间就看书,晚上回家继续看书直到深夜。尽管如此,第一年考研还是以失败告终。虽然第一次尝试失败了,但是吴浩还是看到了希望。第二年吴浩办理停薪留职,一个人在家安心复习。这一年,吴浩除了吃饭、睡觉,其他时间全部用来复习。功夫不负有心人,这一年也成了吴浩人生的转折点,他终于如愿考上了自己心目中理想高校的硕士研究生。

读研期间，吴浩给自己定下了第二个人生目标，就是读研期间将所有课程学扎实，毕业后进入外企工作。吴浩3年的研究生生活几乎全部是在图书馆或社会实践中度过的。导师对吴浩的学习精神和学习能力大为认可，在吴浩毕业前夕，推荐他到一家颇具实力的外企公司工作。进入外企后，吴浩发现现在的工作内容以及工作方式较以前的有了很大的不同，只要有能力，就能获得晋升和加薪，这种充满挑战的工作使吴浩觉得自己过得非常充实，于是吴浩为自己定下了第三个目标，成为部门领导。吴浩通过自己的努力很快实现了自己的第三个目标。现在不惑之年的吴浩不仅收入可观，而且有足够的时间与家人和朋友在一起。

分析：吴浩从一个检修车间的工人成长为一家大型外企的中层领导用了将近10年的时间，现在回头再看吴浩当年的同事和朋友，有的人还在自己原单位工作，工作生活10年来几乎没有任何变化。在职业生涯的初期职场适应之后，到了职业生涯中期，就应该积极、主动地为自己规划未来的发展方向了。案例中的吴浩正是在自己的职业生涯中期，开始认真地为自己制定了一个又一个的人生目标，随着这些小的目标不断地实现，也使自己实现了职业理想。

个人职业生涯在经过了早期，完成了个人与组织的相互接纳后，就步入了职业生涯中期。职业生涯中期是人生最重要、最漫长的时期，职业生涯中期分为职业成长和成熟两个阶段，最后达到职业生涯的顶峰。这一阶段时间长、富于变化，一般发生在30~50岁，是个人职业生涯处于向上发展并逐步达到顶峰的阶段，同时也是家庭任务及负担最重的时期，职业发展面临的问题很多，管理任务也很重，既有可能获得职业生涯的成功，又有可能出现职业生涯危机。

一、职业生涯中期的特点

1. 具有能力、经验优势

在职业生涯中期，员工已经到了中年，价值观和世界观已都成熟定性，绝大多数人的事业心、责任心增强，逐步形成了沉稳、踏实和一丝不苟的工作作风。员工一般都是作为组织的骨干在发挥作用，其职业能力不断得到提高，各方面都逐渐趋于成熟，通过长期的工作实践，积累了比较丰富的工作经验，职业视野不断拓宽，获得各种有效信息的渠道和机会增多。

2. 工作与家庭都需要投入大量精力

处于职业生涯中期阶段的人，事业发展正处于关键时期，需要在工作上投入大量的时间和精力，同时还要承担家庭责任，既要赡养父母，又要抚养、教育子女。

3. 职业压力显著增大

进入职业生涯中期，特别是人到中年之后，不仅要想方设法在自己的专业领域保持领先地位，努力获得更多的报酬和更高的职位，还要面对职业生涯发展机会减少的现实，承受激烈竞争所带来的压力。有的人面临个人职业理想和实际情况的不一致，感到一事无成而产生失望、郁闷的情绪，产生心理负担，也会导致压力增加。

二、职业生涯中期的问题

1. 职业倦怠的问题

有些人在职业发展中期会容易产生职业倦怠，由于现实职业发展同早期的职业目标、职业理想不相一致，而陷入一种自我矛盾之中。其主要表现为：一种是虽然从事自己理想的职业，然而并未取得自己所期望的成就；另一种情况是职业现实情况完全不同于最初的设想，都容易产生职业生涯中期的职业危机，进而产生职业倦怠问题。

2. 职业生涯发展的瓶颈问题

组织对各类人员的需求量不同，初、中、高级人才的需求呈现金字塔形，初期和中期的竞争可能不是十分激烈，但争取高级职位就比较困难，当职业生涯发展到一定阶段后，获得更高的职位就会非常困难，此时就遇到了职业发展的瓶颈，需要考虑探索新的职业领域，或继续维持现状。

3. 工作与家庭冲突的问题

处于职业生涯中期的员工，基本上都有了家庭和孩子，孩子的教育、抚养、父母的赡养也都需要员工花费时间和精力；同时，此时也是事业上升的时期，需要投入很多的精力取得职业成就和对组织做出贡献，这就不可避免地产生了工作与家庭的矛盾。

4. 压力过大影响健康的问题

职业生涯中期一般会达到个人职业发展的顶峰，工作负担相对比较重，工作和家庭都要投入大量的精力，来自于事业、家庭的压力都比较大，容易出现健康问题。同时这个阶段也处于人生的中年时期，其身体健康状况也开始变差。

三、职业生涯中期的个人管理

职业生涯中期，各种问题比较集中，如果不能妥善处理，就会阻碍职业生涯的发展，因此，就要处理好出现的各种问题，根据自己的特点，做好自己的职业生涯管理。

1. 克服职业倦怠现象

个人在职业生涯中期阶段遇到的问题比较多，承受的压力也比较大，容易出现职业倦怠现象，如有不少员工由于在组织中处于普通的岗位，默默无闻，没有突出的专长和业绩，也没有晋升的机会，只能得过且过，平庸度日；有的员工虽然工作一直认真、努力，但因为没有合适的机遇，其职位不能得到进一步的提升，感到怀才不遇；有的员工虽然在职业生涯中期得到了一定的发展，但一年一年重复性的工作，以及承受的工作压力，导致对工作缺乏激情，感到厌倦。职业倦怠会对个人的职业发展产生消极的影响，此时的个人应该继续保持积极进取的精神状态，注意进行自我激励，寻找工作中的乐趣或新的兴奋点，正确面对挫折、失败，积极寻找解决问题、化解矛盾的方法，就可能会获得更多晋升和发展的机会。

2. 调整职业生涯目标

一个人的职业生涯能否成功取决于自身素质、能力、外部环境等多方面的因素，特别是当职业生涯目标定得很高的时候，成功的人往往只是少数。大多数人则是平凡而普通的工作者，在自己的岗位上做着平凡而普通的工作。如果人到中年，制订的目标通过个人的努力仍难以实现，就应该以更加实际的态度来对待自己，以豁达的眼光来对待自己的职业，根据实际情况来调整自己的职业目标。如果制订的目标是通过自己的努力可以实现的，就不会生活在挫折的阴影里，而是拥有成就感。不是所有的人都能获得职业生涯的成功，所以要考虑适当降低自己的职业生涯目标。但当职业生涯目标有大的方向调整时，还要慎重进行职业决策，要综合权衡利弊得失，确定最适合、最有利于自己发展的职业岗位，而不是盲目地追求待遇和地位。

3. 正确处理好工作与家庭之间的关系

在职业生涯中期，每个人都可能会面临着工作、家庭冲突的问题，正确处理好这两者之间的关系，取得平衡，也是这一阶段必须完成的重要任务。一个人要成为成功的职业者，必须注意及时完成好各种社会角色的转换，在做好工作的同时，处理好家庭的事情，使家庭成为自己事业发展的基石。

4. 继续学习不断提升自己

在职业生涯的中期，组织的变革、合并，岗位的变化，新技术的运用，新产品的开发等都会带来压力，而同事的晋级、加薪同样也会带来压力，此时应继续学习，通过自学或培训的方式，更新专业知识和技能，继续不断提升自己，为自己的职业生涯发展补充新的"能源"，还要寻找合适的途径来缓解压力。

5. 保持积极乐观的心态

在职业生涯中期，有一部分人进入了中、高层领导职位，成为组织中的稳定贡献者，他们充满斗志、干劲十足；可是还有相当一部分人，由于面临职业生涯中期危机，以致失望、颓废，这时候应正确地看待自己的职业，正视客观事实，保持乐观向上的心态，积极寻找解决问题的方法，或者重新修订职业生涯目标，这样就会走过危机，同时还可为新的发展打下坚实的基础。

6. 注意身心健康

人到中年时期，其身体情况没有青年时期状态好，同时由于面对职场压力，其身体也容易出现问题，此时要定期进行身体健康状况检查，注意饮食、休息，加强身体锻炼，戒除一些不良的生活习惯，提高身体素质。

第四节　个人职业生涯后期管理

案例与分析

年近五十的苏铁毅是郑州铁路局下辖的郑州机务段技术科管理人员，从业经验有三十多年，立足工作岗位三十余载，工作勤勤恳恳兢兢业业，一步一个脚印。在即将离开现在工作岗位的日子，他开始思考退休后的生活。看看身边退休的职工，多数在麻将桌上度过余生，他觉得这样的生活不是他所想要的。自己在铁路行业从事机务运用及检修工作三十多年，技术革新三十多项，专利两项，这些宝贵的现场经验就是一笔可观的财富。他决定充分利用自己的特长发挥自己的余热，即使退休后也不能虚度光阴。

于是，在他即将退休的前几个月，主动与市内一所铁路职业院校联系，开始投身到职业教育工作中。最初的教学生活也让他感觉到了些许的不适应，但是通过几年教学生涯的摸索，他逐渐找到了课堂讲授的一些技巧。现在他的课堂上不仅能够加入大量的现场案例分析，而且注重学生实际动手能力的培养，以风趣幽默的谈吐提高学生的学习兴趣。谈及这几年的教学生活，他不禁感慨，能够与这些充满朝气的大学生朝夕相处，感觉自己仿佛回到了20岁，不论是工作还是生活都充满了正能量。

分析：一般说来，职业生涯的后期能取得何种成就，在很大程度上取决于个人的生活态度以及自己的职业生涯规划。每个人都要提前做好准备，根据自己的实际情况去选择。

传统意义上的职业生涯后期是员工由工作状态逐渐走向衰退并最终以退休的方式退出组织的时期。从年龄上看，职业生涯后期一般处于50岁至退休年龄之间的时间段。由于职业性质及个体特征的不同，个人职业生涯后期阶段开始与结束的时间也会存在着明显的差别。对有些人来说，职业生涯后期是职业生涯的终点，退休意味着他们从此能放松下来，但对于那些有着较强的职业能力和职业生涯发展多样化需要的退休员工而言，他们会找到新的就业机会，职业生涯后期的内涵发生了变化。

一、职业生涯后期的特点

（一）传统的职业生涯后期

1. 个人特点

"五十而知天命"，个体到了职业生涯的后期阶段，大多安于现状，淡泊名利，觉得工作了一辈子，现在应该是从事个人活动、实现个人兴趣的时候了。同时，渴望与过去的社会关系交往，回到过去的岁月，以满足精神上的要求。也意识到健康的重要性，自我保健意识大大增强。同时对家庭的依赖感明显增加，温馨的家庭、天伦之乐成为职业生涯后期阶段员工的一大需求。经历了职业生涯早期、中期的漫长里程，酸甜苦辣尽在心间，更能坦然地面对自己的人生。

2. 职业特点

随着年龄的增长，个人的体力、精力开始退化，知识、技能出现老化，学习能力下降，工作能力和竞争力逐渐减弱，进取心也逐渐下降，在组织中所处的地位和作用逐渐下降。

（二）内涵拓展的职业生涯后期

1. 个体特点

有的个体在职业生涯的后期阶段，其成就需求和自我实现需求仍然较高，并未打算退居二线或退休后过着放松的生活，此时仍在实现着自己的职业生涯目标，继续从事职业活动。

2. 职业特点

进入职业生涯后期的员工，有丰富的人生阅历、见识，具有处理各种复杂的人与事、人与人之间矛盾的能力和经验，仍然凭借自身的经验、技能和智慧优势，处于核心地位，并担当良师的角色，继续在组织中发挥着自己的独有作用。在退休后并不退出工作状态，而是接受原组织的延续聘用，或者接受了其他组织的雇佣，去创造更多的价值。

二、职业生涯后期问题

1. 有较强的失落感

职业生涯后期阶段的员工，由于在组织中的中心地位在慢慢转移，尤其是从领导的位置退下来或是从核心地位转变为普通的位置，一时间心理上可能会产生落差；在家庭中其儿女或外出工作或已成家，这些都会导致出现较强的失落感。

2. 不适应退休后的生活

处于退休时段的员工，早已经习惯了每天用工作来填补自己的时间，突然离开自己的工作岗位，离开自己所熟悉的环境，闲下来会感到无所适从，面对退休后的生活会感到很不适应。

3. 身体健康状况下降

职业生涯后期的员工由于年纪大了，身体衰退、老化，免疫系统功能减弱，其身体健康状况明显下降。

三、职业生涯后期的个人管理

进入职业生涯后期，大多数人的学习能力和体力开始下降，适应能力也开始减弱，他们的事业开始呈现下降的趋势。在退休前的工作主要是完成交接班、带徒弟，为退休之后的生活做准备。

1. 挑选并培养继任者

对于即将退休离任的员工个人还是其所在的组织，在这一时期都应考虑因员工的退休而带来的职位空缺的弥补问题，即如何选拔和培养继任者的问题。在现实工作中，充当参谋、职业顾问、师傅的角色，通过授权或言传身教等方式来培养继任者，对年轻的员工悉心指导，使他们尽快地成长起来。

2. 做好退休前的准备

做好退休前的准备，可以使个人尽快适应退休状态。当个人几十年习惯了每天的工作，突然从工作岗位上退下来，便不知道该干些什么，很容易产生空虚感和失落感。因此，要调整好心态，接受现实，提前做好思想和行动上的准备，做好退休后的计划，选择是退休在家过着休闲的生活，还是继续寻找其他的工作机会，总之要丰富和充实自己的生活，寻找新的满足源。

3. 保持良好的心态

退休前的失落感与退休后的空虚感都影响着个人的身心健康，此时要学会勇敢地面对和接受，保持良好的心态，从思想上认识和接受这个事实，可以发展自己的兴趣爱好或者培养新的兴趣，以此来丰富自己的生活，将自己的注意力转移到家庭和个人生活方面，善于在家庭、业余爱好和休闲娱乐等方面寻找满足感和充实感；或者另辟蹊径，寻求适合于自己的新的职业角色，来满足自己的需求，发挥自己的特长和优势，充实自己的生活。

4. 注意锻炼身体

当年龄处于50岁以后，其生理机能明显下降，此时更应注意身体的健康状况，需要制订健康计划，平时多进行锻炼，注意饮食与休息，并定期做身体检查。

拓展阅读

机车乘务员任职及晋职条件

（1）机车乘务员原则上应从机务专业（或相近专业）的大专毕业生中录用；其他新分配从事机车乘务工作的人员，除应具备大专及以上文化程度外，正式上岗前，须进入专业学校进行专业技术学习一年以上，培训合格并取得职业资格证书后，方可从事机车乘务工作。

（2）机车乘务员按照岗位等级分为乘务学员、学习司机、机车司机、一等机车司机、乘务技师、高级乘务技师。除乘务学员外，其他各等级独立担当乘务工作的机车乘务员，均须持有"中华人民共和国铁路机车驾驶证（学习司机证）"。

（3）机车乘务员执乘资格按准驾机型分为A、B、C三类。持A类证人员，可独立执乘内燃、电力机车及动车组乘务工作；持 B 类证人员，可独立执乘内燃机车及内燃动车组乘务工作；持 C 类证人员，可独立执乘电力机车及电力动车组乘务工作。持上述三类证件人员，经专门培训和相应内容考试合格后，可执乘"高速（200 公里/时及以上）""重载""CRH 动车组"等高等级列车或单司机值乘工作。

（4）机车乘务员只有在考取执乘资格，并办理有关证件后，用人单位方可正式任命本单位乘务员相关职务。

（5）担任机车乘务工作的人员，身体条件必须达到《铁路机车乘务员职业健康检查规范》（TB/T 3091—2004）规定标准。机车乘务员每两年须进行例行身体状况检查（县级以上医院），达不到机车乘务员身体条件的人员，不得担当机车乘务工作；凡担当重载、高速动车组列车及单司机（含双班单司机）值乘的机车乘务员，上岗前须进行身体状况检查，达不到身体条件的人员，不得担当高等级列车值乘工作。机车乘务员身体状况检查表，应保留存查至下一检查周期。

（6）报考学习司机资格晋职考试的人员必须具有相关要求的学历，年龄不超过 35 岁；报考机车司机资格晋职考试的人员必须具有机务专业（或相近专业）中专及以上学历，年龄不超过 45 岁。

（7）机车乘务员报考资格。

1）报考学习司机晋职资格考试的乘务学员，除应达到规定的学历和身体条件外，乘务学习时间不得少于 6 个月及乘务公里不少于 3 万公里。

2）报考机车司机晋职资格考试的学习司机，除应达到规定的学历和身体条件外，担当学习司机职务不得少于 1 年及乘务公里不少于 6 万公里（或连续担任调车工作 1 年以上）。

3）报考晋职一等机车司机资格考试的机车司机，除应执行相应"一等机车司机考评晋级管理办法"规定的有关条件外，担当机车司机职务不得少于 2 年或实际乘务公里应不少于 10 万公里，参考前连续安全乘务年限不少于 1 年。

4）推荐参加高速、重载列车、CRH 动车组及单司机值乘列车资格考试的机车司机，除应达到规定的学历和身体条件外，担当机车司机职务不得少于 2 年并安全乘务公里不少于 10 万公里，参考前连续安全乘务年限不少于 2 年。

5）报考乘务（高级）技师资格的考试科目与合格标准，按铁道部和集团公司有关规定执行。

（8）参加各等级晋职考试人员的报考资格审查，由各机务段负责，并须执行公示制度，报名时须向报名点（考试站指定的考试点）出示原件，个人资格证明文件复印件须存入单位职工个人技术档备查。

（9）乘务员晋职考试科目与合格标准。

1）乘务学员晋职学习司机资格考试科目与合格标准。

①钳工技能（笔试和实作）。合格成绩为：规定时间内正确完成钳工自检自修考试项目（由考生临考随机选定 2 项）。

②电工技能（笔试和实作）。合格成绩为：规定时间内正确完成电工自检自修考试项目（由考生临考随机选定 2 项）。

③安全规章（笔试）。合格成绩为：80 分。

④通用知识（笔试）。合格成绩为：60 分。

⑤ 专业知识（笔试）。合格成绩为：60分。

⑥ 机车给油（实作）。合格成绩为：80分。

2）学习司机晋职机车司机资格考试科目与合格标准。

① 钳工技能（笔试和实作）。合格成绩为：规定时间内正确完成钳工自检自修考试项目（由考生临考时随机选定三项）。

② 电工技能（笔试和实作）。合格成绩为：规定时间内正确完成电工自检自修考试项目（由考生临考时随机选定三项）。

③ 安全规章（笔试）。合格成绩为：90分。

④ 通用知识（笔试）。合格成绩为：80分。

⑤ 专业知识（笔试）。合格成绩为：80分。

⑥ 机车检查（实作）。合格成绩为：80分。

⑦ 机车操纵（实作）。合格成绩为：80分。

⑧ 综合验收考试（笔试）。合格成绩为：90分。

3）机车司机（学习司机）增驾考试科目与合格标准。

① 安全规章（笔试）。合格成绩为：90分。

② 通用知识（笔试）。合格成绩为：80分。

③ 专业知识（笔试）。合格成绩为：80分。

④ 机车检查（实作）。合格成绩为：80分。

⑤ 机车操纵（实作）。合格成绩为：80分。

4）机车司机晋职一等司机资格考试科目与合格标准。

① 安全规章（笔试）。合格成绩为：90分。

② 理论知识（笔试）。合格成绩为：80分。

③ 操纵鉴定（实作）。合格成绩为：80分。

5）一等机车司机晋职乘务（高级）技师资格考试科目与合格标准，按铁道部和集团公司有关规定执行。

（10）乘务员晋职考试程序。

1）参加各等级晋职考试的人员，参考前须在规定的报名期限内先行到指定的考点报名，经考点单位审查合格的报名资料（原件退回，复印件由考点负责人签名盖章后存查），由考点按统一报名软件填制上报集团"考试站"。

2）考试程序。

晋职学习司机考试程序：①钳工、电工技能考试；②理论考试；③机车给油考试。

晋职机车司机考试程序：①钳工、电工技能考试；②理论考试；③机车检查考试；④机车操纵考试；⑤综合验收考试。

晋职一等机车司机考试程序：①理论考试；②机车操纵考试。

机车司机（学习司机）增驾考试程序：①理论考试；②机车检查考试；③机车操纵考试。

经典语句

- 在年轻的时候，如果能尽早规划生涯，先期进行生涯管理，生涯路上，必然走得实在，活得快意。
- 生涯要规划，更要经营，起点是自己，终点也是自己，没有人能代劳。
- 在职业生涯发展的进程中，什么时候你的工作热情、努力程度不为工资待遇不高、不为上级评价不公而减少，从那时起你就开始为自己打工了。

推荐图书

［1］房伟．卓越员工职业生涯管理［M］．北京：北京工业大学出版社，2014．
［2］王磊．职场走直线——职业生涯规划与管理［M］．北京：人民邮电出版社，2012．
［3］周坤．我的人生我做主：职业生涯设计与自我管理［M］．北京：北京大学出版社，2006．
［4］谢怡．员工职业生涯管理实操细节［M］．广州：广东经济出版社，2007．

课后思考

1. 根据自身的现状和特点，确定自己的职业生涯目标。
2. 谈谈如何提升自己的职场适应能力？

下篇

职业标准

第十二章　出乘作业标准

本章学习目的

通过本章的学习，了解电力机车司机作业标准、动车组司乘人员的作业标准，理解作为一名电力机车司机或者一名动车组司机应具备的要求。

本章内容描述

本章主要介绍电力机车司机出乘的作业标准和动车组司机出乘的作业标准等内容。

本章核心概念

机车是铁路运输的基本动力，根据源动力的不同可以将机车分为蒸汽机车、内燃机车和电力机车三大类。电力机车的牵引动力是电能，但机车本身没有原动力，而是依靠外部供电系统供应电力，并通过机车上的牵引电动机驱动机车运行。

动车组是自带动力，固定编组且动力分散的列车，两端分别设有司机室进行驾驶操作，配备现代化服务设施的旅客列车的单元。

火车司机，即机车乘务员。一辆机车，由两人驾驶，坐在左手位的是正司机；现场俗称"大车"，而右手位的是副司机，俗称"伙计"。

作业标准主要是指为规范员工操作规范，对各项工作制定的统一要求和规范化规定。作业标准就是施工程序，把它用标准制定下来，每一步的作业程序都有具体的行为规范，这就是生产作业标准。

第一节　电力机车司机作业标准

案例与分析

2001年4月20日清晨，哈尔滨铁路局三棵树机务段的东风4D型3089号机车，牵引北京开往齐齐哈尔的T47次旅客列车经由滨洲铁路运行。由于安达站进行信号联闭设备工程，但机车乘务员出乘时漏抄运行揭示命令，将"4月20日4时00分至7时00分安达—卧里屯间改按单线（上行线）电话闭塞法行车"这一主要内容漏抄，并且在安达站进站信号机显示一个黄灯时不减速，出站信号机显示红灯时不停车，使列车于6时14分以118公里/时速度侧向通过30公里/时的限速渡线道岔，造成机车及机后5辆客车颠覆，9辆客车脱轨；旅客死亡2人，轻伤25人；直接经济损失806.3万元人民币，构成旅客列车脱轨重大事故。东风4D型3089号机车修复后恢复运用。

分析：每一位职业者都要培养良好的职业习惯，本着严格认真、一丝不苟的精神认真执行现场的标准化作业流程。

长途机车乘务员一次乘务作业标准是指乘务员从出勤到退勤间的牵引列车作业过程。长途机车乘务员一次乘务作业标准化程序包括：待乘→出乘报到→库内作业（接车）→出库挂车→发车→途中作业→换挂→终点站→入库作业→退勤。

一、待乘

1. 待乘要求

（1）担当夜间乘务工作，必须实行班前待乘休息，保证出乘前不少于4小时的卧床休息时间。

（2）待乘前严禁饮酒，按规定的备班时间指纹录入签到，并到指定的房间休息。

（3）严禁聚众闲谈和高声喧哗，爱护公共财物，保持房间卫生。

（4）指定休息时段必须卧床休息，关闭移动电话，不准看书、看报或作其他无关活动。

（5）本地待乘室、外公寓及各调车点待乘室21：00后停止娱乐活动。

（6）各待乘室（外公寓）所有待乘人员晚上22：00均须关灯休息。

（7）22：00以后下班进寓（待乘室）60分钟内须关灯休息，不得在公寓（待乘室）高声闲谈，影响别人休息。

2. 本地待乘

（1）入室手续：按规定备班时间到待乘室报到，在《机车乘务员待乘登记簿》签字登记，并录入指纹。

（2）休息纪律：①严禁签到后离室；②不得做影响休息的事，入室10分钟后必须熄灯、卧床休息。

（3）离室手续：待乘结束后，在《机车乘务员待乘休息记录簿》签认，并录入指纹。

3. 外公寓待乘

（1）入寓手续：①到达外段（站）或继乘站，按规定办理机车交接手续后，应在规定时间内（原则上不得超过1小时）全员到公寓值班室做好登记，并按指定房间住寓；②登记住寓后必须立即到驻寓指导室指纹签到测酒退勤，将IC卡交驻寓指导进行转储分析。

（2）请销假：①在出乘叫班前4小时内和夜间22：00以后以及强制待乘休息时间内，不准请假外出；②外出公寓按规定履行请销假手续，外出请假时间不得超过1小时。

（3）学习：按时参加外公寓学习。

（4）休息纪律：公寓待乘时，除应执行值乘正线列车待乘时间外，每日13：00~17：00，必须落实全员卧床休息制度。

（5）离寓手续：叫班后，按规定时间全员到驻寓指导室指纹签到，并经酒精测试后出勤，听取出乘指导室的传达运行注意事项，办理有关出乘手续。

二、出乘

1. 按规定着装

春夏秋冬按规定穿制服（冬天可穿配发的大衣），动车、客车乘务员戴大盖帽，货车乘务员戴作业帽；系领带，黑色皮鞋，佩戴好司机铭牌。18：00~6：00佩戴反光带。

2. 携带有关证件、资料

工作证、机车司机驾驶证（鉴定期间由机务段出具书面证明）、岗位合格证、相关规章、技术资料。

3. 携带工具

检点锤、手电筒、短接线、开口扳手、活动扳手、小管子钳、电工刀、钢丝钳、尖嘴钳、一字起子、十字起子、试电笔、绝缘胶带（机车上已配备除外）。

4. 出乘答题

使用出乘答题机出勤答题（无答题机除外）。

5. 出勤报到

（1）出乘前必须充分休息，严禁酒后出乘。

（2）按时到派班室出勤，向出勤机调员行军礼。

（3）接受指纹影像识别、酒精含量检测。

（4）向出勤机调员交验所携带的证件，领取《添乘指导簿》《司机手账》《列车时刻表》、录音笔、IC 卡、视频 U 盘、司机报单（运行揭示）、施工明示图等行车资料和备品。

说明：从出勤至退勤全程开启录音笔，并按规定使用。

6. 核对交付揭示和 LKJ 数据版本号

（1）机班将交付的打印运行揭示与运行揭示栏的公布揭示进行核对，确认无误后签认。

（2）将运行揭示临时限速按规定在《司机手账》中对应 站间区间标注。

（3）将 LKJ 数据版本号抄录手账。

7. IC 卡数据核对

交验 IC 卡写卡后，机班共同在 IC 卡数据文件复核机逐条核对正确，在《IC 卡数据文件录入登记簿》上登记签认。办理运行揭示、IC 卡交付时，必须实行出勤机班与出勤调度员双审核、双确认的检验签认把关制度。

8. 出乘预想

（1）认真阅读有关规章、制度、通报及运行注意事项。

（2）组织机班根据天、地、人、车、时、任务等情况做好出勤安全预想，并记录于《司机手账》上。根据《列车时刻表》在手账对应处注明"营"。

9. 听取出勤传达

听取出乘机调员传达运行注意事项。待出勤调度员签认手账后，方可出乘。

三、接车

1. 库内接车

（1）办理接车手续：按时到地勤组接机车，领取机车钥匙、运行日志、列车无线调度通信设备、机车信号、LKJ 系统检测合格证、专检合格证等，了解机车技术运用、检修情况，办理耗电和工具、备品交接状态，并按规定办理各项交接手续。

（2）IC 卡数据输入：①开机后机班共同正确输入监控装置有关参数和读入 IC 卡可控揭示信息，并两人逐项、逐条核对正确；②LKJ 数据输入由操纵司机负责操作，下同。

（3）机车检查：①按机车检查程序和范围对机车进行检查，确认各部件状态良好、符合标准；②提前 15 分钟升起受电弓，并厉行呼唤应答（升弓前司机必须确认总风缸压力在 500kPa 以上、感应网压正常，升弓时必须两人分别伸头确认受电弓的状态）；③在实行专检专修时，按《铁路机车操作规则》要求进行机车高压试验和制动机机能试验；④有列尾控制装置的必须进行机能试验；⑤多机重联出库时必须在库内连接好风管，插好防跳销，按规定处理制动机，重联机班确认制动缓解状态。

（4）行车安全装备检查：①检查行车安全装备（机车监控装置、无线列调、机车信号、录音装置、走行部监测装置、自动过分相、列尾装置控制盒、机车欠风压报警装置、视频装置、行车安全辅助装置等）状态正常；②机班共同确认 LKJ 数据版本号无误；③检查 LKJ、机车信号、无线列调通信设备检测合格证以及集团配属机车的五项专检合格证、机车视频检测合格证（章）齐全。合格证（章）不全严禁出库牵引列车。

2. 站接

（1）交接事项：①听取交班司机对机车运用情况介绍，按规定交接行安装备、能耗及运行中接到的需延续的调度命令和《列车制动试验效能证明书》；②与交班司机发生异议时，服从地勤人员的裁决。

（2）机车检查：①检查各轮对及走行部、基础制动关键部件状态、第一位车钩、制动软管的连接状态；②检查砂箱砂量及试验砂管撒砂情况；③按规定进行机车加载试验和制动机试验，有列尾控制盒的进行机能试验；④确认机车符合继乘机车牵引技术条件。

四、出库挂车

1. 出库前准备

提钩前做好后部连挂机车的防溜，确认防溜设施、防护信号已撤除，将机车移至接近出库信号机处停车。

2. 出库要道

按规定的时间鸣笛要道出库。

3. 走行

（1）机班共同确认出库信号、道岔位置及手信号，必须由近至远逐一确认，并厉行呼唤和手指手比，鸣笛动车。移动机车前，应确认相关人员处于安全处所，注意邻线机车、车辆的移动情况。

（2）前、后司机室第一次正端操纵机车，须进行小闸静、动态试验。

（3）动车后，在规定地点进行机车撒砂试验。

（4）机车到达站、段分界点停车，签认出段时分，了解挂车股道和径路，执行车机联控，按信号显示出段。

（5）加强前方线路、道岔、接触网线和线路旁各种标志的瞭望，不得在分段绝缘器处和接触网锚段关节供电部门设有禁停牌处停车。

（6）确认调车信号。每次动车前对前方进路第一架调车信号机、大转线、出库径路的分界高柱信号机前，必须一度停车，双人信号机侧开门开窗同时同侧伸头手比呼唤确认。

（7）库内和机走线上遵守走行速度。

（8）换室操纵，使用大闸制动保压（闸缸压力不小于300kPa），并须确认司控器主手柄回零，各电器开关在规定位置，关闭空调、电炉、电暖气、雨刷、热风机、电热玻璃，关闭并锁好司机室门窗，厉行呼唤应答后再进行换室。

4. 挂车

（1）进入挂车线必须确认脱轨器、线路防护信号、停留车位置。距脱轨器、防护信号、车列 10 米前必须停车。

（2）确认脱轨器、防护信号撤除后，显示连挂信号，以不超过 5 公里/时挂车，连挂后要试拉（连挂时根据需要适量撒砂）。

（3）机车非操纵端相关电器的开关和手柄在规定位置，安装双套 LKJ 主机的机车、非操纵端 LKJ 应关闭，取暖或者降温设备必须关闭，锁闭好非操纵端司机室门窗。

（4）换室后小闸制动 300kPa，在空压机工作后将大闸置运转位。

（5）连挂后检查车钩、制动软管联结状态，穿好车钩防跳销（无防跳销钩捆绑提钩杆），客运列车捆绑机车折角塞门。

（6）大小闸全制位，将换向手柄置前进位，提主手柄一位（级）确认是否有电流、电压，再将主手柄回零，换向手柄置中立位。

（7）司机确认机车与第一位车辆的车钩、软管联结和折角塞门状态。多机重联时，机车与车辆连挂职状态的检查由连挂司机负责；列车本务司机应复检机车与第一位车辆的车钩、软管联结和折角塞门状态。

5. 列车直供电

牵引直供电列车连挂后，司机拔出供电钥匙与客列检（或车辆乘务员）按规定办理交接手续，并须断开主断路器。

五、发车

（一）发车准备

1. 列车编组和货票交接

向运转车长或车站值班员（助理值班员）了解编组情况、途中甩挂计划及其他有关事项；与车务有关人员办理列车编组顺序表和货运票据的交接，并签认并妥善保管。

2. 机车检查

（1）机班共同正确输入机车综合无线通信设备（以下简称 CIR）、LKJ 有关数据和运行揭示复核。采用微机控制制动系统的机车，核对制动机设定的列车种类。

（2）确认双风管供风、直供电装置供风、供电正常。

（3）将机车移频信号线路区段、上下行开关位置正确，移频接码正常，LKJ 接码正常，调整好电台频率。

3. 制动机试验

（1）全部试验：自阀减压 50kPa（编组 60 辆及以上时为 70kPa）并保压 1 分钟，对列车制动机进行感度试验，全列车必须发生制动作用，并不得发生自然缓解，司机检查制动主管泄漏量，每分钟不得超过 20kPa；手柄移回运转位后，全列车必须在 1 分钟内缓解完毕。自阀施行最大有效减压（列车管定压 500kPa 时为 140kPa，定压 600kPa 时为 170kPa），对列车进行安定试验，要求不发生紧急制动。

（2）简略试验：自阀减压 100kPa 并保压 1 分钟，检查制动主管贯通状态，检查制动主管泄漏量，每分钟不超过 20kPa。

（3）列车制动机试验时，司机应确认并正确记录充、排风时间于《司机手账》上，检查制动主管压力的变化情况，并作为本次列车操纵和制动机使用的参考依据。装有防折关装置的机车，注意观察其状态；CCBII、法维莱等微机控制的制动机，注意观察显示屏上充风流量信息。

(4) 制动主管达到定压后,司机按规定及检车人员的要求进行列车制动机试验,发现充、排风时间短等异常或制动主管漏泄每分钟超过 20kPa 时,及时通知检车人员(无检车人员时通知车站值班员)。

(5) 司机在列车充风或列车制动机试验时,有列尾装置需检查本务机车与列尾装置主机是否形成"一对一"关系和进行排风试验,确认列尾装置作用良好。

(6) 制动关门车辆数超过规定时,发车前应持有制动效能证明书。列车制动机进行持续一定时间的保压试验,应在试验完毕后,接受制动效能证明书。

(7) 司机接到制动效能证明书后,应校核每百吨列车重量换算闸瓦压力,不符合《铁路技术管理规程》及本区段规定时,应向车站值班员报告。

(二) 确认信号

1. 发车预报

司机提前 5 分钟预报发车时间(货物列车为接到车站准备开车的通知时),司机确认操纵台仪表及各开关位置。学习司机巡视机械间。

2. 车钩复检

始发列车,复检机车与第一辆的车钩、软管连接和折角塞门状态(多机重联时,机车与车辆连挂状态的检查由连挂司机负责,本务必须复检)。

3. 确认发车

(1) 出站(发车进路)信号开放后(或其他行车凭证正确),执行车机联控制度。

(2) 再次确认机车信号、LKJ 接码正常。

(3) 双人同侧确认发车信号(发车表示器)或电台发车正确,并厉行手比呼唤。

(三) 开车

1. 起车

(1) 货物列车起动困难时,可适当压缩车钩,但不应超过总辆数的 2/3。压缩车钩后,在机车加载前,不得缓解机车制动。起动列车前使用列尾装置检查尾部制动主管压力是否与机车制动主管压力基本一致。

(2) 列车起动时,应检查制动机手柄是否在正常位置及各仪表的显示状态,做到起车稳、加速快、防止空转。双机重联机车必须听从本务机车指挥,认真执行回示鸣笛制度。

(3) 电力机车进级时,应使牵引电流稳定上升。当列车不能起动或起动过程中空转不能消除时,应迅速调整主手柄位置,重新起动列车。具有功率自动调节控制功能的和谐型机车出现空转时,不得盲目回手柄。

(4) 列车起动后,应进行后部瞭望确认列车起动正常。

2. 按压"开车键"

列车开车后,在规定地点按压 LKJ"开车键"。

3. 核对风压

(1) 机车出岔后,与运转车长核对制动主管风压。

(2) 装有列尾装置的列车,在出站后应使用列尾装置控制盒,检查确认列车管贯通情况;运行途中按规定执行列尾查询制度。

六、途中运行

（一）操纵列车

1. 速度控制

（1）严格遵守每百吨列车重量换算闸瓦压力限制速度，列车限制速度，线路、桥梁、信号容许速度，机车车辆最高运行速度，道岔、曲线及各种临时限制速度，以及 LKJ 速度控制模式设定的限制速度的规定。

（2）按《列车操纵示意图》《列车操纵提示卡》的要求正确平稳操纵列车，遵守列车运行图规定的运行时刻，确保列车安全正点。

2. 机车操纵注意事项

（1）操纵机车时，未缓解机车制动不得加负荷（特殊情况除外）；运行中或未停稳前，严禁换向操纵。设速度工况转换装置的机车，车未停稳，不得进行速度工况转换。

（2）机车负载运行中，电力机车进级时，应使牵引电流稳定上升，遇天气不良时应实施预防性撒砂；当机车出现空转不能消除时，应及时调整主手柄位置；具有功率自动调节控制功能的和谐型机车运行在困难区段出现空转时，不得盲目回手柄。

（3）在附挂运行中，换向器的方向应与列车运行方向相同，主接触器在断开位。禁止进行电气动车做试验。

（4）机车各安全保护装置和监督、计量器具不得盲目切（拆）除及任意调整其动作参数。保护电器动车后，未明原因时不得切除。机车保护装置切除后，应密切注视机车各仪表显示，加强机械间巡视。

（5）旅客列车在区间发生故障需双管改单管供风时，司机应掌握安全速度（最高不超 120 公里/时）运行至前方站后进行，跨局旅客列车改为单管供风后，司机报告车站值班员转报调度员。因列车总风管压力漏泄不能维持运行，应立即停车，关闭机车后部折角塞门判断机车或车辆原因，属车辆原因应立即通知车辆乘务员处理。

（6）运行中按规定开启头灯。

3. 执行呼唤应答制度

机车司机在运行中必须严格执行"彻底瞭望、确认信号、准确呼唤、手比眼看"的呼唤应答制度，呼唤应答按规定用语执行。

4. 执行车机联控制度

按规范用语执行车机联控制度。严格按规定用语使用无线调度电话进行车机联控、调车联控，严禁利用无线调度电话说与行车无关的内容。

5. 进入限速地段

进入限速地段，必须严格控制速度，按规定打点，当命令限速与现场限速不一致时，按限速最近起点、最远终点和最低限速值控制速度，并执行运行揭示过一处划一处要求。

6. 贯通试验

（1）按规定时机进行列车贯通试验。

（2）列车停车后开出的第一个区间，必须进行贯通试验（减压 50kPa、列车降速 5 公里/时以上），装有列尾装置的还应使用列尾查询制动管贯通状态。如出站前方区间为连续上坡道（或有分相绝缘）时，贯通试验可在列车进入平道时进行。

(3) 在区间列车停车进行防护、分部运行、装卸作业或使用紧急制动阀停车后再开车时，试验列车制动主管的贯通状态，确认列车完整。

7. 仪表确认

开车前、出站后、接近（预告）信号前确认机车各仪表显示及大、小闸手柄位置状况，并呼唤。

8. 按规定鸣笛

按《铁路技术管理规程》《铁路机车操作规则》等有关规章规定进行鸣笛。

9. 进站停车

(1) 严格执行车机联控制度，正确输入股道号，进站停车必须在进站信号机处校对 LKJ 距离，并厉行呼唤，遇距离误差超过规定，正确进行人工校正，进站时注意车站接车人员的手信号。

(2) 列车进站停车时，在进站前必须执行制动调速（机外停车后及特殊站除外）。

(3) 客车进站必须带载制动对标停车（特殊情况除外）。

10. 区间停车

(1) 列车运行中，发现制动主管压力急剧下降、波动空压机不工作或长时间泵风不止，列车装置发出制动主管压力不正常报警等异常情况时，应迅速停止向制动主管充风，解除机车牵引力，及时采取停车措施。区间停车后必须保持列车制动。

(2) 列车停车后再开车前，必须进行制动机简略试验（停车时间未超过 20 分钟的列车除外）（装有列尾装置的列车 还应使用列尾装置司机控制盒进行查询、确认）。因机车空压机不能工作（包括区间停电），且在区间停车时间超过 30 分钟，必须按规定对机车和车列进行防溜。

11. 司机室亮灯

运行中进出站，夜间司机室必须亮灯。

12. 站内停车

(1) 列车站停超过 20 分钟，开车前必须进行列车制动机简略试验。

(2) 在中间站停车 5 分钟以上必须对机车走行部、受电弓等关键部位进行检查。

(3) 机班下车检查机车时必须按规定主手柄回零位，大小闸可靠制动。

(4) 列车进站后要保压停车，直至出站信号开放，或接到车站准备开车的通知（列车尾部有下坡道的车站除外）后，方能缓解列车制动。

(5) 列车站内停车不准停止劈相机及空压机工作。

(6) 中间站停留时，机班应坚守岗位，有人看守机车。

13. 单机运行及单机挂车

单机运行按货物列车办理；单机在自动闭塞区间停车时，禁止停在调谐区，被迫停在调谐区内时，司机须立即在调谐区外使用短路铜钱短接轨道电路，然后向就近车站值班员或列车调度员报告停车位置和原因；单机（包括双机、专列回送的机车）紧急制动停车后，具备移动条件时司机必须立即将机车移动不少于 15 米，再按照先防护后报告的原则，在轨道电路调谐区外使用短路铜钱短接轨道电路，然后向就近车站值班员或列车调度员报告停车位置和原因；单机在中间站挂车时，所挂车辆不得有关门车，开车前必须进行制动机简略试验，妥善保管好货运单据。

14. 途中故障处理

运行中遇机车发生故障应尽量维持进站停车处理，区间停车后 10 分钟内、站内停车 15 分钟内故障无法排除时，应立即请求救援，如停在区间应按规定做好防护。

15. 按要求使用行车装备

（1）行车安全装备必须全程运转，严禁擅自关闭或变相关闭机车行车安全装备。

（2）必须关闭时，须取得调度命令。

（3）LKJ 操作使用按《机车乘务员 LKJ 操作使用手册》及有关规定执行。

16. 途中接收调度命令和行车凭证

对接收到的临时调度命令、书面行车凭证必须与车站核对，机班两人复诵确认，途中换班做好交接，退勤时交回派班室。

17. 制动机使用

（1）每次对列车进行制动或缓解时，司机必须监听和核对列车管排、充风时间；运行中乘务员应确认制动缸压力表压力；每次实施制动减压前确认总风及制动主管压力。

（2）进入停车线停车时，提前确认 LKJ 显示距离与地面信号位置是否一致，准确掌握制动机、制动距离和减压量，应做到一次停妥，牵引列车时，不应使用单阀制动停车，并遵守《铁路机车操作规则》规定。

（3）客车常用制动调速时，应做到平稳、准确对标停车。

（4）货物列车站内停车制动时，初次减压量不得少于 80kPa。

（5）紧急制动时应立即解除机车牵引力，电力机车不得断主断路器、降弓，动力制动应处于备用状态，列车未停稳，禁止移动大、小闸手柄（投入动力制动时，单阀除外），停车前应适当撒砂。开车前检查机车闸瓦状态，进行列车制动机贯通试验。

（6）装有动力制动装置的机车在列车调速时，要采用动力制动为主、空气制动为辅、相互配合使用的方法。并做到制动电流不得超过额定值，动力制动与空气制动配合使用时，应将机车制动缸压力及时缓解为零，需要缓解时，应先缓解空气制动，再解除动力制动。

（7）当发现列车失去空气制动力或制动力减弱危及行车安全时，紧急制动可以同步投入动力制动的机车，司机应立即使用紧急制动，并将动力制动投入达到最大值，在确认动力制动发挥作用后，使用单阀缓解制动缸压力至 150kPa 以下。有运转车长（车辆乘务人员）值乘的列车，司机迅速通知运转车长使用紧急制动阀停车；装有列尾装置的列车，司机应采取列尾装置主机排风制动措施使列车停车，停车前适当撒砂。

（8）装有动力制动的机车在使用动力制动调速过程中发生紧急制动或需紧急制动时，司机应保持机车动力制动，并立即用单阀缓解制动缸压力至 150kPa 以下。

18. 列尾装置使用

装有列尾装置的列车出发前、进站前、进入长大下坡道前和停车站出站后，应使用列尾装置对制动主管的压力变化情况进行检查，发现制动主管的压力异常时，应立即停车，停车后，查明原因妥善处理，并通知就近车站值班员或列车调度员。

19. 按信号显示行车

严格按信号要求行车，遇信号显示不明或危及行车和人身安全时，应立即采取减速或停车措施。

（二）电力机车操作注意事项

1. 断合标操作

电力机车通过分相绝缘器时严禁升起双弓，在切断牵引电动机负荷后断开主断路器。按"断"、"合"标，断、合主断路器。

2. 重联操作

电力机车重联运行时，良好的附挂第一位机车与本务机车升同方向受电弓（附挂第二台及以后禁止升弓）。

3. 升降弓操作

遇接触网故障或挂有异物、升降受电弓标、临时升降手信号，及时降下或升起受电弓。

（1）接触网临时停电或异常时，要迅速断开主断、降下受电弓，就地停车，检查弓网状态。装有车顶绝缘检测装置的机车，司机要检查确认机车绝缘情况，确认机车绝缘装置故障或绝缘不良时，不得盲目升弓。

（2）停车时间超过 30 分钟时，必须对机车和车列进行防溜。开车后接近前方站时，应用电台通知车站接车人员，请其注意车辆有无抱闸现象。

（3）运行中正常情况应升后弓，严禁升双弓。

（三）继乘站交班

1. 转储文件

到达继乘站停车后，及时插 IC 卡转储文件。

2. 办理交接

（1）继乘站下班时，与接班机班对口交接并互相签认（包括货运票据、编组顺序单、调度命令、机车质量、工具和机车文明化、能耗情况）。

（2）发生争执时，服从驻站地勤裁决。

（3）旅客列车交班机班必须待列车开出（或超过 20 分钟）后，方可离开交班地点。

（四）运行中安全注意事项

（1）不得超越机车限界进行作业，电气化区段严禁攀登机车、车辆顶部，途中停车检查时，身体不得侵入临线限界。

（2）电力机车乘务员需要登机车顶部检查弓网状态或处理故障时，应断开主断路器，降下受电弓，必须向车站值班员或列车调度员申请办理登顶作业，接到列车调度员发布接触网已停电允许登顶作业的调度命令并验电、接地后方准作业。

（3）严禁向机车外部抛撒火种，机械间严禁吸烟。

（4）遇天气不良、机车牵引力不足等原因，列车在困难区段可能发生坡停或严重运缓时，司机应提前使用列车无线调度通信设备通知两端站或列车调度员。

（5）单机进入区间担当救援作业，在自动闭塞区间正方向运行时，应使 LKJ 处于通常工作状态，严格按分区通过信号机的显示要求行车；在自动闭塞区间反方向、半自动闭塞区间及自动站间闭塞区间运行时，应使 LKJ 处于调车工作状态。在接近被救援列车 2 公里时，按规定严格控制速度。距救援列车不足 2 公里时，以调车模式运行。

（6）运行途中突发难于抵抗的身体急症，要立即报告列车调度员或车站值班员，不能维持驾驶操纵的要立即采取停车措施。

（五）多机牵引附挂

（1）机车重联后，相邻机车之间连接状态的检查，由相邻机车乘务员实行双确认，共同负责。

(2) 机车操纵应由行进方向的前部机车负责。重联机车必须服从前部机车的指挥,并执行有关鸣笛及应答回示的规定。

(3) 设有重联装置的机车,该装置作用必须良好,重联运行时应接通重联线。其他各有关装置及制动机手柄的位置按规定执行。

(4) 电力机车重联运行中,前部机车应按规定鸣示降、升弓信号,后部机车必须按前部机车的指示,立即降下或升起受电弓。

(5) 附挂(重联)机车连挂妥当后,附挂(重联)司机按规定操作制动机、弹停装置、电气设备等,操作完毕、具备附挂(重联)运行条件后,通知本务机车司机。

(6) 附挂(重联)机车需与本务机车或前位机车摘开时,必须恢复机车牵引条件后(闭合蓄电池开关、开启 LKJ、升弓、空压机工作、总风缸压力达到定压、机车处于制动状态),方可通知前位机车进行摘挂作业。

(7) 无动力回送机车按规定开放无火回送装置,操作有关阀门。

(六) 非正常行车

司乘人员在运行途中遇到非正常情况,所有应急处置办法按《机车乘务员非正常情况下行车应急处置办法》及有关规定执行。

七、中间站调车作业

1. 核对计划

确认并复诵调车计划。接到调车计划后,应对调车计划进行复诵,对站场、停留车位置进行观察,做到心中有数。

2. 设备试验

(1) 使用平面调车设备调车前必须与调车长进行平调信号试验(机车中途停止调车作业超过 3 小时或更换无线调车灯显设备,再次调车作业前必须重新进行试验),保证作用良好;检查监控装置是否由平调信号控制。

(2) 平面调车设备调车作业中,必须按其信号显示和语音提示的要求进行作业,没有起动信号不准动车,推进作业中,遇平面调车设备主机与调车长手持机的测机声中断或语音提示"故障停车"时,必须立即停车。

(3) 机车平调装置控制盒开关置"调车"位,调车完毕后置"运行"位。

3. 执行调车联控制度

(1) 用标准调车联控用语与车站信号楼联系。

(2) 调车作业动车前,机车监控装置人工进入调车工作状态,并用调车联控标准用语与车站信号楼联系。

(3) 遇跨越正线、调车作业第一钩、变更计划第一钩、停轮后第一钩与进出专用线前,应严格执行每钩调车联控制度。

(4) 必须两人确认起动信号后再动车。

(5) 设有前后司机室的机车,单机或牵出时必须在进行方向的前端操纵机车。

4. 按信号调车

(1) 确认调车手信号(或灯显平调信号),并鸣笛回示。

（2）严格执行"唱、调、划、记"作业程序。

（3）调车作业停车后动车前，对前方进路第一架调车信号机必须实行两人同侧伸头确认，并做到手比眼看。

（4）动车后对前方进路开放的调车信号必须逐一确认、呼唤、打点、鸣笛。

（5）电力机车调车时，机车距接触网终点标应有 10 米的安全距离，防止进入无电区。

5. 一度停车要求

牵引车列和单机由非转集或集转非时，专用线厂矿大门前，无人看守道岔前，无人看守道口前，货物线脱轨器前，接近站界标，尽头线土档前，必须一度停车（特殊车站除外），认真执行要道还道制度，确认股道信号、道岔开通信号、道岔标志、调车指挥人的起动信号，方可动车并严格控制速度。

6. 连挂车辆

连挂车辆时，严格按"十、五、三"车距离信号和信号要求控制速度（单机除外）。

7. 控制调车速度

（1）调车牵出及单机在空线转线时速度不得超过 40 公里/时，空线推进运行时不得超过 30 公里/时。

（2）向有车线推进自进入有车线不超过 15 公里/时，不在司机侧显示信号时，不超过 10 公里/时。

（3）推进连挂时必须遵守十车走行 50 米，速度控制在 15 公里/时以下；五车走行 20 米，速度控制 10 公里/时以下；三车走行 10 米，速度控制 5 公里/时以下的规定。

（4）严格遵守站场道岔限制速度。

8. 变更计划

一批作业不超过三钩或变更计划（指一张调车作业通知单）不超过三钩时，可用口头方式布置（中间站利用本务机 车调车除外），机班必须复诵。变更股道时，必须停车传达；仅变更作业方法或辆数时，不受口头传达三钩的限制，但调车指挥人必须向机班传达清楚。

9. 进入专用线

进入专用线调车或牵引大组车进行调车作业时，车辆应按规定接通风管、试闸。

10. 调车停轮

调车停轮时，认真做好防溜措施。严禁在机车、车辆底部坐卧。

11. 动车前

（1）动车前，对前方进路第一架调车信号机，必须实行两人同侧伸头确认，并做到手比眼看。

（2）动车后对前方的调车信号必须逐一确认、呼唤、打点、鸣笛回示，遇拦截信号必须立即停车。

（3）由非转集或集转非时，一度停车，认真执行要道还道制度，确认股道信号、扳道员道岔开通信号、道岔标志、调车指挥人的起动信号，方可动车。

12. 调车完毕

（1）调车作业完毕，将平调控制盒转换到监控状态，确认接收移频信号。

（2）调车完毕后开车前，必须对机车主要部位（部件）、机车与第一辆车的车钩、制动软管连接和折角塞门的开放状态进行检查。

(3) 按规定进行制动机试验。
(4) 监控装置人工退出调车状态，开车后注意调整车位。

八、终到入库

1. 终到

到达终点站后，摘解机车前不得缓解列车制动。若地面无列车制动机试验设备或该设备临时发生故障时，司机应根据检车员的要求，试验列车制动机。

2. 入库作业各环节

(1) 到达闸楼停车后，按压"入库"键使监控装置进入出入段工作状态。
(2) 进入整备场在规定地点一度停车，对机车总风缸等进行排水，并配合整备人员检查机车撒砂检查。
(3) 整备线连挂机车前，必须一度停车，并确认连挂信号好后，以不超过5公里/时的速度平稳连挂。
(4) 按规定填报动态活及运行日志。
(5) 入库后及时插卡转储文件。运行中遇变更车次，机班下班时应在"运行日志"上注明。
(6) 电力机车进入整备场内安全作业区前，必须一度停车，确认防护信号开放或凭隔离开关防护员允许进入的手信号后，升单弓进入安全作业区。
(7) 进本段按规定办理隔离开关使用手续，作业完毕办理合闸手续，升单弓离开作业区，停在指定地点，按规定做好机车防溜。
(8) 机车整备完毕，确认、记录机车能耗情况，并到地勤组报活、盖章交班。

九、退勤

(1) 退勤分析。返回派班室后，向退勤分析机调员行军礼报告后，将IC卡、录音笔、视频U盘交由退勤分析机调员转储。
(2) 填写运行报告。运行中遇非正常情况（路外伤亡、车组故障、临时停车、监控动作、晚点、接触网、线路异常等）时，应如实填写报告（机调10），交由退勤机调员审核。
(3) 按车机联控规定要求填写《车机联控信息卡》。
(4) 盖章退勤。退勤时，进行酒精测试，向退勤机调员汇报列车运行情况，将运行揭示、司机报单、添乘指导簿及相关调度命令和行车凭证交回退勤机调员，由退勤机调员于《司机手账》加盖准许退勤章方可退勤。

第二节　动车组司机一次乘务作业标准

案例与分析

1992年3月21日3时01分，由南京西开往广州的211次旅客列车在浙赣线五里墩站938公里+733米处与正在进站的1301次货物列车发生正面冲突，造成15人死亡，34人受伤。221次全列18辆935吨，由南昌机务段ND2-232机车牵引，司机吴某、副司机陈某值乘，运转车长由宜春车务段潘某担任。1310次全列43辆2767吨，由问塘机务段配属机车DF4-3346牵引，萍乡机务段司机王某、副司机杨某值乘，运转车长由宜春车务段张某担任。

按计划，1319次、1310次、211次在五里墩站交会。五里墩站值班员安排1319次进4道停车，1310次进1道停车，211次机外等候信号，待1310次停妥后再2道通过。当1310次于2时51分通过茶亭子站，211次2时53分慢行通过羊石站后，五里墩站值班员即用无线电话呼叫211次司机，通知其减慢车速、机外停车等信号，但未听到211次司机回答。直到凌晨3时许，值班员发现211次以正常通过速度冒进五里墩站关闭的下行进站信号机后，立即用无线电紧急呼叫211次停车，主力值班员和1号扳道员也向211次显示红灯但均未奏效，211次仍以较高的速度继续冒进关闭的2道下行出站信号机，挤坏4号道岔，在五里墩站上行进站信号机内938公里+733米处，与正在进站的1310次货物列车发生正面冲突。导致211次机车及机后第1至第5位车辆颠覆；1310次机车及机后第2、第3位车辆脱轨、第6至第8位车辆颠覆，造成人员死亡15人、重伤8人、轻伤26人，客车报废4辆、大破1辆，货车报废5辆、大破1辆、中破1辆、小破2辆，内燃机车2台均报废，线路信号等设备有不同程度损坏，中断行车35小时09分，构成行车重大事故。

分析：血的教训告诉我们，职工的劳动纪律和作业纪律松弛是困扰铁路运输安全的顽症之一。除了不可抗拒的自然灾害，几乎所有行车事故都与违章违纪（简称"两违"）有直接或间接的关系。作为一名铁路职工，要熟知各类铁路岗位的标准化作业程序，培养一个良好的劳动习惯，遵章守纪，坚决杜绝一切"两违"事故的发生。

动车组司机的一次作业标准包括出勤、接车、出段作业、运行要求、终到和入段作业。

一、出勤及接车

1. 出勤

(1) 动车组司机出勤和接车时间：在动车组运用所（整备点）内接车时，距开车时间不少于90分钟到达接车地点；动车组始发车站接车时，距开车时间不少于20分钟到达接车地点；中间站、折返站等接车方式，司机距所接车次到达时间不少于10分钟到达接车地点。

(2) 动车组司机出勤前必须充分休息，精神状态良好。出勤前严禁饮酒。出勤调度员要严格把关。

(3) 动车组司机按规定整洁着装，携带动车组驾驶证、ATP操作合格证等在规定时间到达出勤地点，接受酒精含量测试，领取司机报单、列车运行时刻表等有关资料；将IC卡交出勤调度员进行写卡。

(4) 领取运行揭示并校对，根据担当区段、天气等情况，制定运行安全注意事项，记录于司机手册。

2. 段内作业

(1) 到动车组运用所办理接车手续，在指定位置接车，确认动车组停放线路、型号、编组正确，受电弓降下状态，防护信号及安全警示标志已撤除。

(2) 负责在运用所内（动车组操纵端司机室）与地勤司机（随车机械师）办理动车组驾驶、列控、LKJ-2000、CIR设备及制动系统技术状态、主控钥匙交接。

(3) 动车组段内检查（动车组一端进行操作时另一端严禁操作）。

1) CRH1型动车组。

① 接车端（出库端）上车前外观检查：

a. 确认动车组型号正确。

b. 从操纵端Mc车紧急开门装置打开车门进入客室，用三角钥匙操作门立柱上的"照明"开关（逆时针转动并保持3秒）或用司机室钥匙激活司机室。

② 司机室检查：

a. 打开司机室门，进入司机室。

b. 检查操纵台各按钮、指示灯、列车运行监控记录装置（简称LKJ）、列控车载设备（简称ATP，下同）、IDU、CIR、PIS及监视器显示屏外观良好。

c. 检查CIR手持机、阅读灯、麦克风、PIS手持机、无线数据传输手持机安装及插座良好。

d. 检查瞭望玻璃、遮阳布及刮雨器外观完好。

e. 插入电钥匙转至启动位，启动司机室，输入登录密码登录IDU，确认车辆总数。

f. 打开警报总况菜单，查阅各系统的故障情况，查阅现存故障菜单查阅现存故障情况。打开系统菜单，检查各子系统的设备状态正常。

g. 检查"外接风、电源"指示灯，无外接"风、电源"连接，打开"供气"菜单，按压升弓按钮，检查辅助压缩机工作情况，打开"高压"菜单，检查升弓、合主断正常，并检查网压。

h. 确认操纵台指示灯显示正常，检查主压缩机工作正常、确认总风压力在850～1000kPa；打开"系统"的子菜单，检查各子系统的工作状态正常。

i. 确认CIR、LKJ、ATP启动正常，输入CIR、LKJ、ATP的相关数据，确认输入正常。

j. 总风缸压力600 kPa以上，安全环路指示灯灭，按压"停放制动"按钮，确认停放制动施加，打开"制动试验"菜单，按压启动按钮，按IDU的提示操作：①主控手柄制动"7"级；②主控手柄回"0"；③主控手柄制动"8"级；④主控手柄回"0"，完成制动试验。也可通过制动测试按钮进行制动试验。如制动试验失败则必须查明原因并重做。

k. 打开"驾驶控制"菜单，按压启动按钮，按IDU的提示操作主控手柄，检测主控手柄作用良好。

l. 打开主菜单，按压"灯测试"按钮，打开灯测试菜单，做灯灭、灯亮及蜂鸣器测试，观察灯灭、灯亮及蜂鸣器报警正常。

m. 按压DSD试验按钮，DSD指示灯亮3秒，蜂鸣器报警7秒，紧急制动，安全环路灯亮，踩下踏板确认。检查DSD报警、紧急制动及缓解良好。

n. 检查头灯及风笛，作用良好。

o. 检查门窗关闭良好，确认关门灯灭，"牵引互锁"灯灭，将主控手柄置保持位，检查牵引变流器充电正常，手柄回"0"。

p. 从司机室左侧门下车，确认前罩关闭、标志灯已点亮。

q. 确认车下无作业人员并厉行呼唤后进行整流罩的正常开闭实验，通过IDU显示屏确认整流罩开闭状态良好。

注：在站折返的列车需进行非操纵端检查、试验。

2) CRH2 型动车组。操纵端（出库端）检查。

a. 确认动车组型号正确。

b. 确认 MR 压力应大于 640kPa。如压力不足，要求随车机械师扳动辅助空压机控制开关（ACMS），启动辅助空气压缩机，待压力上升至满足要求，故障显示灯"准备未完"灯熄灭。

c. 确认各按键开关、切换开关、NFB 的状态位于定位。

d. 确认制动手柄处在"拔取"位，将主控钥匙插入制动手柄钥匙孔，向逆时针方向旋转，解锁制动控制器。

e. 将制动手柄移动至"快速"位，主控继电器（MCR）工作。将 MON 显示器页面切换至"电源电压"页面，确认控制电压大于 77V。电压不足时必须充电后方可出段。

f. 确认各显示灯显示正常（VCB 及电器设备灯亮）。

g. MON 显示器切换至"车辆信息"页面，确认 EGS 断开。

h. 扳动受电弓上升开关"PanUS"，通过 MON 显示器确认受电弓升起。

i. 按 VCB 合（VCBCS）开关，通过故障显示灯（VCB 灯熄灭）、网压电压表，确认 VCB 闭合。

j. APU 装置自动启动，确认直流电压约为 100V。

k. 确认 CIR 电源状态正常，ATP、LKJ 正常启动。

l. 确认 MR 压力大于 780kPa。

m. 设定列车车次及始发站等参数。

n. 按压紧急制动复位开关（UBRS），故障显示灯"紧急制动"灯熄灭。

o. 进行制动系统试验：①制动手柄"快速"位，确认 BC 压力大于 400kPa；②制动手柄移置"B7"位，确认 BC 压力大于 270kPa；③制动手柄移置"运行"位，确认 BC 压力为 0kPa。④制动手柄置"B7"位，保持动车组制动状态。

p. 启动试验：①制动手柄置"B7"位或"快速"位；②将 MON 显示器页面切换到牵引变流器页面；③牵引手柄提"P1"位；④扳动启动开关 3~5 秒；⑤检查电机电流等数据。

q. 从司机室左侧门下车，确认前罩关闭、标志灯已点亮。

r. 确认车下无作业人员并厉行呼唤后进行整流罩的正常开闭实验，通过 MON 显示屏确认整流罩开闭状态良好。

注：在站折返的列车需进行非操纵端检查、试验。

3. 出段作业

(1) 动车组整备完毕车组全员上车后，与随车机师联系确认，使用车内广播设备预告动车，关门灯点亮，按列车运行图规定的时分，动车出段。

(2) 确认出段信号或股道号码信号、道岔开通信号、道岔标志显示正确，厉行呼唤（呼唤标准见附件），鸣笛（限鸣区段除外，下同）动车出段。

(3) 动车组转线、调车时，司机必须在运行方向的最前端司机室操纵牵引运行。

(4) 动车组转线、调车时，司机必须在运行方向的最前端司机室操纵牵引运行。

(5) 站段分界点一度停车，进行签点，并了解走行径路，按信号显示出段。

(6) 站、段走行，逐一确认呼唤调车信号，严守速度。须进入尽头线时，应加强瞭望、确认，不得进入距尽头线或接触网终点标 10 米内，遇特殊情况必须进入时，应严格控制速度。

(7) 进入车站到发线，在指定地点停妥后司机使列车保持制动状态，开启车门。按钮不在司机操纵台上的，由司机通知随车机械师开启车门。如自动开关门装置故障时，由司机通知列车工作人员手动开启车门。司机按压"调车"键，退出调车模式。按压 DMI "等级"键，选择 CTCS-0 级或 CTCS-2 级。CTCS-2 级区段在 ATP 待机模式下，按压"启动"键，转为部分监控模式。按压 DMI "载频"键，选择上行或下行，正确输入或核对 LKJ 装置运行参数。

二、途中运行

1. 基本要求

(1) 动车组司机在运行中应参照列车操纵示意图操纵列车，严格执行"彻底瞭望、确认信号、高声呼唤、手比眼看"，严格执行呼唤和车机联控制度，按规定鸣笛。

严格遵守动车组、线路、桥隧、信号容许速度，道岔曲线和慢行地段等限制速度，以及 ATP 或 LKJ 设定的限制速度。

在分散自律控制下，接发列车进路采用自动控制方式，主动预告司机。在非分散自律控制区段及运行中遇危及行车安全以及行车设备故障、停用等情况，司机必须认真执行"车机联控"。

始发站、局间分界站和较大区段站在越过出站信号机后及时记点，停车站待列车停妥后记点。

(2) 动车组仅限于在规定的股道及进路上接发，遇动车组接发不能在基本进路办理时，必须以调度命令为准。

(3) 司机必须在运行方向最前端司机室操纵。正常情况下，非操纵端各操纵开关、手柄、司机室门均应置于断开位或锁闭位。

(4) 在确保安全正点的同时，做到起车快速、运行平稳、停车准确。

(5) 动车组运行中应须选择适当的手柄位置，使用恒速功能。列车达到目标速度后按压"恒速"开关，保持列车恒速运行。需要改变运行速度时，调整牵引手柄级位或按压"恒速"开关，达到目标速度后，再按压"恒速"开关。

(6) 如果恒速装置作用不良，司机应及时调整牵引手柄级位，控制列车按规定速度运行。

(7) 解除牵引力时，牵引手柄要在"1"位稍作停留再退回"0"位。

(8) 运行中或未停稳前，严禁换向操纵。

(9) 动车组停车后，必须使列车保持制动状态。更换乘务组、换室操纵时必须进行制动系统试验。

(10) 正常情况下司机控制动车组制动机实施常用制动；危及行车安全时采用快速制动（危及弓网安全时 CRH1 型应使用紧急制动按钮）；雪天为防止雪块进入制动圆盘和闸片，列车运行速度在 110 公里/时以下，必要时投入耐雪制动；制动系统故障时采用辅助制动；列车分离和取出制动手柄时产生紧急制动。

(11) 各安全保护装置不得盲目切除，行车安全装备必须全程运转，LKJ 和 ATP 的转换必须按规定操作。正常运行期间，CRH1 型动车组司机必须保持将脚靠踏板置于中间档位，或每隔小于 50 秒的间隔就按一次 DSD 按钮。

(12) 两列同型动车组可重联运行。两列动车组重联运行时各升 1 架前进方向的后受电弓。

(13) 动车组重联牵引时应遵守下列规定。

1) 两列动车组重联或摘解时，由动车组随车机械师负责引导，司机确认。重联或摘解后的动车组由随车机械师配合司机做相关试验。摘解操作时，主动车组必须一次移动 5 米以上方可停车。

2) 连挂后，确认两列动车组通信传输状态正常，将所有非操纵司机室制动手柄置"拔取"位并锁闭。

(14) 动车组运行中应注意以下事项。

1) 自动过分相装置良好时，使用自动过分相装置；故障时使用手动过分相操纵。

2) 遇接触网故障，降、升受电弓标或降、升弓手信号时，应及时降下或升起受电弓。

3) 接触网临时停电或有异常情况时，要迅速断开主断路器、降下受电弓，就地停车，立即报告车站值班员或列车调度员。

4) 运行中每次过分相后检查一次动车组操纵台各仪表。

(15) 手动过分相。

1) CRH1 型。当司机面板 B2 上的"分相区"按钮灯"闪"显示自动过分相装置故障时，必须进行手动过分相操作。在列车即将到达分相区时，司机按如下步骤操作：第一，将主控制手柄退至"0"位；第二，列车在分断标前，按动司机面板 B2 上的"分相区"按钮。

当列车使用后弓时，TCMS 从按下"分相区"按钮开始计算列车运行 150 米后，停止变流器模块，断开 5 个网侧断路器。当列车使用前弓时，TCMS 从按下"分相区"按钮后，立即停止变流器模块，断开 5 个网侧断路器。

列车通过"分相区"后，TCMS 检测到网压，自动闭合 5 个网侧断路器。

2) CRH2 型。

第一，司机要掌握头车距升弓车厢的距离，及时将牵引手柄退回"切"位，运行至"断"电标前，要集中精力，加强瞭望，结合运行速度及时按压"VCB 断"按钮。

第二，司机室故障显示灯"VCB"、"电气设备"灯点亮，蜂鸣器鸣响，司机确认网压表为"0"。

第三，如 VCB 未断开，要立即按下"受电弓折叠"按钮，采取强制降弓措施。

第四，运行至"合"电标时，司机不要立即闭合 VCB，根据运行速度和头车距升弓车厢的距离，确认受电弓已通过分相绝缘区后，按压"VCB 合"按钮。两列动车组重联时，要确认全部受电弓已通过分相绝缘区后，按压"VCB 合"按钮。

(16) 动车组运行中出现故障时，司机应按车载信息监控装置的提示，按步骤及时处理；需要由随车机械师配合处理时，司机应通知随车机械师。经处置确认无法正常运行时，司机应按车载信息监控装置的提示和随车机械师的要求，选择维持运行或停车等方式，并使用列车无线调度通信设备报告列车调度员或车站值班员。

(17) 动车组在区间被迫停车时，立即使用列车无线调度通信设备报告列车调度员或车站值班员，报告被迫停车原因、停车地点；负责指挥随车机械师、旅客乘务组，按有关规定处理有关行车、列车防护和事故救援等事宜。动车组被救援时，过渡车钩、专用风管和电气连接线的连接和分解由随车机械师负责，动车组司机配合。具备升弓供电条件的，司机根据随车机械师的通知升弓供电，但必须与救援机车司机保持联系，防止发生弓网事故。

（18）运行中因故障或其他原因被迫停车后，司机应立即使用列车无线通信设备向就近车站值班员或列车调度员报告列车的停车位置及原因；如需请求救援时，要向车站值班员或列车调度员报告列车前后部准确的停车位置，并按规定指挥有关人员设置防护。

（19）运行中发生意外，不危及本列车安全时，可不停车，继续运行，同时用列车无线调度通信设备报告就近车站处理。

（20）遇动车组制动系统故障、空气弹簧故障、车窗玻璃破损情况时，司机根据调度命令按以下限制速度运行。

1）当动车组制动系统故障切除25％制动力时，限速160公里/时运行；切除50％制动力时，限速120公里/时运行。

2）当空气弹簧故障时，限速160公里/时运行。

3）车窗玻璃破损导致车厢密封失效时，限速160公里/时运行。

（21）当轴承温度超过温度报警时，立即停车请求处理。

（22）司机应严格按限速调度命令控制列车运行，如调度命令的限速值低于ATP显示的目标速度时，应按调度命令控制列车运行。

车站站内（正线除外）经18号及以上道岔侧向发车时，至一离去之间，因限速低于道岔侧向允许速度时，司机应按调度命令的限速人工控制列车运行。

（23）低于45公里/时的限速，TDCS/CTC按45公里/时向车站列控中心传送，系统按实际速度值自动生成限速调度命令文本，同时附加"司机必须按调度命令人工控制列车速度"的用语，司机按限速调度命令控制列车运行。

（24）列车运行中，司机不得离开司机室（遇冲撞险情紧急避险除外）；停车状态需要协助随车机械师安装过渡车钩等作业时，应将司机室各门锁闭，防止旅客等闲杂人员进入司机室。

（25）途中遇降雾、暴风雨雪等恶劣天气情况时，应立即报告列车调度员或就近车站值班员。

2. 发车准备与发车

（1）司机确认操纵台各仪表、显示屏显示正常，各手柄位置正确，关门指示灯亮，司机室门处于锁闭状态。

（2）根据列车长通知，司机关闭车门。按钮不在司机操纵台上的由司机转告随车机械师关闭车门。如自动开关门装置故障时，由司机通知列车工作人员手动关闭车门。

（3）开车前，必须确认行车凭证、发车信号显示（含发车表示器或列车无线调度通信设备发车用语）正确，厉行呼唤后鸣笛，起动列车。

3. 起车操纵

（1）CTCS-2级区段发车前，ATP处于部分监控模式，当地面信号变为进行信号后，需按压"缓解"键，此时ATP仍输出B4级制动，只有制动手柄置运行位并提牵引手柄后，方能缓解和启动列车。运行至LKJ开车对标位置时按压开车键对标，接受出站口应答器信息后，确认ATP进入完全监控模式。

（2）CTCS-0/1级区段动车组运行至LKJ开车对标位置时，按压开车键，进入监控状态运行。

(3) 起车时，牵引手柄在"1"位应稍作停留，启动后，根据目标速度将牵引手柄置适当级位，做到起车稳、加速快，避免强烈的"推背感"。起动后再确认制动手柄位置及各显示屏、仪表显示是否正常。

(4) 在上坡道上启动动车组时，可将牵引手柄置于适当级位，再缓解制动，防止动车组溜逸。

4. 调速操纵

(1) 施行常用制动时，应考虑列车速度、线路情况、限速要求等条件，准确掌握制动时机和级位，保持均匀减速，减少列车冲动和强烈的"前冲感"。

使用制动手柄前，应先将牵引手柄回"0"位，再实施制动。

速度较高时应使用较高级位的制动（B5 级及以上级位）。

中速运行时应使用中级挡位的制动（B4 级及以下级位）。

制动过程中遇有过分相时，动力制动自动切除，全部转为空气制动。

(2) 遇紧急情况施行制动时，迅速将制动手柄置于"紧急（快速）"位，并解除牵引力。

(3) 在 CTCS-2 级区段，正常情况下 ATP 直接控制列车通过慢行地点。

(4) 在 CTCS-2 级区段 ATP 故障（机车信号故障除外）时及 CTCS-0/1 级区段，司机应按 LKJ 的提示操纵列车通过慢行地点。

5. LKJ、ATP 使用及切换操纵

(1) 在 CTCS-2 级区段与 CTCS-0/1 级区段的分界处，ATP 发出提示预报，司机应注意是否能够顺利实现级间转换，如不能自动转换，应立即手动转换。

(2) 在 CTCS-2 级区段按 ATP 方式行车；在 CTCS-0/1 级区段和 ATP 故障情况下（机车信号故障除外）的 CTCS-2 级区段，按 LKJ 方式行车，LKJ 的使用方法与机车上安装的 LKJ 使用方法相同。动车组按 LKJ 方式行车，遇机车信号或 LKJ 故障时，按有关规定办理。

(3) 在 CTCS-2 级区段运行，接近临时限速地段前，司机应注意 ATP 是否发出"前方限速"的提示，及时采取制动措施，防止超速。

(4) 在 CTCS-2 级区段，动车组运行中遇 ATP 故障时，列车必须立即停车，司机应使用列车无线调度通信设备报告列车调度员或车站值班员，并根据调度命令将 ATP 转入隔离模式，按 LKJ 方式行车。

(5) 基本闭塞法停用按电话闭塞法行车时，司机应根据调度命令将 ATP 转入隔离模式，按 LKJ 方式行车。

(6) 在 CTCS-2 级区段，出站（发车进路）信号机故障时，动车组的行车凭证为绿色许可证，司机应将 ATP 应转入目视行车模式；当 ATP 收到允许运行的信号时，按 ATP 显示运行。

(7) 在 CTCS-2 级区段，ATP 采用设备制动优先模式，停车时和非正常情况下司机根据需要进行控制。

(8) ATP 有完全监控模式（FS）、部分监控模式（PS）、目视行车模式（OS）、调车模式（SH）、隔离模式（IS）和待机模式（SB）等六种。

1) 完全监控模式是列车在区间（含车站正线通过和侧进直出）和车站接车作业时的正常

运行的模式，列车最高运行速度 200 公里/时（202 公里/时报警，205 公里/时启动常用制动，210 公里/时启动紧急制动）。ATP 根据控车数据自动生成目标距离模式曲线，司机依据人机界面（DMI）显示的列车运行速度、允许速度、目标速度和目标距离等控制列车运行。

2) 部分监控模式是列车侧线发车和引导接车时的模式；当 ATP 接收到轨道电路允许行车信息，而缺少应答器提供的线路数据或限速数据时，也进入部分监控模式。在部分监控模式下，ATP 给出以下限速值：

① 侧线发车，ATP 接收到的轨道电路信息为 UU 码时，人机界面（DMI）显示固定限速值 45 公里/时；接收到的轨道电路信息为 UUS 码时，人机界面（DMI）显示固定限速值 80 公里/时。

② 引导接车，ATP 接收到的轨道电路信息为 HB 码时，人机界面（DMI）显示固定限速值 20 公里/时。

③ 当 ATP 接收到轨道电路允许行车信息，而缺少应答器提供的线路数据或限速数据时，最高限速值为 45 公里/时。

3) 目视行车模式是司机控车的固定限速模式，限速值为 20 公里/时。动车组在区间因 ATP 显示停车信号停车后，按照有关规定，司机按压专用按钮使 ATP 转入目视行车模式。

4) 调车模式是动车组进行调车作业的固定模式，牵引运行时限速值为 40 公里/时，推进运行时限速值为 30 公里/时。司机按压专用按钮使 ATP 转入调车模式。只有在列车停车时，司机才可以选择进入或退出调车模式。

5) 隔离模式是 ATP 控制功能停用的模式。列车停车后，根据调度命令，司机操作隔离手柄使 ATP 转入隔离模式。若仅 BTM 失效，ATP 提供机车信号，可人工转换为 LKJ 控制列车运行。

6) 待机模式是 ATP 上电后的默认模式。待机模式不由司机选择，ATP 执行自检和外部设备测试后，自动处于待机模式。在待机模式下，ATP 正常接收轨道电路及应答器信息，同时无条件输出制动，司机不得移动列车。

（9）在 ATP 运用时，不得触及 ATP 的拨码开关（SW）。严禁插拔 ATP 的连接件，模块及印刷电路板等部件。

（10）列车调度员使用无线传送系统向列车司机传递行车凭证、调度命令时，司机应及时签认接收。司机对其内容有疑问时，须立即使用列车无线调度通信设备向列车调度员询问。

动车组在区间运行，ATP 显示停车信号时，列车必须立即停车，司机使用列车无线调度通信设备通知随车机械师。列车停车等候 2 分钟，ATP 仍未收到允许运行的信号时，司机将 ATP 转入目视行车模式，列车以遇到阻碍能随时停车的速度继续运行，最高速度不超过 20 公里/时，直到 ATP 收到允许运行的信号，按 ATP 显示运行。在停车等候的同时，必须与列车调度员、车站值班员联系，如确认前方闭塞分区内有列车时，不得进入。

动车组在区间被迫停车后须返回后方站时，司机报告列车调度员或后方车站值班员，按调度命令要求将 ATP 转入隔离模式，司机更换司机室，由行进（后退）方向前司机室操纵动车组返回。

动车组运行中遇 ATP 故障时，列车必须立即停车，司机应使用列车无线调度通信设备报告列车调度员或车站值班员，并根据调度命令将 ATP 转入隔离模式，按 LKJ 方式行车。

6. 进站停车操纵

（1）进站停车时制动机的使用要求。

1) 应使用 B4 级以下的制动，随着速度的降低，停车前逐渐回到 B1 级。停车后，使列车保持制动状态。

2) 速度较高时应使用较高级位的制动（B5 级及以上级位）。

3) 制动停车时，5 公里/时及以下装置自动切除动力制动。

（2）进入停车线停车时，应做到一次稳准停妥。司机室侧窗后边缘距停车标距离不得大于 30 厘米。

（3）动车组到站停稳后，司机开启车门。按钮不在司机操纵台上的，由司机通知随车机械师开启车门。如自动开关门装置故障时，由司机通知列车工作人员手动开启车门。

（4）中间站停留时，不准停止辅助电源及空气压缩机的工作，并保持列车制动状态。

1) 夜间等会列车时，应将前照灯灯光减弱或熄灭。

2) 司机必须坚守岗位，不得擅自离开司机室。

7. 在站交接与继乘

（1）到达终点站后，不得缓解列车制动，各手柄、开关回"0"位，通过 CIR 将车次号注销。交班司机与接班司机或随车机械师办理交接。交班司机应详细介绍运用状态，填写运行日志记录，办理交接手续。

交班司机将 LKJ 运行记录数据进行转储；接班司机将 IC 卡中的运行揭示读入 LKJ 并复核。

折返站换乘试验、检查程序如下：

1) CRH1 型。

① 交班司机：

a. 主控手柄回"0"。

b. 施加停放制动，并确认保持制动正常。

c. 关闭司机室两侧车窗并保持靠站台侧门在释放状态。

d. 转储 LKJ 数据、注销 CIR 数据（未开通 CIR 则无此项）。

② 接班司机（在到达操作端接班）：

a. 检查各显示屏、监视器外表正常。

b. 检查两侧车窗锁闭良好后锁闭司机室门从客室或站台到达另一端。

c. 调出 IDU 系统高压界面，检查受电弓、主断是否正常。

d. 检查 IDU 界面各系统状态。

e. 输入 CIR、LKJ、ATP 数据，并确认界面是否有隔离标志。

f. 按程序做制动试验。

g. 检查 IDU 互锁界面，牵引互锁应只有停放制动及门释放两种造成的互锁。

h. 检查过分相按钮显示状态，了解自动过分相状态。

i. 检查现存故障菜单的故障记录。

j. 检查关闭两侧车窗，等待发车准备。

2) CRH2 型。

① 交班司机：

a. 主控手柄回"0"，制动手柄置"拔取"位，拔出主控钥匙，确认 BC 压力大于 290kPa。

b. 施加停放制动，并确认保持制动正常。
   c. 关闭司机室两侧车窗并保持靠站台侧门在释放状态。
   d. 转储 LKJ 数据、注销 CIR 数据（无开通 CIR 则无此项）。
   ② 接班司机（在到达操作端接班）：
   a. 确认司机室各按键开关、切换开关、NFB 的状态位于定位。
   b. 下车锁闭车门后经由站台进入操纵端司机室。
   c. 用主控钥匙打开制动控制器，将制动手柄置"快速"位，确认各显示灯、控制电压表正常，确认 BC 压力大于 480kPa，MR 压力大于 780kPa。确认 CIR、LKJ ATP 正常启动。
   d. 按压紧急制动复位开关（UBRS），故障显示灯"紧急制动"灯熄灭。
   e. 按规定输入 LKJ、ATP 装置数据；确认列车无线调度电话、机车信号状态。
   f. 进行制动系统试验。
   g. 制动手柄置"B7"位，保持动车组制动状态，等待发车。
  （2）继乘站换班时：
  1）交接动车组运用状态和耗电量。
  2）交接临时行车命令。
  3）交班司机将 LKJ 运行记录数据进行转储；接班司机将 IC 卡中的运行揭示读入 LKJ 并复核。
  4）对制动系统进行实验。
  （3）本乘务组途中换乘时，交班司机应向接班司机交接临时调度命令和运用质量状态，并共同值乘不少于一个区间。具体换乘时间、地点及要求由各铁路局自定。

三、终到与入段作业

  1. 终到站作业
  （1）终到站停车后，到达司机使动车组保持制动状态，各手柄、开关置"0"位。
  （2）动车组到站停稳后，司机开启车门。按钮不在司机操纵台上的，由司机通知随车机械师开启车门。如自动开关门装置故障时，由司机通知列车工作人员手动开启车门。
  （3）入段动车前与随车机械师联系，确认关门灯点亮；确认入段信号或股道号码信号、道岔开通信号、道岔标志显示正确，厉行呼唤，鸣笛动车入段。
  （4）在站段分界点一度停车，通过无线调度通信设备将车次号注销，进行签点，并了解走行径路，按信号显示入段。
  （5）段内走行要严格控制速度，确认股道开通及信号显示正确。
  （6）进入整备线准确位置停车后，到达司机使动车组保持制动状态，与随车机械师办理交接手续。
  2. 退勤
  （1）退勤前，司机应正确填写报单，并对本次列车的早、晚点情况进行分析并做出记录。
  （2）退勤时，向机车调度员汇报本次列车安全及运行情况，对 LKJ 检索分析的问题及运缓等情况做出说明，对途中发生的非正常情况写出报告，交回司机报单和司机手册等，办理退勤手续。

名人寄语

孟子（中国）：不以规矩不能成为方圆。

韩非子（中国）：悬衡而知平，没规而知圆。

歌德（德国）：巨匠是在严格的规矩中施展他们的创造才能。

德谟克利特（古希腊）：凡事都有规矩。

推荐图书

[1] 中国安全生产协会. 企业安全生产标准书籍［M］. 北京：中信出版社，2010.

[2] 铁道部运输局装备部. 铁路动车组运用维修作业标准［M］. 北京：中国铁道出版社，2007.

[3] 杨适综. 高速铁路标准化管理与实务［M］. 北京：中国铁道出版社，2011.

课后思考

1. 如何在校园中培养自己的标准化作业意识？
2. 标准化作业对提高劳动效率有哪些重要意义？试举例说明。

第十三章 呼唤应答作业标准

本章学习目的

通过本章的学习,了解机车乘务员呼唤应答标准、动车组司机呼唤应答标准。

本章内容描述

本章主要介绍机车乘务员呼唤应答标准和动车组司机呼唤应答标准等内容。

本章核心概念

呼唤应答制度:为了防止司机乘务员在列车行驶途中,盲目臆测行车而导致行车事故出现,铁路局特别制定了双人值乘呼唤应答标准,规定所有路局司机在列车运行途中的固定区域与地段严格执行标准呼唤应答制度。

手比制度:为了防止司机乘务员在列车行驶途中,出现注意力不集中以及不执行彻底瞭望等情况,铁路局特别制定了机车乘务员手比标准,即司机在确认信号,观察仪器仪表以及变换手柄位置等操作过程之前,必须按照标准实施手比动作以确保操作的准确性。

第一节 机车乘务员呼唤应答标准

案例与分析

1993年7月10日凌晨,北京铁路局石家庄机务段北京型3168号机车,牵引北京开往成都的163次旅客列车经由京广铁路运行。由于前一天下午京广线安阳至广武间受暴风雨倒树的影响,导致铁路自动闭塞供电设备停电,七里营至老田庵各站间停止基本闭塞法,改用特定闭塞法。凌晨2时40分,163次列车从新乡南场开出,司机和副司机两人错误理解调度命令内容,将新乡南场至七里营启动自动闭塞区间误认为是特定闭塞区间,并擅自关闭了机车信号和自动停车装置,盲目开车。凌晨2时55分,当司机发现前方缓行的2011次货物列车距离仅百米时才施行紧急制动,但停车不及,163次旅客列车在京广线新乡南场至七里营间608公里+950米处与前方的2011次货物列车发生追尾相撞。事故造成40人死亡、48人受伤,机车中破1台,客车报废3辆,中断京广下行正线行车11小时15分钟。

分析:生产企业制定的规章制度要求全体职工必须严格遵守,上述案例中司机与副司机没有按照规定执行呼唤应答,司机与副司机共同确认信号。同时,根据司机操纵规程,列车运行途中严禁司机擅自关闭机车三大件。仔细分析一些违章事故案例不难发现,造成重大事故的背后,大都存在着职工遵章守纪意识淡薄,部分职工的职业道德素养不高,缺乏爱岗敬业、安全责任和遵章守纪意识,工作中安全自控能力较差等诸多问题。

机车乘务员一次乘务作业全过程必须认真执行的呼唤应答标准，其主要内容包括呼唤应答的基本要求、手比标准、和标准呼唤应答用语等。

一、确认呼唤（应答）基本要求

(1) 一次乘务作业全过程必须认真执行确认呼唤（应答）制度。

(2) 确认呼唤（应答）必须执行"彻底瞭望、确认信号、准确呼唤、手比眼看"，并掌握"清晰短促、提示确认、全呼全比、手势正确"的作业要领。

(3) 列车运行中必须对所有地面主体信号显示全部进行确认呼唤（应答），自动闭塞区段分区通过信号显示绿灯，值乘速度120公里/时及以上客运列车时，只手比不呼唤（带有三斜杠标志预告功能的分区通过信号机除外）。

(4) 遇有显示须经侧向径路运行的信号时，在呼唤信号显示的同时，必须呼唤侧向限速值。

二、信号确认呼唤时机和手比姿势

1. 信号确认呼唤时机

应遵循"信号好了不早呼、信号未好提前呼"的原则，瞭望条件良好时，进站（进路）信号不少于800米；出站、通过、接近、预告信号不少于600米；信号表示器不少于100米。

2. 手比规范

(1) 信号显示要求通过（显示绿灯、绿黄灯）时，右手伸出食指和中指并拢，拳心向左，指向确认对象。

(2) 信号显示要求正向径路准备停车（显示黄灯）时，右手拢拳伸拇指直立，拳心向左。

(3) 信号显示要求侧向径路运行（显示双黄灯、黄闪黄）时，右手拢拳伸拇指和小指，拳心向左。

(4) 信号显示要求停车（显示红灯，包括固定和临时）时，右臂拢拳，举拳与眉齐，拳心向左，小臂上下摇动3次。

(5) 注意警惕运行时，右臂拢拳，大小臂成90°，举拳与眉齐，拳心向左。

(6) 确认仪表显示时，右手伸出食指和中指并拢，拳心向左，指向相关确认设备时。

(7) 确认非集中操纵道岔、各类手信号、防护信号（脱轨器）时，右手伸出食指和中指并拢，拳心向左，指向确认的非集中操纵道岔、各类手信号、防护信号（脱轨器）。

(8) 列车运行中，LKJ提示前方列车运行限制速度有变化时，司机必须在变速点前，对变化的速度值及时进行确认呼唤；确认呼唤时，右手伸出食指和中指并拢，拳心向左，指向LKJ显示部位。

(9) 手比以注意警惕姿势开始和收回，手比动作稍作停顿。

三、机车乘务员确认呼唤（应答）标准用语

1. 机车乘务员双班单司机值乘呼唤应答标准用语

(1) 出勤至发车（双岗值乘）阶段呼唤（应答）标准用语如表13-1所示。

表 13-1　机车乘务员双班单司机值乘出勤至发车阶段呼唤（应答）标准用语

序号	呼唤时机	呼唤		应答		复诵	
		呼唤者	标准用语	应答者	标准用语	复诵者	标准用语
1	开启录音笔	操纵司机	××××年××月××日××时××分，担任××次，司机×××	副班司机	副班司机××		
2	出勤	操纵司机	报告，××机班担任××次准备出勤				
3	运行揭示栏（逐条核对）	操纵司机	揭示核对	副班司机	核对正确		
4	IC卡达示（逐条核对）	操纵司机	达示核对	副班司机	×××区段总达示××条，有效揭示××条	操纵司机	核对正确
5	监控数据输入	操纵司机	注意版本号、时间	副班司机	版本号××、时间××××年××月××日××时××分	操纵司机	核对正确
6		操纵司机	（逐项输入呼唤）LKJ设置好了	副班司机	（逐项输入应答）LKJ设置好了		
7	电力机车试验	操纵司机	车顶绝缘检测	副班司机	检测好了		
8		操纵司机	升弓	副班司机	升弓注意，总风××kPa	操纵司机	升弓好了
9		操纵司机	闭合主断	副班司机	网压注意	操纵司机	网压好了
10		操纵司机	辅机启动	副班司机	启动注意	操纵司机	辅压好了
11		操纵司机	高压试验	副班司机	试验注意	操纵司机	试验好了
12		操纵司机	制动机试验	副班司机	试验注意	操纵司机	试验好了
13	内燃机车试验	操纵司机	启机	副班司机	启机注意	操纵司机	启机好了
14		操纵司机	空载试验	副班司机	试验注意	操纵司机	试验好了
15		操纵司机	制动机试验	副班司机	试验注意	操纵司机	试验好了
16	机车防溜	操纵司机	撤除防溜	副班司机	撤除好了	操纵司机	撤除好了
17	移动机车	操纵司机	动车了	副班司机	动车注意	操纵司机	解锁好了
18	整备完毕，人员就岗	副班司机	出段准备	操纵司机	准备好了		

续表

序号	呼唤时机	呼唤		应答		复诵	
		呼唤者	标准用语	应答者	标准用用语	复诵者	标准用语
19	出段前	副班司机	还道信号 出段信号（非集中操纵道岔呼唤内容）	操纵司机	××道出段手信号好了	副班司机	××道出段手信号好了
20		副班司机	出段信号	操纵司机	白（绿）灯。蓝（红）停车	副班司机	白（绿）灯。蓝（红）停车
21	经过非集中操纵道岔前	副班司机	道岔注意	操纵司机	道岔开通正确	副班司机	道岔开通正确
22	经过其他要道还道地点前	副班司机	一度停车 还道信号 道岔开通信号	操纵司机	一度停车 ××道手信号好了	副班司机	××道手信号好了
23	行至站段分界点（或一度停车牌）	副班司机	一度停车	操纵司机	停车签点	副班司机	签点注意
24	LKJ退出出段模式设置	副班司机	退出出段模式	操纵司机	退出好了	副班司机	退出好了
25	进入尽头线、接触网终点标	副班司机	终点注意	操纵司机	注意终点	副班司机	控制速度
26	接近站界标	副班司机	注意站界	操纵司机	防止越站	副班司机	控制速度
27	调车信号	副班司机	调车信号	操纵司机	白灯、蓝（红）灯停车	副班司机	白灯、蓝（红）灯停车
28	调车复示信号前	副班司机	复示信号	操纵司机	白灯 注意信号	副班司机	白灯 注意信号
29	换端作业时	副班司机	注意防溜	操纵司机	注意防溜		
30	进入挂车线	副班司机	脱轨器注意	操纵司机	撤除好了 红灯、红牌停车	副班司机	撤除好了 红灯、红牌停车
31	连挂车时	副班司机	十辆、五辆、三辆、停车	操纵司机	十辆、五辆、三辆、停车		
32		副班司机	防护信号	操纵司机	撤除好了。注意信号	副班司机	好了。注意

续表

序号	呼唤时机	呼唤		应答		复诵	
		呼唤者	标准用语	应答者	标准用语	复诵者	标准用语
33	列车制动机试验	副班司机	制动、缓解试风好了	操纵司机	制动排风××秒、缓解 试风好了		
34	JZ-7型制动机自阀最小减压量后进行，DK-1型制动机自阀保压位进行	副班司机	列尾排风试验	操纵司机	排风正（异）常		
35	正常再进行列尾一对一车号试验	副班司机	列尾查询	操纵司机	车号正确，风压正（异）常		
36	始发站开车前机械间巡视及巡视后	副班司机	机械间检查	操纵司机	注意安全	副班司机	各部正常
37	发车前LKJ参数逐条复核	副班司机	参数复核	操纵司机	逐条复核后，LKJ设置好了	副班司机	逐条复核后，LKJ设置好了
38	发车前确认行车安全装备	副班司机	确认行车安全装备	操纵司机	列尾装置设置好了 机车信号确认好了 CIR（或通信装置）设置好了	副班司机	列尾装置设置好了 机车信号确认好了 CIR（或通信装置）设置好了
39	发车前	副班司机	出站（发车进路）信号	操纵司机	绿灯，出站（发车进路）好了 双绿灯，××（线，站）方向出站好了 绿黄灯出站（发车进路）好了 黄灯，出站（发车进路）好了	副班司机	绿灯，出站（发车进路）好了 双绿灯，××（线，站）方向出站好了 绿黄灯出站（发车进路）好了 黄灯，出站（发车进路）好了
40		副班司机	确认路票 确认绿色许可证 确认红色许可证 确认调度命令	操纵司机	路票正确 绿色许可证正确 红色许可证正确 调度命令正确（呼唤具体内容后再呼）	副班司机	路票正确 绿色许可证正确 红色许可证正确 调度命令正确（呼唤具体内容后再答）

续表

序号	呼唤时机	呼唤		应答		复诵	
		呼唤者	标准用语	应答者	标准用语	复诵者	标准用语
41	发车前	副班司机	进路表示器	操纵司机	××（线，站）方向好了 正、反方向好了	副班司机	××（线，站）方向好了 正、反方向好了
42		副班司机	发车信号	操纵司机	一圈、两圈、三圈，发车信号好了 电台发车：联控发车好了	副班司机	一圈、两圈、三圈，发车信号好了 电台发车：联控发车好了
43		副班司机	发车表示器	操纵司机	发车表示器白灯	副班司机	发车表示器白灯
44	起动列车后	副班司机	确认开车时刻	操纵司机	正点（或晚点××分开车）	副班司机	好了
45	起动列车后	副班司机	注意对标	操纵司机	对标好了 道岔限速××公里	副班司机	好了 道岔限速××公里
46		副班司机	后部注意	操纵司机	后部好了	副班司机	后部好了
47	开车后记点	副班司机	记点注意	操纵司机	前方注意	副班司机	注意
48	出站后	副班司机	仪表注意	操纵司机	各仪表（网压）显示正常		

(2) 途中运行（单岗值乘）阶段呼唤（应答）标准用语如表 13-2 所示。

表 13-2　机车乘务员双班单司机值乘途中运行阶段呼唤(应答)标准用语

序号	呼唤时机	呼唤项目	确认呼唤标准用语
1	无运转车长列车贯通试验或试闸点	贯通作业或试闸作业	贯通试验，贯通试验好了 试闸，试闸好了
2	查询列尾时（开车前及出站后和贯通前、后，每站进站前，进入长大下坡道前）	列尾查询作业	列尾查询，尾部风压××kPa
3	接近慢行地段限速标	慢行标识及限速值	慢行限速××公里
4	慢行减速地点（始端）标	慢行减速地点（始端）标位置	慢行开始
5	慢行减速地点（终端）标	慢行减速地点（终端）标位置	严守速度
6	越过减速防护地段终端信号标	减速防护地段终端信号标位置	慢行结束
7	乘降所	乘降所	××乘降所停车

续表

序号	呼唤时机	呼唤项目	确认呼唤标准用语
8	分相前	分相位置	过分相注意
9	禁止双弓标前	禁止双弓标	单弓好了
10	断电标前	断电标（T断标）	断电好了
11	越过合电标后	合电标	闭合好了
12	准备降弓标	准备降弓标	准备降弓
13	降弓标前	降弓标	降弓好了
14	越过升弓标后	升弓标	升弓好了
15	遮断预告	遮断预告显示	预告无灯，加强瞭望 预告黄灯，紧急停车
16	遮断信号	遮断信号显示	遮断信号，红灯停车、无显示
17	半自动闭塞区段进站（进路）信号机处自动闭塞区段进站信号前一架通过信号机、进站（进路）信号机处	监控距离与地面信号机实际距离核对	确认车位，车位正确 确认车位，校正好了
18	进站、接车进路复示信号	复示信号显示	复示信号，直向 复示信号，侧向 复示信号，注意信号
19	出站、发车进路复示信号	复示信号显示	复示信号，好了 复示信号，注意信号
20	通过手信号	通过手信号显示	通过手信号，好了（站内停车）
21	防护信号前	防护信号	防护信号，红灯（红旗）停车 防护信号，火炬停车 防护信号，撤除好了
22	预告信号前	预告信号显示	预告信号，好了 预告信号，注意信号
23	CIR接收接车进路预告信息时	进路预告信息内容	××站（线路所）××道通过（停车）、机外停车
24	接收临时调度命令时	调度命令号及内容	确认调度命令，确认好了（复诵具体内容后）
25	通信模式装换时	模式转换	通信转换注意，转换好了
26	机车信号转换时	机车信号转换	机车信号转换，转换好了
27	接近信号前	接近信号显示 当移频信号显示黄2灯时 当移频信号显示黄2闪时	绿灯 绿黄灯 黄灯减速 准备侧线通过
28	进站（接车进路）信号前	进站（进路）信号机显示一个绿灯	绿灯，正线通过
29		进站（进路）信号机显示一个绿灯一个黄灯	绿黄灯，正线通过，注意运行
30		进站（进路）信号机显示一个黄灯	黄灯，正线停车

续表

序号	呼唤时机	呼唤项目	确认呼唤标准用语
31	进站（接车进路）信号前	进站（进路）信号机显示两个黄灯	双黄灯，侧线，限速××公里
32		进站（进路）信号机显示黄闪黄	黄闪黄，侧线，限速××公里
33		进站（进路）信号机显示红灯	红灯，机外停车
34		非正常行车确认行车凭证时	一红一白，引导信号好了 黄旗、黄灯，引导手信号好了 绿旗、绿灯，特定引导手信号好了 机外停车
35		出站（发车进路）信号显示一个绿灯	绿灯，出站（发车进路）好了
36		出站（发车进路）信号显示两个绿灯	双绿灯，××（线、站）方向出站好了
37		出站（发车进路）信号显示一个绿灯一个黄灯	绿黄灯，出站（发车进路）好了
38		出站（发车进路）信号显示一个黄灯	黄灯，出站（发车进路）好了
39		出站（发车进路）信号显示一个红灯	红灯，站内停车
40		非正常行车确认行车凭证时（须恢复双操按双岗值乘呼唤）	确认行车凭证，路票正确 确认行车凭证，绿色许可证正确 确认行车凭证，红色许可证正确 确认行车凭证，调度命令正确 通过手信号好了，计划路票解锁 通过手信号好了，计划绿色许可证解锁
41	单、双黄灯信号机前	距离校正	显示正确（校正好了）
42	进路表示器前	进路表示器显示	进路表示器，××（线、站）方向好了 进路表示器，正、反方向好了
43	确认仪表时	操纵台各仪表、指示灯、机车微机工况屏显示	各仪表（网压）显示正常
44	自动闭塞区段闭塞分区通过信号前	闭塞分区通过信号显示	绿灯 绿黄灯 黄灯减速 黄2灯注意，准备侧线停车 红灯停车

续表

序号	呼唤时机	呼唤项目	确认呼唤标准用语
45	线路所通过信号机前（非正常须恢复双操）	线路所通过信号显示	通过信号： 绿灯（××方向好了） 绿黄灯（××方向好了） 黄灯减速（××方向好了） 侧线限速××公里，××方向好了 机外停车
46		非正常行车停车确认行车凭证时 非正常有计划特定行车，通过手信号好后	确认行车凭证，凭证正确（复诵具体内容后） 通过手信号好了，计划路票解锁 通过手信号好了，计划绿色许可证解锁
47	列车运行限制速度变速点前（由高速变低速）	变速点低速值	前方限速××公里，注意控速
48	输入侧线股道号	侧线股道号	××道输入好了
49	机车进入股道后	侧线股道号确认	××道输入正确（更改股道号）
50	输入支线号	支线号	支线号输入好了
51	接近限制鸣笛标前	限制鸣笛标	进入限鸣区段
52	接近防洪地点标前	防洪地点标	防洪地点，注意运行
53	接近道口前	道口位置	道口注意
54	压响墩时	压响墩后	响墩停车
55	发现火炬时	发现火炬前	火炬停车
56	更换录音笔电池后	更换录音笔电池	××××年××月××日××时××分，××站（区间）司机××，更换录音笔电池
57	中间站交班	交班司机	××××年××月××日××时××分，司机××、××（交班），加强瞭望，前方××（区间）限速××公里；未接到临时命令（接到临时调度命令：内容××××）；××站营业；注意安全
58	中间站接班	接班司机	××××年××月××日××时××分，司机××、××（接班），换班注意，前方××（区间）限速××公里；未接到临时命令（接到临时调度命令：内容××××）；××站营业；明白
59	列车客运停车、终到	报点	正点（晚点或早点××分）到达（通过、开车）

（3）调车作业（双岗值乘）阶段呼唤（应答）标准用语如表13-3所示。

表 13-3　　机车乘务员双班单司机值乘调车作业阶段呼唤（应答）标准用语

序号	呼唤时机	呼唤		应答		复诵	
		呼唤者	标准用语	应答者	标准用语	复诵者	标准用语
1	调车信号	副班司机	调车信号	操纵司机	白灯、蓝（红）灯停车	副班司机	白灯、蓝（红）灯停车
2	调车手信号（平调信号）	副班司机	起动信号	操纵司机	前进（后退）好了	副班司机	前进（后退）好了
3	越出站界	副班司机	出站调车	操纵司机	确认凭证 没有凭证	副班司机	凭证好了 禁止出站
4	十辆、五辆、三辆连挂车及尽头线	副班司机	十辆、五辆、三辆、停车	操纵司机	十辆、五辆、三辆、停车		

（4）到达至入段（双岗值乘）呼唤（应答）标准用语如表 13-4 所示。

表 13-4　　机车乘务员双班单司机值乘到达至入段阶段呼唤（应答）标准用语

序号	呼唤时机	呼唤		应答		复诵	
		呼唤者	标准用语	应答者	标准用语	复诵者	标准用语
1	列车终到后	副班司机	确认行车安全设备	操纵司机	LKJ 设置好了 CIR（或通信装置）设置好了 中间站保留：列尾装置设置好了	副班司机	LKJ 设置好了 CIR（或通信装置）设置好了 中间站保留：列尾装置设置好了
2	调车转线作业	副班司机	调车信号	操纵司机	白灯、蓝（红）灯停车	副班司机	白灯、蓝（红）灯停车
3	调车复示信号前	副班司机	复示信号	操纵司机	白灯 注意信号	副班司机	白灯 注意信号
4	行至站段分界点（或一度停车牌）	副班司机	一度停车	操纵司机	一度停车	副班司机	停车签点
5	入段前	副班司机	入段信号（非集中操纵道岔呼唤内容）	操纵司机	××道入段手信号好了	副班司机	××道入段手信号好了
6		副班司机	入段信号	操纵司机	白（绿）灯 蓝（红）灯停车	副班司机	白（绿）灯 蓝（红）灯停车
7	到达闸楼停车后	副班司机	LKJ 入段设置	操纵司机	入段设置好了	副班司机	设置好了
8	经过非集中操纵道岔前	副班司机	道岔注意	操纵司机	道岔开通正确	副班司机	道岔开通正确
9	走行中入尽头线前	副班司机	注意车挡	操纵司机	控制速度	副班司机	控制速度
10	进入正线接近站界最后一组道岔时	副班司机	注意站界	操纵司机	控制速度	副班司机	控制速度

续表

序号	呼唤时机	呼唤		应答		复诵	
		呼唤者	标准用语	应答者	标准用语	复诵者	标准用语
11	接近接触网终端标前	副班司机	注意终端标	操纵司机	控制速度	副班司机	控制速度
12	经过其他要道还道地点前	副班司机	一度停车道岔开通信号	操纵司机	一度停车××道手信号好了	副班司机	××道手信号好了
13	换端作业时	副班司机	注意防溜	操纵司机	注意防溜		
14	进入段内尽头线或有车线	副班司机	十辆、五辆、三辆、停车	操纵司机	十辆、五辆、三辆、停车		
15	整备线防护信号前	副班司机	防护信号	操纵司机	撤除好了（红灯、蓝灯、红旗、红牌）停车	副班司机	撤除好了（红灯、蓝灯、红旗、红牌）停车

2. 机车乘务员双岗值乘确认呼唤（应答）标准用语

（1）出勤至发车呼唤（应答）标准用语如表 13-5 所示。

表 13-5　　　　机车乘务员双班单司机值乘出勤至发车呼唤（应答）标准用语

序号	呼唤时机	呼唤		应答		复诵	
		呼唤者	标准用语	应答者	标准用语	复诵者	标准用语
1	开启录音笔	操纵司机	×××年××月××日××时×分，担任××次，司机×××	学习司机非操纵司机	学习司机非操纵司机××		
2	出勤	操纵司机	报告，××机班担任××次准备出勤				
3	运行揭示栏（逐条核对）	操纵司机	揭示核对	学习司机非操纵司机	核对正确		
4	IC 卡达示（逐条核对）	操纵司机	达示核对	学习司机非操纵司机	×××区段总达示××条，有效达示××条	学习司机非操纵司机	核对正确
5	监控数据输入	操纵司机	注意版本号、时间	学习司机非操纵司机	版本号××、时间××××年××月××日×时××分	操纵司机	核对正确
6		操纵司机	（逐项输入呼唤）LKJ 设置好了	学习司机非操纵司机	（逐项输入应答）LKJ 设置好了		
7	电力机车试验	操纵司机	车顶绝缘检测	学习司机非操纵司机	检测好了		
8		操纵司机	升弓	学习司机非操纵司机	升弓注意，总风×××kPa	操纵司机	升弓好了
9		操纵司机	闭合主断	学习司机非操纵司机	网压注意	操纵司机	网压好了
10		操纵司机	辅机启动	副班司机	启动注意	操纵司机	辅压好了

续表

序号	呼唤时机	呼唤		应答		复诵	
		呼唤者	标准用语	应答者	标准用语	复诵者	标准用语
11	电力机车试验	操纵司机	高压试验	学习司机 非操纵司机	试验注意	操纵司机	试验好了
12		操纵司机	制动机试验	学习司机 非操纵司机	试验注意	操纵司机	试验好了
13	内燃机车试验	操纵司机	启机	学习司机 非操纵司机	启机注意	操纵司机	启机好了
14		操纵司机	空载试验	学习司机 非操纵司机	试验注意	操纵司机	试验好了
15		操纵司机	制动机试验	学习司机 非操纵司机	试验注意	操纵司机	试验好了
16	机车防溜	操纵司机	撤除防溜	学习司机（非操纵司机）	撤除好了	操纵司机	撤除好了
17	移动机车	操纵司机	动车了	学习司机 非操纵司机	动车注意	操纵司机	解锁好了
18	整备完毕，人员就岗	学习司机 非操纵司机	出段准备	操纵司机	准备好了		
19	出段前	学习司机 非操纵司机	还道信号出段信号（非集中操纵道岔呼唤内容）	操纵司机	××道出段手信号好了	学习司机 非操纵司机	××道出段手信号好了
20		学习司机 非操纵司机	出段信号	操纵司机	白（绿）灯 蓝（红）停车	学习司机 非操纵司机	白（绿）灯 蓝（红）停车
21	经过非集中操纵道岔前	学习司机 非操纵司机	道岔注意	操纵司机	道岔开通正确	学习司机 非操纵司机	道岔开通正确
22	经过其他要道还道地点前	学习司机 非操纵司机	一度停车 还道信号 道岔开通信号	操纵司机	一度停车 ××道手信号好了	学习司机 非操纵司机	××道手信号好了
23	行至站段分界点（或一度停车牌）	学习司机 非操纵司机	一度停车	操纵司机	停车签点	学习司机 非操纵司机	签点注意
24	LKJ退出出段模式设置	学习司机 非操纵司机	退出出段模式	操纵司机	退出好了	学习司机 非操纵司机	退出好了
25	进入尽头线、接触网终点标	学习司机 非操纵司机	终点注意	操纵司机	注意终点	学习司机 非操纵司机	控制速度
26	接近站界标	学习司机 非操纵司机	注意站界	操纵司机	防止越站	学习司机 非操纵司机	控制速度
27	调车信号	学习司机 非操纵司机	调车信号	操纵司机	白灯 蓝（红）灯停车	学习司机 非操纵司机	白灯 蓝（红）灯停车
28	调车复示信号前	学习司机 非操纵司机	复示信号	操纵司机	白灯 注意信号	学习司机 非操纵司机	白灯 注意信号

第十三章 呼唤应答作业标准

续表

序号	呼唤时机	呼唤		应答		复诵	
		呼唤者	标准用语	应答者	标准用语	复诵者	标准用语
29	换端作业时	学习司机非操纵司机	注意防溜	操纵司机	注意防溜		
30	进入挂车线	学习司机非操纵司机	脱轨器注意	操纵司机	撤除好了红灯、红牌停车	学习司机非操纵司机	撤除好了红灯、红牌停车
31	连挂车时	学习司机非操纵司机	十辆、五辆、三辆、停车	操纵司机	十辆、五辆、三辆、停车		
32		学习司机非操纵司机	防护信号	操纵司机	撤除好了注意信号	学习司机非操纵司机	好了注意
33	列车制动机试验	学习司机非操纵司机	制动、缓解试风好了	操纵司机	制动排风××秒，缓解试风好了		
34	JZ-7型制动机自阀最小减压量后进行，DK-1型制动机自阀保压位进行	学习司机非操纵司机	列尾排风试验	操纵司机	排风正（异）常		
35	列尾正常再进行一对一车号试验	学习司机非操纵司机	列尾查询	操纵司机	车号正确，风压正（异）常		
36	始发站开车前机械间巡视及巡视后	学习司机非操纵司机	机械间检查	操纵司机	注意安全	学习司机非操纵司机	各部正常
37	发车前LKJ参数逐条复核	学习司机非操纵司机	参数复核	操纵司机	逐条复核后，输入正确	学习司机非操纵司机	逐条复核后，输入正确
38	发车前	学习司机非操纵司机	确认行车安全装备	操纵司机	CIR（或通信装置）设置好了列尾装置设置好了机车信号确认好了	学习司机非操纵司机	CIR（或通信装置）设置好了列尾装置设置好了机车信号确认好了
39		学习司机非操纵司机	出站（发车进路）信号	操纵司机	绿灯，出站（发车进路）好了双绿灯，××（线，站）方向出站好了绿黄灯出站（发车进路）好了黄灯，出站（发车进路）好了	学习司机非操纵司机	绿灯，出站（发车进路）好了双绿灯，××（线，站）方向出站好了绿黄灯出站（发车进路）好了黄灯，出站（发车进路）好了

续表

序号	呼唤时机	呼唤		应答		复诵	
		呼唤者	标准用语	应答者	标准用语	复诵者	标准用语
40		学习司机 非操纵司机	确认路票 确认绿色许可证 确认红色许可证 确认调度命令	操纵司机	路票正确 绿色许可证正确 红色许可证正确 调度命令正确 (呼唤具体内容后在呼)	学习司机 非操纵司机	路票正确 绿色许可证正确 红色许可证正确 调度命令正确 (呼唤具体内容后在呼)
41	发车前	学习司机 非操纵司机	进路表示器	操纵司机	××（线、站）方向好了 正、反方向好了	学习司机 非操纵司机	××（线、站）方向好了 正、反方向好了
42		学习司机 非操纵司机	发车信号	操纵司机	一圈、两圈、三圈，发车信号好了 电台发车：联控发车好了	学习司机 非操纵司机	一圈、两圈、三圈，发车信号好了 电台发车：联控发车好了
43		学习司机 非操纵司机	发车表示器	操纵司机	发车表示器白灯	学习司机 非操纵司机	发车表示器白灯
44	起动列车后	学习司机 非操纵司机	确认开车时刻	操纵司机	正点（或晚点××分开车）	学习司机 非操纵司机	好了
45	起动列车后	学习司机 非操纵司机	注意对标	操纵司机	对标好了 道岔限速××公里	学习司机 非操纵司机	好了 道岔限速××公里
46		学习司机 非操纵司机	后部注意	操纵司机	后部好了	学习司机 非操纵司机	后部好了
47	开车后记点	学习司机 非操纵司机	记点注意	操纵司机	前方注意	学习司机 非操纵司机	注意
48	出站后	学习司机 非操纵司机	仪表注意	操纵司机	各仪表（网压）显示正常		

（2）途中运行呼唤（应答）标准用语如表 13-6 所示。

表 13-6　　机车乘务员双班单司机值乘途中运行呼唤（应答）标准用语

序号	呼唤时机	呼唤		应答		复诵	
		呼唤者	标准用语	应答者	标准用语	复诵者	标准用语
1	机械间巡视及巡视后	学习司机 非操纵司机	机械间检查各部正常	操纵司机	注意安全好了	学习司机 非操纵司机	加强瞭望
2	贯通试验或试闸点	学习司机 非操纵司机	贯通试验或试闸	操纵司机	贯通试验好了 或试闸好了	学习司机 非操纵司机	好了

第十三章 呼唤应答作业标准

续表

序号	呼唤时机	呼唤		应答		复诵	
		呼唤者	标准用语	应答者	标准用语	复诵者	标准用语
3	查询列尾时（开车前及出站后和贯通前、后，每站进站前，进入长大下坡道前）	学习司机 非操纵司机	列尾查询	操纵司机	尾部风压××kPa	学习司机 非操纵司机	好了
4	接近慢行地段限速	学习司机 非操纵司机	慢行注意	操纵司机	限速××公里	学习司机 非操纵司机	限速××公里
5	慢行减速地点（始端）标	学习司机 非操纵司机	慢行开始	操纵司机	慢行开始		
6	慢行减速地点（终端）标	学习司机 非操纵司机	严守速度	操纵司机	严守速度		
7	越过减速防护地段终端信号标	学习司机 非操纵司机	慢行结束	操纵司机	慢行结束		
8	乘降所	学习司机 非操纵司机	××乘降所	操纵司机	停车	学习司机 非操纵司机	停车
9	接近分相前	学习司机 非操纵司机	过分相注意	操纵司机	注意	学习司机 非操纵司机	注意
10	禁止双弓标前	学习司机 非操纵司机	禁止双弓	操纵司机	单弓好了	学习司机 非操纵司机	好了
11	断电标（T断标）前	学习司机 非操纵司机	断电	操纵司机	断电好了	学习司机 非操纵司机	好了
12	越过合电标后	学习司机 非操纵司机	闭合	操纵司机	闭合好了	学习司机 非操纵司机	好了
13	准备降弓标前	学习司机 非操纵司机	准备降弓	操纵司机	准备降弓		
14	降弓标前	学习司机 非操纵司机	降弓	操纵司机	降弓好了	学习司机 非操纵司机	好了
15	越过升弓标后	学习司机 非操纵司机	升弓	操纵司机	升弓好了	学习司机 非操纵司机	好了
16	遮断预告信号前	学习司机 非操纵司机	遮断预告	操纵司机	预告无灯 预告黄灯	学习司机 非操纵司机	加强瞭望 紧急停车
17	遮断信号前	学习司机 非操纵司机	遮断信号	操纵司机	红灯停车、无显示	学习司机 非操纵司机	红灯停车、无显示
18	半自动闭塞区段进站（进路）信号机处；自动闭塞区段进站信号前一架通过信号机、进站（进路）信号机处	学习司机 非操纵司机	确认车位	操纵司机	车位正确校正好了	学习司机 非操纵司机	车位正确好了
19	进站、接车进站复示信号前	学习司机 非操纵司机	复示信号	操纵司机	直向、侧向或注意信号	学习司机 非操纵司机	直向、侧向或注意信号

续表

序号	呼唤时机	呼唤		应答		复诵	
		呼唤者	标准用语	应答者	标准用语	复诵者	标准用语
20	出站、发车进路复示信号前	学习司机非操纵司机	复示信号	操纵司机	复示好了、信号注意	学习司机非操纵司机	复示好了、注意信号
21	通过手信号如特定行车时在确认手信号好并呼唤完后再呼LKJ解锁	学习司机非操纵司机	通过手信号计划路票解锁计划绿色许可证解锁	操纵司机	手信号好了站内停车解锁正确后呼计划路票解锁好了计划绿色许可证解锁好了	学习司机非操纵司机	手信号好了站内停车计划路票解锁好了计划绿色许可证解锁好了
22	防护信号前	学习司机非操纵司机	防护信号	操纵司机	红灯（红旗）停车火炬停车撤除好了	学习司机非操纵司机	红灯（红旗）停车火炬停车撤除好了
23	预告信号前	学习司机非操纵司机	预告信号	操纵司机	预告好了注意信号	学习司机非操纵司机	预告好了注意信号
24	CIR接收接车进路预告信息时	学习司机非操纵司机	确认进路预告信息	操纵司机	××站（线路所）××道通过（停车）、机外停车	学习司机非操纵司机	××站（线路所）××道通过（停车）、机外停车
25	接收临时调度命令	学习司机非操纵司机	确认调度命令	操纵司机	调度命令确认好了（复诵具体内容后呼）	学习司机非操纵司机	调度命令确认好了（复诵具体内容后答）
26	通信模式转换时	学习司机非操纵司机	通信转换注意	操纵司机	转换好了	学习司机非操纵司机	好了
27	转换机车信号时	学习司机非操纵司机	机车信号转换注意	操纵司机	转换好了	学习司机非操纵司机	好了
28	接近信号前	学习司机非操纵司机	接近信号	操纵司机	绿灯绿黄灯黄灯减速	学习司机非操纵司机	绿灯绿黄灯黄灯减速
29	进站（接车进路）信号前	学习司机非操纵司机	进站（进路）信号	操纵司机	绿灯，正线通过绿黄灯，正线通过，注意运行黄灯，正线双黄灯，侧线，限速××公里黄闪黄，侧线，限速××公里红灯，机外停车	学习司机非操纵司机	绿灯，正线通过绿黄灯，正线通过，注意运行黄灯，正线双黄灯，侧线，限速××公里黄闪黄，侧线，限速××公里红灯，机外停车

续表

序号	呼唤时机	呼唤		应答		复诵	
		呼唤者	标准用语	应答者	标准用语	复诵者	标准用语
30	进站（接车进路）信号前	学习司机非操纵司机	引导信号 引导手信号 特定引导手信号 机外停车	操纵司机	一红一白，引导信号好了 黄旗、黄灯引导手信号好了 绿旗、绿灯，特定引导手信号好了 机外停车	学习司机非操纵司机	一红一白，引导信号好了 黄旗、黄灯引导手信号好了 绿旗、绿灯，特定引导手信号好了 机外停车
31	出站（发车进路）信号前	学习司机非操纵司机	出站（发车进路）信号	操纵司机	绿灯，出站（发车进路）好了 双绿灯，××（线、站）方向出站了 绿黄灯，出站（发车进路）好了 黄灯，出站（发车进路）好了 红灯，停车	学习司机非操纵司机	绿灯，出站（发车进路）好了 双绿灯，××（线、站）方向出站了 绿黄灯，出站（发车进路）好了 黄灯，出站（发车进路）好了 红灯，停车
			确认路票 确认绿色许可证 确认红色许可证 确认调度命令	操纵司机	路票正确 绿色许可证正确 红色许可证正确 调度命令正确 （复诵具体内容后呼）	学习司机非操纵司机	路票正确 绿色许可证正确 红色许可证正确 调度命令正确 （复诵具体内容后答）
32	进路表示器前	学习司机非操纵司机	进路表示器	操纵司机	××（线、站）方向好了 正、反方向好了	学习司机非操纵司机	××（线、站）方向好了 正、反方向好了
33	确认仪表时	学习司机非操纵司机	仪表注意	操纵司机	各仪表（网压）显示正常		
34	自动闭塞区段闭塞分区通过信号前	学习司机非操纵司机	通过信号	操纵司机	绿灯 绿黄灯 黄减速 黄2灯 红灯停车	学习司机非操纵司机	绿灯 绿黄灯 黄减速 准备侧线停车 红灯停车

续表

序号	呼唤时机	呼唤		应答		复诵	
		呼唤者	标准用语	应答者	标准用语	复诵者	标准用语
35	线路所通过信号机前	学习司机非操纵司机	通过信号确认行车凭证	操纵司机	绿灯，(××方向好了) 绿黄灯，(××方向好了) 黄灯减速，(××方向好了) 侧线限速××公里、××方向好了 机外停车线路所凭证正确	学习司机非操纵司机	绿灯，(××方向好了) 绿黄灯，(××方向好了) 黄灯减速，(××方向好了) 侧线限速××公里、××方向好了 机外停车线路所凭证正确
36	列车运行限制速度变速点前（由高速变低速）	操纵司机	前方限速××公里	学习司机非操纵司机	注意控速	操纵司机	注意控速
37	交会列车时	学习司机非操纵司机	会车注意	操纵司机	注意		
38	输入侧线股道号	学习司机非操纵司机	输入侧线股道号	操纵司机	××道输入好了		
39	输入支线号	学习司机非操纵司机	输入支线号	操纵司机	支线号输入好了		
40	接近限制鸣笛标前	学习司机非操纵司机	进入限鸣区段	操纵司机	限制鸣笛	学习司机非操纵司机	限制鸣笛
41	接近防洪地点标	学习司机非操纵司机	进入防洪地点	操纵司机	注意运行	学习司机非操纵司机	注意运行
42	接近道口时	学习司机非操纵司机	道口注意	操纵司机	注意		
43	途中换班时	接班司机	换班注意	交班司机	加强瞭望（前方有限速）；注意安全	接班司机	明白

(3) 调车作业呼唤（应答）标准用语如表 13 - 7 所示。

表 13 - 7　　机车乘务员双班单司机值调车作业呼唤（应答）标准用语

序号	呼唤时机	呼唤		应答		复诵	
		呼唤者	标准用语	应答者	标准用语	复诵者	标准用语
1	调车信号	学习司机非操纵司机	调车信号	操纵司机	白灯 蓝（红）灯停车	学习司机非操纵司机	白灯 蓝（红）灯停车
2	调车手信号（平调信号）	学习司机非操纵司机	起动信号	操纵司机	前进（后退）好了	学习司机非操纵司机	前进（后退）好了
3	越出站界	学习司机非操纵司机	出站调车	操纵司机	确认凭证 没有凭证	学习司机非操纵司机	凭证好了 禁止出站
4	十辆、五辆、三辆连挂车及尽头线	学习司机非操纵司机	十辆、五辆、三辆、停车	操纵司机	十辆、五辆、三辆、停车		

（4）到达至入段呼唤（应答）标准用语如表13-8所示。

表13-8　　机车乘务员双班单司机值乘到达至入段呼唤（应答）标准用语

序号	呼唤时机	呼唤		应答		复诵	
		呼唤者	标准用语	应答者	标准用语	复诵者	标准用语
1	列车终到后	学习司机 非操纵司机	确认行车安全设备	操纵司机	LKJ设置好了 CIR（或通信装置）设置好了 列尾装置设置好了	学习司机 非操纵司机	LKJ设置好了 CIR（或通信装置）设置好了 列尾装置设置好了
2	调车转线作业	学习司机 非操纵司机	调车信号	操纵司机	白灯、蓝（红）灯停车	学习司机 非操纵司机	白灯、蓝（红）灯停车
3	调车复示信号前	学习司机 非操纵司机	复示信号	操纵司机	白灯 注意信号	学习司机 非操纵司机	白灯 注意信号
4	行至站段分界点（或一度停车牌）	学习司机 非操纵司机	一度停车	操纵司机	一度停车	学习司机 非操纵司机	停车签点
5	入段前	学习司机 非操纵司机	入段信号（非集中操纵道岔呼唤内容）	操纵司机	××道入段手信号好了	学习司机 非操纵司机	××道入段手信号好了
6		学习司机 非操纵司机	入段信号	操纵司机	白（绿）灯 蓝（红）灯停车	学习司机 非操纵司机	白（绿）灯 蓝（红）灯停车
7	到达闸楼停车后	学习司机 非操纵司机	LKJ入段设置	操纵司机	入段设置好了	学习司机 非操纵司机	设置好了
8	经过非集中操纵道岔前	学习司机 非操纵司机	道岔注意	操纵司机	道岔开通正确	学习司机 非操纵司机	道岔开通正确
9	走行中入尽头线前	学习司机 非操纵司机	注意车档	操纵司机	控制速度	学习司机 非操纵司机	控制速度
10	进入正线接近站界标最后一组道岔时	学习司机 非操纵司机	注意站界	操纵司机	控制速度	学习司机 非操纵司机	控制速度
11	接近接触网终端标前	学习司机 非操纵司机	注意终端标	操纵司机	控制速度	学习司机 非操纵司机	控制速度
12	经过其他要道还道地点前	学习司机 非操纵司机	一度停车 道岔开通信号	操纵司机	一度停车 ××道 手信号好了	学习司机 非操纵司机	××道 手信号好了
13	换端作业时	学习司机 非操纵司机	注意防溜	操纵司机	注意防溜		
14	进入段内尽头线或有车线	学习司机 非操纵司机	十辆、五辆、三辆、停车	操纵司机	十辆、五辆、三辆、停车		
15	整备线防护信号前	学习司机 非操纵司机	防护信号	操纵司机	撤除好了（红灯、蓝灯、红旗、红牌）停车	学习司机 非操纵司机	撤除好了（红灯、蓝灯、红旗、红牌）停车

四、注意事项

（1）同时具有接车进路和发车进路的进路信号机，列车在该信号机前停车及发车时，按照发车进路信号机进行呼唤，信号指示列车在该信号机前不停车通过该信号机时，按照接车进路信号机进行呼唤。

（2）设有出站信号机的线路所，线路所通过信号比照进站信号机呼唤内容进行呼唤。

（3）双线自动闭塞区段2灯位进路表示器显示，根据灯位显示确认呼唤"正、反方向好了"；双线自动闭塞区段1灯位进路表示器显示，反方向行车着灯时确认呼唤"反方向好了"，正方向行车不着灯时不呼唤；除上述之外的进路表示器，在确认进路表示器显示灯位后，呼唤"××（线、站）方向好了"。

（4）慢行地点限速标未标明限速值时，按限速25公里进行呼唤。

（5）机车监控装置正线开车对标，无侧向道岔限速时，不呼唤道岔限速。

（6）对发车信号的呼唤，含使用手信号及无线通信设备发车。

（7）防洪地点标仅在防洪期间进行呼唤。

（8）上述表中"其他要道还道地点"，是指办理出段或入段作业走行进路上，显示出段或入段手信号之外的扳道房前的停车要道地点。

（9）双岗值乘时，首、末次机械间巡视需对巡视主要内容进行汇报。

（10）双岗值乘途中换班作业，运行当前区间或前方第一区间有临时限速时需进行呼唤。

（11）单岗值乘时，操纵司机按照《单岗值乘确认呼唤标准》执行，添乘指导司机对操纵司机确认呼唤内容进行复诵。

（12）双岗值乘时，值乘人员按照《双岗值乘确认呼唤（应答）标准》执行，添乘指导司机按照《标准》中复诵者内容进行复诵。

（13）货运列车在车站开车、通过、到达可不报告和呼唤列车正晚点时分。

（14）司机途中操纵牵引、制动手柄及操作行车安全装备遇有需要进行呼唤和手比的项目时，可只呼唤不手比。

五、电力机车手比规范

（1）信号显示要求通过（显示绿灯、绿黄灯）时，右手伸出食指和中指并拢，拳心向左，指向确认对象。

（2）信号显示要求正向径路准备停车（显示黄灯）时，右手拢拳伸拇指直立，拳心向左。

（3）信号显示要求侧向径路运行（显示双黄灯、黄闪黄）时，右手拢拳伸拇指和小指，拳心向左。

（4）信号显示要求停车（显示红灯，包括固定和临时）时，右臂拢拳，举拳与眉齐，拳心向左，小臂上下摇动3次。

（5）注意警惕运行时，右臂拢拳，大小臂成90°，举拳与眉齐，拳心向左。

（6）确认仪表显示时，右手伸出食指和中指并拢，拳心向左，指向相关确认设备时。

（7）确认非集中操纵道岔、各类手信号、防护信号（脱轨器）时，右手伸出食指和中指并拢，拳心向左，指向确认的非集中操纵道岔、各类手信号、防护信号（脱轨器）。

（8）列车运行中，LKJ提示前方列车运行限制速度有变化时，司机必须在变速点前，对变化的速度值及时进行确认呼唤；确认呼唤时，右手伸出食指和中指并拢，拳心向左，指向 LKJ 显示部位。

（9）手比以注意警惕姿势开始和收回，手比动作稍作停顿。

第二节　动车组司机呼唤应答标准

案例与分析

1999 年 7 月 9 日晚上，广州铁路集团长沙铁路总公司长沙机务段的东风 4D 型 0293 号机车，牵引武昌开往湛江的 461 次旅客列车经由京广铁路运行。当列车通过茶山坳站的 X2 信号机后，前方 X1-5 信号机显示两个绿灯，表示列车将进入新三线（即湘桂联络线），侧线通过道岔限速 45 公里。但乘务员没有认真瞭望和确认信号，也没有及时采取制动减速措施，使列车以 111 公里/时的速度侧向通过限速 45 公里/时的道岔，导致列车在京广线茶山坳至耒河间 K1744+050 处，机后 1～10 位颠覆，11～12 位脱轨，造成 9 人死亡，重伤 15 人，轻伤 25 人，客车车辆报废 5 辆，大破 4 辆，中破 2 辆，小破 1 辆，中断京广线下行正线行车 32 小时 08 分，直接经济损失 617 万元人民币，构成旅客列车重大事故。

分析：铁路规章制度要求是全体铁路职工必须严格遵守的一项基本准则，上述案例中司机与副司机通过道岔时，没有按照道岔限速要求，乘务员没有认真瞭望和确认信号，也没有及时采取制动减速措施，导致这起重大事故的发生。

近年来我国大力发展高速动车组技术，更是对职工的职业素养提出了严格的要求，因此严格遵章守纪是对高铁司机的一项基本素养。本节主要介绍动车组司机的呼唤应答标准。

一、出段（所）至发车

动车组司机出段（所）至发车呼唤应答标准如表 13-9 所示。

表 13-9　　动车组司机出段（所）至发车呼唤应答标准

序号	呼唤时机或处所	确认项目	呼唤用语	标准作业图
1	整备完了	人员就岗	出段（所）准备好了	

续表

序号	呼唤时机或处所	确认项目	呼唤用语	标准作业图
2	整备（停留）线准备出段（所）	出段（所）信号	出段（所）信号，好了	
3	站段分界点前	一度停车牌	一度停车（闸楼签填司机报单）	
4	调车信号前	调车信号	调车信号，白灯好了 调车信号，蓝（红）灯停车	
5	发车前	行车安全装备	行车安全装备设置好了	

续表

序号	呼唤时机或处所	确认项目	呼唤用语	标准作业图
6	发车前	操纵台各仪表显示	各仪表显示正常	
7	发车前	出站信号或凭证	出站好了或凭证正确	

二、途中运行

动车组司机途中运行呼唤应答标准如表 13-10 所示。

表 13-10　　　　　　　动车组司机途中运行呼唤应答标准

序号	呼唤时机或处所	确认项目	呼唤用语	标准作业图
1	进入慢行地段前	慢行标识及限速值	慢行注意，限速×× 公里	

续表

序号	呼唤时机或处所	确认项目	呼唤用语	标准作业图
2	进入分相前	禁止双弓位置	单弓好了	
3	进入断电地段前	断电标位置	断电好了	
4	过合电标后	合电标	闭合好了	
5	进入降弓地段前	准备降弓标	准备降弓	

续表

序号	呼唤时机或处所	确认项目	呼唤用语	标准作业图
6	降弓标前	降弓标	降弓好了	
7	升弓标前	升弓标	升弓好了	
8	运行途中	操纵台各仪表显示	各仪表显示正常	
9	引导信号前	引导信号	引导（手）信号好了 引导（手）信号机外停车	

续表

序号	呼唤时机或处所	确认项目	呼唤用语	标准作业图
10	复示信号前	复示信号	直向、侧向或机外停车 复示好了或站内停车	
11	遮断信号前	遮断信号	遮断信号、停车	
12	进路表示器前	进路表示器	进路表示器，××侧好了	
13	通过手信号前	通过手信号	手信号、好了 站内停车	

续表

序号	呼唤时机或处所	确认项目	呼唤用语	标准作业图
14	进站（或进路）信号前	进站（或进路）信号	通过（三显示区段） 绿灯（四显示区段） 进路好了 正线 侧线 机外停车	标准手势用语
15	出发进路信号前	出发进路信号	出发进路信号、好了 站内停车	标准手势用语
16	出站信号前	出站信号	出站好了 站内停车	标准手势用语
17	自闭分区通过信号（三显示）前	通过信号	绿灯 黄灯 红灯停车	标准手势用语

续表

序号	呼唤时机或处所	确认项目	呼唤用语	标准作业图
18	自闭分区通过信号（四显示）前	通过信号	绿灯，绿黄灯 黄灯 红灯停车	
19	防护信号前	防护信号	防护信号、撤除好了 防护信号、停车	
20	级间切换前	级间切换	级间切换注意，切换好了	
21	始发、终到、分界站	报点	正点开车（到达） 晚××分开车（到达） 早××分开车（到达） ××站，正点通过 ××站，早点××分通过 ××站，晚点××分通过	

三、到达至入段（所）

动车组司机动达至入段呼唤应答标准如表 13-11 所示。

表 13-11　　　　　　　　动车组司机动达至入段呼唤应答标准

序号	呼唤时机或处所	确认项目	呼唤用语	标准作业图
1	终到站停车后	行车安全装备	进入调车	标准手势用语
2	动车前	调车信号	调车信号，白灯好了 调车信号，蓝（红灯）灯停车	标准手势用语
3	站段分界点	一度停车牌位置	一度停车	标准手势用语
4	手信号显示处前	手信号	手信号，好了 手信号，停车	标准手势用语

续表

序号	呼唤时机或处所	确认项目	呼唤用语	标准作业图
5	进入段（所）内尽头线	尽头线	十辆、五辆、三辆、停车	

注　区间通过信号机显示绿色（绿黄灯）灯光正常行车时可不进行呼唤。

四、主体信号确认呼唤时机和手比姿势

1. 主体信号确认呼唤时机

瞭望条件良好时，进站（进路）信号不少于 800 米；出站、通过、预告信号不少于 600 米；信号表示器不少于 400 米。

2. 手比姿势

（1）地面信号要求通过（显示绿灯、绿黄灯、黄闪黄）时，伸出食指和中指，指向正前方。

（2）地面信号要求正向径路准备停车（显示黄灯）时，拢拳伸拇指。

（3）信号要求侧向径路准备停车（显示双黄灯、双绿灯）时，拢拳伸拇指和小指。

（4）信号要求停车（包括固定和临时）时，单臂拢拳，上下摇动。

（5）注意警惕运行时，单臂拢拳，大小臂成 90°，举拳与眉齐。

3. 主体信号确认呼唤时机和手比姿势

（1）主体信号确认呼唤时机。瞭望条件良好时，进站（进路）信号不少于 800 米；出站、通过、预告信号不少于 600 米；信号表示器不少于 400 米。

（2）手比姿势：

① 地面信号要求通过（显示绿灯、绿黄灯、黄闪黄）时，右臂直伸，伸出食指和中指，指向正前方。

② 地面信号要求正向径路准备停车（显示黄灯）时，右臂直伸，拢拳伸拇指。

③ 信号要求侧向径路准备停车（显示双黄灯、双绿灯）时，右臂直伸，拢拳伸拇指和小指。

④ 信号要求停车（包括固定和临时）时，右臂拢拳，上下摇动。

⑤ 注意警惕运行时，右臂拢拳，大小臂成 90°，举拳与眉齐。

4. 学习注意事项

（1）交接班的内容仍执行原规定，交接班必须在停车时进行。

（2）在呼唤信号机时不呼"信号机名称"，直接呼显示状态（调车、发车进路除外）；分割信号按进站信号呼唤。

(3) 各种信号机（即地面固定信号）呼唤时必须伸出食指和中指进行手比，其他设备呼唤时伸出手掌，四指伸直并拢，拇指弯曲进行手比。

(4) 出动车所门禁信号呼"出所信号"。

(5) 慢行呼唤在确认"T"标后呼唤"慢行注意"，确认移动减速信号牌后指呼"慢行限速××公里"。

(6) 级间切换注意呼唤时机在 LKJ 或 ATP 提示后进行呼唤，级间切换后指认 LKJ \ ATP 屏显示进行呼唤。

(7) 报点的呼唤在始发、局界站并记完点后进行。

(8) 进路表示器只在停车时，前方有多方向情况下进行呼唤。

(9) 发车前增加"确认车门关闭状态后，呼车门已关闭"。

(10) 仪表确认从左侧网压表起至右侧 MON 屏止进行确认后呼唤"各仪表显示正常"。

名人寄语

莱蒙特（波兰）：世界上的一切都必须按照一定的规矩秩序各就各位。

管子（中国）：求必欲得，禁必欲止，令必欲行。

韩非子（中国）：言无二贵，法无两适。

推荐图书

[1] 铁路职工培训教材编审委员会. 动车组列车员［M］. 北京：中国铁道出版社，2012.

[2] 铁路总公司劳动和卫生司. CRH2 型动车组司机［M］. 北京：中国铁道出版社，2009.

[3] 文邦. 列车员素质与服务技能［M］. 北京：中国铁道出版社，2012.

课后思考

1. 列车作业标准对提高工作效率有哪些作用？
2. 如何提高自己执行列车作业标准的能力？

第十四章　6S现场管理

本章学习目的

通过本章的学习,应熟悉6S现场管理的一些基本知识,以提升人的品质,优化人文环境;追求低成本、高效率、高品质;消除浪费,实现企业利润最大化。

本章内容描述

掌握6S现场管理知识有利于打造舒适、明亮、整洁、安全的工作环境,循序渐进地规范我们的行为,提升员工素质与提高产品品质,塑造企业的良好形象。本章主要介绍6S的概念和内容、6S之间的关系、6S的作用,以及6S推广的手段和工具等主要内容。

本章核心概念

6S是指对实验、实训、办公、生产现场各运用要素(主要是物的要素)所处状态不断进行整理、整顿、清扫、清洁、提高素养及安全的活动。

第一节　6S管理基础知识

案例与分析

如图14-1~图14-3所示,在生产现场经常可以看到的几个场景,这从几个侧面反映了6S现场管理的对比,从中可以看出6S管理的巨大作用。

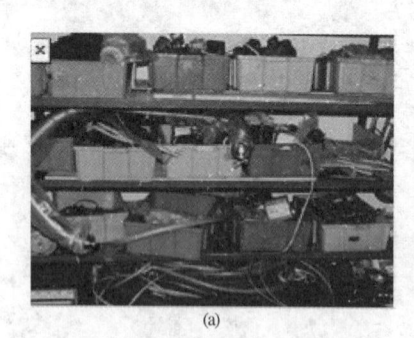

图14-1　6S实施前、后的生产现场
(a) 改善前:6S管理实施前; (b) 改善后:6S管理实施后

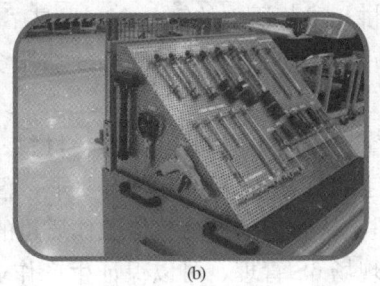

图 14-2 6S 管理的效果对比
(a) 改善前：放置凌乱，易丢失损坏；(b) 改善后：自制工装，摆放方便美观

图 14-3 立体仓库的 6S 管理
(a) 改善前：堵塞的通道；(b) 改善后：通畅的通道

分析：

(1) 图 14-1 体现了整理的作用相当明显，让产品、零部件非常容易找到。

(2) 图 14-2 体现了整顿在工具管理过程中的显著效果。

(3) 图 14-3 体现了通道的管理，要求现场管理隐患为零，则事故为零，通道在生产管理过程中有着非常重要的作用。

一个人除八小时睡眠之外，其余有效活动用的时间大多是消耗在工作场所，工作场所环境的好坏影响到工作者的情绪、健康、安全，甚至影响到产品品质与生产力，因此，经营者确实有义务整理好工作环境，使工作者每日上班感觉到舒心和有意义，基于此，6S 是一个不容忽视的主题。

一、6S 的含义

6S 管理是 5S 的升级，6S 即整理（Seiri）、整顿（Seiton）、清扫（Seiso）、清洁（Seiketsu）、素养（Shitsuke）、安全（Security），6S 和 5S 管理一样兴起于日本企业。

5S 最早起源于日本，指的是在生产现场中对人员、机器、材料、方法等生产要素进行有效管理。5S 是日式企业独特的一种管理办法。

1955 年，日本 5S 的宣传口号为"安全始于整理整顿，终于整理整顿"，当时只推行了前 2S，其目的仅为了确保作业空间和安全，后因生产控制和质量控制的需要而逐步提出后续的 3S，即"清扫"、"清洁"、"修养"，从而使其应用空间及适用范围进一步拓展。

所谓 6S，是指对实验、实训、办公、生产现场各生产要素（主要是物的要素）所处状态不断进行整理、整顿、清洁、清扫、提高素养及安全的活动。由于整理（Seiri）、整顿（Seiton）、清扫（Seiso）、清洁（Seiketsu）、素养（Shitsuke）和安全（Security）这 6 个词在日语中罗马拼音或英语中的第一个字母是"S",所以简称6S。

6S加上节约(Saving)为7S,7S加服务(Service)为8S,8S加满意(Satifaction)为9S。

6S是将生产现场中的人员、机器、材料、方法和环境等生产要素进行有效的管理,针对企业每位员工的日常工作行为提出要求,倡导从小事做起,力求使每位员工都养成事事"讲究"的习惯,从而达到提高整体工作质量的目的。

加强生产现场6S管理,可以保证生产作业环境处于受控状态,满足产品制造质量的规定要求,保持公司在用户中的良好形象,规范员工的行为,可以进一步提升员工队伍的整体素质和养成良好的习惯,为实现公司产品质量和生产效率、整体经济效益实现新突破。

1986年,首部5S著作问世,从而对整个现场管理模式起到了巨大的冲击作用,并由此掀起5S热潮。随着世界经济的发展,5S及6S现已成为工厂管理的基础技术。

推行6S,可以达到以下几点效果:
(1) 提升人的品质,优化人文环境。
(2) 追求低成本、高效率、高品质。
(3) 消除浪费,实现企业利润最大化。

二、6S的内容

1. 整理

将工作场所的任何物品区分为有必要和没有必要的,除了有必要的留下来,其他的都消除掉。目的:腾出空间,空间活用,防止误用,塑造清爽的工作场所。

2. 整顿

把留下来的必要的物品依规定位置摆放,并放置整齐加以标识。目的:工作场所一目了然,消除寻找物品的时间,整整齐齐的工作环境,消除过多的积压物品。

3. 清扫

将工作场所内看得见与看不见的地方清扫干净,保持工作场所干净、亮丽的环境。目的:稳定品质,减少工业伤害。

4. 清洁

将整理、整顿、清扫进行到底,并且制度化,经常保持环境处在美观的状态。目的:创造明朗现场,维持上面3S成果。

5. 素养

每位成员养成良好的习惯,并遵守规则做事,培养积极主动的精神(也称习惯性)。目的:培养有好习惯、遵守规则的员工,营造团队精神。

6. 安全

重视成员安全教育,每时每刻都有安全第一观念,防患于未然。目的:建立起安全生产的环境,所有的工作应建立在安全的前提下。

三、6S之间的关系

6S之间彼此关联,如图14-4所示,整理、整顿、清扫是具体内容;清洁是指将上面的3S实施的做法制度化、规范化,并贯彻执行及维持结果;素养是指培养每位员工养成良好的习惯,并遵守规则做事,开展 6S 容易,但长时间的维持必须靠素养的提升;安全是基础,要尊重生命,杜绝违章。

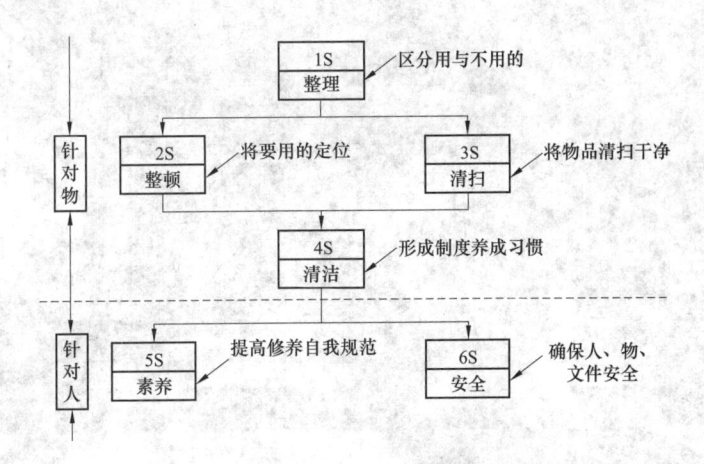

图 14-4　6S 之间的关系

四、6S 管理的八大作用

1. 提升企业形象

工作场所干净而整洁,员工的工作热情提高了,忠实的顾客也越来越多,企业的知名度不断很高,成为行业学习典范,扩大了企业的声誉和产品销路,吸纳更多的人才为企业服务。图 14-5、图 14-6 为某制造企业车间改造前后的现场效果对照。

图 14-5　某制造企业改造前的车间

图 14-6　某制造企业改造后的车间

2. 保障品质，减少消除故障

干净整洁的环境容易发现异常，员工按要求生产，按规定使用，尽早发现质量隐患，生产出优质的产品。设备仪器正确使用和保养，减少不良品的产生，保证了产品质量。

3. 降低成本，减少浪费

降低设备的故障发生率，减少工件的寻找时间和等待时间，减少"取放"、"寻找"、"点数"、"搬运"等无价值劳动，结果降低了成本，提高了效率，缩短了加工周期。

4. 提高效率，建立标准化

工作区域划分、物品摆放一目了然，干起活来又快又好，创新积极性高。大家都按照规定执行任务，程序稳定。人们正确地执行已经规定了的事项，在任何岗位都能立即上岗作业，有力地推动了标准化工作的开展。

5. 减少安全事故，保障安全生产

安全通道畅通，人流物流顺畅，危险处一目了然，作业规范清晰，安全生产有了保障，如图 14-7 所示。

6. 降低成本

做好 6 个 S 可以减少跑冒滴漏和来回搬运，从而降低成本。

7. 交期准

生产制度规范化使得生产过程一目了然，生产中的异常现象明显化，出现问题可以及时调整作业，以达到交期准确。

图 14-7 安全通道畅通，作业规范清晰

8. 增强员工归属感和组织的活力

员工通过对整理、整顿、清扫、清洁、修养的学习遵守，使自己成为一个有道德修养的人，整个公司的环境面貌也随之改观，员工工作心情愉快，有归属感。

通过图 14-8～图 14-10 三个生产现场环境的对比，大家一定能看出 6S 现场管理工作所带来的重大意义吧。

图 14-8 混乱的生产现场，让人惨不忍睹

图 14-9 拥堵的车间通道，让人心里发堵

图 14-10 干净整洁、通透明亮的车间，让人赏心锐目

五、6S 管理在企业的定位

"十年树木，百年树人"。改变员工的想法、行为、习惯，进而改变其素养绝非一朝一夕就能实现的。员工整体素养要得到提升需要大的社会环境与小的企业环境的良性互动。因此，企业创造良好的环境对员工素养的提升至关重要，这也就是所谓的"人造环境，环境育人"。

1. 企业对员工管理要有明确规范性

所谓规范性指要制定一个最佳标准，然后将其不断复制，使运作成本最小化，团队力量最大化。

企业运作是靠团体作战，不像一个人做生意可以单兵作战，所以规范性对企业来说至关重要。在部队，被子要叠成豆腐块，踢正步时所有士兵的脚面要踢到一样的高度，这些严格的训练同样是为了提升规范性和一致性。打仗时并不需要踢正步，平常之所以训练踢正步就是为了在真正战斗时刻到来时，将团队的战斗力发挥的最大化。

2. 6S在企业的持续推行，也是通过训练员工的规范性来提升团队的整体素养

员工要将规范做事当成一种习惯，一种本能的自然反应，只有这样才能赢得真正的攻坚战。习武者少不了温习基本步法，不温习，功夫就会退；唱歌的人要练嗓子，不练声音就会干涩；企业同样需要不厌其烦、踏踏实实地进行基本管理的修炼。

学习6S精益管理中在于学神，不在于形。6S精益管理的精髓是：人的规范化及地、物的明朗化。通过改变人的思考方式和行动品质，强化规范和流程运作，进而提高公司的管理水准从而达到：①人——规范化；②事——流程化；③物——规格化。

第二节 6S现场管理推行

案例与分析

K公司是一家印刷企业，主要做包装用瓦楞纸箱、丝网印刷和传统的胶印业务。K公司与香港某公司洽谈合资项目，然而，与港商的合资谈判进行得并不顺利。对方对K公司的工厂管理提出了很多在该老总看来太过"挑剔"的意见：比如仓库和车间里的纸张、油墨、工具的摆放不够整齐；地面不够清洁、印刷机上油污多得"无法忍受"；工人的工作服也"令人不满"，如图14-11~图14-14所示。

图14-11　印刷厂仓库通道不畅通

图 14-12　印刷厂仓库标示不准

图 14-13　印刷厂仓库摆放混乱

图 14-14　混乱的印刷车间

后来,在拟订合资条款时,投资者执意将"引入现代生产企业现场管理的 6S 咨询方法",作为一个必要的条件写进了合同文本。在推行"6S 管理方法"后,公司发生了翻天翻天覆地的变化,如图 14-15 所示。

图 14-15　执行 6S 管理的车间

分析:通过 6S 活动,使现场物品有序摆放,并达到安全规范,从而提高员工安全意识,做到安全生产,确保安全事故率为 0。6S 管理的要点,或者说难点,并非仅仅是纠正某处错误,或者打扫某处垃圾;6S 管理的核心是要通过持续有效的改善活动,塑造一丝不苟的敬业精神,培养勤奋、节俭、务实、守纪的职业素养。

一、6S 推行的基本要求

海尔集团首席执行官张瑞敏说过:什么是不简单,把每一件简单的事情做好就是不简单。什么是不平凡,把每一件平凡的事情做好就是不平凡。

现场管理其实在生产过程操作起来方法都比较简单,但要执行起来有明显的效果,却是一个不简单的事情。

1. 6S 实施的原则

(1) 效率化:定置的位置是提高工作效率的先决条件。

(2) 持久性:人性化,全员遵守与保持。

(3) 美观性:作产品—作文化—征服客户群。管理理念适应现场场景,展示让人舒服、感动。

2. 管理对象

6S 管理的主要对象有以下几个方面。

(1) 场地:通过工艺分析,作业研究,将场地科学合理地划分生产区、绿化区、卫生区和物品堆放区等。生产区又要分原材料、半成品、成品、检修品、废品等存放区,设置畅通无阻的安全通道,并设计合理的定置图,建立健全各项管理制度,落实责任,定期考核,确保区域、工序、场所井然有序。

(2) 设备:通过动作研究,时间研究和工艺流程分析使机电设备优化组合;工作台、操作台布局合理,高度适当,保操作者感到轻松自如;对易损件,要提前准备,定置在设备的备件箱内;各种材料、零配件,要按照生产用量,定置在该机台或流水线旁指定的容器中,按每班的需要量，定时补充。

（3）特殊物品：对易燃易爆、有毒有害、污染环境的物品实行特殊定置，预防事故，控制污染，实现安全文明生产。

（4）仓库：就是通过调整物品的位置，使其井然有序，更好地发挥仓库的功能，能在指定的时间内，准确、及时向生产工序提供所需的一定数量的材料，零部件等。

（5）工具箱：确定工具箱的数量、规范摆放位置及箱内物品堆放的科学化、标准化。

（6）操作者：除了严格按岗定位、不串岗、不混岗外，特别要确定操作者工作位置的安全性。为此，在现场管理中要合理布置机械设备上直接由人操作或使用的部件，创造良好的与人的劳动姿势有关的工作空间、工作椅、作业面等条件，减轻操作者疲劳和防止发生事故。

3. 6S 现场管理的注意事项

6S 现场管理需要注意以下几个方面：

（1）6S 是针对现场的，最主要是针对生产现场。

（2）6S 的对象是全体人员，尤其是领导要带头。

（3）6S 是每天的工作，不是运动。

（4）6S 的工作是通过量的积累以达到质的变化。

（5）6S 通过每人每件事情操作到位提升整体水平，个别员工出现差异显而易见。

二、6S 管理的内容与方法

（一）整理

1. 整理的目的

整理的目的是腾出空间，防止误用。就是将公司（工厂）内需要与不需要的东西（多余的工具、材料、半成品、成品、文具等）予以区分。把不需要的东西搬离工作场所，集中并分类予以标识管理，使工作现场只保留需要的东西，让工作现场整齐、漂亮，使工作人员能在舒适的环境中工作。

将必需物品与非必需物品区分开，在工作岗位上只放置必需物品。如果你的工作岗位堆满了非必需物品，就会导致你的必需物品无处摆放；你可能希望增加一张工作台来堆放必需品，这样一来就会造成浪费，并形成恶性循环，如图 14-16～图 14-19 所示。

2. 整理的内容

整理的内容如表 14-1 所示。

表 14-1　　　　　　　　　　整理的内容、作用与效果

序号	内容	作用	效果
1	腾出空间	可以使现场无杂物，增加作业、仓储面积，提高工作效率	节约资金
2	清除杂物	减少碰撞，使通道顺畅，保障生产安全，提高产品质量	提高安全
3	进行分类	消除混料差错，减少寻找时间	提高效力
4	归类放置	防止误用、误发货，减少库存，节约资金	提高质量

图 14-16　办公用品乱放文件夹随意摆放

图 14-17　卫生死角物品乱堆，通道被占

3. 整理的实施要点
(1) 清除垃圾或无用、可有可无的物品。
(2) 明确每一项物品的用处、用法、使用频率，加以分类。
(3) 根据上述分类清理现场物品，现场只保持必要的物品，清理垃圾和无用物品。

图 14-18 工具箱混乱不堪,寻找工具很费时间

图 14-19 货物架随意摆放,物品情况不明

4. 区分要与不要

根据使用频率物品，分为以下4类。

(1) 不再使用的，坚定不移地处理掉，如图14-20所示。

(2) 使用频率很低的，放进库房，标识并妥善保管。

(3) 使用频率较低的，放在自己的周围，如柜子或工具柜内。

(4) 经常使用的，留在工作场所，如图14-21所示。

图14-20 将"空间"腾出来活用

5. 时间分隔线

整理的时间分隔线如表14-2所示。

表14-2　　　　　　　　　　整理的时间分隔线

类别	使用频率		处置方法	备注
必需品	每小时		放工作台上或随身携带	
	每天		现场存放（工作台附近）	
	每周		现场存放	
非必需品	每月		仓库存储	
	每三个月		仓库存储	定期检查
	半年		仓库存储	定期检查
	一年		仓库存储（封存）	定期检查
	两年		仓库存储（封存）	定期检查
	未定	有用	仓库存储	定期检查
		不需要用	废弃/变卖	定期检查
		不能用	废弃/变卖	定期检查

6. 整理的推行要领

(1) 全面检查，包括看见的和看不见。

(2) 制定要与不要的判断标准。

(3) 不要的彻底清除。

(4) 要用的物品，需要调查使用频率，决定日常用量。

(5) 每日自我检查。

1) 全面检查，包括看见的和看不见。

2) 制定要与不要的判断标准。

3) 不要的彻底清除。

4) 要用的物品，需要调查使用频率，决定日常用量。

5) 每日自我检查。

图 14-21　使用频率很低的，放进库房

7. 常见问题

(1) 丢东西，败家子。务必注意不能为了完成 6S 任务把将来需要的丢掉，尤其是临时工装模具。

(2) 感觉东西全都是要用的，不愿意丢弃。务必注意，有"舍"才能有"得"，一定要翻箱倒柜，该放弃就放弃。

(3) 东西在自己手上方便。不利于提高物资的使用率，也容易出现质量风险。

(4) 整理前及过程中没有进行声像记录导致以后对比困难。

(5) 整理不到位就进入整顿，导致难度加大。

(二) 整顿

1. 整顿目的

整顿目的是腾出时间，减少寻找时间。

就是将前面已区分好的，在工作现场需要的东西予以定量、定点并予以标识，存放在要用时能随时可以拿到的地方，如此可以减少因寻找物品的时间。不浪费"时间"找东西，工作场所一目了然，创造整整齐齐的工作环境，减少物品取放时间，提高工作效率；物品状态一目了然，异常情况容易发现。图 14-22 为仓库的不良管理。

2. 整顿的实施要点

(1) 在整理的基础上合理规划空间和场所，如图 14-23 所示。

(2) 按照规划安顿好每一样物品，各得其所，如图 14-24 所示。

图 14-22 仓库的不良管理

图 14-23 合理规划空间和场所

图 14-24 物品状态一目了然，异常情况容易发现

(3) 做好必要的标识,令所有人都清楚明白。

3. 整顿的推行要领

(1) 三定原则:定点、定容、定量,如表 14-3 所示。

表 14-3　　　　　　　　　　　三定原则

序号	内容	原则	方法
1	定点	明确具体的放置位置	分隔区域
2	定容	明确容器大小材质颜色	颜色区分
3	定量	规定合适的重量数量高度	标示明确

1) 定点:需要明确具体的放置位置,根据物品的使用频率和使用便利性,决定物品所放置的场所。一般说来,使用频率越低的物品,应该放置在距离工作场地越远的地方,如图 14-25 所示。

图 14-25　每件物品均需明确具体的放置位置

2) 定容:需要明确容器的大小材质颜色,确定保留在工作场所或其附近的物品的数量。物品数量的确定应该以不影响工作为前提,数量越少越好,如图 14-26 所示。

图 14-26　定容需要明确容器的大小材质颜色

3）定量：需要规定合适的重量、数量、高度等，如图14-27所示。

图14-27　定量需要规定合适的重量、数量、高度

（2）整顿的三要素，如表14-4所示。

表14-4　　　　　　　　　　　　整顿的三要素

序号	内容	作用	效果
1	场所	区域划分明确	一目了然
2	方法	放置方法明确	便于取拿
3	标识	避免减少差错	提高效率

1）场所：需要区域划分明确，将整理之后腾出来的空间重新规划，划分区域线，物品放置场所原则上要100%设定，生产线附近只放真正需要的物品，如图14-28～图14-29所示。

图14-28　根据场地、设备、作业区间确定合适的宽度和面积

图 14-29 划分区域线，物品放置场所原则上要 100%设定

2) 方法。放置方法需要明确。根据物品的使用频率、用途、功能、形态、形状、大小、重量等因素确定摆放的办法，如平放、竖放、挂放、堆放、吊放等，不超出所规定的范围，如图 14-30～图 14-32 所示。

图 14-30 平放 　　　　　　　　　　图 14-31 挂放

3) 标识：物品的摆放需要明确的标识和相关的责任人，如图 14-33 所示。

现场区域管理责任到人，分工明确，使现场有物必有位、有位必分类、分类必标志，达到"事事有人管，人人都管事"。

实施目视管理后，对办公室内的每个水杯都进行了标识；生产现场的设备用黄色的油漆标明了介质的流动方向，甚至对每一根电线都确定了放置方法并加以标识，如图 14-34～图 14-36 所示。

第十四章　6S现场管理

图14-32　堆放

图14-33　现场区域管理责任到人，分工明确

图14-34　每个办公台位需要进行标识

图 14-35 办公桌和抽屉的物品需要定位与标识

图 14-36 生产现场的设备用黄色的标识标明了用途、介质的流动方向

（3）要站在新人的立场明确物品的放置场所，"30秒内"找到想要的物品；
（4）使用后易复位，没有复位或误放时"60秒内"能知道。

图 14-37 工具的分类

4. 开展的步骤
（1）需要的物品明确放置场所。
（2）根据物品的属性划分区域摆放。区域的划分一定要结合实际情况，不可过于标新立异；不相容物品一定要分区摆放；相容物品可以同区摆放但要标识清楚避免误拿误放。例如，以下几种分类或分区。
1）工具可以分为刀具，量具、刃具，如图 14-37 所示。
2）根据加工品的质量情况分为待检区、已检区。
3）已检区分为合格区和不合格区。
4）电镀物资分为酸性区和碱性区。
5）加工物品分为待加工区、已加工区。
（3）摆放整齐、有条不紊。
1）分类摆放，区域大小合适，有一定的

安全空间或维修空间。

2）物品的摆放位置根据物品的使用频率决定。

3）摆放可以借助地面、工具柜、架子、墙等媒介。

4）摆放位置要注意先进先出原则、账卡物相符原则。

5）特殊物品摆放位置要醒目。

6）危险品要有防护措施，人员不容易接触，出现问题后损失要尽可能小。

5．未实施整顿的危害

(1) 降低了工作效率。

(2) 异常情况不易发现。

6．整理、整顿的基本要求

(1) 公物、私物分开摆放，不要混在一起。

(2) "合并同类项"，同类的物品集中在一起摆放，如图 14-38 所示。

图 14-38　"合并同类项"，同类的物品集中在一起摆放

(3) 解除不必要的锁，如图 14-39 所示。

图 14-39　解除不必要的锁

（三）清扫

1. 清扫的目的

清扫的目的是消除"脏污"，保持现场干净明亮。

（1）使工作场所没有垃圾、脏污，设备没有灰尘、油污，也就是将整理、整顿过要用的东西时常予以清扫，保持随时能用的状态。

（2）在清扫的过程中去目视、触摸、嗅、听来发现不正常的根源并予以改善。"清扫"是要把表面及里面（看到的和看不到的地方）的东西清扫干净，如图14-40所示。

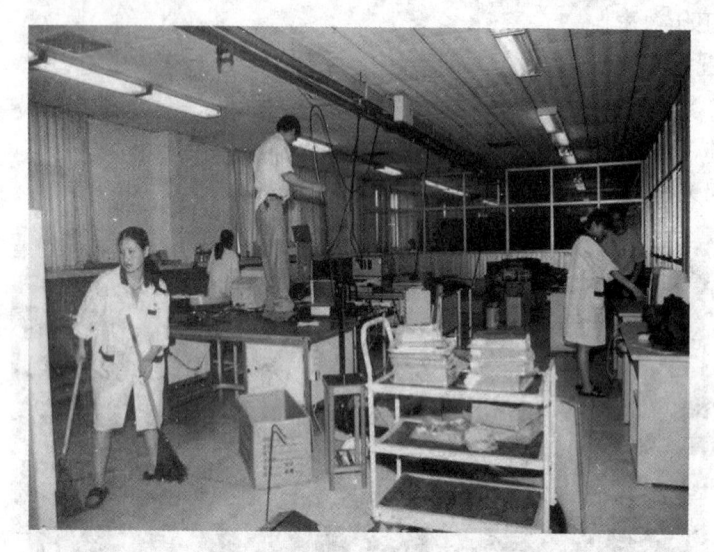

图14-40 "清扫"是要把表面及里面的东西清扫干净

清扫的目的及作用如表14-5所示。

表14-5 清扫的目的及作用

序号	目的	作用
1	提升作业质量	提高设备性能
2	良好工作环境	减少设备故障
3	"无尘化"车间	提高产品质量
4	目标零故障	减少伤害事故

2. 清扫的实施要点

（1）在整理、整顿基础上，清洁场地、设备、物品，形成干净的工作环境。

（2）领导以身作则，人人参与，清扫区域责任到人，不留死角。

（3）一边清扫，一边改善设备状况。

（4）寻找并杜绝污染源，建立相应的清扫基准。

3. 清扫的推行要领

（1）对全公司范围进行大扫除。

（2）将公司公共区域进行划分，明确责任人。

（3）自己负责的区域确定例行清扫的内容、时间、责任人、检查人。

(4) 要定期进行检查。

4. 清扫工作主要集中的领域

(1) 清扫从地面到天花板的所有物品,达到"三净":
- 上方净:天窗、柜顶、灯罩、管道、吊轨等干净;
- 下方净:地面、走廊、附房、墙角、地沟、防火及电气装置等干净,无油污、水迹;
- 机台净:设备的车头、车尾、车面、车顶及车身内外无油污,保持干净,如图14-41所示。

(2) 彻底修理机器和工具。

(3) 杜绝污染源(跑、冒、滴、漏)。

图14-41 设备维护保养很糟

5. 清扫活动应遵循的原则

(1) 自己使用的物品,如设备、工具等,要自己清扫,而不要依赖他人,不增加专门的清扫工。

(2) 对设备的清扫要着眼于对设备的维护保养,清扫设备要与设备的点检和保养结合起来。

(3) 清扫的目的是为了改善,当清扫过程中发现有油水泄漏等异常状况发生时,必须查明原因,并采取措施加以排除,不能听之任之。

(四) 清洁

1. 清洁的目的

清洁的目的是制度化以维持前3个S的成果。就是将整理、整顿、清扫后的清洁状态予以维持,更重要的是要找出根源并予以排除。例如,工作场所脏污的源头,造成设备油污的漏油点、设备的松动等。

(1) 消除"脏污",保持现场干净、明亮,减少脏污对品质的影响,减少工业伤害。

(2) 维持3S实施的结果,形成制度化、标准化,为企业文化的形成奠定有内容的基础。

2. 清洁的实施要点

(1) 不断地进行整理、整顿、清扫,彻底贯彻以上3S。如图14-42所示,现场作业通道被侵占，阻碍现场生产作业，需要改善。

图 14-42 现场作业通道被侵占，需要改进

（2）坚持不懈，不断检查、总结以持续改进。
（3）将好的方法与要求纳入管理制度与规范，由突击运动转化为常规行动。
3. 清洁推行要领
（1）制定考评办法（公司和个人）。
（2）制定奖惩制度，加强执行。
（3）高阶主管经常带头巡查，以表重视。
清洁的作用和要点如表 14-6 所示。

表 14-6　　　　　　　　　　清洁的作用和要点

序号	作用	要点
1	培养良好工作习惯	职责明确
2	形成企业文化	重视标准管理
3	维持和持续改善	形成考核成绩
4	提高工作效率	强化新人教育

4. 清洁活动实施时，需要秉持三个观念
（1）只有在"清洁的工作场所才能生产出高效率、高品质的产品"。
（2）清洁是一种用心的行动，千万不要只在表面上下功夫。
（3）清洁是一种随时随地的工作，而不是上下班前后的工作。

（五）素养
1. 素养的目的
素养的目的是提升员工修养，实现员工的自我规范，提升人员素质，培养员工良好习惯，培育学习和不断改善的人才。如图 14-43 所示，宿舍环境体现了人员的综合素养。

图 14-43 优美的宿舍环境

推行素养就是全员参与整理、整顿、清扫、清洁的工作，保持整齐、清洁的工作环境，更重要的是要找出根源并予以排除。为了做好这个工作而制定各项相关标准供大家遵守，大家都能养成遵守标准的习惯。

2. 实施要点

(1) 继续推动以上 4S 直至习惯化。

(2) 制定相应的规章制度。

(3) 教育培训、激励，将外在的管理要求转化为员工自身的习惯、意识，使上述各项活动成自觉行动，如图 14-44 所示。

图 14-44 外在的管理要求转化为员工自身的习惯、意识

3. 素养的推行要领和方法

素养的推行要领和方法如表 14-7 所示。

表 14-7　素养推行的要领和方法

序号	要领	方法
1	制订素养手册	颁发员工手册、宣贯行为规范等
2	制定规章制度	利用早会周会进行教育
3	识别员工标准	制定服装、厂牌、工作帽等识别
4	开展奖励制度，激发员工的改善意识	进行知识测验评选活动，提案推广
5	推行各种精神提升活动	举办板报漫画活动、晨会、礼貌运动等

4. 素养推行时的注意点

(1) 坚持不懈地教育、考评，才能养成良好的习惯。

(2) 开展 6S 容易，但长时间的维持必须靠素养的提升。一旦 6S 被作为现场管理的"宗教"（教条）被长期坚持（虔诚的去重复）的话，那么 6S 活动就会为现场管理带来意想不到的巨大效益。

(六) 安全

1. 安全的目的

安全的含义：清除隐患，排除险情，预防事故的发生。

目的：将安全事故发生的可能性降为零；保障员工的人身安全和生产的正常进行；减少经济损失。

安全是将工作场所会造成安全事故的发生源（地面油污、过道堵塞、安全门被堵塞、灭火器失效、材料和成品堆积过高有倒塌危险等）予以排除或预防。

消除隐患，预防事故的发生，保障人财物的安全，促进经济的发展；保护人员物品不受侵害，创造无意外事故发生的作业现场。为此建立健全各项管理体系，培训作业人员的操作技能，要全员参与，重视隐患，重视预防。

2. 安全的作用

(1) 让员工放心，更好地投入工作。

(2) 没有安全事故，生产更顺畅。

(3) 没有伤害，减少经济损失。

(4) 有责任有担当，万一发生事故时能够应付。

(5) 管理到位，能更加提高客户的信任度。

3. 安全实施要点

(1) 建立系统的安全管理体制。

(2) 重视员工的培训教育。

(3) 实行现场巡视，排除隐患。

(4) 创造明快、有序、安全的工作环境。

4. 安全的推行要领

(1) 落实全员的安全教育与训练。

(2) 三级教育：入厂教育、车间教育与训练、岗位教育。

(3) 特种作业教育：电气、载重、焊接、司机、锅炉、压力容器等工种。

(4) 经常性教育：班前布置、班中检查、班后总结。

(5) 管理好消防设备。

(6) 健全安全管理制度体系。

6S管理活动起源于日本，它在某些方面与我国企业开展的文明生产活动相类似，但在企业文化高度与规范化、细节管理方面有其十分显著的特色。6S管理的对象，既有现场的"环境"，它对生产现场环境全局进行综合考虑，并制订切实可行的计划与措施，从而达到规范化管理，又有现场工作的"人"。6S管理的核心和精髓是素养，如果没有员工队伍素养的相应提高，6S管理就难以开展和坚持下去。

6S管理主要是针对企业中每位员工的日常行为提出要求，倡导从小事做起，力求使每位员工都养成事事"讲究"的好习惯。这种管理不仅可以迅速提升企业的安全、卫生、品质、效率、形象及竞争力，还可控制成本开支、改善工作环境、创建良好的企业文化，更可树立人的科学的思考方式。事实上，日常工作中的许多问题可以通过实施"6S管理"迎刃而解。

拓展阅读

厕 所 文 化

很多领导者没有注意，一个公司的厕所在一定程度上反映了该公司的管理能力、执行能力以及员工的基本素质。

公司的厕所，这是很多人都不愿提到书面上来说的问题，但却是每个公司必不可少的一部分。每个参加工作的人，必定进过不少的公司，假如想和对方深入合作，必定会进入对方的厕所，因为每一次深入的交谈，总会解决点内急的。凡是厕所里干干净净、一尘不染的，这样的公司少说也是有一定实力的公司，因为厕所是公司管理的软肋，可想而知，一个公司如果连厕所都打扫不干净，你还指望他们顺利完成合作项目吗？

企业界有这样一个小故事：国内某企业为国外一家世界知名大公司制造了一批产品，由于产品生产出来后与提供的样品出现色差，国外这家大公司立即派人到国内这家企业进行调查，研究是否需要终止合同。当调查人员到达该公司后，要求参观该公司的卫生间，在得到允许后，调查人员对卫生间的每一个角落进行了仔细观察，而对产生色差的原因只是简单地进行了了解，然后就乘飞机回去了。一个星期之后，国内这家企业接到了国外这家大公司发来的一份更大的订单，并收到了关于产品色差问题的调查报告："经过我公司的调查和了解，我们认为，能够把厕所管理好的公司对待自己的产品也一定会一丝不苟，可以保证质量。贵公司的卫生间干净、整洁，气味清新，展示了公司的优秀企业文化和员工的高素质。此次色差问题在可允许范围之内，因此我们将不作追究。我们非常愿意跟贵公司开展更进一步的合作！"

看完这个故事，相信我们就不会再提出"卫生间跟企业文化有什么关系"这样的问题了。一年企业靠运气，十年企业靠经营，百年企业靠文化。议论"卫生间管理"，并不是让我们把眼光仅盯在卫生间上，而应该放眼展望，卫生间管理得再好说到底只是一种小文化，但这种"小"却存在于我们生活的每一处,与我们如影随形,缺之不可。

联想到公司正在进行的6S,可谓同样的道理。事儿虽小,却能折射出一个企业的管理水平和企业文化。让我们把6S行动化身为卫生间里干净整洁的马桶,化身为永远充足的厕纸和洗手液,化身为拧紧水龙头这一系列细小动作,化身为贴在墙上的"来也匆匆,去请冲冲"的提示。因为,细微之处见精神。

名人寄语

戴维·帕卡德(美国):小事成就大事,细节成就完美。

张瑞敏(中国):把每一件简单的事做好就是不简单;把每一件平凡的事做好就是不平凡。

汪中求(中国):细节决定成败。

推荐图书

[1] 聂云楚,余弟录,孙亚彬. 6S实战手册 [M]. 深圳:海天出版社,2004.

[2] (日) 平野裕之,古谷诚. 改变公司面貌的5S [M]. 孙猛译. 北京:北京大学出版社,2004.

[3] 肖智军. 6S活动实战 [M]. 广州:广东经济出版社,2005.

[4] 罗仕文,聂云楚,玄熙平. 6S督导师使用手册 [M]. 深圳:海天出版社,2007.

课后思考

1. 6S管理适用于什么类型的企业?开展6S管理有什么要求?
2. 怎样开展6S管理推进工作?

第十五章 铁路安全知识

本章学习目的

通过本章的学习，了解铁路安全知识，增强铁路交通安全意识，树立自护、自救的观念，形成自护自救意识。

本章内容描述

本章首先介绍了铁路车站行车作业人员安全标准，对车站工作人员的安全标准做了详细的介绍，又对电气化铁路的危险因素、电气化铁路劳动安全通用知识、事故案例分析与采取的防范措施、消防安全知识等内容做了简单的介绍。

本章核心概念

劳动安全是指在生产劳动过程中，防止中毒、车祸、触电、塌陷、爆炸、火灾、坠落、机械外伤等危及劳动者人身安全的事故发生。

第一节 铁路车站行车作业人员安全标准

案例与分析

2001年1月8日9时47分，乌鲁木齐开往喀什的K883次旅客列车（编组13辆，总重689吨，计长28.6）运行至南疆线上新光—下新光间K275+674处（速度54公里/时），重联机车DF41126号及机次第1~11位车辆脱轨，机后第12位车辆脱轨1个台车，脱轨后走行306米。事故造成机车小破1台，车辆小破12辆，钢轨报废3根；无人员伤亡，直接经济损失647086.60元；中断行车55小时50分，构成旅客列车脱轨重大事故。

分析：隧道内整体道床支承块挡肩设计时缺少一排钢筋，长期使用后支承块挡肩突发性断裂（该处位于$R=400$米曲线上），导致线路结构强度减弱，横向承载力严重下降，在轮对横向冲击力作用下，轨道失稳，轨距加大，导致轮对脱轨。此次事故发生前，前行列车司机和车站值班员两次报告列车调度员该处严重晃车，但列车调度员均没有采取有效措施，这是事故发生的主要原因。

铁路车站行车作业人员安全标准规定了铁路车站行车作业人身安全标准，适用于铁道部所属各铁路局的车站和工程局临管铁路的车站。

一、行车作业人身安全通用标准

（1）班前禁止饮酒，班中按规定着装，佩带防护用品。

各种酒类中分别含3%~65%的乙醇。较大量的乙醇可使人手脚震颤，行动笨拙，反应迟钝，自言自语，步履蹒跚。而紧张繁忙的行车工作，要求当班人员头脑清醒，因此车站行车人员一定要严格执行《铁路技术管理规程》第390条的规定："铁路行车有关人员，接班前须充分休息，严禁饮酒，如有违反，应立即停止其工作。"关于"按规定着装及佩带防护用品"，因应全路范围，尚未规定着装防护用品标准，目前暂按各局规定执行。

（2）顺线路走时，应走两线路中间，并注意邻线的机车、车辆和货物装载状态。严禁在道心、枕木头行走，不准脚踏钢轨面、道岔连接杆、尖轨等。

站内线路的线间距最小距离是4600毫米（换装线除外）。扣除机车车辆限界，包括列车标志3600毫米，剩1000毫米。作业人员只能在这1000毫米宽的空间顺线路行走，否则会被机车车辆刮碰。同时，还应注意相邻两线的机车、车辆和货物装载状态，防止装载货物突出，车辆"涨帮"，或被其他突出物碰伤。

在道心、枕木头上行走时，因轨枕和道碴不平，要经常低头看脚下，很少看前方和留意后方，特别是后方溜放或推送车组，声音很小，道心和枕木头均在机车、车辆限界之内，能够直接被刮撞。

钢轨面、道岔连接杆、尖轨等，踏上时都不能保证人体重心稳定，静止时易于滑倒或崴脚，在扳动道岔时更容易将人带倒或把脚夹住。

（3）横越线路时，应一站、二看、三通过，注意左右机车、车辆的动态及脚下有无障碍物。"一站"，一定要站住，并要站在不侵入机车、车辆限界的安全处。"二看"，要左看、右看、下看。看左右有无机车、车辆驶来，看脚下有无绊脚的障碍物，包括地沟等。看清后，再准备横越，即三通过。作业不紧张时容易做到，作业紧张时，容易被忽略。特别是边作业边行走时（如冬季扫雪、清扫道岔等），更要严格执行。

（4）横越停有机车、车辆的线路时，先确认机车、车辆暂不移动，然后在该机车、车辆较远处通过。

严禁在运行的机车、车辆前面抢越。

横越停有机车、车辆的线路时，首先要确认该机车、车辆暂不移动。所谓暂不移动，就是要确认在人横越线路这一段时间内，机车、车辆暂无移动可能。诸如机车启动前鸣笛，推送车辆试拉等动态。在"较远处通过"，究竟多远为好，有的铁路局规定20米，有的铁路局规定10米，有的铁路局规定5米，均无确切的根据。定得远了，影响作业效率，甚至难于执行而流于形式。定得过近，又难以保证安全。通过计算来看，如果机车、车辆以5公里/时（即4米/秒）移动，人通过5500毫米线间距离的路程，也按5公里/时的速度横越，需4秒。这就需距机车、车辆5.6米以上，再考虑到安全距离和意外影响，则距离还要远些。再者，人员素质、地形地物情况、气候条件等均影响横越线路和速度，所以不宜作划一规定，只是在执行中掌握好一定要预留一段安全距离，方可横越。"抢越"是很危险的，如前文所述。横越时必须确认机车、车辆暂不移动。"抢越"是在运行状态中的机车、车辆前抢先越过。这里既不可能看清地面情况，如冰雪、障碍物等，也容易因慌忙而乱手乱脚造成意外。

（5）必须横越列车、车列时，应先确认列车、车列暂不移动，然后由通过台或两车车钩上越过，勿碰开钩销，要注意邻线有无机车、车辆运行；严禁钻车。

日常作业中，经常需要横越列车、车列。横越之前，必须首先确认列车、车列暂不移动，而且执行过程中要比第（4）条要求还严格、认真、一丝不苟。

有通过台的车辆（如守车、罐车、客车等），由通过台越过，没有通过台的车辆须从两车钩上越过，横越时要抓紧踏稳。究竟抓什么，踏哪里，则根据车型不同，人的身材不同而选择牢固的把手和脚踏处。注意不要碰开钩销，否则列车、车列移动时造成拉断软管，列车（车列）分离。

横越时，还需注意邻线有无机车、车辆运行，有时横越时向前一跳，继续向前走，而不注意邻线动态。此类事故时有发生，其后果不堪设想。

钻车是任何时候都要禁止的。无论何种车辆，车底下部距地面的空间很小，即使车钩处也有软管和手制动机等配件。钻车是很困难的，动作也不可能灵活，车辆配件还可能刮住衣服等，这样就要延缓横越时间，一旦列车、车列移动，将无法躲闪。

（6）不准在钢轨上、车底下、枕木头、道心里坐卧或站立。上述地点从作业的人身安全角度看都是险地，均要机车、车辆限界之内。有些铁路局原规定还包括车辆两端、两联连结器下等，本款均以车底下概括之。在这些地点、乘凉、休息、躲避风雨雪都是非常危险的。

（7）严禁扒乘机车、车辆，以车代步。这里讲的"扒乘"，不是指正常作业需要蹬乘机车、车辆，而是指非作业需要搭乘机车、车辆。如扳道员扒乘至扳道地点，车号员扒乘至接车地点，铁鞋制动员扒乘溜放车组至下铁鞋地点等。

"以车代步"时，机车、车辆运行的终点一般不是扒乘人要去的地方，这就容易造成超速上下车。另外，作业时不按时出场、立岗，待机车、车辆已经启动后再慌忙扒车随乘到岗位，"以车代步"就更难以保证安全。

二、接发列车作业人身安全标准

（1）应熟知站内一切行车设备，并随时注意使用情况，如遇设备发生异状或变化时，应及时通知有关人员并采取安全措施。

接发列车作业人员应熟知站内一切行车设备，这是最基本的应知应会知识，也是保证人身安全的基础。

设备发生异状或变化时，一般是发生事故损坏行车设备、施工影响、电气化设备发生故障等对行车作业有影响时，接发列车作业人员，在作业过程中，应随时注意观察、瞭望，发现问题后，及时报告有关人员，并采取相应的安全措施。

（2）接发列车时，必须站在《铁路行车工作细则》规定地点，随时注意邻线机车、车辆动态。

接发列车时，作业人员要站在规定地点，以便于和列车乘务人员联系。《铁路行车工作细则》中规定的地点应设在不侵入机车、车辆限界，并便于瞭望的安全地点。

在线路之间接发列车时，要随时注意邻线的机车、车辆动态。否则，接发车时，只顾监视本列车，而忽视邻线的调车作业、机车出入库等情况，易造成人身伤害。

（3）向机车交递证时，须面向来车方向，交后迅速回到安全位置。

向通过列车递交路票（签、牌），要求动作要快，同时也要准确。此时，必须面对来车方向，掌握好自己站立位置和接路票（签、牌）者之间的距离，既能保证自身安全，又能准确地交递凭证。交递后应立即回到安全位置。这个安全位置一般应是指《铁路行车工作细则》中规定的地点。有人在交递凭证时，精神比较紧张，交后迅速后退，有时退到侵入邻线的位置，又来不及瞭望邻线机车、车辆的动态。这是很危险的，所以在交递后一定要掌握好后退的位置。

(4) 折叠式授受机树起后，必须插好插销，用完后及时恢复定位。接车时站在授受机来车方向的前方。

使用折叠式授受机的车站，作业者应在使用前，熟知设备结构和使用的规定。应注意使用时不要将路签（牌）装反，树起后要把插销插好。使用后及时恢复定位，自动授受机接受臂只有当使用才打开，使用后应放下。车站应经常检查授受机使用状态，保证使用灵活。

使用折叠式授受机时，应站在授受机前方接车，这个前方是指来车方向，授受机与列车之间的位置，以免被传递器或路签（牌）打伤。

三、调车作业人身安全标准

（1）必须熟知调车作业区的技术设备和作业方法，以及接近线路的一切建筑物的形态和距离。

调车作业人员作业时，如不熟悉线路附近的设备，随时可能发生危险。每个车站都应把让调车人员熟悉设备情况和了解发生变化的情况，作为一项必不可少的项目抓好。

调车人员熟悉车站的技术设备和作业方法，是从事调车作业的基础。如股道有效长、容车数、坡度、弯道、道岔定反位，以及接近线路的水鹤、信号机栓、仓库、煤台、房舍等。特别是遇有风、雨、雪、雾等不良天气时，更应注意。

调车作业项目变化大，影响因素多，作业人员只有熟知调车作业方法，才能适应复杂多变的作业，才能与本组内其他人员配合默契，并在发生特殊情况时能采取应变措施。

（2）上下车时必须遵守以下规定。

① 上车时，车速不得超过 15 公里/时。下车时，车速不得超过 20 公里/时。按照惯性运动原理，调车人员上车时，必须使自己顺车跑动的瞬时速度大于当时运行的机车、车辆的速度。一般人快步跑能跟上车时的速度略高于 15 公里/时，即 4 米/秒。车速再高时，人有可能跟不上而出现拖、拉。下车时要沿着机车车辆运行方向顺跑，车速超过 20 公里/时时，落地后的人来不及加快自己的瞬时速度，会造成摔伤。

② 在站台上上下车时，车速不得超过 10 公里/时。在站台上上下车时，因站台面高，作业人员不能用脚蹬上下车，不好掌握平衡，因此要较平地适当降低速度。有些铁路局原定在站台上上下车时，车速不得超过 3 公里/时，考虑实际作业需要，同时根据多年的实践经验，统一定为 10 公里/时。

③ 在路肩窄、路基高的线路上和高度超过 1 米的站台上作业时，必须停车上下。在路肩窄、路基高的线路上进行调车作业时，上下车根本无法助跑。在 1 米的高站台处，脚蹬在高站台下边，如利用扶手上下车极不安全，加上高站台货物堆放距离较近，所以要停车上下。

④ 蹬乘内燃、电力机车作业时，必须在机车停稳时再上下车（设有便于上下车脚蹬的调车机除外）。利用内燃、电力机车作业时，因没有便于调车作业的上下车脚蹬、扶手，因此要求作业时，必须在机车停稳再上下车。

⑤ 上车前应注意脚蹬、车梯、扶手、平车、砂石车的侧板和机车脚踏板的牢固状态。尤其对杂型车辆更须注意，以免脚蹬、车梯、扶手脱焊、扭曲及平车、砂石车侧板搭扣未扣牢，将人摔伤或压伤。

⑥ 不准迎面上车。正确的上车方式，应是调车人员顺车跑的瞬间速度大于车辆当时运行速度，这样才能保证安全，而迎面上车不能助跑，上车时，手脚一齐伸，这样的上车方法，

第十五章 铁路安全知识

只要手脚有一处失误，就有坠车的危险。

⑦不准反面上下车（牵出时最后一辆除外）。调车作业中，调车司机只凭调车长的信号显示行进或停车，调车人员应在调车长一边，正确及时地显示信号。调车长还要负责调车人员的人身安全，如在反面上下车，万一发生问题，调车长无法照顾，也不便于显示，所以不准反面上下车。牵出时待最后拿车提钩人员给牵出信号后，确认车辆全部起动，再跑一个车远上车。如确有困难，允许牵出时最后一辆除外。

⑧上下车时，要选好地点，注意地面障碍物。上下车时必须注意地面状况是否平坦，有无障碍，如拉杆、导线、警冲标、制动铁鞋、弹簧握柄、道岔表示器、信号机柱等脚下障碍物以及北方冬季的冰雪，以防滑倒、绊倒、摔伤。

（3）在车列、车辆走行中禁止的行为。

①在车钩上，要平车、砂石车的边端或端板支架上坐立。在车列、车辆走行中，特别是牵出运行时，随时有加减速或停车的可能，人在车钩上及平车、砂石车的边端或端板支架上坐立，容易从车上摔下或挤伤。

②在棚车顶或装载超出车帮的货物上站立或走行。在车列、车辆走行中，经常出现加减速、停车或经过道岔、弯道时左右摇摆，在棚车车顶或装载超出车帮的货物上站立或走行，随时有被摔下的可能以及被上部建筑刮下的危险。

③手抓篷布或捆绑货物的绳索，脚蹬轴箱或平车鱼腹形侧梁。在车列、车辆走行中手抓篷布或捆绑货物的绳索，万一捆绑不牢或折断，人就会摔下致伤。脚蹬轴箱或平车鱼腹形侧梁时，轴箱盖上有油脚容易滑下；鱼腹形侧梁边较窄，平车面上又无扶手，人身安全无保障。

④在车梯上探身过远，或经站台时站在低于站台的车梯上。在车梯上探身过远，经过信号机、水鹤、仓库、煤台等处，容易造成挤伤或被刮下，经过站台时，因站台距线路中心线1750～1850毫米，而机车、车辆限界一侧为1600毫米（不含列车标志）。这样，车轴与站台的间隙只有150～250毫米。如果作业时，站在低于站台的车梯上，将被挤伤。

⑤在装载易于窜运货物的车辆间和货物空隙间站立或坐卧。在装载易于窜动货物的车辆间和货物空隙间站立或坐卧，如减加速或连挂冲撞，容易造成货物窜动或倒塌，将人挤伤或被货物砸伤。

⑥骑坐车帮。车辆术语中的侧墙和端墙，车站行车人员惯称"车帮"。一般在取送作业或牵出距离较远时，少数人偷闲，骑坐在车帮上，运行中，如有加减速、停车或经过道岔区摆动时，因无扶手，极易摔下。

⑦跨越车辆（使用对口闸除外）。车列、车辆运行中，跨越车辆，一旦失足，人将会从两车钩间摔下。遇到司机撂闸或经过道岔处左右摇摆，也容易摔下。使用对口闸时需跨越，应先抓牢对方闸盘后，方可跨越。

⑧两人及以上站在同一闸台、车梯及机车一侧踏板上。闸台面积较小，两人同站一闸台拧闸时，既不好用力，又站立不稳。车梯及机车一侧踏板上，不能两人站立，应分散在脚踏板的两端，不要接近车钩，以防一旦发现前方有危及安全的情况时，下车不及。

⑨进入线路提钩，摘管或调整钩位。作业中遇钩提不开、风管未摘，或钩位不正、钩销不良等情况时，应停车处理。在运行中，作业人员边走边进行上述作业是极危险的行为。因为一方面要处理车钩或风管，另一方面还要注意脚下障碍物或冰雪，往往顾此失彼，一旦失

足,便有伤亡之危险。

(4) 手推调车时,必须在车辆两侧进行,并注意脚下有无障碍物。手推调车时,推车人员应在车辆两侧进行,不得立于两钢轨之间。立于线路中间推车,道碴枕木高低不平,容易将人摔倒。在车辆两侧进行,也应注意脚下有无障碍物,以防绊倒。

(5) 在电化区段,接触网未停电、未接地的情况下禁止到车顶上调车作业。在带电的接触网线路上调车时,禁止蹬上棚车(在区间和中间站禁止蹬上敞车)使用手制动机。编组、区段站在接触网高度为6.2米及其以上的线路上准许使用敞车手制动机时不能站在高于闸台的车梯或货物上。

接触网带电部分有25千伏的高压电,为保证人身安全应保持2米以上的安全距离,以防触电。接触网导线有最大弛度时,距离的最低高度,编组站、区段站为6.2米,区间和中间站只有5.7米。根据我国铁路各种货车手制动踏板台的高度,再加上要保持2米的安全距离,所以在带电接触网的线路上进行调车作业时,就要作一些限制。编组站、区段站禁止使用棚车上的手闸;在敞车上使用手闸制动时,不准踏在高于手制动机踏板台的车帮上或货物上拧闸;在区间和中间站上,棚车和敞车上的手闸都禁止使用。只有这样,才能保证调车作业人员安全。

(6) 去专用线或货物线调车作业,须事先指派专人检查线路有无障碍物,大门开启状态及线路两侧货物堆放情况;事先派人检查有困难时,应在《铁路行车工作细则》中规定检查确认办法。

为了保证作业安全,去专用线或货物线调车作业时,须事先指派专人检查线路,掌握薄弱环节。如经过无人看守的道口、道岔要注意瞭望,提高警惕,检查有无障碍物;检查大门开启状态,装卸的货物是否侵入限界,夜间作业没有照明,地形条件复杂等因素,更应特别注意。如事先派人检查有困难(专用线走行距离太远),应在《铁路行车工作细则》中规定检查确认办法。例如,采取以遇到情况随时可以停车的速度运行、边走边检查等方法。

(7) 带风作业时,必须执行一关(关折角塞门)、二摘(摘风管)、三提钩的作业程序。

带风作业时,必须"一关前、二关后(即关闭折角塞门)、三摘风管、四提钩"的程序,以防因未关闭折角塞门而摘风管时,由于风压冲击,使风管剧烈摆动,将人打伤。

(8) 摘接风管、调整钩位、处理钩销时必须等列车、车列停妥,并得到调车长的回示,昼间由调车长防护,夜间必须向调车长显示停车信号。

需要摘接风管、调整钩位、处理钩销时,都须进入两车间进行,危险性较大,运行中进行处理更容易出事,因此必须等车辆确已停妥,并向调车长显示停车信号,确认调车长已进行防护[昼间由调车长防护(红旗),夜间必须向调车长显示停车信号(红灯)],以免误动,危及人身安全。

(9) 调整钩位、处理钩销时,不要探身到两钩之间。对平车、砂石车、罐车、客车及特种车辆,应特别注意端板支架、缓冲器、风挡及货物装载状态。

调整钩位,处理钩销,必须停车。调整后再进行连挂。连挂车辆时不准探身至两车钩之间。对于平车、砂石车、罐车等车辆,连挂时更应注意端板支架、缓冲器及货物装载状况。对客车及特种用途车,连挂时应注意风挡、渡板等,以免被挤伤。

(10) 溜放调车作业应站在车梯上,一手抓牢车梯,一手提钩,不准用脚提钩或跟车边跑边提钩(驼峰调车作业除外),严禁在车列走行中抢越线路去反面提钩。

溜放调车作业时，起速快，要求提钩时机准确，所以要求一手抓牢车梯，另一手提钩。不准用脚提钩（钩不易提开）或跟车边跑边提钩。遇提不开时，严禁在车列走行中抢越线路去反面提钩，以防脚下障碍，将人绊倒。

(11) 车辆运行中，使用手制动机时，必须使用安全带。要做到"上车先挂钩"、"下车先摘钩"。不能使用安全带的车辆，如平车、矿石车、罐车、守车等，作业时必须选好站立地点。

使用手制动机时，要带好安全带，做到"上车先挂钩、下车先摘钩"。闸盘上危险性大，松闸时，由于手闸回弹力较大，易将双手甩脱。运行中，司机撂闸或连挂时冲撞，如不挂安全带容易将人摔下。平车、砂石车使用手制动机时，不能挂安全带，因闸杆位置低，安全带不起作用，必须站在车内制动。如装载窜动货物必须有安全距离，要稳妥连挂或不得连挂，才能保证安全。罐车、守车等虽有通过台，也要选好站立地点。

(12) 严禁使用折角塞门放风制动。运行中使用折角塞门放风制动，往往制动力大，产生冲动；而使用放风阀时，作业人员无牢靠的站立地点，容易摔下。严重的还可能造成车轮擦伤及将车钩拉断等情况。停留车采用放风制动时，副风缸内的余风，容易泄漏。停留时间稍长起不到制动作用，容易造成车辆下溜。

(13) 使用铁鞋制动时，应背向来车方向，严禁徒手使用铁鞋，并注意车辆、货物状况和邻线机车、车辆的动态。严禁带铁鞋叉上车。

使用铁鞋制动时，应背对来车方向，禁止反手持叉下鞋，以免车辆撞击铁鞋叉的把手造成人身事故。严禁徒手使用铁鞋，以免挤伤手指或碰伤头部。应注意车辆及货物的装载状态，留心邻线机车车辆的行动，以免发生危险。严禁带铁鞋叉上车，因为带叉上车容易绊住人。另外，铁鞋制动要求提前上岗，不准以车代步。

(14) 单机或牵引运行时，严禁在机车前后端坐卧。

单机或牵引运行时，前方进路的确认由机车司机负责，调车人员严禁在机车前后端坐卧，一则夜间易造成昏昏欲睡，二则一旦遇到意外情况，如道口交通肇事等，来不及下车。

(15) 使用折叠式手闸，须在停车时竖起闸杆，确认方套落下，月牙板关好，插销插上后方可使用。

车辆运行中做准备工作困难较大，动作危险，时间短。因此，使用折叠式手闸应在停车中做好准备，将闸杆竖起固定，检查方套铁、月牙板、插销是否良好（如有异状，禁止使用），将方套落下，月牙板关好，插上插销方可试闸，以免使用时手闸歪倒，将手挤伤，或连人从车上摔下。

(16) 作业中严禁吸烟。

调车作业中吸烟不安全，易于造成火灾。作业中吸烟，风吹烟灰迷眼、烧嘴，容易造成信号瞭望中断、错提、撞车等。对人身安全危害更大的是，如看不清上、下车地点，选择位置不当等而被摔伤。

四、扳道（清扫）作业人身安全标准

(1) 接发列车时，必须站在《铁路行车工作细则》规定的地点。随时注意邻线机车、车辆动态。

(2) 在扳道作业时，应遵守扳道作业方法。除因作业必须进入道心外，均应站在安全

地点。

在扳道作业时,应遵守扳道作业方法,除了执行"一看、二扳、三确认、四显示",以及《接发列车作业标准》规定的"眼看、手指、口呼"之外,还要注意扳道时的站立地点,掌握好用力的方向和大小,防止用力过猛甩脱,或使用弹簧道岔因站立地点不适当把脚砸伤。

"除因作业需要"系指在检查道岔无联锁对道等作业时,方可进入道心。

(3) 清扫道岔前应得到车站值班员或有关人员的同意,清扫电气集中道岔或联动道岔,必要时,应先将安全木楔置于尖轨与基本轨之间。清扫后及时将清扫工具撤除,并向车站值班员或有关人员报告。

清扫道岔之前要与车站值班员或有关人员联系,以便了解列车到发、调车作业等情况。在征得同意后方可进行清扫。

清扫电气集中道岔或联动道岔如果需要直接用手擦垫板或涂油等作业,必须使用安全木楔,防止道岔扳动时将手夹伤。清扫完毕必须及时将安全木楔撤除。否则会影响排列进路,延误作业。

(4) 在臂板信号机上更换灯泡、摘挂油灯、调整灯光时、必须使用安全带。上述工作均属高空作业,一定要挂好安全带之后,才能作业。

第二节 电气化铁路的危险因素

案例与分析

1973 年 12 月 23 日,××供电段大修队在××车站下锚处利用绝缘挂梯带电调整锚支吊弦。由于锚支接触线较高,挂梯挂好后人在地面不好扶。接触网工甲便上到车站围墙,蹲在墙上扶着梯子。当操作人乙由挂梯上网接近接触线时,扶梯人甲突然从围墙上站起,与乙共同短接了绝缘挂梯有效绝缘部分。甲乙两人接触电后均撒不开手。地面接触网工丙看到后,急忙跑回绝缘挂梯,想拉开绝缘挂梯救人。但人未到绝缘挂梯跟前,丙突然大叫一声触电倒地死亡。

分析:

(1) 甲蹲在围墙上扶绝缘挂梯,这一严重违章行为是导致事故发生的直接原因。因为蹲在围墙上扶挂梯,肯定会接触绝缘挂梯一定的有效绝缘长度;当甲蹲累了突然站起来时,便将绝缘挂梯的有效绝缘部分短接,而乙又未到网上,乙与接触网、甲与乙间空气间隙击穿放电,电流入地。

(2) 丙缺乏对跨步电压的危险性认识,盲目进入危险区域拉挂梯被跨步电压将其击倒致死。作业人员缺乏绝缘梯车有效绝缘长度安全知识和缺乏跨步电压安全知识。我们知道,电气设备碰壳或接触网接地短路后,变电所开关因故未跳,电流从接地点四散流出,在地面上形成不同的电位分布。人在走近短路地点时,两脚之间便会产生电位差,称为跨步电压。当跨步电压达到 40~50V 时,将使人有触电的危险。特别是跨步电压使人摔倒后进而增加人体的触电电压,从而使人发生触电死亡。当接触网短路后,接触网工和其他作业人员首先要进行防护,任何人员不得接近接地点;其次要尽快向调度报告,及时切断电源,消除对人身安全的威胁。

1961年8月，位于宝成线宝鸡至凤州段全长93公里的我国第一条电气化铁路正式通车，由于电力机车的功率比蒸汽机车和内燃机车明显增大，用其牵引的列车承载重量高，运行速度快，爬坡能力强，安全性能好，既综合利用了资源，又保护了自然环境，还改善了劳动条件，具有蒸汽机车和内燃机车均不具备的优越性，现已逐步发展成为铁路运输的主要牵引力。

20世纪80年代以来，我国的电气化铁路得到迅速发展。1992年，第一条以运煤为主开行万吨重载单元列车的大秦双线电气化铁路的开通，标志着我国电气化铁路技术装备已经接近或达到国际化先进水平。1998年，第一条时速200公里的高速铁路——广深电气化铁路的开通。2007年，铁路第六次大面积提速，时速200公里的动车组大面积上线开行，标志着我国电气化铁路开始进入高速发展的新时期。目前，我国的电气化铁路总里程已经超过48000公里，跃居世界前列。

毫无疑问，我国电气化铁路的高速发展，对提高铁路运输装备的科技含量，增强铁路运输企业的综合实力，缓解铁路运输能力的紧张状况，改善从业人员的劳动条件，产生了积极的作用。毋庸讳言，由于电气化设备高压带电危险大、作业防护难、列车运行速度高，从业人员在电气化区域施工作业主要面临以下危险因素。

一、触电伤害

我国电气化铁路采用单相工频交流制供电，架设在铁路线路上空的接触网通常带有25kV以上电压，任何人、任何物体接触或接近接触网及带电部分，都有发生触电或放电起火的危险，直接威胁从业人员的劳动安全。我国自第一条电气化铁路开通以来，从业人员因违反操作规程和违反劳动纪律导致的触电伤亡事故已达上百起。

二、高处坠落伤害

电气化铁路的接触网和电力机车的受电弓等设备，都是室外露天设置的设备，常年处于风吹、日晒、雨淋的自然环境。为了确保电气化铁路的安全运行，从业人员必须按照规定或现场实际需要，及时对接触网、受电弓等电气化设施设备进行保养和检修。由于接触网、受电弓等设备距离钢轨轨面的高度均在4米以上，其中接触网一般在6米左右，最低也在5.330米以上，最高可达6.5米。所以，从业人员在对接触网、受电弓等电气化设施设备进行保养和检修时，不仅面临着触电伤害的危险因素，同时也面临着高处坠落伤害的危险因素。

三、机车车辆伤害

与蒸汽机车和内燃机车相比，电力机车的功率明显增大，用其牵引的列车承载重量重，爬坡能力强，运行速度快，正在被越来越多的国家所采用。目前，国外不少国家客运电力机车的运行时速通常已达200公里，最高时速可达500公里以上；我国生产的CRH动车组和SS8型客运电力机车的最高时速也已达到380公里和240公里。电力机车的优势在山区铁路尤其是长大坡道区段更为明显。根据我国铁路的运营经验，三类牵引机车在6‰坡度的双线自动闭塞区段的年输送能力分别为：蒸汽机车1800万吨，内燃机车3702万吨，电力机车

5600万吨。电力机车的广泛应用，对于缓解我国铁路运输紧张的状况起到了积极作用，但同时也因为电力机车牵引的列车运行速度快，区间通过密度高，特别是时速250公里动车组的开行，对电气化铁路施工和设备检查、保养维修的从业人员的劳动安全构成了潜在的危险因素，极易导致机车车辆伤害事故的发生。

第三节　电气化铁路劳动安全通用知识

案例与分析

2006年2月14日8时28分，中铁××局电气化工程有限公司沪杭铁路电气化工程项目部××作业队，在沪杭线K179+100处进行接触网调线作业过程中，一名劳务工未挂安全带向接触网腕臂处移动时失稳滑坠侵线并将身体倒挂侵线，他先后被通过的N537次客车车厢上部及空调机顶盖碰撞，当场死亡。

分析：

（1）作业人员不挂安全带和系安全带不规范，遇意外情况时安全带未起到应有的保护作用而导致本次事故的发生。

（2）施工单位在铁路营业线电气化施工作业中安全管理不到位，防护人员资质不合格，防护措施不落实，执行作业标准不严格。

（3）安全培训不规范以及建设单位安全监管不力。

对于每一名从业人员来说，要确保在设备高压带电、高空维修作业、列车高速运行情形下的劳动安全，就必须首先掌握电气化铁路劳动安全的基础知识和基本要求，并自觉地遵照执行。

一、接触网接电的规定

《电气化铁路有关人员电气安全规则》第五条规定：新建的电气化铁路在接触网接电的15天前，铁路局要把接电日期用书面通知铁路内外各有关单位。各单位在接到通知后，要立即转告所属有关人员。自接触网设备第一次受电开始，在未办理停电地手续之前，所有单位、部门及人员均须按有电对待。

二、保持安全距离的规定

为了防止人体触及或接近带电体造成触电伤害，避免车辆及其他工具过分接近带电体造成过电压放电、火灾和各种短路事故，在带电体与地面之间、带电体与其他设备之间、带电体与带电体之间均应保持一定的安全距离。

在电气化铁路的下列设备、部件下，通常或可能带有25kV的高压电：

（1）接触网及其相连接的部件，包括导线、承力索。

（2）电力机车主变压器的一次侧。

（3）当接触网的绝缘失效且未装接地线或接地线不良时，接触网支柱及其金属结构上、回流线与钢轨的连接点上都可能带有高压电。

因此，为保证电气化铁路的劳动安全，从业人员必须与高压带电体保持2米以上的安全距离，不得直接或通过任何物件间接地与上述设备接触。在距接触网带电部分不足 2 米的建筑物上作业前，接触网必须先办理停电接地。

三、发现接触网断线时的处理

当遇接触网断线或接触网上挂有线头、绳索等物件时，应立即通知或设法转告接触网工区或电力调度员；在接触网检修人员达到以前，应在接触网断线处所 10 米以外进行防护，防止其他人员进入断线处所。

因为接触网的断线、接触网上悬挂垂落的线头和绳索等物件，很可能由于接触导电体而发生接地故障，如果此时变电所的断路器未跳闸，就会产生接地电流。显然，距离接地处所越近，电压就越大，对人身安全的威胁也越严重。

当接触网的断线侵入建筑界限时，为了确保行车及从业人员和旅客的安全，应立即向列车开来方向发出停车信号：昼间——展开红色信号旗，无红色信号旗时，两臂高举头上向两侧急剧摇动；夜间——红色灯光，无红色灯光时，白色灯光上下急剧摇动。

四、车辆和行人通过道口的规定

新建电气化铁路在接触网送电前，施工、建设单位必须按规定设置道口界限门。

机动车和畜力车通过电气化铁路平交路口时，从地面算起，其装载的货物高度不得超过 5 米或触动道口界限门的活动横板吊链。否则，禁止通过或按规定降低装载的货物高度后方可放行。

从地面算起，装载货物高度超过 2 米的车辆通过电气化铁路平交道口时，随车人员须下车步行，待车辆通过道口后再上车乘坐；不得置身于货物之上随车辆通过道口。

当行人持有木棒、竹竿、彩旗和长鞭等高长物件通过道口时，不得高举挥动，须使上述物件保持水平状态通过道口，以免触碰带电体造成伤亡。

道口所在的供电单位，要在道口双面界限门右侧杆子上，设有上述规定内容的揭示牌并保持完好。

五、跨线桥上的安全注意事项

由于在接触网上方跨越的各种桥梁距离带电部分较近，为了屏蔽感应电流，防止造成人身伤害，一般设有防护栅网。桥上人员不得触摸或用物件穿捅防护栅网，不得向桥下抛掷金属线、绳索、卷尺等物品和倾洒液体。

六、电气化铁路附近灭火的安全常识

接触网附近发生火灾时，要立即报告或设法转报列车调度员、电力调度员或接触网工区值班人员。

用沙土灭火时必须位于接触网 2 米以外；用水或一般灭火器浇灭距离接触网不足 4 米时可在不停电的情况下灭火，但不得将水流向接触网方向喷射；利用消防车灭火时，消防人员和消防器材必须与接触网带电部分保持 2 米以上的距离。

七、配备劳动防护用品的规定

有关单位必须为从业人员配备符合国家标准或行业标准的劳动防护用品和生产作业工

具，建立健全劳动防护用品的采购、验收、发放、使用、报废制度，对绝缘防护用品按规定进行检测试验；从业人员在生产作业中，必须按规定佩戴和使用劳动防护用品。

八、警示标志的设置和遵守

在内燃机车、电力机车、轨道车以及所有进入电气化铁路作业的动车、客车车辆上可以攀登到车顶的车窗、梯子和通往走台板的前门等处，必须明显地涂有"接触网有电、禁止攀登"等警告标语；在接触网支柱等电气化铁路的危险设施、设备及区域和站内的牵引供电设备、行人较多的区间牵引供电设备以及有关安全挡板和细孔栅栏上，涂刷或设置"高压危险"、"禁止攀登"、"切勿靠近"等警示标志。

从业人员除严格按照警告标语、警示标志规范和约束自己的行为外，还应尽到维护警告标语，警示标志齐全完好和督促路外人员遵照执行的责任。

九、安全培训的基本要求

电气化铁路区段以及有从业人员进入电气化铁路区段从事运输生产经营活动的各单位各部门，必须在电气化铁路开通运营前，根据《电气化铁路有关人员电气安全规则》、《铁路技术管理规程》和《行车组织规则》等规章制度，结合各自的具体情况，细化保证人生安全和作业安全的措施，并组织全员培训、考试，经考试合格后方准持证上岗。上岗前的培训、考试应涵盖从业人员作业全过程中涉及劳动安全的应知应会内容，考试试卷要存入本人安全教育档案。电气化铁路开通运营后，每年仍须进行一次电气化劳动安全知识考试。

电气化铁路劳动安全的应知应会内容要纳入三级安全教育，对初到电气化铁路区段工作的人员，必须按照上述规定考试合格后，方准单独作业。

有关单位必须对使用的临时性和季节性用工以及路外承包施工队伍等从业人员组织全员培训、考试，经考试合格后方准在正式职工的带领下上岗作业。

第四节　事故案例分析与采取的防范措施

案例与分析

1980年8月11日，某接触网工区在工作领导人甲的带领下，前往××车站14号支柱处处理断杆事故。作业程序为先立一座临时铁塔，将14号支柱的设备倒入临时铁塔，恢复供电行车。立铁塔人员两人拉铁塔后绳，两人拉左绳，乙与丙拉右绳，两人负责根基稳固，14人拉滑轮组大绳。在甲的指挥下，铁塔一端很快升起，快到与地面呈45°角时，铁塔向右边倒下，丙见铁塔倒向自己赶紧跑开，由于逃生路线与铁塔倒下的方向相同，铁塔落地将丙右小腿砸成粉碎性骨折。

分析： 滑轮组在铁塔上的受力点与钢轨的受力点连线不是在铁塔的中心线上，而是右偏。铁塔离开地面后，滑轮组14人一齐用力，铁塔头部向右倾斜而倒下。究其原因，一是偏角大，二是抢修心切，只顾拉绳，没有观察铁塔倾斜情况，待工作领导人发现后喊停时为时已晚。人工立铁塔是事故抢修中经常实施的作业项目。立铁塔时必须注意以下四点：一是滑轮组在铁塔上的受力点与钢轨上的受力点连线不在铁塔的中心线上，斜向一边，中心线与实际边线间有夹角；二是主拉人（即将铁塔拉起的人）不观察铁塔起来后的情况，一味猛拉绳子；三是铁塔根部滑动；四是工作领导人指挥不当。立临时铁塔时，工作领导人既要做好分工，又要讲清注意事项。尤其要告诫拉铁塔的人员要边拉边观察铁塔起升情况，拉时速度要慢，若发现铁塔倾斜，可平稳放下。工作领导人要检查铁塔所挂轮滑的受力点和钢轨上滑轮的受力点，两滑轮组的绳索受力后所成直线的垂直投影一定要与铁塔中心线相吻合。

接触网是沿铁路线上方架设，距钢轨轨面一般为5.3～6.3米，电压27.5kV（瞬时最大值为29kV，最低20kV，非正常情况不得低于19kV）；变电所电压等级为110、27.5kV及380/220V。这就决定了电气化区段作业人员，从事工作处在高电压、高空及列车高速度运行的危险环境之中，工作的危险性较大，触电伤害事故的比率也相对较高。选取近些年突出的触电死亡事故案例，分析事故原因，提出防范措施，对于防止类似事故重复发生，具有十分重要意义。

一、网下冒险上车顶，惨遭点击丢性命

1. 事故概况

2006年10月25日9时18分，××车辆段××运用车间上部整修组检车员刘××同检车员甲和熔接工乙，在××客整场6道对停放的临修车YZ25B342674茶炉漏水故障进行施修。由于该茶炉腐蚀严重，需拆卸进行处理，因此，三人拉一辆平板车前往。到达该车位置后，在对该车茶炉进行拆卸的过程中，刘××登上车顶查看茶炉烟囱并准备拆卸时，被接触网电击死亡。

2. 事故原因

（1）检车员刘××自我保护意识不强，安全预想不到位，在对停放客整场6道（接触网线路）上的车辆整修作业中，违反了《电气化铁路有关人员电气安全规则》第三十条"电气化铁路上的各种车辆，当接触网停电并接地以前，禁止攀登到车顶上，或在车顶上进行任何作业"的规定，攀上车顶进行烟筒帽拆卸作业，是导致事故发生的直接原因。

（2）××电化局××公司承建的××客整场6、7道电化改造，收尾工程拖沓，缺陷整改不到位，在交接与开通使用的衔接上缺乏安全控制，管理上出现空当，未能及时办理交接手续。××车辆段与施工单位沟通、协调不力；在该接触网线路上整备客车作业，未能建立健全相应的安全管理制度和控制措施；现场作业未能落实安全联防控制度措施。以上是造成这起事故的间接原因。

3. 教训与措施

（1）劳动安全意识淡薄，抓安全问题不敏感。由于工程过渡期长，有关领导和管理人员思想上产生懈怠，放松了管理，段和车间的安全卡控措施未落到实处。

（2）专业管理有差距。××车辆段技术主管部门对运用车间唯一的两股接触网线检查监督不够，卡控不到位。车辆处对工程的遗留问题没有从专业管理的角度进一步加强沟通、协调，工程竣工交接工作迟迟未能到位。

（3）安全关键环节管理薄弱。电气化开通后，偏重于对客列检核乘务员的安全教育，放松了对库内作业人员的安全教育和预想工作。各级单位对《行车组织规则》、《车辆作业人身安全标准》学习不深不透，在没有完善断电、验电、接地线、报警灯装备时，在该整备线上作业，向职工仅仅做了"不管接触网带不带电，不准在6、7道等车顶检修作业"的口头要

求，未能建立相应的安全管理制度和作业现场控制措施。

（4）强化电气化条件下劳动安全措施的审查和落实，尤其是工程交验过程中，应制订相应的安全卡控措施。

二、盲目指挥拆地线，他人命丧感应电

1. 事故概况

2006年8月23日，××供电段××接触网工区按计划在汉西—汉阳上行区间12～20号间进行更换正馈线作业。12时56分，电力调度员发布859号停电命令（限定完成时间为13时37分），当作业进行到13时40分时，因作业未完成，该班工作领导人、工长谢××要求延点。13时46分，工长谢××在未确认作业区域上方作业人员已撤至安全地带的情况下，违章指挥，通知接地线人员撤出接地线。13时47分，地面作业人员陈××发现18号支柱的AP肩架上还有一根铁丝套子，就提醒正从18号支柱上向下撤离的高空作业人员黄××（男，29岁）AP肩架上还有铁丝套子，黄××在摘除铁丝套子时，遭感应电电击，经送医院抢救无效，于当日21时10分死亡。

2. 事故原因

（1）工长谢××违反铁道部《接触网安全工作规程》（铁运〔1999〕102号）第48条关于"作业人员、机具、材料撤至安全地带，方能拆除接地线"的规定，在黄××还未从接触网支柱下来时，盲目通知拆除底线，造成黄××在18号支柱处用左手取AP肩架上的铁丝套子时，触及保护线，被感应电电击死亡。

（2）黄××在作业中未按分工要求完成应有的作业内容，未及时取下铁丝套子，摘取铁丝套子时未确认地线是否接地。

3. 教训与措施

（1）作业标准不落实。工作领导人未严格执行标准化作业程序，违章蛮干。没有认真确认作业人员是否完全撤出安全地带，盲目通知撤出地线；作业人员安全意识不强，不按要求作业。

（2）干部把关制度不落实。车间主要负责人安全管理失职，未按三级施工负责制的要求亲自到现场把关，指派不具备电力专业资质的人员跟班盯控。

（3）现场管理失控。盯岗人员未有效发挥作用，没有对作业中的安全重点环节实行有效盯控，在未确认接地线是否拆除的情况下，要求高空作业人员黄××收回铁丝套子，间接引发了这起事故。

（4）施工组织不严。工作领导人对施工预想不充分，造成作业延点，收尾工作匆忙，给施工安全留下隐患。

施工作业单位要落实安全管理责任，强化现场作业控制，切实加强对工长、工作领导人、监护人、工作票签发人的管理。强化安全技能培训教育，提高专业防护技能，增强安全责任意识和作业现场卡控能力。

三、违规设置接地线，灾祸来自感应电

1. 事故概况

2006年6月22日9时00分，××供电段××电力工区工长宋××和解××前往变电站联系停电，处理××配电所二电源10kV线路30号隔离开关杆A项设备线夹断裂故障，同

时安排杨××在工区准备材料。12时30分两人返回工区准备工作。工长宋××签发了6-17号安全工作命令，计划在6月22日15~18时作业。15时35分，工作组员杨××开始登杆，在30号杆两侧分别检电，验明无电后，现在30号隔离开关杆靠29号杆侧设1号接地线1组，然后闭合30号隔离开关。16时左右，宋××开始登杆，此时杨××已坐在B、C相之间隔离开关横担托架上，扎好了安全带。16时10分左右，同组张××看到杨××左手触及靠029号杆隔离开关引线，同时喊了一声"啊，有感应电。"宋××随即呼叫并摇晃杨××无反应。18时20分，杨××经抢救无效死亡。

2. 事故原因

（1）站区线路中有一段长36公里的线路与接触网平行，平行距离30米，为线路主要感应电来源。

（2）在处理缺陷时虽然隔离开关处于合位，但一侧接地或接地不良时，由于A相线夹断裂有断开点，不能有效地防止感应电。

（3）作业组在作业过程中，采取的安全措施不当，违反接地封线的有关规定，没有有效地防止感应电对作业人员的侵害，造成触电死亡事故。

3. 教训与措施

（1）作业准备不充分。工长宋××没有按照《铁路电力安全工作规程》第9条规定在高压架空线路和高压电缆线路上停电作业，应签发停电工作票，而以安全工作命令记录代替了工作票，且在作业中多次去配电所借用工具。

（2）安全措施不到位。违反《铁路电力安全工作规程》第42条规定，所加接地封线没有有效地防止感应电压。违反《铁路电力安全工作规程》第39条规定，检电未认真进行，未按规定使用绝缘用品。

（3）安全监护不到位。在作业过程中，工作执行人解××多次离开现场去拿材料、工具，未在现场监控。

（4）环境监控不到位。雨天在架空线路上作业，没有按照《铁路电力安全工作规程》第28条的规定及时采取安全措施或停止作业。

（5）监护干部未认真履行管理职责。现场跟班作业干部车间副主任张××在作业中取代工作执行人解××职责，违章指挥，且对作业环节未实施有效监护，救治过程组织不力。

供电电力系统要结合专业特点，认真落实预防高空坠落和预防触电伤害事故的规章制度，深入查找人身安全的薄弱环节，制定切实可行的作业现场安全卡控措施。

四、臆测停电攀支柱，不幸走向不归路

1. 事故概况

2006年4月8日，××段集经公司施工队配合××工务机械段进行大型机械化养路作业。施工队共9人，作业现场负责人张××，随大机进行接触网测量及停电调整作业。大型机械化养路作业开始时间约为10时30分，计划到13时40分结束，接触网计划停电时间为11时40分~13时10分。在随大机测量到19号接触网支柱处时，测量人员房××测量完该处定位拉出值后，称测量的拉出值为260毫米，超标（设计值200毫米）。同组侯××和陈××随后进行复测。11时15分，当正调整光学测量仪测量时，忽然发现身后电光一闪，发现房××已掉在19号接触网支柱下，后经抢救无效死亡。

2. 事故原因

在4月8日作业过程中，大型机械化养路作业开始时间为10时30分，计划到13时40分结束，而接触网计划停电时间为11时40分～13时10分，发生触电的时间是11时15分，按照计划，距接触网开始停电的时间大约还有25分钟，此时接触网未停电，负责人侯××还未接到"已经停电，可以进行接触网调整作业"的命令，也未通知作业人房××可以上网进行作业，房××臆测行事，在没有得到可以上网作业命令，接触网未停电的情况下，误认为接触网已经停电，擅自攀上接触网支柱造成触电。

3. 教训与措施

（1）现场基本作业制度落实不到位，互控、他控不落实。作业人员房××测量完19号定位后，报告侯××拉出值超标，陈××、侯××随即蹲下进行复测，未能及时发现房××的异常举动及时进行制止。

（2）班组安全管理存在漏洞，作业前安全预想不充分。

（3）忽视小型辅助作业，思想麻痹。生产力布局调整后，大型施工比较多，认为一般的测量、调整作业属于小型简单作业，在一段配合时间后，轻车熟路，而忽视了互控自控。

事故单位要组织开展人身安全专项检查活动，加强多经系统作业人员培训和管理。从停电作业工作票、安全预想、人员分工、作业监护、现场作业监控等多方面入手，重点对车间、班组进行全面检查，抓好基本作业制度的落实，加强多经系统作业人员的培训，切实增强和提高作业人员自我保护意识和专业技能。

五、接触网断电未确认，登顶触电成遗恨

1. 事故概况

2006年元月3日，××机务段××运用车间李××、张××值乘SS1-421号机车，18时32分到达××站3场，20时40分入库，21时55分在库内2道整备作业时，司机李××在未确认隔离关分闸、接触网断电的情况下，登上机车顶部作业时触电身亡。

2. 事故原因

（1）值乘司机李××在整备作业时未确认隔离开关分闸、接触网断电的情况下，盲目用钥匙打开机车车顶部天窗，蹬上机车顶部作业，时造成事故的直接原因。

（2）××整备车间当班隔离开关监护员未遵守隔离开关操作规程，将隔离开关备品箱钥匙和机车顶部天窗钥匙交与司机，又没有出场进行监控，严重失职，是造成这起事故的重要原因。

3. 教训与措施

（1）安全管理失控。××机务段对长交路机车作业方式和环境产生的新变化、新问题安全预想不够，没有研究制定具体的安全措施；日常对关键处所、关键岗位、关键作业缺乏有效的监管监控，尤其是对隔离开关操作员、监护人员、受电弓检查人员有章不循、有禁不止行为督促和制止不力。

（2）安全教育失效。一是事故责任人员和相关负责人员对操作隔离开关基本安全制度和程序不熟。二是日常安全培训教育和考试流于形式。三是生产力布局调整后，长交路机车作业方式和环境发生变化，有针对性的安全培训和教育未能及时跟上。

事故单位要强化安全教育和现场关键作业环节卡控，认真落实铁道部《电气化铁路有关人员电气安全规则》，认真排查事故隐患，建立健全各项安全防范措施。

六、地线虚接未发现，作业违章招祸端

1. 事故概况

2005年9月12日，××供电段××接触网工区网二工区，在长大线上行进行接触网维修作业。维修作业分两个作业小组同时进行。第二组5名工作人员在南关岭—周水子进行区间维修作业。12时16分停电，12时21分铁路局行调下达封锁命令。12时55分，两个作业组分别进行验电，确认无电后，第二组两名作业人员在88号支柱装设2组地线，13时05分，第二组5名作业人员登上轨道车作业平台，加装两条随车地线后，开始对92号支柱进行检修作业，该组负责人刘××下达了拆除加装的两条随车地线并下降作业平台的命令，平台下降时，吴××大叫一声倒在平台上，现场工作人员立即报告工长刘××，随即通知车站。14时30分左右，吴××经抢救无效死亡。

2. 事故原因

（1）地线接地端与钢轨链接的紧固件结构设计不合理，与钢轨底脚接触不良，钢轨底脚锈蚀时，地线与钢轨呈虚接状，无法有效消除感应电压。地线接挂人员在工作前未对锈蚀的钢轨进行除锈。

（2）该供电段没有对地线的接地效果随时进行检查，对地线在锈蚀钢轨上安装而存在的安全隐患了解掌握不够。

3. 教训与措施

（1）该供电段牵引供电运营安全管理不到位，工区组织对牵引供电安全管知识的培训教育不够，对牵引供电安全预想不到位，安全工作管理工作存在漏洞。

（2）作业人员吴××在地线拆除后，违章触及带有较高感应电压的接触网设备。

事故单位要制订随车地线作业标准和安全措施，对固定接地装置进行全面检查，作业人员在挂地线是必须首先除锈，保证接触良好。

七、短封线脱落程回路，两人员触电惹事故

1. 事故概况

2005年7月31日4时20分，××供电段××接触网工区在夏官营车站74号支柱进行隔离开关双引线更换工作，5时22分，两名作业人员在检修拆卸引线最后一个螺栓时，因引线下坠，螺栓无法正常拆除，于是作业人员王××双手托起引线晃动，致使路旁短封线脱落造成电流回路开路而被电击伤。6时50分，王××经抢救无效死亡，另一名作业人员造成轻伤。

2. 事故原因

（1）作业人员王××在进行隔离开关双引线更换检修作业过程中，未将路旁短封线牢固固定，为使缠绕在隔离开关主刀闸与西端隔离开关引线上。当托起引线晃动时，导致旁路短封线脱落，造成电流回路开路，致使两名专业人员被电流击中。

（2）××接触网工区在上行线停电检修作业时，下行线带电运行。5时14分和5时21分，2805次和28037次列车分别在该供电臂下行方向通过，因上下轨道回路连通，造成部分轨回流经上行轨道90高支柱接地线至82号支柱接地线内构成回流通路，由于短封线脱落，隔离开关引线断开时将作业人员人体传入导电回路，造成作业人员触电。

3. 教训与措施

（1）专业管理存在严重漏洞，对短封线的使用规定和要求不熟悉，没有制订短封线具体的装设位置和连接方式，导致在复线区段检修作业中缺少严格、可靠的作业标准。

（2）安全监控不到位，在日常管理中不能按要求对现场作业进行全过程卡控，尤其是对一些关键作业不进行现场盯岗。

（3）安全教育流于形式，没有掌握基本的劳动安全知识，擅自简化作业程序，在拆除设备线夹时将短线抽脱。

事故单位要加强专业管理、现场管理，特别是对关键设备的检修，要制订有针对性的作业安全卡控措施。

八、故障处理不遵章，擅登支柱命遭殃

1. 事故概况

2003年8月26日21时30分，××供电段××接触网工区管内的接触网设备故障。21时35分，该工区触动16人巡视设备，22时07分到区间48号支柱，发现××次SS4-××××机车后弓损坏，司机请求处理。22时20分该工区工长将人员分成两组，工长等九人在此检查设备及处理受电弓。副工长等七人向卫辉方向扩大巡逻。22时58分巡视到114号支柱，发现114号支柱反定位管被打弯，副工长派4名作业人员向西扩大巡视，罗××等三人在114号看守，副工长接到108号支柱定位管被打脱的汇报后，前去查看设备损坏情况，派一名作业人员向郑州侧巡视，让罗××在114号支柱处等候，23时07分对讲机断续听到工长喊话"两段接地已接好，可以上去"（实际是通知机车停车位置地线已接好，可以上车顶作业）。23时11分，副工长走到110与108号支柱之间时，听到身后有放炮声，跑回114号支柱处，发现罗××吊在支柱上。经对罗××全力抢救无效，于次日1时55分死亡。

2. 事故原因

（1）罗××未经确认，擅自攀登上支柱，是造成此次事故的主要原因。一是违反《接触网安全工作规程》关于作业必须有值班供电调度员批准的作业命令和高空作业必须设有专人监护的规定。二是违反复线电气化区段接触网V形天窗作业时，两段与作业区相连的线路上均需接地，且两组接地线间距不得大于1000米的规定。攀登支柱上网作业，触及已停电但未采取任何安全措施的接触网设备造成事故。

（2）该工区工长忽视日常安全管理，抢修联系用语不规范，没有自报和直呼姓名，没有报清作业内容，造成罗××误听误上造成触电，是造成这起事故的重要原因。

3. 教训与措施

（1）事故单位及工区安全管理存在漏洞，班组管理工作薄弱，防护措施执行不严格，安全意识淡薄。

（2）干部作风不实，安全逐级负责制不落实。工区领导未按规定现场盯岗，导致弓网事故处理过程中引发了作业人员触电身亡事故。

（3）抢修巡视范围较大，现场组织指挥混乱，副工长在扩大巡视范围中安全监护不力。

事故单位要加强现场作业控制，作业前和事故抢修前精心组织，合理分工。作业中严格执行作业标准化用语，完善事故抢修应急预案，加强人身安全控制，事故抢修中严禁单岗作业，切实杜绝违章指挥、盲目蛮干的突出问题。

九、盲目攀登机车顶，高压击中人丧生

1. 事故概况

2003年6月12日15时10分，××机务段司机欧阳××与副司机对经过中修的东风7型5264机车准备进行上水阻和功率整定试验作业。该机车司机室内有司机欧阳××和副司机等4人。司机欧阳××在副操作台上，对副司机说："不知空调挡水板放好没有，要上去看一看。"副司机回答说："过一会到水阻试验台上我看。"而后欧阳××通过机车通道，爬上车中部的楼梯上了车顶，被接触网高压电击中，从司机室右上方坠落至旁边的排水沟内，经送医院抢救无效死亡。

2. 事故原因

（1）司机欧阳××在作业过程中违反了铁道部《电气化铁路有关人员电气安全规则》第28条："在接触网没有停电并接地的情况下，禁止在内燃机车、电力机车和车辆的车顶进行任何作业。"欧阳××在未停电的情况下，盲目攀登车顶进行作业，造成这起事故的直接和重要原因。

（2）驾驶室内副司机及其他几名人员看到司机欧阳××盲目攀登车顶时，没有及时提醒和制止，劳动安全联防互控的措施不落实，是造成这起事故的重要原因。

（3）司机欧阳××盲目臆测作业，机车由无电区进入有电区后，既不观察周围作业环境，也不确定作业条件是否安全，就盲目攀登，违反了《机务安全技术规则》第24条"在任何工作开始前，均应首先检察使用的器械、设备和工具及与工作有关的环境，如果有不安全现象，必须消除或采取安全措施后，方能进行工作"的规定，导致触电死亡。

（4）防护设备和警示提示牌没有真正起到防护作用。

3. 教训与措施

（1）事故单位对作业人员的劳动安全教育不到位。该段无施工死亡事故安全期近30年，干部职工逐渐滋生了麻痹思想，对职工的安全教育有所放松。

（2）安全管理不到位。该段对机车在外段检修没有制定切实可行的控制措施；部分干部工作作风不实，在抓劳动安全制度、措施的落实上抓得不细，安全关键点控制不力。

事故单位要认真落实安全生产逐级负责制，加强安全教育，牢固树立"安全第一"的思想，进一步落实作业现场联防互控制度。

十、抛皮尺触及接触网，测量工电击致身亡

1. 事故概况

2003年4月5日14时05分，××铁路局工务勘测设计所路基设计室一行五人组成的外野勘测组，在××线K408+336处进行危岩整治测量作业，测量工宋××站在线路右侧路堑边坡高约20米的平坦处，用皮卷尺从上往下抛掷测量路堑边坡段面时，皮卷尺（经查皮卷尺内有4根金属线）碰上25kV高压接触网，当场触电死亡。

2. 事故原因

（1）测量工宋××安全意识不强，违反《铁路工务安全规则》"在电气化铁路的线路上，禁止人员直接或间接地通过任何物件……与接触网的各导线及其连接部件接触"、"作业人员所带的工具、材料与牵引供电设备的带电部分需2米以上距离"的规定，盲目抛掷卷尺进行测量作业触及接触网，是造成这起事故发生的主要原因。

(2) 路基设计室主任作为此次测量作业的负责人,没有针对此次测量作业现场的特殊地形和根据电气化区段的有关安全规定,进行安全预想,研究制定确保安全的测量方法,对作业现场的危险因素和特殊的作业条件的测量作业监控不力,是造成这起事故的重要原因。

3. 教育和措施

同类事故在全路曾多次发生,各单位必须从中吸取教训,引以为戒。尤其是电气化区段施工作业单位和部门,在电气化区段施工作业前,要组织安全措施的学习培训,组织对作业场所和周边环境安全隐患的检查,尤其是危及作业人员安全的危险因素,要组织研究和制定安全措施,严格履行告知、提醒和警示义务,确保作业人员人身安全。

第五节 消防安全知识

案例与分析

2001年1月11日5时21分,郑州开往昆明的1337次旅客列车运行至柳州局管内湘桂线军田村至大溶江站间 K314+358 处,机后10位餐车因人为放火,列车乘务员拉紧急制动阀停车,停车后,机车、车辆乘务员共同配合,将着火车辆与列车前、后部车辆分离,大溶江车站值班员接到运转车长的报告后,立即向列车调度员汇报,并及时通知当地消防部门于7时10分将火扑灭。此次事故导致列车误点5小时,直接经济损失28万余元,构成旅客列车火灾重大事故。

分析:

(1) 旅客列车上可燃物多,火灾蔓延速度快。首先,火车的卧铺车厢和硬座车厢的铺位、座椅和窗帘,旅客们携带的大包、小包行李等都是可燃物。其次,火车的空调系统把整列火车连成了一个整体。一旦发生火灾,火势会迅速发生蔓延,并通过空调管线传播到其他车厢。如果是双层空调列车,火焰会进一步蔓延至上层,危及上层乘客的生命安全。再次,火车如果处于高速行驶过程中,其行驶过程中形成的气流压力也会加速火势的蔓延,使行驶中的列车变成一条火龙,严重威胁着乘客的生命安全。

(2) 蓄烟量少,易造成人员中毒身亡。因为火车内部空间狭小,高度较低,再加上空调列车窗户密封,烟气很难释放到车外,所以火灾产生的热烟气层会很快降低,充满整个车厢并向其他车厢蔓延。窗户密闭、人群拥挤、氧气供应不足,列车内有些可燃材料不能充分燃烧,所以释放出大量的一氧化碳和有毒气体,致使人员窒息身亡。

(3) 人群拥挤,疏散困难。火车车厢内人员复杂、拥挤,过道狭窄,特别是春运期间经常连过道里都站满了人。在车厢里通行非常困难。在这种情况下,车厢两端两个窄窄的疏散车门远远不能满足疏散的需要。窗户不失为一个好的逃生选择出口,但现在的空调列车窗户为了密闭性好,多为双层玻璃,并且不能开启。虽然说在紧急情况下可以将玻璃砸破,但这窗户并不是任何人都能砸破的,也不是使用任何东西都能砸破。寻找东西砸玻璃也会耽误宝贵的逃生时间。所以,列车内一旦发生火灾,如果不能及时将其扑灭在萌芽状态,后果将不堪设想。

(4) 火车像一条长匣子,扑救困难。空调列车内部是一个比较密闭的空间,如果内部起火,救援人员很难快速进入车内进行扑救。另外,火车轨道不同于一般车辆。为了安全原因，火车轨道两侧多用铁丝网围护，并且常常远离公路。所以，一旦火车起火，最近的消防救援部队即使能够快速到达现场，其消防车辆也很难快速接近火车实施救火。其灭火前期的准备时间相对较长。

列车火灾具有独特的特点，因此消防安全知识显得尤为重要。

一、消防工作的方针、原则

(1) 方针：预防为主、防消结合。
(2) 原则：政府统一领导、部门依法监管、单位全面负责、公民积极参与。

二、消防安全"五懂四会"内容

(1) "五懂"：懂得消防法律法规，懂得岗位火灾的危险性，懂得预防火灾的措施，懂得扑救火灾的方法，懂得逃生疏散的方法。
(2) "四会"：会使用消防器材，会报火警，会扑救初起火灾，会组织疏散逃生。

三、火灾种类及应选择的灭火器类型

(1) A 类火灾：含碳固体可燃物，如木材、棉、毛、麻、纸张等燃烧的火灾。应选用水型、泡沫、磷酸铵盐干粉、卤代烷型灭火器。
(2) B 类火灾：甲、乙、丙类液体，如汽油、煤油、甲醇、乙醚、丙酮等燃烧的火灾。应选用干粉、泡沫、卤代烷、二氧化碳型灭火器，扑救极性溶剂 B 类火灾不得选用化学泡沫灭火器。
(3) C 类火灾：可燃气体，如煤气、天然气、甲烷、乙炔、氢气等燃烧的火灾。应选用干粉、卤代烷、二氧化碳型灭火器。
(4) D 类火灾：可燃金属，如钾、钠、镁、钛、锆、锂、铝镁合金等燃烧的火灾。应选用 7150 灭火剂以及砂、土等。
(5) 扑救带电火灾应选用卤代烷、二氧化碳、干粉型灭火器。

四、灭火的基本方法

灭火的基本方法包括：①冷却法；②隔离法；③窒息法；④抑制法。

五、常用的灭火器

常用的灭火器有 ABC 干粉灭火器、二氧化碳灭火器、水型灭火器。

六、香烟头的危害

烟头表面温度为 200～300℃，中心温度可达 700～800℃，它超过了棉麻、毛织物、纸张、家具等可燃物的燃点，若乱扔烟头接触到这些可燃物，容易引起燃烧，甚至酿成火灾。

七、乱拉乱接电线的危害

(1) 不懂电工专业知识的人，在乱接电线中因错误接线容易造成事故，或连接不牢固形成接触电阻过大而引发火灾事故。

(2) 导线的设计容量是有限的，乱接电线造成接入过多的负荷，容易因过负荷而造成火灾。

八、班后防火"五不走"的内容

"五不走"交接班不交代清不走；用火设备火源不熄灭不走；用电设备不拉闸断电不走；可燃物没清干净不走；发现险情不报告不处理好不走。

九、火场逃生主要方法

(1) 利用登高消防车，挂钩梯两节梯连用逃生。
(2) 利用建筑物通道或建筑物内设施逃生。
(3) 自制器材逃生。
(4) 寻找避难处所逃生。
(5) 互救逃生。
(6) 利用身边消防器材或其他器材边灭火边逃生。

十、灭火器日常检查主要内容

(1) 责任人维护职责的落实情况。
(2) 灭火器压力值是否处于正常压力范围。
(3) 保险销和铅封是否完好。
(4) 灭火器不能挪作他用，摆放稳固，定置管理，避免日光暴晒和强辐射热。
(5) 灭火器是否在有效期内等，标签是否完好。
(6) 灭火器筒体是否有锈蚀、变形现象，喷嘴是否有变形、开裂、损伤，喷射软管是否畅通、是否有变形和损伤，灭火器压把、阀体等金属件是否有严重损伤、变形、锈蚀等影响使用的缺陷等。

十一、灭火器的使用方法

(一) 手提式水型灭火器

1. 用途和性能

手提式水型灭火器具有灭火速度快、效率高、操作灵活和使用方便，并具有无毒、无害、无污染等特点，适用于扑救油类、易燃液体、醇类和固体有机物及低压带电电气设备燃烧的火，如汽油、煤油、乙醇、乙醚、木材、纸张、棉麻、橡胶、电气设备等制品燃烧的火。

2. 使用方法

(1) 灭火时手提灭火器，拔出保险销、喷嘴套，在离火场有效距离处，压下压把，推进喷射，让药剂全部覆盖于燃烧物体的表面。
(2) 灭火时灭火器的倾斜角度不要太大，切勿放平或倒置使用。
(3) 灭电器类火灾时，其安全喷射距离应不少于1米。

(二) ABC手提式干粉灭火器

1. 用途和性能

ABC手提式干粉灭火器适合于扑救固体可燃物、油类、可燃气体、电气设备和遇水燃烧物品，如木材、纸张、棉麻、汽油、柴油、乙炔等物品的火灾。

2. 使用方法

灭火时一手提灭火器，另一手拿着喷嘴胶管，对准燃烧物体根部，拔掉铅封和插销，用手握紧提把，粉雾喷出即可。

（三）二氧化碳灭火器的使用方法

灭火时只要将灭火器提到或扛到火场，在距燃烧物 5 米左右，放下灭火器拔出保险销，一手握住喇叭筒根部的手柄，另一只手紧握启闭阀的压把。对没有喷射软管的二氧化碳灭火器，应把喇叭筒往上扳 70°～90°。使用时，不能直接用手抓住喇叭筒外壁或金属连线管，防止手被冻伤。灭火时，当可燃液体呈流淌状燃烧时，使用者要将二氧化碳灭火剂的喷流由近而远向火焰喷射。如果可燃液体在容器内燃烧时，使用者应将喇叭筒提起，从容器的一侧上部向燃烧的容器中喷射，但不能将二氧化碳射流直接冲击可燃液面，以防止将可燃液体冲出容器而扩大火势，造成灭火困难。

推车式二氧化碳灭火器一般由两人操作，使用时两人一起将灭火器推或拉到燃烧处，在离燃烧物 10 米左右停下，一人快速取下喇叭筒并展开喷射软管后，握住喇叭筒根部的手柄，另一人快速按逆时针方向旋动手轮，并开到最大位置。灭火方法与手提式的方法一样。

原理：让可燃物的温度迅速降低，并与空气隔离。

好处：灭火时不会因留下任何痕迹使物品损坏，因此可以用来扑灭书籍、档案、贵重设备和精密仪器等。

注意事项：使用二氧化碳灭火器时，在室外使用的，应选择在上风方向喷射，并且手要放在钢瓶的木柄上，防止冻伤。在室外内窄小空间使用的，灭火后操作者应迅速离开，以防窒息。

十二、消防安全四能力

(1) 检查消除火灾隐患能力，即查用火用电，禁违章操作；查通道出口，禁堵塞封闭；查设施器材，禁损坏挪用；查重点部位，禁失控漏管。

(2) 扑救初级火灾能力，即发现火灾后，起火部位员工 1 分钟内形成第一灭火力量；火灾确认后，单位 3 分钟内形成第二灭火力量。

(3) 组织疏散逃生能力，即熟悉疏散通道，熟悉安全出口，掌握疏散程序，掌握逃生技能。

(4) 消防宣传教育能力，即有消防宣传人员，有消防宣传标识，有全员培训机制，掌握消防安全常识。

十三、消防安全管理制度

1. 消防安全教育、培训制度

(1) 每年以创办消防知识宣传栏、开展知识竞赛等多种形式，提高全体员工的消防安全意识。

(2) 定期组织员工学习消防法规和各项规章制度，做到依法治火。

(3) 各部门应针对岗位特点进行消防安全教育培训。

(4) 对消防设施维护保养和使用人员应进行实地演示和培训。

（5）对新员工进行岗前消防培训，经考试合格后方可上岗。
（6）因工作需要员工换岗前必须进行再教育培训。
（7）消控中心等特殊岗位要进行专业培训，经考试合格，持证上岗。

2. 防火巡查、检查制度

（1）落实逐级消防安全责任制和岗位消防安全责任制，落实巡查检查制度。
（2）消防工作归口管理职能部门每日对公司进行防火巡查。每月对单位进行一次防火检查并复查追踪改善。
（3）检查中发现火灾隐患，检查人员应填写防火检查记录，并按照规定，要求有关人员在记录上签名。
（4）检查部门应将检查情况及时通知受检部门，各部门负责人应每日消防安全检查情况通知，若发现本单位存在火灾隐患，应及时整改。
（5）对检查中发现的火灾隐患未按规定时间及时整改的，根据奖惩制度给予处罚。

3. 安全疏散设施管理制度

（1）单位应保持疏散通道、安全出口畅通，严禁占用疏散通道，严禁在安全出口或疏散通道上安装栅栏等影响疏散的障碍物。
（2）应按规范设置符合国家规定的消防安全疏散指示标志和应急照明设施。
（3）应保持防火门、消防安全疏散指示标志、应急照明、机械排烟送风、火灾事故广播等设施处于正常状态，并定期组织检查、测试、维护和保养。
（4）严禁在营业或工作期间将安全出口上锁。
（5）严禁在营业或工作期间将安全疏散指示标志关闭、遮挡或覆盖。

4. 消防控制中心管理制度

（1）熟悉并掌握各类消防设施的使用性能，保证扑救火灾过程中操作有序、准确迅速。
（2）做好消防值班记录和交接班记录，处理消防报警电话。
（3）按时交接班，做好值班记录、设备情况、事故处理等情况的交接手续。无交接班手续，值班人员不得擅自离岗。
（4）发现设备故障时，应及时报告，并通知有关部门及时修复。
（5）非工作所需，不得使用消控中心内线电话，非消防控制中心值班人员禁止进入值班室。
（6）上班时间不准在消控中心抽烟、睡觉、看书报等，离岗应做好交接班手续。
（7）发现火灾时，迅速按灭火作战预案紧急处理，并拨打119电话通知公安消防部门并报告部门主管。

5. 消防设施、器材维护管理制度

（1）消防设施日常使用管理由专职管理员负责，专职管理员每日检查消防设施的使用状况，保持设施整洁、卫生、完好。
（2）消防设施及消防设备的技术性能的维修保养和定期技术检测由消防工作归口管理部门负责，设专职管理员每日按时检查了解消防设备的运行情况。查看运行记录，听取值班人员意见，发现异常及时安排维修，使设备保持完好的技术状态。
（3）消防设施和消防设备定期测试：
① 烟、温感报警系统的测试由消防工作归口管理部门负责组织实施，保安部参加，每个

烟、温感探头至少每年轮测一次。

② 消防水泵、喷淋水泵、水幕水泵每月试开泵一次，检查其是否完整好用。

③ 正压送风、防排烟系统每半年检测一次。

④ 室内消火栓、喷淋泄水测试每季度一次。

⑤ 其他消防设备的测试，根据不同情况决定测试时间。

(4) 消防器材管理：

① 每年在冬防、夏防期间定期两次对灭火器进行普查换药。

② 派专人管理，定期巡查消防器材，保证处于完好状态。

③ 对消防器材应经常检查，发现丢失、损坏应立即补充并上报领导。

④ 各部门的消防器材由本部门管理，并指定专人负责。

6. 火灾隐患整改制度

(1) 各部门对存在的火灾隐患应当及时予以消除。

(2) 在防火安全检查中，应对发现的火灾隐患进行逐项登记，并将隐患情况书面下发各部门限期整改，同时要做好隐患整改情况记录。

(3) 在火灾隐患未消除前，各部门应当落实防范措施，确保隐患整改期间的消防安全，对确无能力解决的重大火灾隐患应当提出解决方案，及时向单位消防安全责任人报告，并由单位上级主管部门或当地政府报告。

(4) 对公安消防机构责令限期改正的火灾隐患，应当在规定的期限内改正并写出隐患整改的复函，报送公安消防机构。

7. 用火、用电安全管理制度

(1) 用电安全管理：

① 严禁随意拉设电线，严禁超负荷用电。

② 电气线路、设备安装应由持证电工负责。

③ 各部门下班后，该关闭的电源应予以关闭。

④ 禁止私用电热棒、电炉等大功率电器。

(2) 用火安全管理：

① 严格执行动火审批制度，确需动火作业时，作业单位应按规定向消防工作归口管理部门申请"动火许可证"。

② 动火作业前应清除动火点附近 5 米区域范围内的易燃易爆危险物品或作适当的安全隔离，并向保卫部借取适当种类、数量的灭火器材随时备用，结束作业后应即时归还，若有动用应如实报告。

十四、火灾逃生自救十法

(1) 要了解和熟悉环境。当你走进商场、宾馆、酒楼、歌舞厅等公共场所时，要留心太平门、安全出口、灭火器的位置，以便在发生意外时及时疏散和灭火。

(2) 要迅速撤离。一旦听到火灾警报或意识到自己被火围困时，要立即想法撤离。

(3) 要保护呼吸系统。逃生时可用毛巾或餐巾布、口罩、衣服等将口鼻捂严，否则会有中毒和被热空气灼伤呼吸系统软组织窒息致死的危险。

(4) 要从通道疏散，如疏散楼梯、消防电梯、室外疏散楼梯等。也可考虑利用窗户、阳台、屋顶、避雷线、落水管等脱险。

(5) 要利用绳索滑行。用结实的绳子或将窗帘、床单被褥等撕成条，拧成绳，用水沾湿后将其拴在牢固的暖气管道、窗框、床架上，被困人员逐个顺绳滑到下一楼层或地面。

(6) 为低层跳离，适用于二层楼。跳前先向地面扔一些棉被、枕头、床垫、大衣等柔软的物品，以便"软着陆"，然后用手扒住窗户，身体下垂，自然下滑，以缩短跳落高度。

(7) 要借助器材。通常使用的有缓降器、救生袋、救生网、气垫、软梯、滑竿、滑台、导向绳、救生舷梯等。

(8) 为暂时避难。在无路逃生的情况下，可利用卫生间等暂时避难。避难时要用水喷淋迎火门窗，把房间内一切可燃物淋湿，延长时间。在暂时避难期间，要主动与外界联系，以便尽早获救。

(9) 利用标志引导脱险。在公共场所的墙上、顶棚上、门上、转弯处都设置"紧急出口"、"安全通道"、"火警电话"和逃生方向箭头等标志，被困人员按标志指示方向顺序逃离，可解燃眉之急。

(10) 要提倡利人利己。遇到不顾他人死活的行为和前拥后挤现象，要坚决制止。只有有序地迅速疏散，才能最大限度地减少伤亡。

经典语句

- 安全记在心，平安走天下。
- 安全两个字很重要，不能忘记也不能丢掉。万一你把它忘了，灾难就降临在你身上。
- 安全保健康，千金及不上。
- 宁绕百丈远，不冒一步险。
- 生产再忙，安全不忘。

推荐图书

[1] 崔政斌. 用电安全技术 [M]. 北京：化学工业出版社，2010.
[2] 吴龙标，方俊. 火灾探测与信息处理 [M]. 北京：化工出版社，2012.
[3] 贾利民. 高速铁路安全保障技术 [M]. 北京：中国铁道出版社，2010.

课后思考

1. 简述标准化作业对保障铁路职工安全的意义。
2. 如何提升自己的安全意识？

参 考 文 献

[1] 江东，李根珍，惠钢行. 大学生职业素养提升 [M]. 北京：新华出版社，2009.

[2] 艾于兰，赵海霞. 职业素养开发与就业指导 [M]. 北京：机械工业出版社，2010.

[3] 程宏伟，周斌. 大学生职业素养开发与职业生涯规划 [M]. 成都：西南财经大学出版社，2008.

[4] 陶宝铠. 铁路职业道德 [M]. 北京：中国铁道出版社，2004.

[5] 王跃庆. 铁路职业道德 M]. 北京：中国铁道出版社，2007.

[6] 贾启艾. 人际沟通 [M]. 南京：东南大学出版社，2010.

[7] 潘喜梅. 如何进行有效的人际沟通 [J]. 知识经济，2013 (11).

[8] 贺序，邓亚琴. 人际沟通能力的常见障碍和技巧解析 [J]. 才智，2013 (5).

[9] 黄丹. 团队员工多元化、团队沟通与团队绩效间关系研究 [D]. 杭州：浙江工商大学，2014.

[10] 田禾主. 大学生职业生涯规划与就业指导 [M]. 北京：人民邮电出版社，2010.

[11] 龚晓路，黄锐编. 员工职业素养培训 [M]. 北京：中国发展出版社，2005.

[12] 韩娜娜. 服务型领导对知识型团队绩效的影响研究 [D]. 长沙：湖南大学，2013.

[13] 赵薇. 浅谈企业团队精神和团队建设 [J]. 经济师，2012 (5).

[14] 陈鑫. 如何培养企业团队精神 [J]. 科技创业家，2013 (6).

[15] 鲜启菊. 企业团队建设 [D]. 云南：昆明理工大学. 2013.

[16] 万莉，丁立新. 社交礼仪 [M]. 广州：华南理工大学出版社，2011.

[17] 柴林. 礼仪 [M]. 杭州：浙江科学技术出版社，2005.

[18] 常建坤，郑重. 公共关系礼仪 [M]. 北京：中国环境科学出版社，2003.

[19] 谢苏. 现代礼仪应用教程 [M]. 北京：国防工业出版社，2012.

[20] 中国铁路总公司. 关于印发《铁路旅客运输服务质量规范》的通知 [Z].

[21]《科技创新与创新能力的培养》编写组. 科技创新与创新能力的培养 [M]. 海口：海南出版社，2006.

[22] 李孝然. 加强职业理想教育，成就职业理想 [J]. 现代教育科学，2008 (3).

[23] 陈官章. 以职业生涯规划引导大学生完善学习动力系统的思考 [J]. 四川文理学院学报（社会科学），2007 (4).

[24] 何玲霞，大学生职业综合素质实训 [M]. 北京：高等教育出版社，2012.

[25] 郭蓉. 职业生涯规划 [M]. 北京：国家行政学院出版社，2009.

[26] 王仁伟. 大学生职业生涯规划与实践 [M]. 北京：机械工业出版社，2010.

[27] 李海燕. 大学生职业生涯规划 [M]. 广州：中山大学出版社，2012.

[28] 葛玉辉，宋志强. 职业生涯规划管理实务 [M]. 北京：清华大学出版社，2011.

[29] 郑美群. 职业生涯管理 [M]. 北京：机械工业出版社，2010.

[30] 铁道部人才服务中心. 电力机车司机 [M]. 北京：中国铁道出版社，2009.

[31] 冯新立，申英杰. 电力机车司机 [M]. 成都：西南交通大学出版社，2014.

参考文献

[32] 铁道部劳动和卫生司，铁道部运输局. CRH2型动车组司机 [M]. 北京：中国铁道出版社，2009.

[33] 铁道部人才服务中心. 动车组司机 [M]. 北京：中国铁道出版社，2009.

[34] 上海铁路局机务处. HXD2B型电力机车乘务员 [M]. 成都：西南交通大学出版社，2011.

[35] 铁道部人才服务中心. 电力机车司机 [M]. 北京：中国铁道出版社，2009.

[36] 铁道部人才服务中心. 动车组司机 [M]. 北京：中国铁道出版社，2009.

[37] 聂云楚，余弟录，孙亚彬. 6S实战手册 [M]. 深圳：海天出版社，2004.

[38] 聂云楚. 5S活动推行实务 [M]. 广州：广东经济出版社，2000.

[39] 中华人民共和国国务院. 铁路安全管理条例 [M]. 北京：中国铁道出版社，2011.

[40] 中华人民共和国国务院. 铁路安全管理条例 [M]. 北京：法律出版社，2014.